Dietz Berlin / Theorie

David McNally

Blut und Geld

Krieg, Sklaverei, Finanzwesen und Imperium

Aus dem Englischen von Raul Zelik

Dietz Berlin

Für Helen, John und Marilyn.
In Erinnerung an Colin Barker, Joyce und Ken Ferguson und Ellen Meiksins Wood

Bibliografische Informationen der Deutschen Nationalbibliothek.
Die Deutsche Nationalbibliothek verzeichnet diese Publikation in der Deutschen Nationalbibliografie; detaillierte bibliografische Daten sind im Internet über http://dnb.dnb.de abrufbar.

Gefördert von der Rosa-Luxemburg-Stiftung

Die englische Originalausgabe ist erschienen 2020 bei Haymarket Books unter dem Titel »Blood and Money. War, Slavery, Finance, and Empire«,

1. Auflage 2023

Franz-Mehring-Platz 1, 10243 Berlin

Lektorat: Brita Pohl
Gestaltung: Andreas Homann
Satz: Kerstin Davies
Druck und Bindung: Interpress Budapest
Printed in Hungary
ISBN 978-3-320-02399-7

DAVID MCNALLY, geb. 1953, lehrt politische Ökonomie an der Fakultät für Geschichte der University of Houston. Für »Global Slump: The Economics and Politics of Crisis and Resistance« erhielt er 2012 den Paul Sweezy Award und im selben Jahr den Deutscher Memorial Award für »Monsters of the Market. Zombies, Vampires and Global Capitalism«

RAUL ZELIK, geb. 1968, ist Politikwissenschaftler, Schriftsteller und Übersetzer. Er war Associate Professor für internationale Politik an der Nationaluniversität Kolumbiens in Medellín und lehrte politische Theorie an den Universitäten in Bogotá, Berlin und Kassel.

Inhalt

Vorwort und Danksagungen

Die Arbeit an diesem Buch hat viele Jahre in Anspruch genommen. Ausgangspunkt waren Bemühungen, das Weltgeld als kritisches Konzept zur Erklärung des modernen Kapitalismus zu erörtern. Wie so oft verknüpfte sich dieses Interesse mit anderen Fragen – u. a. der Sklaverei und dem Aufstieg des Kapitalismus –, sodass die Untersuchung unerwartete Richtungen einschlug. Schließlich stand ich am Kreuzweg von Geld und Sklaverei in der griechisch-römischen Antike. Von dort aus suchte ich immer wieder Verbindungen zu späteren historischen Zusammenhängen von Krieg, Sklaverei, Finanzwesen und Imperium – vom Großbritannien der frühen Moderne bis zum US-Imperium der Gegenwart. Das Ergebnis ist, so hoffe ich, eine einzigartige historische Interpretation von Geld und Macht bei der Entstehung unserer Welt.

Zum ersten Mal vorgestellt habe ich einige meiner Argumente in der Deutscher Memorial Prize Lecture auf der Historical-Materialism-Konferenz 2013 an der University of London. Eine überarbeitete Fassung des Vortrags erschien im darauffolgenden Jahr als »The Blood of the Commonwealth: War, the State and the Making of World-Money« in *Historical Materialism*. Ich danke den Herausgebern der Zeitschrift und den Organisatoren der Konferenz für ihre Unterstützung.

Im weiteren Verlauf der Arbeit profitierte ich von den aufschlussreichen Kommentaren von Colin Barker, Sue Ferguson, Holly Lewis, Geoff McCormack und Colin Mooers. Ihnen allen gebühren mein Dank und meine Wertschätzung. Mit Trauer und Zuneigung erinnere ich mich vor allem an die ermutigenden Anmerkungen von Colin Barker, der sich sehr für mein Projekt interessierte und einige Kapitel las, während er selbst gegen den Krebs kämpfte, der ihn schließlich von uns nahm. Colin war ein wahrer Freund, ein wunderbarer, großzügiger Sozialist und scharfsinniger radikaler Denker.

Die Arbeit an diesem Buch wurde immer wieder unterbrochen, weil wir in dieser Zeit auch andere Menschen verloren. Meine Partnerin Sue Ferguson musste 2016 und 2017 von ihren Eltern Joyce und Ken Abschied nehmen. Wir erinnern uns ihrer voller Liebe.

Meine Freundin und frühere Lehrerin Ellen Meiksins Wood verschied 2016. Abgesehen von einer kleinen Frage, die ich Ellen zu meinen Untersuchungen über das antike Griechenland stellte, konnte ich sie leider nicht um ihre klugen und kritischen Kommentare zu meinen Fragen bitten. Ellen wäre an vielen Punkten der Analyse möglicherweise anderer Meinung gewesen als ich. Aber ich denke, es hätte ihr gefallen, dass ich ihre Aufforderung befolgt habe, vor dem Aufstellen von Thesen immer erst die notwendige historische Forschung zu betreiben.

Während der Arbeit an diesem Buch wechselte ich von der York University in Toronto an die University of Houston. Großer Dank gilt meinen Kollegen und Studierenden in York, wo ich dieses Projekt in Angriff nahm. Die herzliche Aufnahme durch meine Kollegen am Fachbereich Geschichte in Houston hat mir viel Freude bereitet. Besonders bedanken möchte ich mich bei Donna Butler, Philip Howard, Tom O'Brien, Raul Ramos, Linda Reed, Paul Scott, Abdel Razzaq Takriti und Cihan Yüksel Muslu. Ihre Unterstützung war sehr wichtig für mich, als ich mir in Houston ein neues Zuhause aufbaute.

Meine Hochachtung gilt auch den Aktivisten des Convict Leasing and Labor Project (CLLP) in Sugar Land (Texas), mit denen ich seit meiner Ankunft in Houston zusammenarbeiten durfte und die mich sehr inspiriert haben. Ich werde in meinem nächsten Buch, das sich mit der Beziehung von Sklaverei und Kapitalismus beschäftigt, mehr über sie schreiben. Diese Frage steht im Hintergrund ihrer Bemühungen, die Gebeine von 95 afroamerikanischen Strafgefangenen zu exhumieren, die 2018 auf dem Gelände der ehemaligen Gefängnisfarm von Sugar Land gefunden wurden, und den Toten ein Denkmal zu setzen. Ich möchte insbesondere die jahrzehntelange Arbeit des CLLP-Gründers Reginald Moore, der die Initiative am Leben erhielt, und das Engagement von Sam Collins, Barbara Jones, Naomi Carrier Mitchell und Liz Austin Peterson erwähnen.

Das Wichtigste in meinem Leben ist die Liebe und Unterstützung von Sue Ferguson und unseren Kindern Adam, Sam und Liam. Sue hat mich in jeder Etappe der Untersuchungen unterstützt, während sie selbst an einem eigenen Buch arbeitete. So sehr ich mich freue, »Blut und Geld« beendet zu haben, kann ich die Veröffentlichung von Sues Buch doch kaum erwarten. Auch unsere Jungs möchte ich noch einmal ausdrücklich erwähnen, die mir eine unerschöpfliche Quelle von Freude, Liebe und Vergnügen sind. Ich danke ihnen allen.

In der heutigen Zeit sollten Autoren jene Lektoren und Verleger, die sich der Produktion hochwertiger Bücher widmen, besonders schätzen. Mein Dank gilt John McDonald und Anthony Arnove von Haymarket Books für Unterstützung und Ermutigung, meiner Lektorin Ashley Smith für ihre wertvollen Kommentare und Sam Smith für die sorgfältige Prüfung des Manuskripts.

Ich habe das große Glück, dass mich meine Eltern auch in dieser Lebensphase noch begleiten. Sie hatten in den letzten Jahren mit gesundheitlichen Problemen zu kämpfen, haben diese jedoch mit Humor bewältigt und beschenken ihre Nächsten weiterhin mit Liebe. Meine Mutter Helen erstaunt immer wieder mit ihrer Unterstützung für bedrängte Seelen. Mein Vater John erwärmt mein Herz mit seinem Interesse an meiner publizistischen Arbeit, meinem Engagement für soziale Gerechtigkeit und den Erfolgen seiner Enkelkinder. Marilyn McNally trat in mein und meiner Geschwister Leben, als ich ein Teenager war. Ihre Liebe zu mir und meinen Geschwistern Terri, Sandra und Steven hat uns allen viel bedeutet.

Ich widme dieses Buch diesen drei Angehörigen der älteren Generation – Helen, John und Marilyn – sowie der Erinnerung an Joyce und Ken Ferguson, Colin Barker und Ellen Meiksins Wood. Sie sind von uns gegangen, aber in unseren Herzen leben sie weiter.

Einleitung

Es ist erstaunlich, wie ehrfürchtig Menschen und sogar Linke werden können, wenn sie über das Thema Geld sprechen. In einer kürzlich erschienenen Arbeit beispielsweise, die die Mainstream-Ökonomie kritisch auseinandernimmt, klärt uns die Autorin darüber auf, dass »Geld- und Finanzsysteme zu den größten kulturellen und wirtschaftlichen Leistungen menschlicher Gesellschaften zählen«. Über die Bank of England schreibt dieselbe Autorin voller Überzeugung, diese Einrichtung sei »ein großer zivilisatorischer Fortschritt«.[1] Ich bin, mit Verlaub, anderer Ansicht. Geld ist kein gutartiges Instrument zur Förderung des Warenaustauschs, sondern eine Machttechnologie. Damit soll nicht geleugnet werden, dass es den Handel erleichtert hat (auch wenn dem absurden Mythos, Geld sei aus dem Tauschhandel hervorgegangen, sehr wohl zu widersprechen ist).[2] Es geht lediglich um den Umstand, dass Geld und Geldwesen in die Matrix gesellschaftlicher Macht eingebunden sind und diese tendenziell reproduzieren.[3] Kritische Theorie betont, dass Gegenstände nicht von ihrer Geschichte getrennt werden können. Jedes Objekt ist durch seinen Entstehungs- und Entwicklungsprozess definiert. Diese Prozesse sind keine bloßen Äußerlichkeiten, sondern den Gegenständen selbst inhärent.[4] Was das Geld angeht, so behaupte ich, dass jede seiner Sedimentschichten das Blut von Sklaven, Soldaten, Kolonisierten, Ausgebeuteten und Unterdrückten enthält. Auch wenn sich die Geldsysteme

1 Ann Pettifor: Die Produktion des Geldes. Ein Plädoyer wider die Macht der Banken, Bonn 2018, S. 28.

2 Zur Kritik der Tauschtheorien bezüglich des Entstehens von Geld und Märkten vgl. Caroline Humphrey: Barter and Economic Disintegration, in: Man, 1/1985, S. 48–72; sowie David Graeber: Schulden: Die ersten 5000 Jahre, Stuttgart 2012, 2. Kapitel.

3 Allerdings sind Systeme gesellschaftlicher Reproduktion widersprüchlich und Geld kann gleichzeitig an der Reproduktion und Aushöhlung eines bestimmten sozialen Systems beteiligt sein.

4 Mit »kritischer Theorie« beziehe ich mich in erster Linie auf den von Karl Marx entwickelten Ansatz, von seiner frühen Staatskritik bis zu seiner späteren Kritik der politischen Ökonomie. Schlüsselaspekte dieses Ansatzes erörtert Max Horkheimer in: Traditionelle und kritische Theorie: Fünf Aufsätze, Frankfurt a. M. 2011. Die sich von Hegel und Marx herleitende kritisch-dialektische Methode besteht auch darauf, dass die Geschichte von Objekten auch die Geschichte der Interaktionsformen und des Wissens um sie einschließt. Aus diesem Grund wird für die kritische Philosophie »der Prozess der Erkenntnis zum Prozess der Geschichte«. (Herbert Marcuse: Vernunft und Revolution. Hegel und die Entstehung der Gesellschaftstheorie, Frankfurt a. M. 1990, S. 92)

historisch stark voneinander unterschieden haben, spielen diese Eigenschaften doch bei allen eine entscheidende Rolle. Diese historischen Linien müssen durchbrochen werden, wenn Gewalt und Herrschaft überwunden werden sollen.

Im Folgenden behaupte ich, dass die Geschichte des Geldwesens mit Blut getränkt ist – dem Blut von Sklaverei, Krieg und imperialer Herrschaft. Deshalb sind die hier entwickelten Argumente ausgesprochen unkonventionell. Selbst unter Historikern, die zur Renaissance der Kapitalismusforschung in den USA beigetragen haben, dominiert, wie es ein Kommentator ausgedrückt hat,[5] das Bild eines Kapitalismus, »der unblutig in die Welt kam«. Dieses Image des Kapitalismus erklärt sich auch aus der Art und Weise, wie die Aufmerksamkeit der Öffentlichkeit während der Weltwirtschaftskrise 2009 auf esoterische Finanzinstrumente wie Collateralized Debt Obligations und Credit Default Swaps gelenkt wurde. Diese Instrumente sind von der alltäglichen Produktion von Waren und Dienstleistungen so weit entfernt, dass Analysten sich problemlos auf die Beschreibung hypothekenbasierter Derivate und computergesteuerter Handelspraktiken beschränken konnten – so als gäbe es kein System, in dem Menschen in Sweat Shops, Lagerhallen, Geschäften und auf Feldern schuften, und als würde der finanzielle Profit nicht letztlich aus dieser Arbeit herrühren.[6] Wer diese Bereiche und die schuftenden Körper aus den Augen verliert, erliegt einem fatalen Fetischismus. Er scheitert an der kritischen Aufgabe, die abstrakten Finanztechnologien mit der ihnen zugrunde liegenden menschlichen Arbeit in Verbindung zu bringen. In dieser Hinsicht können die folgenden Kapitel als Übung *entfetischisierender* Kritik verstanden werden – als eine Kritik, die die historische Untersuchung von Geld und Finanzwesen mit einer Phänomenologie des arbeitenden Körpers verknüpft.

Der theoretische Ansatz, Geld an Körper und ihre Arbeit zu binden, stützt sich auf Erkenntnisse, die bei Marx ihren Anfang nahmen. In seinem 1844 verfassten Text »Auszüge aus James Mills Buch ›Élémens d'économie politique‹« beschäftigt sich der junge Marx beispielsweise mit der Funktion des Kredits im modernen Geldwesen: »Statt Geld, Papier ist mein eigenes persönliches Dasein, mein Fleisch und Blut, meine gesellige Tugend und Geltung die Materie, der Körper des *Geldgeistes*. Der Kredit scheidet den Geldwert nicht mehr in Geld, sondern in menschliches

5 Seth Rockman: What Makes the History of Capitalism Newsworthy?, in: Journal of the Early Republic, 3/2014, S. 462. Wichtige Ausnahmen in diesem Zusammenhang sind Edward E. Baptist: The Half Has Never Been Told: Slavery and the Making of American Capitalism, New York 2014; und Sven Beckert: King Cotton. Eine Geschichte des globalen Kapitalismus, München 2014. Ich habe zwar einige Differenzen mit Baptist und Beckert, doch beide arbeiten die blutigen Aspekte des Kapitalismus heraus.

6 Wichtige Arbeiten, die diese Beziehungen berücksichtigen, sind: François Chesnais: Finance Capital Today: Corporations and Banks in the Lasting Global Slump, Chicago 2017; und Cédric Durand: Fictitious Capital: How Finance Is Appropriating Our Future, London/New York 2017.

Fleisch und in menschliches Herz.«[7] In dieser tiefgründigen Betrachtung stellt Marx klar, dass die Geldwerte, die im Kreditsystem ihren Besitzer wechseln, im menschlichen Fleisch, im Körper und seinen Schmerzen verwurzelt sind – sich dort, wie er es nannte, verwirklichen. Die monetäre Macht ist also vampirisch, ein geisterhaftes Wesen, das Fleisch und Blut der Menschen heimsucht.[8] Deshalb kolonisieren Kredit und Geld auch unsere Seelen – durch eine perverse Gewinnsucht und unsere Angst vor der Knechtschaft, die mit Schulden einhergehen kann.

Vom Körper auszugehen ist deshalb unverzichtbar. Doch menschliche Körper sind immer mit der Geschichte verwoben. Das menschliche Leben ist die Domäne *historischer Körper,* die durch das kollektive Erbe von Arbeit, Begehren, Technologie, Herrschaft, Leiden und Widerstand gezeichnet sind.[9] Will man die Geschichte des Geldes nachzeichnen, muss man deshalb die Körper in den Netzwerkstrukturen von Macht und Unterdrückung verorten – in Klasse, Patriarchat und Sklaverei. Mehr noch: Da sich Klassengesellschaften immer im Krieg befinden (oder auf einen Krieg vorbereiten), müssen wir die historischen Körper in ihrem Verhältnis zur organisierten Gewalt betrachten. Im Folgenden werde ich diese Erkenntnis auf die gesamte Geschichte des Geldes anwenden, vom Mittelmeerraum und dem Nahen Osten der Antike bis zum globalisierten Kapitalismus der Gegenwart. Durch die Untersuchung verschiedener Geldtechnologien, wie sie sich in um Krieg, Sklaverei und koloniale Ausplünderung herum organisierte Gesellschaften herausgebildet haben, will ich zeigen, dass es sich hierbei um *immanente* Bestandteile der Geldgeschichte und nicht etwa um Hintergrundeffekte handelt.

Was die moderne kapitalistische Gesellschaft angeht, halte ich Marx' Analyse des Geldes – als Ausdruck des allgemeinen Prinzips des Warentauschs – für unverzichtbar.[10] Aber Geld existierte bereits vor dem Kapitalismus und gehorchte damals einer anderen gesellschaftlichen Logik, obwohl auch diese auf Herrschaft beruhte. Tatsächlich war sich Marx sehr bewusst, dass die von ihm im Ersten Band des »Kapitals« durchgeführte Untersuchung auf einer vorläufigen Ebene theoretischer Abstraktion operierte. Darum bemüht, die grundlegende Logik des Geldes in der kapitalistischen Gesellschaft zu skizzieren, klammerte Marx in seinen Betrachtungen Kreditmärkte, Bankensystem, Nationalstaat, Staatsver-

7 Karl Marx: Auszüge aus James Mills »Eléments d'économie politique« [1844], in: Karl Marx/Friedrich Engels: Werke [MEW], Bd. 40, Berlin 1956ff., S. 449.

8 Vgl. David McNally: Monsters of the Market. Zombies, Vampires and Global Capitalism, Chicago 2012.

9 Vgl. mein Buch Bodies of Meaning. Studies on Language, Labor, and Liberation, Albany 2001.

10 Es gibt eine wachsende Literatur zur marxistischen Geldtheorie. Zu den wichtigsten Texten gehören Suzanne de Brunhoff: Marx on Money, New York 1976; Fred Moseley: Money and Totality, Chicago 2017; Costas Lapavitsas: Marxist Monetary Theory: Collected Papers, Chicago 2017. Vgl. auch die gesammelten Aufsätze in Fred Moseley (Hrsg.): Marx's Theory of Money: Modern Appraisals, New York 2005). Zu modernem Geld und Finanzen vgl Chesnais: Finance Capital Today.

schuldung und internationales Finanzwesen aus. Aber alle diese Phänomene – und ihre Verbindung mit Krieg und Kriegsfinanzen – sind für jede *Geschichte* des Geldes unerlässlich.[11] Um dieser Geschichte nachgehen zu können, bedarf es einer Analyse der Warenlogik des Geldes, in der auch die Operationen des Staates berücksichtigt werden. Marx hat dies erkannt. Er verstand, dass Staaten die Maßeinheit (z. B. Dollar, Yen, Euro, Yuan) innerhalb ihres Hoheitsgebiets festlegen. »Wie die Feststellung des Maßstabs der Preise, fällt das Geschäft der Münzung dem Staat anheim«, merkte er an. Und er stellte weiterhin fest, dass die »verschiedenen Nationaluniformen, die Gold und Silber als Münzen« oder in Gestalt von Papierwährungen tragen, allesamt vom Nationalstaat bestimmt sind.[12] Die verschiedenen Modularformen des Geldes – Münzgeld, durch Gold oder andere Metalle gedeckte Papierwährungen, nicht umtauschbares Papiergeld – prägen die Geschichte der *Währungsregime.*

Zweifelsohne finden die entwickeltsten monetären Operationen in einem Raum jenseits nationalstaatlicher Souveränität statt, weshalb das *Weltgeld* in der marxschen Theorie auf der höchsten Ebene angesiedelt ist. Doch die globale Ebene ist kein leerer Raum. Sie konstituiert sich im und durch den globalen Wettbewerb des Kapitals und durch die internationale Rivalität hegemonialer Nationalstaaten. Integraler Bestandteil einer Theorie des Weltgeldes ist daher die Analyse internationaler Konflikte und Kriege – was möglicherweise der Grund ist, warum Marx seine Kapitalismuskritik eigentlich mit Büchern über Staat, Außenhandel und Weltmarkt abschließen wollte.[13] Das ist auch deshalb richtig, weil nationale Währungen, die als Weltgeld fungierten, ihren Status auf der Grundlage von Kolonialismus, imperialer Herrschaft und Krieg erlangt haben. Sobald wir uns den monetären Systemen und Institutionen auf diese Weise nähern, erkennen wir, warum es problematisch ist, beispielsweise die Gründung der Bank of England als »großen zivilisatorischen Fortschritt« zu bezeichnen. Stattdessen stellte sie, wie wir sehen werden, einen Sprung in der Technologie der Kriegsfinanzierung dar. Im ersten

11 Tatsächlich nennt Marx im 24. Kapitel des Ersten Bands des »Kapitals«, das den Titel »Die sogenannte ursprüngliche Akkumulation« trägt, ausdrücklich Staatsverschuldung, Staatsfinanzen und Kolonialismus als Voraussetzungen der ursprünglichen Akkumulation.

12 Karl Marx: Das Kapital. Kritik der politischen Ökonomie. Erster Band. Buch I: Der Produktionsprozeß des Kapitals. Vierte, durchgesehene Auflage. Herausgegeben von Friedrich Engels. 1890 [1867], in: MEW, Bd. 23, S. 138f.

13 Vgl. den ersten Satz im Vorwort von »Zur Kritik der politischen Ökonomie« (1859): »Ich betrachte das System der bürgerlichen Ökonomie in dieser Reihenfolge: *Kapital, Grundeigentum, Lohnarbeit, Staat, auswärtiger Handel, Weltmarkt.*« (Karl Marx: Zur Kritik der Politischen Ökonomie. Erstes Heft. Berlin 1859, in: MEW, Bd. 13, S. 7) Es ist umstritten, ob Marx diesen Plan schließlich aufgegeben hat. Ich bezweifle das ernsthaft, obwohl ich mich hier nicht auf eine ausführliche Debatte darüber einlassen möchte. Marx war ein ungeheuer ehrgeiziger und umfassender Denker. Dass er seinen Gesamtplan nicht vollenden konnte, bedeutet nicht, dass er ihn aufgegeben hätte. Man kann sicherlich überzeugend darlegen, dass seine Untersuchung des »Systems der bürgerlichen Ökonomie« logischerweise eine Theorie des Staates, des internationalen Handels und des Weltmarktes erforderte.

Jahrhundert ihrer Existenz kümmerte sich die Bank um die Bezahlung der Schiffe, Kanonen und Soldaten, mit denen das britische Empire gegen Frankreich kämpfte. Und in dieser Hinsicht ist die Bank of England keine Ausnahme: Wie ein Ökonom anmerkte, wurden alle »vor 1850 existierenden Zentralbanken im Zusammenhang mit Kriegen gegründet«.[14]

Doch Kriegsfinanzierung ist ebenso wenig wie das Geld erst in der Moderne aufgetaucht. Aus diesem Grund setzt dieses Buch lange vor dem Kapitalismus an: mit dem Entstehen echten Geldes im alten Westasien und seiner Kristallisierung in Griechenland. Dabei wird dem Sklavenhandel bei der Entwicklung der Märkte im Mittelmeerraum besondere Aufmerksamkeit gewidmet. Indem ich hier ansetze, geraten auch die Soldzahlungen an Söldnertruppen in den Blick, die eine entscheidende Rolle bei der Entstehung des staatlich geprägten Münzgelds spielten, der ersten Modularform des Geldes. Im Weiteren zeige ich, dass die antiken Eliten das Anheuern von Söldnern und Lohnarbeitern als eine Variante des Sklavenkaufs betrachteten. All dies untermauert Marx' Darstellung der »ursprünglichen Akkumulation des Kapitals« als vielschichtigen Prozess gewaltsamer Enteignung. Geld erscheint in Marx' Darstellung als entscheidendes Mittel, durch das das Kapital in die Welt kommt, »von Kopf bis Zeh, aus allen Poren, blut- und schmutztriefend«.[15]

Geld spielt jedoch nicht in allen gesellschaftlichen Lebens- und Produktionssystemen die gleiche Rolle. Aus diesem Grund erheben diese Kapitel nicht den Anspruch, eine allgemeine, über die Jahrhunderte hinwegreichende *Theorie* zu entwickeln. Theorie muss sich mit ihren historischen Untersuchungsgegenständen spezifisch auseinandersetzen. Stattdessen bieten diese Kapitel eine besondere *historische Darstellung* des Geldes: eine, die zeigt, dass Geld in allen Klassengesellschaften mit Herrschafts- und Enteignungspraktiken verschränkt ist.[16] Ich behaupte ferner, dass in der sozioökonomischen Geschichte drei *Modularformen* des allgemeinen Gelds identifiziert werden können, die allesamt von Staaten ausgegeben wurden: Münzgeld, durch Edelmetall gedeckte Geldnoten und Fiatgeld, das an keine Ware gebunden ist. Die klassischen Beispiele hierfür sind die Silbermünzen des antiken Athen, die Banknoten der 1694 gegründeten Bank of England und der US-Dollar nach der Abkehr vom Goldstandard im Jahr 1971. Jede dieser Modularformen ist kennzeichnend

14 J. Lawrence Broz: The Origins of Central Banking: Solutions to the Free Rider Problem, in: International Organization, 2/1998, S. 213-268.

15 Marx: Kapital, Bd. 1, MEW, Bd. 23, S. 788.

16 Selbstverständlich können (und müssen) allgemeine historische Darstellungen gesellschaftliche Besonderheiten und Differenzierungen berücksichtigen, wie ich es hier hoffentlich getan habe. Gleichzeitig weisen alle Systeme sozialer und ökonomischer Herrschaft gemeinsame Merkmale auf – wie etwa die Existenz von Ausbeutungsverhältnissen –, die es dem Historiker erlauben, Kontinuitäten inmitten von Diskontinuitäten zu erkennen. Dies gilt sicherlich auch im Hinblick auf Geld, Sklaverei und Kolonisierung.

für eine historische Epoche.[17] Außerdem zeige ich – was ebenso bedeutend ist –, dass jede dieser Geldformen als Lösung für spezifische Probleme bei der Kriegsfinanzierung entwickelt wurde. Dass der Krieg in der griechischen Antike allgegenwärtig war, wird schon bei oberflächlicher Betrachtung von Homers Epen deutlich. Dass Kriege zudem stark an der Entstehung des Geldes beteiligt waren, ist ein zentrales Argument in den ersten beiden Kapiteln, die sich auch mit dem römischen Imperium als Erbe der griechischen Geldinnovation beschäftigen.

Noch lange nach dem Untergang des Römischen Reiches diente Münzgeld in Europa, dem Nahen Osten und Asien als Modularform des Geldes. Obwohl das Geldwesen in Europa nach dem Zusammenbruch Roms an Bedeutung verlor, blieb das Münzgeld das vorherrschende Zahlungs- und Tauschmittel. Als sich das eurasische Handelsleben im späten Mittelalter ausdehnte, nahmen auch die militärischen Konflikte zu.[18] Um 1270 bildeten Silbermünzen und -barren eine Art Weltgeld, das den Handel von Westeuropa bis China ermöglichte.[19] Und so wie der Krieg in diesem Zeitabschnitt kommerzialisiert wurde, wurde der Handel militarisiert. Eine Autorin konstatiert, dass in Europa vom Mittelalter bis in die frühe Neuzeit, also sechs Jahrhunderte lang, »militärische Arbeitskraft wie eine Ware auf dem Weltmarkt gekauft und verkauft wurde«.[20] Dies bezieht sich selbstverständlich auf den Erwerb von Söldnern. Die historische Bedeutung des Söldnertums war so groß, dass Ägypten im 13. Jahrhundert von Nachkommen versklavter Söldner regiert wurde, die als Mamelucken bekannt waren.

Mit dem Aufkommen des Kapitalismus in Europa wurden Kriegführung und Söldnertum immer wichtiger. Da die Staaten nach neuen Instrumenten suchten, um militärische Konflikte führen und finanzieren zu können, perfektionierte die Bank of England ihre Maschinerie der Kriegsfinanzen. Damit etablierte sich eine *zweite* Modularform des Geldes. Doch diese war nur auf der Grundlage neuer gesellschaftlicher Produktionsverhältnisse und politischer Machtformen und unter der Voraussetzung möglich, dass Marktimperative ins Zentrum des modernen Staates rückten. Die Macht des Kapitals und seine notwendige Manifestation im Krieg wurden konstituierend für die bürgerliche Ordnung.[21] So wie das moderne Geldwesen von Anfang an ein Regime zur Kriegsfinanzierung war, war der Kapitalismus ein System des *Kriegskapitalismus* – und ist es

17 Wie lange die dritte Epoche andauern wird, steht natürlich noch nicht fest.

18 Diese Entwicklungen standen im Zusammenhang mit einer lang anhalten Krise des europäischen Feudalismus, die im 3. Kapitel untersucht wird.

19 Peter Frankopan: The Silk Roads. A New History of the World, New York 2015, S. 181f.

20 Janice E. Thomson: Mercenaries, Pirates and Sovereigns, Princeton 1996, S. 3.

21 Deshalb widerspreche ich Theoretikern wie David Harvey, der in »Der neue Imperialismus« (Hamburg 2005) die Ansicht vertritt, Kapital und Staat würden zwei unterschiedliche Logiken verfolgen, die koexistieren und ineinandergreifen. Im 4. Kapitel lege ich eine einheitliche Darstellung dieses sozialhistorischen Prozesses vor.

bis heute geblieben.[22] Diese Beobachtung steht im Mittelpunkt des 3. und 4. Kapitels.

Im Dreißigjährigen Krieg des 20. Jahrhunderts (1914–1945) hatten die Vereinigten Staaten die Vorherrschaft im globalen Kapitalismus erlangt. Entscheidend für ihren Aufstieg war ein langer Kampf um die Anpassung der zweiten Modularform des Geldes, nämlich des goldgedeckten und durch eine Zentralbank abgesicherten Papiergelds. Doch die USA entfalteten durch diese Geldform nicht nur imperiale Hegemonie, sondern sie zerstörten sie auch. 1971, auf dem Höhepunkt des Vietnamkriegs, wurde das Geldsystem, integraler Bestandteil des Kriegskapitalismus, durch die Entscheidung der US-Regierung erschüttert, den Dollar vom Gold abzukoppeln und die eigene Währung damit als imperiales Fiatgeld neu zu konstituieren. Seitdem sind staatliche Fiatgelder zur allgemeinen Form des spätkapitalistischen Geldes geworden – seiner *dritten* Modularform –, was einen neuen Typus von Turbulenzen und Verwerfungen wie jene der globalen Finanzkrise von 2009 nach sich gezogen hat. Im 5. Kapitel untersuche ich diesen epochalen Umbruch und seine Folgen.

Wenn man eine Gegengeschichte des Geldes schreibt, die sich auf das antike Griechenland, Rom, Großbritannien und die USA konzentriert, besteht die Gefahr, dass der Leser diese Staaten für die großen Erneuerer der Welt halten könnte. Doch selbst auf dem Gebiet des Imperiums waren diese Staaten oft bloße Epigonen. Es gibt gute Argumente dafür, dass die Reiche Persiens, Babylons und des frühen Islams sowie die Reiche der Mongolen, Osmanen, Moguln und Chasaren die Leistungen der Griechen in vieler Hinsicht übertrafen. Die Mongolen unter Dschingis Khan (Temüjin) und seinen Nachfolgern errichteten zum Beispiel »das größte Landreich der Geschichte«.[23] Und China unternahm in der Welt das erste dauerhafte Experiment mit Papiergeld, das allerdings scheiterte und somit keine neue Geldform etablieren konnte (wie im 2. Kapitel dargelegt wird). Ich konzentriere mich nur deshalb auf Griechenland, Großbritannien und die USA, weil deren Bemühungen um Zerstörung, Herrschaft, Krieg und imperiale Macht durch Innovationen im Geldwesen untermauert wurden, die sich danach verbreiteten. Dies ist auch der Grund, warum diese Länder in der Geschichte des Kolonialismus, die einen wesentlichen Bestandteil der hier erzählten Geschichte ausmacht, eine herausragende Rolle spielen. All dies soll uns zudem daran erinnern, warum der Antikolonialismus für das Projekt einer Welt ohne imperiale Herrschaft und Krieg unerlässlich ist.

Die folgenden Kapitel bemühen sich um einen interdisziplinären Ansatz zur Untersuchung des Geldes und seiner Geschichte. Epische

22 In »King Cotton« verwendet Sven Beckert den Begriff des »Kriegskapitalismus«, um eine bestimmte Phase in der Entstehung des modernen Kapitalismus zu beschreiben. Ungeachtet der wichtigen Erkenntnisse, die Beckerts Analyse ermöglicht, betrachte ich den Krieg als integralen Bestandteil des Kapitalismus in allen seinen Erscheinungsformen.

23 Frankopan: Silk Roads, S. 154.

Dichter wie Homer und Hesiod fließen in unsere Analyse ebenso ein wie Romanautoren wie Daniel Defoe und Herman Melville. Dies hat mit der Fähigkeit der Literatur zu tun, den Schleier zu lüften, der sich so häufig über wirtschaftliche und insbesondere monetäre Fragen legt. Wie der Ökonom John Kenneth Galbraith angemerkt hat, haben wir es bei der Wissenschaft des Geldes »mit einer Disziplin zu tun, in der die Komplexität häufig nur dazu dient, die Wahrheit zu verschleiern, statt sie für jedermann verständlich darzustellen«.[24] Die Ausflüchte der Mainstream-Ökonomie haben die Funktion, Macht und Privilegien zu schützen. In dem Maße, wie sie derartige Mystifizierungen aufbrechen, können uns Dichter und Philosophen oft mehr über das Wesen des Geldes vermitteln als Ökonomen.

Dieses Buch ist also als Beitrag zur Entmystifizierung gedacht. Es ist auch »ein Experiment der Geschichtsschreibung, Solidarität und Hoffnung«, um eine Formulierung des radikalen Wissenschaftlers Vincent Harding aufzugreifen.[25] Die *Geschichte*, die das Buch nachzeichnet, ist die des Geldes, der Sklaverei, der imperialen Herrschaft und des Krieges. Die *Solidarität*, die es zum Ausdruck bringen will, gilt den Unterdrückten verschiedener Epochen. Und die *Hoffnung*, die es nährt, ist jene auf eine Zukunft ohne Gewalt und Unterdrückung. Meinen Erfolg messe ich daran, ob diese Arbeit einen kleinen Beitrag zu diesem Vorhaben leistet.

---

24 John Kenneth Galbraith: Geld. Woher es kommt, wohin es geht (aus dem Amerikanischen von Karl Otto von Czernicki), München/Zürich 1976, S. 15.

25 Vincent Harding: There Is a River. The Black Struggle for Freedom in America, San Diego 1981, S. xi.

1 —— »Viel' auch führt' ich gefangen hinweg, und verkaufte sie lebend.«: Krieg, Sklaverei und antike Märkte

Ein halbes Jahrhundert vor Beginn der christlichen Ära blickte ein römischer Provinzstatthalter erfreut auf die Kriegsbeute eines kürzlich erfolgten Feldzugs. Der Statthalter, der Nachwelt als Cicero bekannt, jubilierte in einem Brief an einen Freund: »Während ich dies schreibe, standen auf der Tribüne Waren im Wert von 120 000 Sesterzen.«[1] Tatsächlich befanden sich vor ihm keine Sesterzen, das in der damaligen Zeit vorherrschende römische Münzgeld, sondern Menschen – von der Armee als Kriegsbeute verschleppte, versklavte Menschen. Dennoch sagte Cicero in gewisser Hinsicht die Wahrheit. Was er vor sich sah, war tatsächlich ein Haufen Münzen. Schließlich handelte es sich bei den Gefangenen vor ihm um Waren, die problemlos in ein Geldäquivalent verwandelt werden konnten. Unserem römischen Politiker mögen die Namen der Versklavten unbekannt gewesen sein, doch ihren Marktwert konnte er einschätzen. Der Tausch von Sklaven war so entwickelt, die ökonomische Transformation von Menschen in Geld so alltäglich, dass Cicero den Wert einfach im Kopf umrechnete. Was er auf dem Podium sah, entsprach dem, was er berichtete – Sesterzen, Bergen von Sesterzen.

Um Menschen als Geldmenge wahrzunehmen, bedarf es einer engen Verflechtung von Sklaverei, Markt und Geld. In der griechisch-römischen Antike hatten sich diese Begriffe parallel, untrennbar miteinander verknüpft, entwickelt. Heute leugnen die liberalen Apologeten von Markt und Geld diese Zusammenhänge. Selbst in heterodoxen Arbeiten der Wirtschaftswissenschaften stoßen wir auf Aussagen, wonach die Erfindung von Geld und Finanzen als »ein großer zivilisatorischer Fortschritt« betrachtet werden kann.[2] Mit seinem erbaulichen Märchen vom zivilisatorischen Handel versucht der Mainstream, jene beschämende Ware unsichtbar zu machen, die für die Geschichte der Märkte und des Geldes von so großer Bedeutung war – leibeigene Menschen.

1 Cicero: Atticus-Briefe, 5.20.5.

2 Pettifor: Die Produktion des Geldes, S. 28.

* * *

Fragen des Geldes sind auch Fragen der Wahrheit. Um als Tausch- und Zahlungsmittel oder Wertmaßstab fungieren zu können, muss eine Geldeinheit (egal, ob es sich um eine Münze oder einen Geldschein handelt) als echt und nicht als Betrug oder Fälschung akzeptiert werden. Der Wahrheitswert des Geldes ist nicht nur eine begriffliche Angelegenheit. Die Gültigkeit des Geldes muss sich im praktischen Alltag, in den konkreten Interaktionen zwischen Menschen realisieren. Mit dem Geld geht also eine gesellschaftliche Epistemologie einher, verschiedene symbolische und sozio-materielle Praktiken, mit denen seine Wahrhaftigkeit bestimmt wird. Zu Beginn der westlichen Kultur durchliefen diese Praktiken den versklavten Körper.[3]

Ein allgemeines Äquivalent – sei es eine Silbermünze, ein digitaler Betrag oder eine von einer Zentralbank ausgestellte Banknote – benötigt eine Integritätsgarantie; um allgemein akzeptiert zu werden, muss das Äquivalent als legitim, als *das* Echte, als die Verkörperung des Reichtums an sich anerkannt werden. Dieser Prozess kann ins Stocken geraten, wenn neue Zahlungs- und Tauschmittel auftauchen – Banknoten in Gesellschaften, die bisher durch Münzgeld bestimmt waren, zum Beispiel oder Chipkarten, mit denen erstmals das Bargeld ersetzt wird. Dies gilt auch für eine Gesellschaft, in der ältere Tauschmittel wie konventionelle Gold- und Silbergewichte, Eisenspieße und Metallkessel durch staatlich geprägte Münzen substituiert werden. Und mit diesem Übergang erleben wir im antiken Griechenland eine faszinierende Veränderung hinsichtlich der Geldprüfung – eine Verschiebung, die den versklavten Körper direkt in das Wahrheitsregime des Geldes einbaut.

In dem Zeitabschnitt, als das Münzwesen entstand, konnte die Echtheit einer Goldmünze mithilfe eines *basanos* geprüft werden, einem Prüfstein, auf dem reines Gold beim Reiben eine besondere Spur hinterließ. Mit der Zeit bezog sich der Begriff *basanos* nicht mehr nur auf den Stein, sondern wurde zum Synonym für die Prüfung selbst. Doch die bemerkenswerteste semantische Veränderung fand statt, nachdem das Silbergeld in der athenischen Polis eingeführt worden war (wahrscheinlich im späten sechsten Jahrhundert v. u. Z.). Da der Staat die Münzen geprägt hatte, musste er sich auch vor Fälschungen schützen und eine öffentliche Echtheitsprüfung bereitstellen. Eine Zeit lang wurde die Prüfung der Münzen öffentlich auf der Agora von einem versklavten Staatsbediensteten vorgenommen, der als *dokimastes* bekannt war und mit 50 Peitschenhieben bestraft wurde, wenn er nicht auf seinem Posten geblieben war oder die Prüfung nicht gemäß den gesetzlichen

3 Wenn ich hier von Geld spreche, denke ich vor allem an Münzgeld.

Bestimmungen durchgeführt hatte.[4] Der Körper eines Sklaven – dem stets Gewaltanwendung drohte – fungierte hier als ultimativer Garant für die Echtheit von Geld. Der versklavte Mensch, der als *dokimastes* diente, wurde zu einer Art menschlichem *basanos* und damit implizit zu etwas, das sowohl lebendig als auch unbelebt war, sich im Zwischenbereich zwischen Leben und Tod bewegte. Die Epistemologie des Geldes beruhte also auf dem versklavten Körper und der Gewalt gegen ihn, in einer Reihung, die Geld → Prüfstein → Sklave lautete. Diese direkte Verbindung zwischen Wahrheit, Gewalt und dem versklavten Körper ermöglichte eine weitere, etwas verblüffende semantische Verschiebung, da das Wort *basanos* schließlich weder den Stein zur Überprüfung der Münzen noch den Test selbst, sondern die Folter eines versklavten Körpers bezeichnete, um in einem Gerichtsverfahren eine Zeugenaussage zu erhalten. Dieser Bedeutungswandel verknüpfte also Münzen und Sklaven als Objekte, deren Körper Gefäße der Wahrheit sein konnten. Das war der Zusammenhang, durch den *basanos* zur Bezeichnung der Gewaltanwendung gegen einen versklavten Körper wurde – eine Gewaltausübung, mit der bei einem Gerichtsverfahren die *Wahrheit ermittelt* werden sollte.[5]

Über diese semantische Evolution schreibt der Altphilologe Page duBois, dass es sich bei einer derartigen Bedeutungsverschiebung »im wörtlichen Sinne um eine *catachresis* handelt, einen unsachgemäßen Gebrauch der Worte ... um einen Missbrauch oder eine Perversion einer Trope oder einer Metapher (Oxford English Dictionary)«.[6] Doch auch wenn der Missbrauch (versklavter Körper) zweifellos eine Rolle spielte, überschätzt duBois die Differenz zwischen Münzgeld und Sklavenkörper möglicherweise. Denn mit dem athenischen Münzdekret (375–374 v. u. Z.), das die *dokimastes* zum Prüfstein für die Echtheit des Geldes machte, war es zu einer rechtlichen Verschmelzung von Münzen und Sklavenkörpern gekommen: Die gegen Erstere, die versklavten Körper, angewandte Gewalt garantierte die Echtheit des Letzteren, des Geldes.

4 Ronald S. Stroud: An Athenian Decree on Silver, in: Hesperia, 2/1974, S. 159 und 166. Dieses Dekret wurde in den Jahren 375–374 v. u. Z. erlassen.

5 Unter Historikern ist umstritten, ob es sich beim *basanos* in erster Linie um eine ritualisierte juristische Drohung während eines Prozesses handelte oder um eine tatsächlich angewandte Praxis legaler Folter. Michael Gagarin vertritt beispielsweise die Ansicht, dass sie selten oder gar nicht praktiziert wurde: The Torture of Slaves in Athenian Law, in: Classical Philology, 1/1986, S. 1–18. Aber diese These, für die wir kaum Belege haben, geht am Kern des Problems vorbei: a) dass es sich um ein Verfahren handelte, das im athenischen Recht festgelegt war und uns somit etwas Wichtiges über den Sklavenkörper als Prüfstein der Wahrheit sagt; und b) dass sich dieses Verfahren mit allen Regeln einer Gesellschaft deckte, in der, wie Virginia Hunter es treffend ausdrückt, »Sklaven für alle ihre Vergehen mit dem Körper einstanden«. Vgl. Virginia Hunter: Constructing the Body of the Citizen: Corporal Punishment in Classical Athens, in: Échos du Monde Classique/Classical Views, 3/1992, S. 278. In Einklang damit liefert David Mirhady ein überzeugendes Argument für die zentrale Bedeutung der Sklavenfolter im athenischen Recht. Vgl. seinen Artikel: The Athenian Rationale for Torture, in: Ian Worthington (Hrsg.): Demosthenes. Statesman and Orator, London 2001, S. 53–74.

6 Page duBois: Torture and Truth, London 1991, S. 21, Hervorh. im Original. Meine Überlegungen zum *basanos* stützen sich auf den Text von duBois.

Juristische Wahrheit und Authentizität des Geldes waren an den versklavten Körper gebunden. Wir haben es hier mit einer Kette von Substitutionen zu tun, durch die der versklavte Körper sowohl Münzen als auch Wahrheit repräsentieren konnte.

Man denke auch an folgende Substitution: Während das Gesetz in Griechenland als Strafe für Sklaven häufig Peitschenhiebe verhängte, konnten freie Personen als Ersatz Geldstrafen zahlen. In einer attischen Inschrift aus dem späten vierten Jahrhundert wurde beispielsweise eine Strafe von 50 Peitschenhieben gegen einen Sklaven verhängt, der im heiligen Bezirk des Apollon Holz gefällt hatte; ein freier Mann hingegen sollte für dasselbe Vergehen 50 Drachmen zahlen, eine offensichtliche Substitution des (freien) Körpers durch Geld.[7] Diese Übersetzung zwischen Sklavenkörper und Geld ist sicherlich auch der Tatsache geschuldet, dass Sklaven auf dem Markt gekauft und verkauft wurden. Versklavte *konnten* letztlich direkt gegen Münzen getauscht werden. Und dies bedeutete eine inhärente ontologische Verschmelzung von (zumindest einigen) Personen mit Gegenständen – ein Beispiel davon haben wir bei Cicero gesehen. Möglicherweise war es also gar kein großer Missbrauch der Sprache, wenn sich die Bedeutung des Wortes *basanos* von einem Prüfstein für Gold zur juristischen Gewaltanwendung gegen einen Sklavenkörper verschob. Dieses Hin- und Herwechseln zwischen Gold und Sklavenkörper ahmte die realen Tauschvorgänge diskursiv nach. Doch diese Geschäftskreisläufe hatten ihren Ursprung in einer überwiegend nicht-monetarisierten Ökonomie. Wenn wir verstehen wollen, wie das Geld in die Austauschbeziehungen kam, werden wir die Ökonomie der Gewalt in der heroischen Periode untersuchen müssen. Bevor wir dies tun, wollen wir uns jedoch einem anderen Schauplatz dieser Dialektik von Geld, Wahrheit und Sklavenkörper zuwenden: der antiken Philosophie.

Dem Unsichtbaren auf der Spur: Philosophie und Sklavenkörper

Die antike griechische Philosophie ist nicht nur mit der Entstehung des Geldes auf faszinierende Weise verbunden; es besteht auch eine kuriose Verbindung zu versklavten Menschen. Selbstverständlich waren Sklavenkörper in Athen omnipräsent – bei ihrer täglichen Arbeit, auf den Märkten, wo sie ge- und verkauft wurden, durch Tätowierungen, Brandzeichen und Ketten, mit denen ihre Körper als bewegliches Eigentum markiert wurden. Diese öffentliche Sichtbarkeit der Versklavten sorgte jedoch zugleich dafür, ihre Persönlichkeit unsichtbar zu machen, sie als Menschen verschwinden zu lassen. Die Exposition der Versklavten, die sich in der Markierung ihrer Körper ausdrückte, grenzte sie von der wirklich

7 In: Sylloge, Nr. 984, Zeilen 8ff., zitiert nach Glenn R. Morrow: Plato's Law of Slavery in its Relation to Greek Law, Urbana 1939, S. 68.

menschlichen Welt der Polis ab und verwandelte sie in Gegenstände, die mit den kulturschaffenden Aktivitäten erwachsener männlicher Bürger, darunter auch der Ausübung der Philosophie, nichts zu tun hatten. Die körperliche Semiotik der Sklaverei verwies die Versklavten also in die Grauzone von Vieh und Waren. Als »ein belebtes Stück Besitz«, so Aristoteles, ist der Sklave »ein Werkzeug«, das dem Handeln des Herren diente.[8] Die Versklavten verkörpern das Untote, sie vereinen die Tätigkeit der lebendigen Arbeit mit dem Status von Geschöpfen, die gesellschaftlich tot sein sollen.[9] Doch diese Verbannung der Versklavten in das Zombie-Reich des lebendigen Todes hat Spuren hinterlassen, Anhaltspunkte für eine dialektische Untersuchung. Sie hat sich in die Intelligibilitätsgesetze von logischer Vernunft und Geld eingeschrieben.

Der Sklavenkörper war genau deshalb von Natur aus skandalös, weil er den Reichen der Philosophie und des Handels zugrunde lag; er gehörte zu ihren fundamentalen Existenzbedingungen. Der Skandal bestand natürlich nicht in der *Tatsache* der Sklaverei, denn diese scheint kaum jemandem unangenehm gewesen zu sein (mit der Ausnahme einiger weniger demokratischer Egalitaristen).[10] Die Sklaverei war mit dem antiken Recht nicht nur vereinbar, sondern für dieses, wie wir gesehen haben, sogar insofern unverzichtbar, als sie eine wesentliche Voraussetzung der Rechtswahrheit bereitstellte. Bei der Lektüre von Aristoteles wird deutlich, dass er die Unterwerfung von Versklavten als Teil der gerechten Ordnung unserer Welt betrachtete, die für die Tugend in seinen Augen ebenso unverzichtbar war wie die Herrschaft der Männer über Frauen und Kinder. Der Skandal der Sklaverei hatte nichts mit ihrer Existenz an sich, sondern mit der unausgesprochenen Bedrohung zu tun, die sie für die aristokratischen Ansprüche auf kulturelle Autonomie darstellte. Wie Hegel gezeigt hat, besteht die große Ironie des Herr-Knecht-Verhältnisses darin, dass es eine dialektische Umkehrung in sich birgt. In Bezug auf die sie umgebende materielle Welt sind die Herren passive Wesen, die auf die Arbeit der von ihnen versklavten Menschen angewiesen sind. Die Versklavten hingegen entwickeln sich in und durch diese Tätigkeit als gesellschaftliche Akteure. Das Herr-Knecht-Verhältnis ist somit der Ort einer möglichen Umkehrung von Abhängigkeit und Unabhängigkeit; es trägt die Möglichkeit seiner radikalen Aufhebung

8 Aristoteles: Politik (übersetzt von Eckart Schütrumpf), Hamburg 2012, 1253b23–1254a1.

9 Vgl. Orlando Patterson: Slavery and Social Death, Cambridge 1985. Ich verstehe den gesellschaftlichen Tod als eine grundlegende *Tendenz* des versklavten Lebens – eine Tendenz, der die Versklavten entgegenwirken, indem sie auf vielfältige Weise versuchen, Identität und Persönlichkeit zurückzuerlangen und soziale und gemeinschaftliche Beziehungen zu knüpfen.

10 Wie Aristoteles andeutet, bereiteten diejenigen, die die Sklaverei als reine Konvention betrachteten, der Vorstellung das Feld, die Sklaverei könne gänzlich ungerecht sein und im Wesentlichen auf Gewalt und Eroberung beruhen. Vgl. Politik, 1253b14. Tatsächlich soll der Sophist Alkidamas gesagt haben, dass »die Gottheit allen Menschen Freiheit gab und die Natur niemanden als Sklaven schuf«. Zitiert nach Yvon Garlan: Slavery in Ancient Greece, Ithaca 1988, S. 125.

durch die Versklavten in sich.[11] Und dies bedroht den Unabhängigkeitsanspruch von Kultur, Handel und Wahrheit. Letztlich ist die Philosophie traditionell davon ausgegangen, dass nur das Wahre Wahrheit und nur das Reine Reinheit hervorbringen kann.[12] Die Abhängigkeit der Welt der Herren von der Tätigkeit der Knechte stellt jedoch ihre Abhängigkeit vom vermeintlich Unreinen dar, vom Reich körperlicher Menschen, seien es Frauen, Versklavte oder Tagelöhner, deren Existenz auf die Fremdbestimmung der Welt der Herren verweist. Die Wiederkehr des Verdrängten äußert sich hier in einer *Wiederkehr der Unterdrückten*. Dies ist einer der Gründe, warum die klassische griechische Kultur – und nirgendwo mehr als in der Philosophie Platons – nicht nur die Versklavten zu verbannen suchte, sondern alles, was nach ihnen roch: Frauen, Arbeit, Körper, Natur.[13]

Platons »Menon« ist einer der interessantesten Texte in dieser Hinsicht. Sklaven werden in Platons Dialogen zwar häufig erwähnt, doch ist dies der einzige Fall, in dem ein Versklavter selbst spricht. Obgleich Platon ihm eine Stimme gibt, setzt er den gesellschaftlichen Tod des Versklavten dadurch in Szene, dass er ihm einen Namen verweigert und ihn lediglich als »Jungen« bezeichnet. Das macht es Platon leichter, den Jungen von der Bühne und aus dem Dialog zu entfernen, nachdem jener zur Veranschaulichung von Sokrates' Argumentation beigetragen hat.[14] Dennoch kehrt das Verdrängte auf den letzten Seiten des Textes, wo sich der Philosoph erneut mit dem Problem der Wahrheit beschäftigt, mit Wucht zurück.[15] Sokrates fordert seine Gesprächspartner hier auf, die

11 Vgl. Georg Wilhelm Friedrich Hegel: Die Phänomenologie des Geistes [1807], in: Werke [in 20 Bänden], Bd. 3, Frankfurt a. M. 1970, Teil B, Kap. IV(A). Hegels Darstellung dieser Herr-Knecht-Dialektik ist voller Zweideutigkeiten. In einer Lesart stellt das Christentum die spirituelle Revolution dar, durch die Versklavten zu neuem Bewusstsein gelangen, obwohl die Sklaverei selbst noch Jahrhunderte nach dem Erscheinen des Christentums fortbestand. Nach einer anderen Lesart kommen Herren und Sklaven durch den Konflikt zu einer gegenseitigen Anerkennung als Gleiche. Eine Auswahl von Interpretationen findet sich in: John O'Neill (Hrsg.): Hegel's Dialectic of Desire and Recognition, Albany 1996. In jüngerer Zeit hat Susan Buck-Morss argumentiert, dass sich in Hegels Darstellung Hinweise auf die große Sklavenrevolution in Haiti (1791–1804) finden lassen, auch wenn Hegel sich weigert, ihre theoretische Bedeutung anzuerkennen. Vgl. Susan Buck-Morss: Hegel und Haiti (übersetzt von Laurent Faasch-Ibrahim), Berlin 2011.

12 Diese Tradition wird bei Hegel massiv herausgefordert. Nach Hegel taucht dieser Hinweis in einer Vielzahl von – sehr unterschiedlichen – Gesellschaftstheorien erneut auf, vom Marxismus über die Psychoanalyse bis zum Poststrukturalismus.

13 Der Widerstand gegen den Aufstieg des werktätigen Bürgers – der Prüfstein der Demokratie – spielte hier eine entscheidende Rolle, wie weiter unten noch deutlicher werden wird. Der Status von Versklavten und werktätigen Bürgern war hier auf komplexe Weise miteinander verwoben, wie Platon selbst andeutete, als er versuchte, beide Gruppen von der Politik auszuschließen.

14 Platons Argumentation ist von Widersprüchen durchzogen. Die Darstellung des Sklavenjungen ist die eines Menschen, der in der Lage ist, mathematische Probleme zu lösen – was auf eine universelle Fähigkeit zur Wissensaneignung verweist. Doch im Folgenden stellt Sokrates die Schlussfolgerung infrage, die sich daraus zu ergeben scheint: nämlich, dass, wenn Tugend Weisheit ist, Tugend lehrbar sein muss. Vgl. Platon: Menon (übersetzt von Ludwig von Georgii, 1860). Spannungen dieser Art ziehen sich durch Platons Texte und verkörpern den Widerspruch zwischen den aristokratischen sozialen und politischen Verpflichtungen des Philosophen einerseits und seinem Bemühen andererseits, die elitäre Politik (als Gegenprojekt zur Demokratie) durch eine universelle, von utilitaristischem Kalkül und monetärer Quantifizierung freie Anrufung des »guten Lebens« wiederherzustellen.

15 Während Sokrates versucht, den Unterschied aufzuzeigen, der zwischen der richtigen Meinung über eine Sache und dem Wissen besteht, warum diese Meinung richtig ist, suggeriert die Lek-

zufällige Möglichkeit einer richtigen Meinung über ein Thema nicht mit dem Besitz des wahren Wissens darüber zu verwechseln. Wir können in einer Frage recht haben, ohne echtes und umfassendes Wissen darüber zu besitzen. In der Folge vergleicht Sokrates richtige, nicht auf Wissen beruhende Meinungen mit Statuen des Daidalos, die »davonlaufen und ausreißen«, wenn sie nicht festgebunden sind. Wissen hingegen sei fest, dauerhaft, an einem Ort verankert. Die Meinung bleibt, selbst wenn sie richtig ist, flüchtig, ja sie *flieht*, wie »ein entlaufener Sklave«, der »ausreißt«, wenn man ihn nicht »anbindet«.[16] Bloße Meinungen drohen uns, auch wenn sie richtig sind, zu entgleiten, solange sie nicht durch Wissen gebunden sind. »Hat man sie aber angebunden, so werden sie zuerst Erkenntnisse und dann auch bleibend.« (98). Das Streben nach Wahrheit erfordert, mit den richtigen Meinungen das zu tun, was man mit versklavten Körpern anstellt – sie anzuketten und zu fesseln.

So sehr er sich auch dagegen stemmt, kann Platon die Schlussfolgerung nicht vermeiden, dass der Versklavte – der Leibeigene, der nicht fliehen kann – eine notwendige Bedingung der philosophischen Wahrheit ist. Dieses Phantom verfolgt die westliche Kultur seit ihren Anfängen und droht zu offenbaren, dass die Sphären von Geist und Geld erst in und durch die Arbeit der Versklavten entstehen konnten. Avery Gordons These, dass die Moderne von gespenstischen Bildern der Gewalt und der Verletzungen heimgesucht wird, lässt sich auch auf die von den Herren der modernen Welt angeeigneten kulturellen Traditionen anwenden, die in der Kultur einer antiken Sklavenhalterklasse wurzeln.[17] Doch während der Liberalismus verleugnet, was er dieser Welt der Peitschen und Ketten verdankt, hat Nietzsches perverses Genie sich dieses Erbe einfach zu eigen gemacht. So feiert Nietzsche die Herrschaft über die Sklaven als unverzichtbar für das edle Werk des Kulturschaffens. Sein Wettern gegen Demokratie, Sozialismus und Feminismus richtet sich auch gegen deren Angriffe auf die Sklaverei: »Als ob Sklaverei ein Gegenargument und nicht vielmehr eine Bedingung jeder höheren Kultur, eine Bereicherung der Kultur sei«, schreibt er. Immer wieder bekennt er sich zur aristokratischen Herrschaft über versklavte Menschen: »Jede Erhöhung des Typus ›Mensch‹ war bisher das Werk einer aristokratischen Gesellschaft, [...] welche [...] Sklaverei in irgendeinem Sinne nötig hat.«[18]

Der Liberalismus vermeidet es, sich zur Unverzichtbarkeit von Versklavten für die Regime von Geld und Philosophie zu bekennen. Er weiß,

türe des »Menon«, dass Sokrates in Wirklichkeit Schwierigkeiten hatte, die praktische Bedeutung dieser Unterscheidung zu belegen.

16 Platon: Menon, 97D–97E.

17 Avery Gordon: Ghostly Matters. Haunting and the Sociological Imagination, Minneapolis 1997, S. 25.

18 Friedrich Nietzsche: Jenseits von Gut und Böse, in: ders: Werke in drei Bänden, München 1954, Bd. 2, S. 701; 727. Ich habe Nietzsches aristokratischen Radikalismus diskutiert in: McNally: Bodies of Meaning, Kap. 1.

dass eine derartige Affirmation seine eigene beschönigende Geschichtsnarration der westlichen Kultur und seine Behauptung untergraben wird, wonach sich das moderne Individuum durch die Poetik von Geist und Tausch, frei von Blut, Schmutz, Ketten und Peitschen selbst konstituiert. Doch Walter Benjamins Beobachtung kann er sich nicht entziehen: »Es ist niemals ein Dokument der Kultur, ohne zugleich ein solches der Barbarei zu sein«; eine Aussage, die auf Münzen ebenso zutrifft wie auf Vasen oder Texte von Platon.[19] Eine dialektische Archäologie der Wahrheit erfordert deshalb eine Ausgrabung an den Stätten der Erniedrigung, eine Rückbindung der Kulturobjekte an die blutbefleckten, geschundenen Körper, die die Welt der Kultiviertheit heimsuchen. Zum versklavten Körper zurückzukehren bedeutet also, die Sphären der Arbeit und der Knechtschaft aufzusuchen, aus denen sich die Wahrheiten unserer Welt zusammensetzen. Zu diesen Wahrheiten gehört die des Geldes.

»Ein Maß für alles«

Das antike Griechenland gilt zu Recht als die erste umfassend monetarisierte Gesellschaft der Geschichte. Es ist nicht so, dass Märkte und Warentausch nur in Griechenland zu finden gewesen wären. Im Gegenteil, sie waren in der antiken Welt weitverbreitet; ebenso wie eine Vielzahl an speziellen Zahlungsmitteln, die unterschiedliche monetäre Funktionen erfüllten – wie zum Beispiel die Wertermittlung von Gegenständen –, ohne dabei jedoch als Universalwährung zu fungieren. Im antiken Ägypten und in Mesopotamien beispielsweise wurden Zahlungen häufig über Gegenstände wie Kupfer, Silber oder Getreide abgewickelt, die als Standardeinheiten fungierten und mit denen sich der Wert von Waren und Dienstleistungen ausdrücken ließ. Wenn zwei Händler beispielsweise Stoff und Gerste tauschen wollten, konnte der Wert beider Güter in einer bestimmten Menge Kupfer ausgedrückt werden. Dies erlaubte den Vergleich von Mengen unterschiedlicher Gegenstände. Doch das Kupfer diente hier lediglich als Recheneinheit, also als Standardmaß, an dem sich der Handel orientieren konnte. Häufig wechselten bei einem solchen Tausch nur sehr wenig oder gar kein Kupfer, Getreide oder Silber den Besitzer. In einem Dokument aus der Zeit des Neuen Reichs in Ägypten (1550–1070 v. u. Z.) wird beispielsweise der Kauf eines Ochsen durch einen Polizisten erwähnt. Daraus geht hervor, dass der Preis des Ochsen bei 50 Deben Kupfer (etwas mehr als 4,5 Kilogramm) lag. Von den 50 Deben wurden jedoch nur fünf tatsächlich in Kupfer bezahlt; der Rest wurde in anderen Gütern wie Öl, Kleidung und Fett abgegolten, deren Wert in Kupfer ausgedrückt war. In diesem Fall war Kupfer zwar ein *Maßstab* für den Wert der getauschten Güter, aber nicht das universelle

19 Walter Benjamin: Über den Begriff der Geschichte [1940], in: Gesammelte Schriften I-1, Frankfurt a. M. 1991, S. 696f.

Tausch- oder Zahlungs*mittel* selbst. Etwas Ähnliches ist auch in Mesopotamien zu beobachten, wo verschiedene Gesetzestexte die Höhe von Geldstrafen, Löhnen und Warenpreisen in festen Silbergewichten festsetzten. Aus denselben Dokumenten wissen wir jedoch, dass auch Getreide nach einem festgelegten Verhältnis Silber/Getreide für die Zahlung verwendet werden konnte.[20] Unter der Dynastie des Hammurabi in Babylonien (1792–1750 v. u. Z.) wurden Preise zwar in Silber ausgedrückt, doch die meisten Zahlungen erfolgten mit Gerste oder anderem Getreide. Im Gesetzbuch des Hammurabi (Gesetze 113–115) wird die Zahlung als »Anspruch auf Getreide oder Geld« bezeichnet. Auch bei Homer finden wir Rinder zwar häufig als Wertmaßstab, aber niemals als Tauschmittel. In all diesen Fällen stellten die Gegenstände, die als Wertmaßstab (oder Recheneinheit) fungierten, kein allgemeines Äquivalent dar, das die Funktionen von Tauschmittel, Wertmaßstab und Zahlungsmittel in sich vereinte. Sie trugen auch kein sichtbares Zeichen staatlicher Autorität, das sie als alleiniges gesetzliches Zahlungsmittel auswies, wie es bei staatlich geprägten Münzen der Fall ist. Oder anders ausgedrückt, die Spezialgelder *(special-purpose monies)* dienten nicht als einziges, gesellschaftlich sanktioniertes Wertmittel, das sich auf vergleichbare Weise in Tauschkreisläufen bewegt, wie dies bei vollwertigem oder allgemeinem Geld *(general-purpose money)* der Fall ist.[21]

Selbst dort, wo Edelmetallbarren, wie in Assyrien und Ägypten, manchmal das Siegel der Obrigkeit trugen, fehlte es ihnen an Universalität, und sie koexistierten mit Grundgütern wie Wolle, Gerste, Schafen und Wein, die ebenfalls Geldfunktionen erfüllten. Das Königreich Lydien in der heutigen Westtürkei scheint zwar das erste im Mittelmeerraum gewesen zu sein, in dem Münzen staatliche Hoheitszeichen trugen, doch das Fehlen von Kleinmünzen lässt darauf schließen, dass es sich nicht um eine hochgradig monetarisierte Gesellschaft handelte, da die alltäglichen Transaktionen der Bevölkerung nur mit Kleingeld abzuwickeln gewesen wären. In den Staaten des klassischen Griechenlands und insbesondere in Athen hingegen sollte das einheitliche, vom Staat ausgegebene Münzgeld zur Grundlage des Alltags werden und den steten Austausch von Waren und Dienstleistungen vermitteln. Münzen dienten als Tauschmittel und als *allgemeines Äquivalent*, mit dem alles Mögliche bezahlt werden konnte, vom Olivenöl bis hin zu Sex oder Geldstrafen. Eine interessante Darstellung des Ausmaßes der Monetarisierung findet sich in Platons »Staat«, wo er »alle die Verlegenheiten und Schmerzen beschreibt, die sie [die Männer, Anm. d. Ü.] bei der Kindererziehung und dem Gelderwerb

20 Catherine Eagleton/Jonathan Williams: Money: A History, London 2007, S. 19f; 17f.

21 Das Konzept des *special-purpose money* wurde von Karl Polanyi entwickelt. Vgl. beispielsweise: The Semantics of Money-Uses, in: Primitive, Archaic and Modern Economies: Essays of Karl Polanyi, Boston 1971, S. 178f.

zur notwendigen Erhaltung ihrer Hausgenossen haben, indem sie bald Geld borgen, bald ableugnen, bald auf irgend andere Weise es sich verschaffen und es Frauen und Gesinde übergeben, und es ihnen zur Verwaltung überlassen«.[22] Platons Gesellschaft war so umfassend monetarisiert, dass sich die Haushaltsvorstände dem »Gelderwerb« widmeten, während Frauen und Sklaven auf dem Markt unterwegs waren, um die Güter »zur notwendigen Erhaltung der Hausgenossen« käuflich zu erwerben.

Wir werden in diesem Kapitel noch auf Platons »Staat« zurückkommen. An dieser Stelle wollen wir festhalten, dass sich Platons Darstellung mit anderen Hinweisen auf die Omnipräsenz griechischer Münzen als Tauschmittel deckt. Am bedeutsamsten ist hier der archäologische Fund großer Mengen Münzgeld aus der klassischen Periode, der darauf hinweist, dass Geld nicht nur von Reichen und beim Kauf von Land, Sklaven und Vieh, sondern auch in kleinen Stückelungen eingesetzt wurde, um die alltäglichen Transaktionen normaler Bürger zu erleichtern.[23] Staatlich ausgegebenes Geld war in Athen (und anderen griechischen Stadtstaaten) überall zu finden, stellte einen unverzichtbaren Bestandteil des Alltags dar und sorgte für Not, wenn man nicht genug davon besaß.

Der Historiker Richard Seaford hebt bei seiner Darstellung der griechischen Antike die Neuartigkeit des Münzgeldes als »einzige, allgegenwärtige und *sichtbare* Verkörperung des universellen Tauschwerts« hervor und stellt fest, dass in der griechischen Polis des 6. Jahrhunderts v. u. Z. »erstmals über *Geld* gesprochen und nachgedacht« wurde.[24] Diese Revolution war gleichermaßen begrifflicher wie sozio-materieller Natur. In Gesellschaften, die nicht umfassend monetarisiert sind, wird der Reichtum anhand von Beständen gemessen. Unterschiedliche Gegenstände werden aufgelistet: Rinder, goldene Kelche, Weizen bis hin zu versklavten Menschen. Die verschiedenen Formen von Eigentum werden in solchen Gesellschaften also nicht in eine einzige quantitative Maßeinheit übersetzt, wie sie das Geld darstellt, sondern als Summen qualitativ unterschiedlicher Gegenstände erfasst. Im Alten Testament beispielsweise wird der Reichtum Salomons durch die Aufzählung seiner Vorräte – Mehl, Rinder, Schafe, Ziegen, Hirsche, Gazellen, Rehböcke und Geflügel – und verschiedener Dinge geschildert, die er monatlich bezog, darunter Gerste und Stroh für seine Pferde (1. Buch der Könige 5, 2–8). Aber Gesellschaften, die von einem universellen Äquivalent regiert werden, müssen nur jeden dieser Posten in Geldeinheiten umrechnen, um eine einzige Summe, einen homogenen Betrag Reichtum zu ermitteln – seien es Drachmen, Dollar oder Ciceros Ses-

22 Platon: Politeia. Der Staat (übersetzt von Wilhelm Teuffel und Wilhelm Wiegand), Stuttgart 1855, S. 92.

23 Colin M. Kraay: Small Change and the Origins of Coinage, in: Journal of Hellenic Studies, 84/1964, S. 76–91.

24 Richard Seaford: Monetisation and the Generation of the Western Subject, in: Historical Materialism, 1/2012, S. 81f., Hervorh. im Original.

terzen. »Bei den Griechen beobachten wir eine neue Art zu sprechen und zu denken. Nun konnte man den gesamten Besitz eines Haushalts in Geld ausdrücken, was ein Mitglied einer vormonetären Gesellschaft niemals getan hätte.«[25] Nicht umsonst erklärte Aristoteles: »Das Geld macht wie ein Maß alles gemeinsam messbar und gleicht dadurch aus«.[26] Aber wenn Geld zum Maßstab für alles wird, haben wir es mit einer spezifischen Sozialstruktur zu tun. So eng die Geschichte dieser Struktur mit Umwälzungen im Bereich von Kultur und Geist verwoben war, beruhte sie doch auch auf sozioökonomischen Brüchen, die die adlige Gabenökonomie veränderten und das gesellschaftliche Leben neu organisierten.

Von Kriegen angetriebene Märkte: Geschenke, Reziprozität und Gewalt

Das homerische Griechenland oder zumindest das Leben der in den Epen dargestellten griechischen Helden fußte auf einer aristokratischen Gabenökonomie.[27] Der soziale Status hing von »konkurrierender Generosität« ab, also von der Fähigkeit, seinen Mitmenschen verschwenderische Gaben zuteilwerden zu lassen und sich wohltätig gegenüber denen zu zeigen, die in der sozialen Ordnung unter einem standen.[28] Das Schenken war Ausdruck und Zurschaustellung von Tugendhaftigkeit. Gastfreundschaft *(xenia)* und der Austausch von Geschenken verbanden die Menschen in einem Nexus gegenseitiger Verpflichtungen, in dem Beschenkte ihren Wohltätern Dienste, Unterstützung und Gegengeschenke schuldeten. Zweifelsohne können Schenksysteme hierarchisch sein und soziale Ungleichheit reproduzieren. Doch einige Kritiker haben fälschlicherweise angenommen, dass diese Verhaltensmuster auf einer Art kapitalistischem Kalkül beruhen. In Wirklichkeit waren sie etwas völlig anderes.[29]

25 David Schaps: The Invention of Coinage and the Monetisation of Ancient Greece, Ann Arbor 2004, S. 16.

26 Aristoteles: Nikomachische Ethik (übersetzt von J. H. von Kirchmann), Leipzig 1876, S. 104.

27 Ich beziehe mich hier bewusst auf die Ökonomie des Gabentauschs und nicht auf die Produktionsweise. Dennoch musste das, was getauscht wurde, natürlich erst einmal hergestellt werden und zwar größtenteils durch bäuerliche und Sklavenarbeit. Ich werde weiter unten auf die Produktionsweise der griechischen Antike zurückkommen. An dieser Stelle ist wesentlich, dass dort, wo keine Marktregulierung vorherrscht, verschiedene Formen der Reziprozität – einschließlich des aristokratischen Gabentauschs – als Verteilungsprinzipien auftreten.

28 Vgl. Moses I. Finley: Marriage, Sale, and Gift in the Homeric World, in: Seminar, 12/1954, S. 61–68; und Anthony Snodgrass: Archaic Greece, Berkeley 1980, S. 132. Der Begriff der »konkurrierenden Generosität« *(competitive generosity)* stammt von Oswyn Murray: Early Greece, London 1980, S. 50f. [In der deutschen Übersetzung von Kai Brodersen ist vom »Wettbewerb im Großzügigsein« die Rede. Vgl. Murray: Das frühe Griechenland, München 1982, S. 62.] Xenia wird häufig mit »Gastfreundschaft« übersetzt.

29 Für schreckliche Verwirrung in diesem Punkt siehe Jacques Derrida: Falschgeld. Zeit geben I (aus dem Französischen von Andreas Knop und Michael Wetzel), München 1993; und meine Kritik in McNally: Bodies of Meaning, S. 60–66. Neuere Forschungen haben zu Recht hervorgehoben, dass einseitiges Schenken, ohne jegliche Verpflichtung zu einer Gegengabe, viel weiter verbreitet war, als einige Anthropologen und Historiker glaubten. Zu diesem Punkt siehe beispielsweise Frederic L. Pryor: The Origins of the Economy, New York 1977. Für eine kurze Zusammenfassung der jüngsten Debatten in diesem Bereich vgl. Schaps: Invention of Coinage, S. 72f.

Wenn für Gaben Gegengeschenke erwartet wurden (Gastfreundschaft, Dienstleistungen oder wertvolle Gegenstände), ging es den Wohlhabenden nicht darum, Güter anzuhäufen, sondern darum, andere Aristokraten in ihrer verschwenderischen Großzügigkeit zu übertreffen. Oder vielleicht präziser ausgedrückt – sie strebten danach, Reichtum anzuhäufen, um ihn zu *verschwenden*. Mit ähnlichen Wertvorstellungen der Gabenökonomie auf den Salomonen konfrontiert, bezeichnete eine selbst ernannte Kulturanthropologin dieses Verhalten entsetzt als »absurd«. »Der einzige Gewinn, den ein Mann in dieser absurden Gesellschaft aus einem Geschäft ziehen kann, ist der Ruf, großzügig zu sein«, schrieb sie.[30] Doch die Großzügigkeit – die auf der Anhäufung von Reichtum zum Zweck seiner Verteilung beruhte – war für das soziale Ansehen von entscheidender Bedeutung. Neben der Tapferkeit auf dem Schlachtfeld war das Schenken der Schlüssel zu Ehre und Macht. Tatsächlich kreisten mündliche Überlieferungen um den Austausch und die Zurschaustellung von Geschenken. »Keinem anderen Detail im Leben der Helden wird in der ›Ilias‹ und der ›Odyssee‹ so viel Aufmerksamkeit gewidmet wie dem Schenken«, schreibt Moses I. Finley, »und immer wird auf Angemessenheit und Gegenleistung verwiesen.«[31] Solche Wertvorstellungen durchziehen auch die frühe Geschichtsschreibung; Herodot etwa, der häufig als »erster Historiker« bezeichnet wird, legte eine »obsessive« Aufmerksamkeit für aristokratische Gaben an den Tag, die »würdig waren, gesehen zu werden«.[32]

Kulturanthropologen betonen häufig, dass Gesellschaften, die auf dem Austausch von Geschenken beruhen, von Prinzipien der Reziprozität geleitet werden.[33] Dies unterscheidet sie von zentralisierten Umverteilungssystemen, in denen der Staat (oder ein Proto-Staat) Tribute wie Getreide entgegennimmt und umverteilt. Während die Zirkulation des Reichtums in einem Umverteilungssystem zentral organisiert ist, findet sie in reziproken Ökonomien dezentralisiert statt und kreist um eine kleine Anzahl einflussreicher Männer bzw. »Häuptlinge« und deren Schenkungen. Natürlich können Systeme der Reziprozität stratifiziert sein und Menschen mit größeren Ressourcen begünstigen. Um mit dieser Komplexität umgehen zu können, unterscheidet die kritische Kulturanthropologie drei vorherrschende Formen sozioökonomischer Reziprozität: allgemeine *(generalized)*, ausgewogene *(balanced)* und negative Reziprozität. Allgemeine Reziprozität ähnelt einem System des »reinen« Schenkens: Wer kann, soll geben; wer braucht, soll erhalten. Ausgewo-

30 Caroline Mytinger: Headhunting in the Solomon Islands, New York 1942, S. 148.

31 Finley: Marriage, Sale, and Gift, S. 65.

32 John Gould: Give and Take in Herodotus, Oxford 1991, S. 12.

33 Vgl. Karl Polanyi: Societies and Economic Systems, in: Primitive, Archaic and Modern Economies, S. 3–25.

gene Reziprozität beschreibt den direkten Austausch von Gütern, die in gewissem Sinne als gleichwertig betrachtet werden. Negative Reziprozität schließlich bedeutet, etwas umsonst oder für so wenig wie möglich zu bekommen – und zwar durch Plünderung, Diebstahl und andere Formen gewaltsamer Aneignung. Wie Marshall Sahlins andeutet, sind diese drei Formen der Reziprozität durch die soziale Distanz bestimmt. Je enger und intimer die soziale (z. B. verwandtschaftliche) Bindung, desto mehr überwiegt das reine Schenken der allgemeinen Reziprozität. Je größer die soziale Distanz, desto mehr wird die negative Reziprozität (also Raub und Diebstahl) zur Norm.[34] Wo zwei oder mehr dieser Interaktionsformen auftreten, werden die Beziehungen zwischen ihnen oft instabil. So war es für die antike griechische Welt vor der Verbreitung des Münzgelds charakteristisch, dass eine dramatische Zunahme negativer Reziprozität – insbesondere Raub und Plünderung – die allgemeine Reziprozität zu untergraben begann, wie sie in intimeren sozialen Beziehungen vorherrschte.

Bevor wir uns diesen Entwicklungen zuwenden, sollten wir weitere Grundmerkmale nicht-monetärer reziproker Wirtschaftssysteme identifizieren. Zunächst einmal handelt es sich bei ihnen um *multizentrische* Systeme.[35] Ihre sozioökonomische Organisation umfasst verschiedene Sphären, die durch unterschiedliche Prinzipien und Werte bestimmt sind. Die Sphäre des direkten Austauschs (durch Handel oder ausgewogene Reziprozität) kann mit der Sphäre negativer Reziprozität (Plünderung und Diebstahl) koexistieren. Handel und Plünderung (ausgewogene und negative Reziprozität) sind nur dann zulässig, wenn es sich beim Gegenüber um »Außenstehende« handelt. Die Sphäre allgemeiner Reziprozität hingegen reagiert allergisch auf solche Praktiken. Innerhalb des Clans, des Stammes oder der Dorfgemeinschaft wird das Schenken dominieren. In der intimen Welt der lokalen Gemeinschaft werden nicht nur Diebstahl und Raub, sondern auch Bemühungen, Menschen und die meisten Güter in Waren zu verwandeln und zu instrumentalisieren, als verwerflich betrachtet. Der Großteil der Güter bewegt sich in reziproken Kreisläufen gesellschaftlicher Reproduktion, durch die die Gemeinschaft und ihre sozialen Bindungen in einem Ethos der Gegenseitigkeit gehalten und erneuert wird. Es ist weniger so, dass Gegenstände Menschen gehören, sondern eher so, dass Menschen Gegenständen anhaften. So gehören Menschen beispielsweise zu einem Land, zu Flüssen und zum Wald. Sie gehören zu ihren Vorfahren und Göttern, zu ihrer Gemeinschaft und ihren Verwandten, zur gemeinsamen Geschichte von Lebenden und Toten. Individuen gehören zu ihrem Haus und zu den Orten des öffent-

34 Marshall Sahlins: Stone Age Economics, Chicago 1972, S. 191–199.

35 Paul Bohannan: The Impact of Money on an African Subsistence Economy, in: Journal of Economic History, 4/1959, S. 492.

lichen Lebens – Versammlungsplätzen, heiligen Bäumen, Tempeln und Stätten. Tatsächlich verweist das homerische Adjektiv *eleutheros*, das die Freiheit des Einzelnen beschreibt, auf einen Zustand der Zugehörigkeit zu anderen und zur Gemeinschaft. Frei zu sein bedeutet dazuzugehören, während es den Unfreien an Zugehörigkeit mangelt: Sie sind verschleppte, aus seiner Gemeinschaft herausgerissene Fremde, mit dem die Eroberer keine gemeinsame Geschichte haben oder denen gegenüber sie zu nichts verpflichtet sind.[36] Während die Unfreien in einem Reich der Beziehungslosigkeit leben, gehören die Freien zu einer sozialen Welt, in der Personen und Dinge mit Erinnerung und Leben erfüllt sind. Sie sind nicht nur im Hier und Jetzt Teil einer Gemeinschaft, sondern auch zeitlich, über die Generationen hinweg, miteinander verbunden.

Was das aristokratische Schenken betrifft, so zeichnet sich ein prestigeträchtiges Geschenk durch eine spezifische Geschichte aus. Der wertvollste Schild wurde von einem legendären Helden in einer epischen Schlacht getragen; ein geschätzter Kelch berührte die Lippen eines großen Königs; ein aus einem Schatz stammender Kessel wurde in einer adeligen Familie über Generationen weitergegeben. Dasselbe galt, wenn auch in viel bescheidenerem Ausmaß, für das einfache Volk. Land, Schmuck, wertvolle Erb- und Kleidungsstücke – all dies verkörperte Geschichte und Identität. Der Einzelne konnte sie ebenso wenig veräußern wie den eigenen Körper (etwas, das dem Umgang mit Versklavten vorbehalten war). Zu diesen Geschichten zu *gehören* bedeutete für den Einzelnen, dass er Teil der materiellen Gegenstände war, in denen sich die Geschichte sedimentierte. Aus diesem Grund ist in Gesellschaften, in denen wichtige Güter mit Sozialität erfüllt sind, Besitz oft unveräußerlich. Selbst wenn Gegenstände den Besitzer wechseln, gehören sie immer noch zu ihrer Geschichte und denjenigen, die sie verkörpern. »Unveräußerliche Besitztümer«, schreibt die Kulturanthropologin Annette Weiner, »sind symbolische Aufbewahrungsorte für Abstammungslinien und historische Ereignisse, ihr einzigartiger, subjektiver Wert verleiht ihnen einen absoluten Wert und stellt sie über normale, austauschbare Gegenstände.«[37] Diese Art von Besitz – Familienschmuck oder -kleidung, Fruchtbarkeitssteine, Musikinstrumente, Talismane oder Decken – lässt sich ebenso wenig weggeben wie die eigene Geschichte, Zugehörigkeit, Verwandtschaftsbeziehungen und Identität verleugnet werden können. Diese Gegenstände waren mit dem Leben selbst verbunden und daher inkommensurabel;

36 Walter Beringer: »Servile Status« in the Sources for Early Greek History, in: Historia, 1/1982, S. 28. Orlando Patterson vertritt einen ähnlichen Standpunkt: »Dieser Zustand der Zugehörigkeit, der Teilhabe, des Schutzes durch die Gemeinschaft stellt [...] in fast allen traditionellen Gesellschaften den idealen Nicht-Sklavenstatus dar.« Orlando Patterson: Freedom, Bd. 1, New York 1991, S. 23.

37 Annette B. Weiner: Inalienable Possessions. The Paradox of Keeping-While-Giving, Berkeley 1992, S. 33. Siehe auch Marcel Mauss: Die Gabe. Form und Funktion des Austauschs in archaischen Gesellschaften (aus dem Französischen von Eva Moldenhauer), Frankfurt a. M. 1990, S. 103–111.

ihre Geschichte war personen- und gruppenspezifisch. Sie konnten nicht gehandelt werden, weil es für sie kein Äquivalent gab.[38]

Wenn Achilles erklärt »Nichts sind gegen das Leben die Schätze mir«, spielt er auf die Nicht-Äquivalenz von Leben und geraubten Gütern an.[39] Und so wie für das Leben essenzielle Gegenstände haben auch Erinnerung und Identität kein Äquivalent. Sie sind unvergleichlich, unermesslich – und unveräußerlich. Dies zeigt sich immer wieder in der Welt der griechischen Epen. Auffallend ist, dass die in »Ilias« und »Odyssee« verwendeten Begriffe für Besitz und Eigentum sowohl Beziehungen zu Personen als auch zu Gegenständen beschreiben. Am deutlichsten wird dies im Adjektiv *philos*, dessen Bedeutung »von ›geliebt‹ bis ›eigen‹ reicht«, wie Sitta von Reden anmerkt. »Herz, Gliedmaßen, Kleider, Reichtümer, Ehefrauen, Ehemänner, Landsleute, Gäste und Vaterland gehören zum Repertoire der *philos*-Objekte, die zugleich geliebt und besessen werden.«[40] Das, was man besitzt, ist das, was man liebt und was eine Erweiterung des eigenen Ichs darstellt. *Philos*-Objekte, kostbare Gegenstände, zu denen das Individuum »gehört«, bleiben der Sphäre der Unveräußerlichkeit verhaftet. Selbst wenn sie verschenkt werden, nehmen sie ihre Geschichte und ihre Bindung an den Schenkenden mit sich. Die Verwendung derartiger Gegenstände als bloße (Tausch-) Mittel, um etwas anderes zu erhalten, ist nicht nur unzulässig, sondern unbegreiflich. Da sie einen absoluten Wert besitzen, sind diese Gegenstände radikal einzigartig; was kein Äquivalent besitzt, kann nicht getauscht werden.

In solchen Gesellschaften kann es durchaus »Spezialgeld« *(special-purpose monies* im Sinne Polanyis) geben: spezifische Güter, die als Wertmaßstab oder Zahlungsmittel dienen und beim Handel mit Fremden eingesetzt werden. Aber ganze Sphären des sozioökonomischen Lebens waren gegen diese Geschäftsbeziehungen abgeschottet. Und selbst *wenn* Geldtransaktionen ins Innere einer Gemeinschaft eindrangen, handelte es sich dabei nicht um allgemeine Äquivalente, die einen spezifischen Maßstab zur Wertbestimmung von Gütern darstellten. Geld blieb eine Randerscheinung und Episode des gesellschaftlichen Lebens; insofern hat Schaps völlig recht, wenn er über das homerische Griechenland schreibt: »Es besaß nicht nur kein Geld, sondern kannte auch noch keines«.[41]

Zweifelsohne wurden im homerischen Griechenland (1100–800 v. u. Z) während der sogenannten Dunklen Jahrhunderte bereits Waren

38 Vgl. Paul Einzig: Primitive Money. In Its Ethnological, Historical, and Economic Aspects, Oxford 1966, S. 29f.

39 Homer: Ilias (Übersetzung durch Johann Heinrich Voß), Frankfurt a. M. 1990, 9:401. Zwar taucht bei Homer durchaus der Begriff *zoagria* auf, der mit »der Preis eines Lebens« übersetzt werden kann. In der »Ilias« ist dies jedoch ein Begriff, mit dem die Trojaner erklären, was sie für ihre Freilassung als Lösegeld anbieten.

40 Sitta von Reden: Exchange in Ancient Greece, London 1995, S. 45.

41 Schaps: Invention of Coinage, S. 79.

getauscht. Doch innerhalb lokaler Gemeinschaften fand dieser Tausch vor allem in Form von Geschenken und nicht auf dem Markt statt. Wie wir gesehen haben, stellten Geschenke soziale Beziehungen und gegenseitige Pflichten her und bekräftigen sie. Aus diesem Grund pflegte man ihr Andenken, damit die Verpflichtungen nicht in Vergessenheit gerieten und stabile soziale Bindungen aufrecht erhalten blieben. Durch die öffentliche Erwähnung von Geschenken wurden soziale Bindungen erneuert und gefestigt.[42] Natürlich waren diese Bindungen, die durch die Narration gewährter und erhaltener Geschenke reproduziert wurden, oft hierarchischer Natur. Denn wertgeschätzte Gaben wurden in ein Rangsystem eingeordnet. Prestige wurde sowohl über den Besitz bestimmter Güter als auch über den Reichtum definiert, der die Geschenke, insbesondere solche aus Edelmetall, ermöglicht hatte. Folglich reproduzierte das aristokratische Schenken den sozialen Rang und knüpfte gleichzeitig Netzwerke der Reziprozität. Und auch für die Armen war die Verpflichtung, den in der Hierarchie über ihnen stehenden Menschen Reichtum zukommen zu lassen – woraus sich später Pacht und Tribut entwickeln sollten –, dem Bild der Gabe nachempfunden. In der Welt der Epen umfasste der Begriff der *Gabe* eine Vielzahl von Gegenständen und Diensten, darunter auch Preise, Belohnungen, Geldstrafen, Steuern, Gebühren und sogar Darlehen.[43] Geldstrafen, Abgaben und Steuern konnten leicht gewaltsam eingetrieben werden, Darlehen konnten in Schulddienst und sogar Schuldknechtschaft münden. Auf diese Weise konnte sich die »Geschenkökonomie« in Aneignungs- und Ausbeutungsbeziehungen verwandeln, insbesondere wenn sich der Wettbewerb innerhalb der herrschenden Klasse als Reaktion auf neue Akkumulationsformen, etwa Raub und Plünderung, verschärfte.

Zu berücksichtigen ist, dass während des heroischen Zeitalters ein Großteil des Reichtums, der durch Schenkungen verteilt werden konnte, durch Kriege, Raubzüge und Sklaverei erworben worden war. Gabenökonomien konnten also mit Sklaverei und Schuldknechtschaft einhergehen, wie es im antiken Griechenland zweifelsohne der Fall war. Doch auch wenn hierarchische Sozialbeziehungen durch bestimmte Formen der Gabenökonomie reproduziert wurden, gehorchte letztere doch einer sozialen Logik, die dem Warentausch fremd gegenüberstand. Ob Großzügigkeit und Gastfreundschaft unter Aristokraten als angemessen empfunden wurden, hing beispielsweise nicht von marktwirtschaftlichen Äquivalenzbetrachtungen ab. Was angebracht war, richtete sich nach historischen Vorbildern von Reziprozität und gesellschaftlichem Status. Gleichermaßen regelten Normen das Teilen der Beute (der durch negative Reziprozität erworbenen Gegenstände). Doch diese Normen konnten infrage gestellt und angefoch-

42 Gould: Give and Take, S. 14.

43 Finley: Marriage, Sale, and Gift, S. 66.

ten werden. Wenn wir uns Homers Texten zuwenden, finden wir schnell Hinweise eines solchen Zusammenbruchs aristokratischer Normen – Symptome wachsender sozialer Spannungen und Klassenkonflikte.[44]

Gleich zu Beginn der »Ilias« erleben wir den Kollaps adliger Führung, der in einem Streit um die Verteilung der durch Krieg, Plünderung und Handel erworbenen Reichtümer zum Ausdruck kommt. Im 8. Jahrhundert v. u. Z. waren Raubzüge im antiken Griechenland eine gängige aristokratische Praxis zur Anhäufung von Reichtum. Mithilfe von Langbooten, die von Dutzenden Männern gerudert wurden, unternahm man Überraschungsangriffe, um Vieh und Edelmetalle zu erbeuten und Frauen zu versklaven. Diese Plünderungen waren so alltäglich, dass Aristoteles den Krieg in seinem Werk »Politik« als »eine Art, sich Reichtum anzueignen« beschreibt.[45] Damit knüpft er an Homers begeisterte Charakterisierung des edlen Odysseus als »Plünderer der Städte« an. Von König Nestor von Pylos schreibt Homer, dass er und seine griechischen Kriegskameraden »durchs dunstige Meer mit den Schiffen streiften auf der Suche nach Beute«.[46] Plünderung und Handel waren in der antiken Welt so untrennbar miteinander verbunden, dass Märkte buchstäblich mit der Kriegführung erstarkten. Doch als die Akkumulation durch Raubzüge ab etwa 800 v. u. Z. zunahm, führte dies auch zu heftigen Konflikten über Verteilungsregeln innerhalb der herrschenden Gruppe. Es kam zu Spannungen zwischen persönlicher Bereicherung und Praktiken der De-Akkumulation durch Gaben und Geschenke. Die antiken Epen vermitteln mehr als nur einen flüchtigen Eindruck dieser Konflikte.

Zu Beginn der »Ilias« erfahren wir, dass der edle Krieger Achilles von Agamemnon, dem Anführer der Griechen im Krieg gegen die Trojaner, gekränkt wurde. Nachdem er sich von einem Teil der Beute trennen musste, um Götter und Menschen zu besänftigen, verlangte Agamemnon, dass man ihm Briseis überlasse, die Tochter einer adligen trojanischen Familie, die zuvor Achilles als »Kriegsbeute« zugesprochen worden war. Achilles' Zorn über diesen Befehl ist der Faden der epischen Erzählung. »Du habbegierigster aller,«, schimpft Achilles über Agamemnon und zieht sich aus der Schlacht zurück: »Schwerlich auch wirst du, weil du allhier mich entehrst, noch Schätz' und Güter dir häufen!«[47] Achilles' Zorn

44 Ich folge der Konvention, »Ilias« und »Odyssee« als Texte Homers zu bezeichnen, auch wenn sie mit ziemlicher Sicherheit von einem Autor niedergeschrieben wurden, der diese Epen nicht erfunden hat. »Homer« ist der Name, mit dem wir dem größten Erneuerer der Dichtkunst und Überbringer mündlich überlieferter Epen benennen. Vgl. Andrew Dalby: Rediscovering Homer: Inside the Origins of the Epic, New York 2006, Kap. 6–7. Zu dem Argument, dass »Homer« eine Frau gewesen sein könnte, vgl. Gregory Nagy: An Evolutionary Model for the Making of Homeric Poetry. Comparative Perspectives, in: Jane B. Morris/Sarah P. Morris (Hrsg.): The Ages of Homer, Austin 1994, S. 163–179; und Dalby: Rediscovering Homer, S 139–153.

45 Aristoteles: Politik, 1256b23.

46 Homer: Odyssee (übersetzt von Roland Hampe), Stuttgart 1998, 3:104–106.

47 Homer: Ilias, 1:122–171.

wird durch die Empörung darüber genährt, dass Agamemnons Besitzgier die üblichen Verteilungsnormen verletzt. Ein Streit über die Aufteilung der Beute (einer versklavten Frau, um genau zu sein) macht somit den Bruch der Reziprozität unter Eliten manifest. Ist die Beute erst einmal verteilt, betont Achilles, »ziemt es dem Volke (nicht), das Einzelne wieder zu sammeln«.[48] Agamemnon hat zugelassen, dass die persönliche Bereicherung an die Stelle der Reziprozität tritt, die aristokratische Familien bisher in einem Netz gegenseitiger Pflichten bindet. In einer aufschlussreichen Passage aus dem 9. Gesang der »Ilias« verurteilt Achilles die Einseitigkeit von Agamemnons Verhalten:

> »So wie den nackenden Vöglein im Nest herbringet die Mutter einen gefundenen Bissen, wenn ihr auch selber nicht wohl ist [...] hab' ich genug unruhiger Nächte durchwachet [...] Zwölf schon hab' ich mit Schiffen bevölkerte Städte verwüstet, Und elf andre zu Fuß umher in der scholligen Troja; Dort aus allen erkor ich der Kleinode viel und geehrte. Mir voraus, und brachte sie all' Agamemnon zur Gabe, Atreus' Sohn; er ruhend indes bei den rüstigen Schiffen, Nahm die Schätz', und verteilt' ein weniges, vieles behielt er.«[49]

»Die Krise der ›Ilias‹«, so Seaford, »drückt sich im Zusammenbruch der Reziprozität aus [...], die vom Anführer kontrolliert wird«.[50] Auch wenn der Dichter sie als Auseinandersetzung zwischen zwei gottgleichen Kriegern inszeniert, handelt es sich um einen umfassenderen sozialen Konflikt zwischen antagonistischen Verteilungsformen. Die in der »Ilias« skizzierte Krise, die auch die »Odyssee« durchzieht, spiegelt wider, wie traditionellere Beziehungen durch neue Formen von Krieg, Austausch und Akkumulation unterminiert und dadurch die Voraussetzungen für das Entstehen des Münzgeldes geschaffen wurden.

Grenzen der Reziprozität: Kolonisierung, Plünderung und Sklavenhandel

Das antike Griechenland (ca. 700–480 v. u. Z.) ist durch eine langandauernde Expansion von Bevölkerung, Siedlungen und Handel charakterisiert. Im gleichen Maße, wie die Bevölkerung wuchs, nahm auch der Personen- und Warenverkehr zu. Neue Kolonien wurden gegründet und neue kulturelle Kontakte geknüpft. Damit ging seit dem späten 8. Jahrhundert eine Zunahme von Raub- und Kriegszügen einher.[51] All dies zog

48 Ebd., 1:126.

49 Ebd., 9:323–333.

50 Richard Seaford: Money and the Early Greek Mind, Cambridge 2004, S. 44.

51 Kurt A. Raaflaub: Homer to Solon: The Rise of the Polis, in: Hansen, Mogens Herman (Hrsg.): The Ancient Greek City-State, Kopenhagen 1993, S. 51.

eine Reihe sozioökonomischer Veränderungen nach sich und gipfelte in den politischen Revolutionen, die sowohl die klassische Polis als auch die Münzprägung nach sich zogen.

Auch wenn Historiker nach wie vor über das Ausmaß des Bevölkerungswachstums in der Antike streiten, ist unumstritten, dass grundlegende Veränderungen in Ernährung und Metallverarbeitung dieses Wachstum ermöglichten und in der Folge dann auch zur Gründung von Kolonien durch landhungrige Menschen führten.[52] Zwar wurde die Kolonisierung vom Verlangen nach Ackerland angetrieben, doch sie begünstigte auch Sklaverei und Marktbeziehungen. Selbstverständlich war der Raub von Frauen als Konkubinen und Ehefrauen nichts Neues, wie die in der »Ilias« geschilderten Kämpfe zeigen. Und in der »Odyssee« bemerkt König Nestor über den Aufbruch aus Troja: »Morgens zogen wir einen die Schiffe ins heilige Meer hin, Luden die Schätze hinein und schöngegürtete Frauen.«[53] Odysseus berichtet über die Plünderung von Ismaros: »Ich zerstörte die Stadt und vertilgte die Männer; Doch aus der Stadt die Frauen und viele Schätze uns nehmend, Teilten zu gleichen Teil, dass keiner leer von der Beute mir ausging.«[54] Da die Kolonisatoren auf dem von ihnen besetzten Land Haushalte gründeten, besteht kaum ein Zweifel daran, dass sie sich auch der einheimischen Frauen bemächtigten. Aber es wurden nicht unbedingt alle gefangenen Frauen und Kinder in die Haushalte aufgenommen. In zunehmendem Maße bestand auch die Möglichkeit, sie zu verkaufen. Als sich Achilles an eine Schlacht mit den Trojanern erinnert, prahlt er damit, zahlreiche Trojaner erbeutet und sie als Sklaven verkauft zu haben.[55] Und Thukydides wiederum, der in einer späteren Epoche schreibt, schildert,wie griechische Soldaten die von ihnen besiegten Männer aus Korkyra töteten.»Alle Frauen, die in der Festung gefangen worden waren, wurden in dieSklaverei verkauft.«[56] In seiner »Geschichte des Peloponnesischen Krieges«berichtet Thukydides von einer spartanischen Eroberung in Iasus, die »große Beute« ermöglichte. Die Spartaner hätten die Stadt zusammen mit »alle[n]versklavten Bewohner[n], Sklaven wie ehemals Freie, für die sie pro Personeinen Dareios-Stater von ihm zu erhalten vereinbart hatten«, an Tissaphernesübergegeben.[57] Diese häufigen Verweise auf den Verkauf versklavter Menschen decken sich mit historischen Zeugnissen, die darauf hindeuten, dass die frühen griechischen Kolonisten zumindest an der Schwarzmeerküste beim Sklavenhandel mit

52 Eine ausführliche Dokumentation findet sich bei David W. Tandy: Warriors into Traders. The Power of the Market in Early Greece, Berkeley 1997, S. 19–58.

53 Homer: Odyssee, 3:153f.

54 Ebd., 9:40–42.

55 Homer: Ilias, 21:102.

56 Thukydides: Geschichte des Peloponnesischen Krieges (übersetzt von Michael Weißenberger), Berlin/Boston 2017, IV.48.4.

57 Ebd., VIII.28.4.

lokalen Häuptlingen zusammenarbeiteten.[58] Bei der Eroberung von Land wurden nicht nur Gefangene gemacht, sondern einige von ihnen auch als menschliche Ware verkauft.

Die Gründung von Kolonien bedeutete zudem auch die Errichtung von griechischen Handelsposten. So wurde Pithekoussai als Handelsstation gegründet, und die Handelskolonie in al-Mina diente zwei Jahrhunderte lang (etwa 800–600 v. u. Z.) als Stützpunkt des griechischen Osthandels. Gewiss machten landwirtschaftliche Produkte einen beträchtlichen Teil dessen aus, was griechische Kolonisten auf diesen Märkten anboten. Doch auch die Beute der Raubzüge – von Edelmetallen bis hin zu versklavten Menschen – dürfte eine bedeutende Rolle gespielt haben. Die Früchte dieser Plünderungen wurden häufig gegen Güter aus dem Osten getauscht, etwa Eisen, Stoffe, Metallgegenstände und kostbare Ornamente. Möglicherweise haben die Griechen die Sklaverei auch deshalb vorangetrieben, um den Handel mit dem Osten zu intensivieren. Im Alten Testament spricht Hesekiel davon, dass es vor allem griechische Händler *(jawan)* gewesen seien, die Sklaven verkauften.[59] Doch auch wenn Raubzüge und die Gründung von Kolonien neue, auf der Sklaverei beruhende Marktaktivitäten ermöglichten, bedeutet das nicht, dass mit dieser Entwicklung auch eine neue Händlerklasse entstand. Im Gegenteil – die Beutezüge waren in erster Linie eine Aktivität der Aristokratie. Nur wohlhabende Adlige *(aristoi)* verfügten über die Mittel, um Boote zu bauen oder zu kaufen und mit Ruderern sowie Waffen auszustatten; so werden sie in den Heldenepen auch eindeutig als Anführer der Räuberbanden dargestellt. Insbesondere unter den jüngeren Söhnen aristokratischer Familien waren Plünderer und Kolonisatoren stark vertreten. Die Unterscheidung zwischen Kriegern und Händlern ist also fließend und »kaum mehr als eine ideologische Haarspalterei«.[60] Das Bild des seefahrenden Adligen steht im Zentrum der »Odyssee«, das gesamte Epos dreht sich um die Missgeschicke, die den plündernden Griechen auf der See widerfuhren.

Ob Familienoberhäupter oder jüngere Söhne, die aristokratischen Krieger-Händler trieben eine Expansion voran, die den Raubzügen immer weitere Horizonte eröffnete, und die dabei erzielte Beute befeuerte den Handel mit Luxusgütern aus dem Osten. Doch diese patrizische Aktivität erschütterte die traditionelle aristokratische Gesellschaft, vor allem auch deshalb, weil die erbeuteten Güter (und der damit verbundene Handel) nicht aus den Haushalten *(oikoi)* stammten, in denen die Plünderer geboren worden waren. Geplünderte Waren aus neuen Gebie-

58 Murray: Early Greece, S. 105. Zur Versklavung von Frauen im homerischen Griechenland siehe Gerda Lerner: Die Entstehung des Patriarchats (aus dem Englischen von Walmot Möller-Falkenberg), Frankfurt a. M./New York 1995, S. 114–119.

59 Hesekiel 27: 13, in: Lutherbibel.

60 Sarah C. Humphreys: Anthropology and the Greeks, London 1978, S. 167.

ten konnten daher als Schätze behandelt werden, die *außerhalb* jener Netze gegenseitiger Verpflichtungen erworben worden waren, die den Haushalt und seinen landwirtschaftlichen Reichtum definierten. Dies mag nicht besonders relevant gewesen sein, solange Sklavenarbeit und Handel nur sporadische Aktivitäten darstellen. Doch die anhaltende Kolonisierungswelle, durch die neue Siedlungen und Handelszentren entstanden, entfernte die jungen Männer der Kolonien von den traditionellen Beziehungen aristokratischer Reziprozität. Die Kolonisten und Händler, die immer wieder über lange Zeiträume auf See waren und nicht mehr an der Seite der alten Adelsfamilien lebten, errangen mehr Ansehen durch die Anhäufung persönlichen Reichtums als durch das Pflegen von Beziehungen und gegenseitigen Verpflichtungen. So markierten sie ihren neuen Status bei der Ausarbeitung von Verfassungen neuer *poleis* mithilfe egalitärerer Gesetze – zumindest für diejenigen, die als Bürger galten.[61] In der Folge trugen die Kolonien häufig zur Verbreitung eines anti-aristokratischen Ethos bei, das ab dem 7. Jahrhundert u. Z. immer prägender wurde.[62] Da die Verbindung von Raub, Versklavung und Handel neuen Reichtum schuf, wurden die Hierarchien von Rang und Macht durchlässiger und niedere Adelige besaßen mitunter ein größeres Vermögen als ihre alten Lehensherren. Gleichzeitig nahmen auch Handwerker und Soldaten immer stärker am Markt teil. In der ganzen griechischen Gesellschaft gerieten alte aristokratische Werte und etablierte Hierarchien mit den Formen der Reichtumsakkumulation durch Krieg und Handel in Konflikt. In Versen dieser Zeit beklagen sich adelige Dichter mehr als einmal darüber, dass Reichtum nun mehr zählte als Geburt.

Mit diesen Veränderungen gingen kulturelle Umwälzungen einher, die gemeinhin mit der »orientalisierenden Revolution« assoziiert werden. Luxusgüter aus dem Osten hielten Einzug in das Leben der griechischen Adeligen, und sowohl Händler als auch zugewanderte Handwerker knüpften neue kulturelle Beziehungen. In Mythen, Ritualen und adeligen Haushaltsgegenständen spiegelte sich zunehmend die Bewunderung für östliche Gesellschaften, ihre Kunst und ihre hochgradig stratifizierten Gesellschaftsordnungen.[63] Obwohl das einfache Volk von diesen kulturellen Umwälzungen, insbesondere dem aristokratischen Gastmahl, ausgeschlossen war, blieb es von den neuen Vorbildern des gesellschaftlichen Lebens nicht unberührt. Der Historiker William G. Forrest schreibt:

> »Der Mann, der sich aufmacht und in See sticht, ist nicht mehr an denjenigen gebunden, der zuvor über die Grenzen seiner Felder

61 Mogens Herman Hansen: Polis. An Introduction to the Ancient Greek City-State, Oxford 2006, S. 44.

62 Murray: Early Greece, S. 119.

63 Walter Burkert: The Orientalizing Revolution. Near Eastern Influence on Greek Culture in the Early Archaic Age, Cambridge 1992.

> hinweg sein Leben diktierte [...]. Der Töpfer, der seine Vasen am Hafen verkauft, muss tun, was der Fremde will, und nicht das, was der *Basileus* [Herr] früher verlangte [...] Der Söldner muss lernen, jedem ihm zugeteilten Anführer zu gehorchen und nicht mehr nur dem Kommandanten seiner Phratrie [der erweiterte Verwandtschaftsgruppen].«[64]

Dies war natürlich noch keine Marktgesellschaft im heutigen Sinne des Wortes, geschweige denn eine kapitalistische Gesellschaft. Die überwiegende Mehrheit der Bevölkerung bestand aus Bauern, die den größten Teil der Subsistenzgüter in ihren Haushalten selbst herstellten. Nichtsdestotrotz nahmen immer mehr Angehörige unterschiedlicher sozialer Schichten, darunter auch Bauern, am Markt teil, und der dort generierte Reichtum und die damit verbundene Wahrnehmung brachen mit bestehenden gesellschaftlichen Mustern, was die traditionellen Reziprozitätsbeziehungen enorm belastete. Der in *räumlicher* Distanz zur Gemeinschaft erworbene Reichtum vergrößerte die *soziale* Distanz zwischen den Mitgliedern der Gemeinschaft. Distanzierung war, wie wir bereits festgestellt haben, eine grundlegende Voraussetzung negativer Reziprozität. Sie ermöglichte asymmetrische, auch gewaltsame Austauschbeziehungen. Und mit der Ausbreitung von Kolonien, Sklaverei und Handelsnetzwerken wirkte sich auch der auf negativer Reziprozität beruhende Reichtum immer stärker auf die traditionellen griechischen Gemeinschaften aus.

Am wichtigsten ist möglicherweise, dass die neuen Akkumulationsdynamiken die seit Langem bestehenden Beziehungen zwischen Arm und Reich erschütterten. Zunächst einmal verfestigte sich in dieser Zeit das Privateigentum an Grund und Boden, und Land wurde zunehmend veräußerbar.[65] Landbesitz ging gewöhnlich von den Armen an die Reichen über, was einerseits Enteignung, andererseits eine wachsende Landkonzentration nach sich zog. Gleichzeitig wurde die kleinbäuerliche Praxis, den Adel mit »Geschenken« zu beehren, durch regelmäßige Pachtzahlungen abgelöst.[66] Um 600 v. u. Z. wurde eine beträchtliche Zahl Kleinbauern als *hektemoroi* eingestuft, als Pächter, die vermutlich ein Sechstel ihrer Erträge an den Herrn abgeben mussten. Zur Zeit von Drakons Gesetzeskodex (wahrscheinlich 621 v. u. Z.), der die Armen für Rechtsbrüche, unter anderem ausbleibende Zahlungen, hart bestrafte, hatten diese

64 William G. Forrest: The Emergence of Greek Democracy, 800–400 BC, New York 1966, S. 77.

65 Wie Tandy betont, ist der Umstand, dass einige Kolonien Gesetze gegen die Veräußerung von Land erließen, ein eindeutiger Hinweis darauf, dass sie hofften, damit eine vorhandene Tendenz zum Handel mit Land aufzuhalten (Warriors into Traders, S. 131–133). Forrest (Greek Democracy, S. 148) geht davon aus, dass Land in Attika (dem Gebiet der attischen Halbinsel, zu dem auch Athen gehört) schon lange veräußert werden konnte, aber die Beweislage für diese These ist dünn.

66 James M. Redfield: The Development of the Market in Archaic Greece, in: Bruce L. Anderson/Anthony J. H. Latham (Hrsg.): The Market in History, London 1986, S. 50f.

Pachtzahlungen schon nichts mehr mit Geschenken zu tun.[67] Wenn der Pachtzins zu hoch war oder jemand in wirtschaftliche Not geriet, konnte der Kleinbauer nicht mehr auf die Großzügigkeit zählen, wie sie mit den älteren Normen der Reziprozität verbunden gewesen war, und musste sich verschulden. Doch die auf diese Weise aufgenommenen Schulden mussten mit Land oder dem eigenen Körper (bzw. dem eines Verwandten) abgesichert werden. Tatsächlich mögen Kredite für Reiche zu diesem Zeitpunkt den Zweck erfüllt haben, die Armen zu verschulden und sie so ihres Besitzes zu berauben. Für die Bauern waren Vertreibung und Landlosigkeit nichts anderes als eine Katastrophe. So ging die Enteignung oft mit Versklavung oder Verbannung einher – Schicksalsschlägen, die, wie wir noch sehen werden, Solon anprangerte.[68]

Viele dieser Themen ziehen sich durch Hesiods »Werke und Tage«, in denen der Dichter berichtet, wie sein Bruder, der »törichte Perses«, seinen Hof in Böotien aufgrund von Schulden verlor. Hesiod belehrt seinen Bruder über Arbeitsregeln und Verhaltensweisen, mit denen er wieder ein unabhängiger Bauer werden kann, sowie über angemessene Praktiken der Hofbewirtschaftung. Eine Voraussetzung dafür ist die Begleichung der Schulden. Wenn er dies geschafft habe, erklärt er Perses, müsse er durch Arbeit so viel Geld ansparen, dass »du fremden Grund erwirbst, nicht ein anderer den deinen«.[69] Die Tatsache, dass man das Land eines anderen erwerben kann oder umgekehrt dieser das eigene, zeigt, dass Grund und Boden veräußerbar waren, und der gesamte Text verweist auf eine sich verschärfende Verarmungs- und Enteignungskrise. Der Dichter Theognis scheint genau dies im Sinne gehabt zu haben, als er im 6. Jahrhundert v. u. Z. schreibt: »Sie bemächtigen sich des Besitzes mit Gewalt, und die Ordnung ist zerstört / Es gibt keine gerechte Verteilung mehr.«[70] Ältere Formen von Reziprozität und »gerechter Verteilung« waren verdrängt worden, die Reichen eigneten sich die »Besitztümer«, insbesondere das Land, an.

Dies ist der Kontext, in dem »Werke und Tage« dem armen Mann rät, wie er Schulden und den Verlust seines Landes vermeiden kann. Hesiod beschreibt eine soziale Schulden- und Enteignungskrise. Und dort, wo der Verzicht auf Land nicht ausreicht, um Schulden zu tilgen, kommt es zur Übergabe von Menschen – in Form der Schuldknechtschaft des Schuldners oder seiner Angehörigen.[71] Doch selbst jene Bürger, die die

67 Forrest: Greek Democracy, S. 150.

68 Murray: Ancient Greece, S. 184f.

69 Hesiod: Werke und Tage (übersetzt von Otto Schönberger), Stuttgart 2016, 340.

70 Zitiert nach Thomas Figueria/Gregory Nagy (Hrsg.): Theognis von Megara. Poetry and the Polis, Baltimore 1985, S. 23. Vgl. Hesiod: Werke und Tage: 677–678.

71 Vgl. Geoffrey Ernest Maurice de Ste. Croix: The Class Struggle in the Ancient Greek World, London 1981, S. 162–170; und Garlan: Slavery in Ancient Greece, S. 88–91. Tandy vermutet, dass Perses nach dem Verlust seines eigenen Landes gegen Hesiod geklagt und vom Bruder etwas gefordert haben könnte (Warriors into Traders, S. 212).

Schuldknechtschaft vermeiden konnten, mussten sich, weil sie nicht länger auf die »Großzügigkeit« ihrer Herren zählen konnten, stärker auf dem Markt betätigen. Bemerkenswerterweise erklärt Hesiod seinem Bruder, wie er sich in der »Seefahrt« betätigen kann, um seine Erzeugnisse auf den Markt zu bringen.[72] In dem Maße, wie der Schutz der Gemeinschaft zurückging, entwickelte sich also eine Marktabhängigkeit. Aus diesem Grund war Hesiods Gedicht keine vereinzelte Klage, sondern fand bei Zuhörern in ganz Griechenland Anklang und drückte eine weitverbreitete egalitäre Wahrnehmung aus.[73]

Der Enteignungsprozess schlug sich sprachlich offenbar darin nieder, dass Aristokraten servile Bezeichnungen nicht mehr nur für Versklavte, sondern auch für die Armen Attikas verwendeten. In der Frühantike bezogen sich Sklaverei und Leibeigenschaft auf Fremde, die durch Krieg und Eroberung gefangen genommen worden waren. Die Angehörigen der eigenen Gemeinschaft waren, unabhängig von ihrem Vermögen, »frei«; ein Begriff, der unter anderem besagte, dass sie von Außenstehenden nicht *besiegt* worden waren.[74] Nun aber wurden viele von ihnen durch Angehörige der eigenen Gemeinschaft besiegt und unterworfen. In der von Aristoteles oder einem seiner Schüler verfassten Schrift »Der Staat der Athener« heißt es, die Begriffe Sklaverei und Leibeigenschaft seien zu Beginn des 6. Jahrhunderts v. u. Z. für die in Athen geborenen Armen synonym verwendet worden:

> »Außerdem waren die Armen von den Reichen abhängig, sie selbst, ihre Kinder und ihre Frauen. Sie hießen Hörige *(pelatai)* und Sechstellöhner *(hektemoroi)*, denn für diese Pacht bearbeiteten sie die Felder der Reichen. Das ganze Land war in der Hand weniger Leute, und bezahlten sie (die Pächter) nicht ihre Pacht, wurden sie selbst und ihre Kinder pfändbar. Die Darlehen wurden von allen bis zur Zeit Solons durch leibliche Haftung gesichert.«[75]

Diese historische Situation prägt Hesiods »Werke und Tage«. In seiner Darstellung von Marktpraktiken und der Krise, mit der die Armen konfrontiert sind, steht das Werk in scharfem Widerspruch zu den homerischen Epen. Bei Homer, bemerkt der Kritiker James Redfield, »kaufen und verkaufen die Helden nicht«, fügt dann allerdings schnell hinzu: »Außer vielleicht, um einen Sklaven zu erwerben« – eine wichtige Ausnahme, auf

72 Hesiod: Werke und Tage, 640–645.

73 Ian Morris: The Strong Principle of Equality and the Archaic Origins of Greek Democracy, in: Josiah Ober/Charles Hedrick (Hrsg.): Demokratia: A Consideration on Democracies, Ancient and Modern, Princeton 1996, S. 218; Raaflaub: Homer to Solon, S. 59.

74 Beringer: Servile Status, S. 29.

75 Aristoteles: Der Staat der Athener, in: Werke, Bd. 10, Teil 1, hrsg. von Hellmut Flashar, Berlin 1990, S. 13.

die wir zurückkommen werden. Doch im Allgemeinen schildern die Epen nicht, wie Aristokraten kaufen und verkaufen, eine Praxis, die als unheroisch betrachtet wird. König Nestor beispielsweise bringt seine Verachtung sowohl für Händler als auch für Piraten zum Ausdruck, obwohl er, im Widerspruch hierzu, freimütig von seinem durch Plünderungen erworbenen Reichtum berichtet.[76] Wir wissen jedoch, dass, als Homer seine epischen Gesänge verfasste (etwa 650 v. u. Z.), der Handel neben Raubzügen und Sklaverei zu den fest etablierten Tätigkeiten des Adels gehörte. Wenn Homer die Verhältnisse seiner eigenen Zeit auf eine glorreiche Vergangenheit projizierte, um aristokratische Krieger zu heroisieren,[77] wie es in den Wissenschaften zunehmend als Konsens gilt, dann wäre sein Schweigen über die Marktaktivitäten des Adels symptomatisch. Es deutet darauf hin, dass der Dichter Hinweise auf eine Tätigkeit unterschlug, von deren Existenz er zwar wusste, deren Effekte ihm und seinen Zuhörern aber missfielen; es verweist darauf, dass der Handel als unheroisch galt. Redfield ist der Ansicht, dass Homers Schweigen über den Handel »eine spezifische literarische Strategie darstellt, die paradoxerweise mit der Bedeutung des Handels in der Welt des Dichters zusammenhängt«.[78] Schließlich verschweigt man nicht bewusst ein *belangloses* Merkmal der eigenen Realität, wenn man diese heroisch präsentiert. Vielmehr unterdrückt man etwas Bedeutendes, das Unbehagen provoziert. Und der Handel stellte in dieser Hinsicht gemeinsam mit den neuen Formen des Reichtums und der Aushöhlung der Reziprozität ein beunruhigendes Phänomen dar. Zwar wird in den Epen der Widerspruch zwischen der aristokratischen Generosität, wie sie Achilles propagiert, und individueller Gier bzw. Selbstüberschätzung (Agamemnon) thematisiert. Aber der Konflikt wird als persönliche Auseinandersetzung geschildert, als das Verhalten adeliger Einzelpersonen, das von den sozialen Praktiken der Akkumulation durch den Krieger-Handel *(warrior-trading)* losgelöst ist. Im Unterschied zu Homer meidet Hesiod diese Realität nicht. Bei dem bäuerlichen Dichter stehen die neuen sozialen Dynamiken – und die Not, die sie über Kleinproduzenten bringen – im Mittelpunkt.

»Werke und Tage« ist zu Recht als anti-aristokratische Kritik der Umwälzungen beschrieben worden, die aus den neuen Marktbeziehungen und -praktiken folgten.[79] Der Text schäumt geradezu vor Wut auf die

76 Homer: Odyssee, 3:70–74, 104–106, 153.

77 Zur zeitlichen Einordnung von Homers Epen vgl. Dalby: Rediscovering Homer, S. 4. Zu den sozialen Werten, die in diesen Epen zum Ausdruck kommen, vgl. Ian Morris: The Use and Abuse of Homer, in: Classical Antiquity, 1/1986, S. 81–138. Vgl. auch Tandy: Warriors into Traders, S. 9–11; und Murray: Early Greece, S. 38.

78 Redfield: Development of the Market, S. 31.

79 Paul Millett: Hesiod and His World, in: Proceedings of the Cambridge Philological Society, 30/1984, S. 84–115. Siehe auch Tandy: Warriors into Traders, Kap. 8. Zu beachten ist allerdings, dass eine größere Bedeutung von Märkten keineswegs das Vorhandensein kapitalistischer Beziehungen impliziert.

Reichen und Mächtigen. Hesiod verurteilt seine Zeit als eine Epoche des Neids und prangert »diejenigen an, die sich Gewalt, Bosheit und brutalen Taten widmen«, wobei seine Verachtung besonders jenen Richtern gilt, die als »käufliche Männer [...] unehrlich fällen das Urteil«.[80] Verschiedene Kommentatoren haben auf die Ähnlichkeit zwischen der Gerechtigkeitsrhetorik des Dichters und dem Diskurs des großen athenischen Reformers Solon etwa ein Jahrhundert später hingewiesen.[81] Zu Solons Zeit (590 v. u. Z.) hatten sich die von Homer und Hesiod geschilderten Spannungen zu einem schweren sozialen Konflikt ausgewachsen. Die durch Unruhen hervorgerufene Instabilität hatte solche Ausmaße angenommen, dass die athenische Aristokratie keinen anderen Ausweg mehr sah, als Solon die diktatorische Vollmacht zum Erlassen neuer Gesetze zu gewähren – um die Krise auf diese Weise zu beenden und die Polis zu stabilisieren. Wie Hesiod erklärte Solon kategorisch, dass den Praktiken von Habgier und Ausbeutung ein Riegel vorgeschoben werden müsse. »Die Führer des Volkes« haben »einen frevelen Sinn«, warnt Solon in seinen Gedichten, »sie können ihre Hoffart nicht bändigen [...] Mammon verschaffen sie sich«.[82]

> »Viele nach Athen, der gottgebauten Stadt
> Hab ich zurückgeführet. denn sie war'n verkauft,
> Mit Recht teils, teils auch wider alles Recht,
> Der Schulden wegen, in die Fremde [...]
> Und andre litten schmähliche Knechtschaft hier im Land,
> Und harter Herren Sinn sie fürchteten: auch sie
> Hab' ich befreit.«[83]

Solons Verse prangern die Unterdrückung der Armen an: die Konzentration des Reichtums in den Händen weniger, die Vertreibung einer wachsenden Zahl von Bürgern von ihrem Land und das Leid derjenigen, die aufgrund unbezahlbarer Schulden versklavt worden sind. Wer in Verbannung, Schuldknechtschaft oder Sklaverei geriet, wurde aus der politischen Gemeinschaft ausgeschlossen und verlor damit Gemeinschaftsrechte, soziale Zugehörigkeit und Identität. Im Zentrum von Solons Reformen stand die folgenreiche »Lastenabschüttelung« *(seisachtheia)*, die Schuldentilgung und das Ende der Schuldknechtschaft umfasste. Doch die soziale Transformation ging wahrscheinlich auch mit »einer weiter reichenden strukturellen Veränderung« einher, nämlich der Abschaffung der Bodenrenten, wie

80 Hesiod: Werke und Tage, 220f.

81 Vgl. Murray: Early Greece, S. 179. Allerdings hat Hesiods Verständnis von sozialer Gerechtigkeit klare Grenzen: Weder Frauen noch Sklaven verdienen in seinen Augen eine gerechte Behandlung.

82 Rudolf Peppmüller (Hrsg.): Solons Gedichte, Stralsund 1904, S. 5.

83 Peppmüller: Solons Gedichte, S. 8.

etwa der *Hektemorage*.[84] Das Ergebnis war einschneidend: die »Abschaffung der Klientelbeziehung zwischen Bauern und Adeligen«.[85] Durch die Befreiung von ihren ökonomischen Ketten erlangten die Bauern eine starke soziale, politische und rechtliche Unabhängigkeit. Das solonische Programm ist in dieser Hinsicht Produkt eines plebejischen Aufstands – »eines politischen Kampfs, der an einen Bürgerkrieg grenzte«[86] –, auch wenn der Gesetzgeber eher tiefgreifende Reformen als eine radikale Umverteilung des Landes anstrebte und es noch vier Generationen dauern sollte, bevor die volle Demokratie eingeführt war.[87] Ungeachtet dieser Grenzen stellten Solons Reformen einen Meilenstein in dem Prozess dar, der den unabhängigen Bauern-Bürger hervorbrachte – eine einzigartige gesellschaftliche Gestalt, die Arbeit und Selbstbestimmung miteinander vereinte und den radikalsten Bestandteil der antiken Demokratie repräsentierte.[88]

Das Ausmaß der sozialen Krise, die Athen 594 v. u. Z., als Solon diktatorische Vollmachten erhielt, erschütterte, lässt sich aus Plutarchs sieben Jahrhunderte später verfassten Bericht erahnen. Auch wenn die Details sicherlich unzuverlässig sind, scheint Plutarch den Kontext des historischen Augenblicks erfasst zu haben:

> »Weil auch gerade die Ungleichheit zwischen den Armen und Reichen aufs höchste gestiegen war, so stand es sehr misslich um die Stadt, und man meinte, nur von der unumschränkten Gewalt eines Einzigen sei die Herstellung der Ruhe und Ordnung zu erwarten. Denn das ganze gemeine Volk war den Reichen verschuldet. Ein Teil desselben baute zu ihrem Vorteil das Land und musste ihnen den sechsten Teil des Ertrages entrichten. Man nannte daher solche Leute Sechsfröhner und Lohnbauern (Theten); andere, die sich selbst verpfändet hatten, fielen den Gläubigern als Eigentum zu und mussten Sklavendienste tun, an Ort und Stelle oder im Auslande, wohin man sie verkaufte. Viele sahen sich gezwungen, ihre leiblichen Kinder zu verkaufen – denn kein Gesetz verbot es – oder das Land zu verlassen, um sich der Härte ihrer Gläubiger zu entziehen. Da trat die Mehrzahl der Stärkeren zusammen und forderten einander auf, dies nicht länger zu dulden, sondern einen zuverlässigen Mann an die Spitze zu stellen, die wegen Schuldrückständen den Gläubigern Verfallenen in Freiheit zu setzen, das Land neu zu verteilen und überhaupt die Verfassung umzugestalten.

84 Ellen Meiksins Wood: Peasant-Citizen and Slave. The Foundations of Athenian Democracy, London 1988, S. 95.

85 Murray: Early Greece, S. 183.

86 Moses I. Finley: Between Slavery and Freedom, in: Comparative Studies in Society and History, 3/1964, S. 235.

87 In Fragment 5 deutet Solon an, dass er die Interessen der miteinander streitenden sozialen Klassen ausgeglichen habe.

88 Wood: Peasant-Citizen and Slave, Kap. 3–4.

> Nun wandten sich die Verständigsten unter den Athenern an Solon [... und] baten ihn dringend, er möchte sich des Staates annehmen und den Unruhen ein Ende machen.«[89]

Auf diese Fragen und die Entstehung der Demokratie werden wir später in diesem Kapitel zurückkommen. An dieser Stelle sollte jedoch ein weiteres Ergebnis hervorgehoben werden: Aufgrund der demokratischen Veränderungen in Athen wurde die Knechtschaft wieder auf versklavte Menschen beschränkt. Wie bereits erörtert waren spätestens 600 v. u. Z. im Zusammenhang von Enteignung und Verarmung die Grenzen der Leibeigenschaft verwischt worden. Mit der Verarmung der Pächter, die bei den Adligen immer stärker verschuldet waren und sogar versklavt werden konnten, waren die Knechtschaftsbeziehungen auf die Einheimischen ausgedehnt worden. Verschiedene Formen der Unfreiheit – zu denen laut dem Verfasser des aristotelischen »Staat der Athener« auch die *hektemoroi* (Pachtbauern) gehörten – überlappten sich mit der Sklaverei. Tatsächlich weisen Historiker darauf hin, dass sich die meisten der für versklavte Menschen verwendeten Begriffe – darunter *doulos, oiketes, therapon, pais, soma* – zu diesem Zeitpunkt auf jede Art von Diener oder Lohnarbeiter bezogen.[90] Mit Solons Abschaffung von Schulden, Pacht und Schuldknechtschaft wurden solche Zwischenformen der Unterordnung und Unterwerfung jedoch beseitigt, und der Status von Freien und Leibeigenen in Athen wieder scharf unterschieden. Auch wenn elitäre Denker wie Platon weiterhin alle, die arbeiteten, als Knechte bezeichneten, war dies umstritten, da die Demokraten die entwürdigende Darstellung arbeitender Bürger ablehnten. Statt eines Kontinuums von sich überlappenden und ineinander übergehenden Formen der Unfreiheit kannte die athenische Gesellschaft in ihrer demokratischen Phase nur noch freie Bürger – die zwar unterschiedlich reich waren, sich aber frei an der Gestaltung ihrer Gesetze beteiligen konnten – und versklavte Menschen. Den nicht versklavten Frauen hingegen wurden trotz der größeren Freiheiten, die sie in Athen im Vergleich zu anderen griechischen Städten genossen,[91] die Rechte der Männer verweigert. Deren sozialer Status beruhte nun auf einer einzigen binären Struktur. Und vor dem Hintergrund, dass Solons Gesetz zufolge kein Athener versklavt werden durfte, war Knechtschaft mit Fremdheit identisch. Versklavt zu sein hieß, nicht zur Gemeinschaft zu gehören (was nicht bedeutet, dass alle Fremden versklavt wurden). Der Umstand, dass die armen Athener weit weniger unter Pachtzahlungen und Tributen litten, implizierte im Umkehrschluss für die Reichen, dass diese sich

89 J. Lamey (Hrsg.): Plutarchs vergleichende Lebensbeschreibungen, Mannheim 1863, S. 45f.

90 Garlan: Slavery in Ancient Greece, S 20f.

91 Murray: Ancient Greece, S. 169.

den größten Teil des Surplus nun bei versklavten Menschen beschaffen mussten.[92] Wenn die armen Angehörigen der Gemeinschaft nicht mehr in Knechtschaft gezwungen werden konnten, mussten versklavte Menschen fortan hauptsächlich als auf dem Markt erworbene Ware in die Gesellschaft gelangen.[93] Letztlich setzte die Sklaverei nicht nur einen Eigentumsbegriff voraus, bei dem versklavte Menschen schlichtweg als Teil der persönlichen Habe betrachtet wurden, sondern auch die Warenform. Damit wiederum sind wir erneut bei der Gleichsetzung von versklavten Menschen und Geld, die für die Geschichte des antiken Geldes von zentraler Bedeutung ist.

Krieg, Sklaverei und Marktbeziehung

Wie schon vermutete, ist der Warenaustausch offenbar zwischen Fremden entstanden.[94] Dies gilt mit Sicherheit für das Griechenland der homerischen Epen. Wie Finley ausführt, gibt es in den Epen kein einziges Beispiel für eine marktförmige Transaktion zwischen zwei Griechen oder zwei Trojanern.[95] Die uns vorliegenden Belege deuten darauf hin, dass Angehörige derselben antiken Gemeinschaft keine Handelsgeschäfte miteinander abwickelten.[96] Es ist gewiss nicht überraschend, dass in einer auf Reziprozität beruhenden Gemeinschaft Diebstahl und Plünderung als unsoziale Handlungen angesehen werden. Dass das Feilschen um Äquivalente (ausgewogene Reziprozität) ebenfalls als unsozial gelten könnte, scheint uns, die wir in der Marktwirtschaft aufgewachsen sind, weniger offensichtlich zu sein. Doch in Gesellschaften allgemeiner Reziprozität hatte die Gabe an Nachbarn und Verwandte nichts mit deren Fähigkeit zu tun, einen Gegenwert zu erstatten. Bedürfnisse waren Bedürfnisse, und dies implizierte eine moralische Verpflichtung jenseits der Äquivalenz-

92 Dieser Umstand hat in marxistischen Kreisen größere Debatten ausgelöst. Mit Verweis auf den wachsenden Anteil des gesellschaftlichen Überschusses, der von Versklavten produziert wurde, charakterisierte de Ste. Croix (Class Struggle) das antike Griechenland als Sklavenhaltergesellschaft. Ellen Meiksins Wood hingegen widerspricht dieser Einschätzung und betont in »Peasant-Citizen and Slave«, dass die Mehrheit der Bürger (und Produzenten) sich selbst und die Verwandtschaft durch eigene bäuerliche Arbeit ernährten. Meiner Ansicht nach können die beiden Positionen miteinander in Einklang gebracht werden, wenn man einen komplexeren Begriff der antiken Produktionsweise entwickelt. Diese Produktionsweise zeichnet sich dadurch aus, dass autarke bäuerliche Haushalte und eine weitverbreitete Ausbeutung von Sklavenarbeit miteinander verschränkt sind.

93 Garlan: Slavery in Ancient Greece, S. 53. Natürlich wurden manche Menschen auch direkt von Athenern gefangen genommen und versklavt, doch dürfte dies nur bei einer Minderheit der Fall gewesen sein.

94 Marx: Kapital, Bd. 1, MEW, Bd. 23, S. 102. Siehe auch Karl Polanyi: The Economy as Instituted Process, in: Primitive, Archaic, and Modern Economies, S. 159; Finley: Marriage, Sale, and Gift, S. 235; Sahlins: Stone Age Economics, S. 302f.

95 Moses I. Finley: Economy and Society in Ancient Greece, London 1981, S. 235.

96 Würden wir an dieser Stelle Redfield (»Development of the Market«) folgen, könnten wir zu dem Schluss kommen, dass es sich dabei um eine gezielte Auslassung handelte. Wie ich jedoch weiter unten darlege, wird in den Epen eine bestimmte Art des Handels – der mit Sklaven – geschildert. Entscheidend ist allerdings, dass es sich bei den Sklavenmärkten um den Handel *von* Fremden *mit* Fremden handelte.

rechnung. Sicher, die Unterstützung in der Not setzte eine Verpflichtung des Empfängers voraus, in der Zukunft, wenn nötig, etwas zurückzugeben. Doch diese Verpflichtung unterlag nicht dem Gesetz quantitativer Messung. Das Prinzip des kommerziellen Tauschs – das Aushandeln von Äquivalenten – war den Menschen, die diese Art von Gemeinschaftsleben führten, fremd. In diesem Sinne wurden Marktbeziehungen eher mit der Piraterie verglichen und mit Außenstehenden gepflegt. Ein weiterer Grund, warum der Handel vom Gemeinschaftsleben ferngehalten wurde, könnte damit zusammenhängen, dass die wichtigste Ware, die mit Fremden getauscht wurde, häufig versklavte Menschen waren. So verweisen linguistische Indizien darauf, dass die Konzepte Kauf und Verkauf ihren Ursprung im Recht der Entführer besaßen, Gefangene zu besitzen und zu veräußern.[97] Verkauft werden konnte, was außerhalb der Gemeinschaft in Besitz genommen worden war, und menschliche Gefangene standen hier ganz oben auf der Liste. Nicht nur die Handelspartner, sondern auch die Handelsobjekte waren in der Regel *Außenstehende*.

Das antike Griechenland stellte in dieser Hinsicht alles andere als eine Ausnahme dar. Versklavte Menschen scheinen zu den ersten im neolithischen Europa gehandelten Gütern und den wichtigsten Handelsgegenständen bei indigenen Völkern des pazifischen Nordwestens gehört zu haben. In einigen Gesellschaften waren versklavte Menschen offenbar sogar die erste akzeptierte Form von Privateigentum, insbesondere dort, wo Land nicht veräußerbar war.[98] In Babylonien und Assyrien finden sich Belege für Sklavenhandel 2400 v. u. Z. Und weiter südlich, in Sumer, deuten Tempelaufzeichnungen auf die Präsenz versklavter Menschen um 2700 v. u. Z. und auf einen aktiven Handel mit gefangenen Fremden um etwa 2000 v. u. Z. hin.[99] Die Kommodifizierung versklavter Menschen war im Nahen Osten also schon mindestens 2000 Jahre vor unserer Zeitrechnung verbreitet. Bereits um 1580 v. u. Z. hatte sich über den Indischen Ozean hinweg ein Fernhandel mit versklavten Menschen etabliert – was Patterson zu der Bemerkung veranlasste: »Die Sklaverei war eng mit den Ursprüngen des Handels selbst verbunden.«[100] Hinsichtlich der Verhältnisse außerhalb der griechisch-römischen Welt deutet vieles darauf hin, dass der arabische Sklavenhandel des 8. und 9. Jahrhunderts u. Z. das schwindelerregende Ausmaß des römischen Handels noch übertraf, der zu seinem Höhepunkt 250 000 bis 400 000 versklavte Menschen

97 Émile Benveniste: Indo-European Language and Society, Coral Gables 1973, S. 129–137. Dieser Zusammenhang wird auch erörtert bei von Reden: Exchange in Ancient Greece, S. 67.

98 Dies scheint in großen Teilen Westafrikas während des atlantischen Sklavenhandels der Fall gewesen zu sein. Vgl. Hugh Thomas: The Slave Trade, New York 1997, S. 47. Zu dem Prinzip, dass Menschen, nicht aber Land zu Eigentum gemacht werden konnten, siehe: John Thornton: Africa and Africans in the Making of the Atlantic World, New York 1998, S. 84–95.

99 Vgl. Isaac Mendelsohn: Slavery in the Ancient Near East, Oxford 1949; Bernard J. Siegel: Slavery during the Third Dynasty of Ur, in: American Anthropologist, 1/1947.

100 Patterson: Slavery and Social Death, S. 149.

pro Jahr umfasste.[101] Auch wenn die Sklavenmärkte der griechisch-römischen Welt erst später entstanden, waren Krieg, Sklaverei und Märkte schon zu Zeiten Homers untrennbar miteinander verbunden, und der Mittelmeerraum war einer der Schwerpunkte des Sklavenhandels überhaupt. Tatsächlich wurden alle versklavten Menschen, deren Namen und Geschichte in der »Odyssee« erwähnt sind, entweder gekauft oder waren Nachkommen versklavter Menschen, die auf dem Markt erworben worden waren.[102] Krieg und Handel waren so eng miteinander verwoben, dass Sklavenhändler in der griechischen Antike den Armeen folgten, um ihnen ihre Gefangenen abzukaufen.[103]

Nehmen wir die Prahlerei des Achilles über eine seiner Schlachten gegen die Trojaner: »Viel' auch führt' ich gefangen hinweg, und verkaufte sie lebend.«[104] An dieser wie an anderen Stellen schildert Homer Gewalt als Mittel zur Versklavung anderer, und Märkte als die Orte, an denen man die Opfer dieser Gewalt – Menschen, die als Habe versklavt wurden – verkaufte. Heraklit, der die entscheidende Rolle der Gewalt bei der Festlegung des persönlichen Schicksals kannte, rief aus: »Krieg ist aller Dinge Vater, aller Dinge König. Die einen macht er zu Göttern, die anderen zu Menschen, die einen zu Sklaven, die anderen zu Freien.«[105] In den heroischen Erzählungen der griechischen Antike, die, wie wir gesehen haben, um die Heldentaten des aristokratischen Kriegers kreisten, besaßen Gewalt und Versklavung zentrale Bedeutung. Doch natürlich gab es auch andere Wege, die in die Sklaverei führten. Schuldknechtschaft oder der Verkauf von Kindern und Verwandten, um sich Geld oder Nahrung und Land zu verschaffen, waren ebenso denkbar. Im klassischen Zeitalter Griechenlands und Roms wurden diese Möglichkeiten jedoch durch Aufstände des *demos* blockiert, der einen gesetzlichen Schutz gegen die Versklavung von Bürgern durchsetzte.[106] Von nun an waren versklavte Menschen in diesen Gesellschaften Fremde, Außenseiter, die im Krieg gefangen genommen oder zum Verkauf importiert worden waren. Und mit dem Wachstum der Märkte in der griechischen Welt verwandelte sich die Sklaverei zunehmend in ein »ökonomisches Phänomen, das den Gesetzen von Angebot und Nachfrage folgte«,[107] da die meisten Kriegsgefangenen bei den Truppen von Sklavenhändlern erworben und zum Verkauf in die Marktstädte transportiert wurden.

101 Frankopan: Silk Roads, S. 116. Siehe auch: Fuad Matthew Caswell: The Slave Girls of Baghdad, London 2011.

102 Jean Andreau/Raymond Descat: The Slave in Ancient Greece and Rome, Madison 2011, S. 21.

103 Nicolas Ralph Edmund Fisher: Slavery in Classical Greece, London 1993, S. 37.

104 Homer: Ilias, 21.102.

105 Heraklit: Fragmente, in: Hermann Diels (Hrsg.): Die Fragmente der Vorsokratiker, 1. Band, Berlin 1912, S. 88.

106 Finley: Between Slavery and Freedoom, S. 233–249. Vgl. auch Patterson: Freedom, Bd. 1, Teil 2 und 3.

107 Murray: Ancient Greece, S. 227.

Kommen wir noch einmal auf Redfields Argument zurück, wonach die Auslassung von Kauf und Verkauf in den Epen eine literarische Strategie ist, um neue und destabilisierende sozioökonomische Praktiken zu umgehen. Redfield räumt eine Ausnahme ein, um diese dann allerdings konsequent zu ignorieren. »Die Helden«, schreibt er, »kaufen und verkaufen nicht – außer vielleicht, um einen Sklaven zu erwerben.« Doch der Handel mit versklavten Menschen war keine Ausnahme, sondern eine routinemäßige Marktpraxis der Antike. Redfield blendet dies aus, indem er leugnet, dass Kauf und Verkauf versklavter Menschen Markttätigkeiten sind. Der Handel mit Frauen und Kindern, so schreibt er, »etabliert keine echte Marktbeziehung«.[108] Doch diese These ist einfach nicht haltbar. Menschenhandel war (und ist) absolut eine Marktbeziehung. Dass er gelegentlich jenseits von geografisch festgelegten Marktplätzen abgewickelt wird, ist von geringer Bedeutung. Tatsächlich werden in den Epen bei der Darstellung des kommerziellen Austauschs oft episodische Märkte erwähnt, wie sie für einen Großteil des Handels in der Frühantike typisch waren – am ehesten lassen sich diese als *Einmal-Märkte* beschreiben. Homer schildert genau dies, als er von einer Unterbrechung der Belagerung Trojas berichtet: Die Helden blicken aufs Meer.

> »Aber viel der Schiffe, mit Wein beladen, aus Lemnos
> Landeten, hergesandt vom Jasoniden Euneos […]
> Dort nun kauften des Weins die hauptumlockten Achaier:
> Andere brachten Erz, und andere blinkendes Eisen,
> Andere dann Stierhäut', und andere lebende Rinder,
> Andre Gefangne der Schlacht.«[109]

Zweifelsohne handelt es sich dabei um einen Handel ohne allgemeines Äquivalent: Bronze, Eisen, Häute, Ochsen und versklavte Menschen werden hier zum Erwerb von Wein verwendet. Doch es handelt sich zweifellos um eine Marktaktivität, die von seefahrenden Händlern organisiert ist. Außerdem finden wir in den Epen deutliche Hinweise auf fest etablierte Marktplätze. In der »Ilias« werden mehrfach Handelshäfen und insbesondere Städte erwähnt, die sich auf den Sklavenhandel spezialisiert haben, darunter Samos, Imbros und Euneos' Stadt Lemnos. Der Dichter sagt über einen Gefangenen, dass Achilles »in Lemnos' bevölkerte Stadt zum Verkauf ihn sandte […] und den Wert bezahlte der Sohn des Jason.«[110] Auf den letzten Seiten des Epos beklagt Hekabe, dass Achilles ihre Söhne, »die mir der schnelle Achilleus nahm, verkauft' […] vordem jenseits der öden Gewässer, hin gen Samos und Imbros und zur unwirtbaren

108 Redfield: Development of the Market, S. 30 und 38.

109 Homer: Ilias, 7:467–475.

110 Ebd., 21:40f.

Lemnos.«[111] Redfield misst diesen Hinweisen keine größere Bedeutung bei; nicht zuletzt, weil er Sklaverei und Raub klar vom Handel trennen möchte.[112] Damit stützt er das idealisierte liberale Narrativ, das die erdrückenden Beweise für die konstituierende Bedeutung von Piraterie, Plünderung und Sklaverei für den frühen Handel einfach unterschlägt. Ein auf das antike Rom spezialisierter Historiker kommentiert: »Plünderung und Handel waren zwei sich ergänzende und miteinander verwobene Methoden des Austauschs … es dauerte lange, bis die antike Welt eine klare Unterscheidung zwischen ihnen traf.«[113] Weil sie die idyllische Erzählung eines primitiven Tauschhandels präferierten, haben Ökonomen und Historiker des Mainstreams die engen Verbindungen des Marktes zur Sklaverei ausgeblendet.[114] Nichtsdestotrotz gehörten versklavte Menschen in zahlreichen menschlichen Gesellschaften zu den ersten getauschten Gütern und stellten häufig die wichtigsten Objekte des Fernhandels dar.[115] Märkte waren weniger das Resultat friedlicher Begegnungen zum beiderseitig vorteilhaften Austausch von Grund- oder Luxusgütern als das Produkt von gewaltsamer Verschleppung und Menschenhandel.

Die Ausbreitung von Sklavenmärkten veranlasste Giuseppe Salvioli zu der These, versklavte Menschen seien die erste Ware gewesen, die in der griechischen Welt regelmäßig mit Profit verkauft wurde.[116] Obgleich die Beweise hierfür lückenhaft sind, scheint zumindest klar, dass versklavte Menschen zu den ersten – und wichtigsten – gehandelten Waren gehörten. »Der Krieg des Altertums« war nicht nur »Sklavenjagd«, wie es bei Max Weber heißt;[117] er war auch Treibstoff für die Entwicklung der großen Marktplätze der Antike. In der griechischen Gesellschaft, wie sie in Homers Epen dargestellt wird, hatte der vorherrschende aristokratische Kriegerethos eine hochgradig geschlechtsspezifische Wirkung auf die Sklaverei. Die Sieger töteten in der Regel die Männer, die auf dem Schlachtfeld überlebt hatten, und versklavten Frauen und Kinder. Kriegereliten machten sich einige weibliche und minderjährige Gefangene zum persönlichen Besitz, verteilten andere als Beute oder verkauften sie zu geschäftlichen Zwecken, wie Achilles sich selbst rühmt. In der klassischen Antike waren versklavte Menschen, wie fast immer in der Menschheitsgeschichte, unverhältnismäßig häufig weiblich, und ihre Hauptaufgabe bestand in der Haus- und Feldarbeit, in sexuellen Gefälligkeiten für

111 Ebd., 24:751–753.

112 Redfield: Development of the Market, S. 43.

113 Claude Nicolet: The World of the Citizen in Republican Rome, Berkeley 1980, S. 122.

114 Eine scharfe Kritik an den Tauschtheorien hinsichtlich des Ursprungs von Handel und Märkten bringen Humphrey: Barter and Economic Disintegration; und Graeber: Schulden, Kap. 2.

115 Patterson: Slavery and Social Death, S. 148.

116 Giuseppe Salvioli: Le Capitalisme dans le Monde Antique, Paris 1906.

117 Max Weber: Gesammelte Aufsätze zur Sozial- und Wirtschaftsgeschichte, hrsg. von Marianne Weber, Tübingen 1988, S. 292.

ihre Herren und dem Gebären und Aufziehen von Kindern, die letztere zeugten (sowohl mit ihnen als auch mit anderen Frauen).[118] Im Laufe der Zeit wurden jedoch auch erwachsene Männer auf dem Sklavenmarkt angeboten, und in den Epen werden solche Verkäufe auch geschildert. Homer berichtet, dass Odysseus seinen treuen Schweinehirten Eumäus von taphischen Piraten kaufte; und der alte Schweinehirt erwarb später selbst einen versklavten Mann.[119] Wir wissen, dass Händler, die in den »barbarischen« Regionen am Rande der griechischen Welt Handel trieben, Tausende von Versklavten, viele aus den Gebieten im Donau- und Schwarzmeergebiet, auf wichtige Marktplätze wie Delos, Korinth, Chios und Rhodos verschleppten. Nach dem Ende des Peloponnesischen Krieges (414–404 v. u. Z.) entwickelte sich auf Delos ein reger Handel mit Kriegsgefangenen und Verschleppten, der vermutlich um 100 v. u. Z. seinen Höhepunkt erreichte. Und in der klassischen Periode des 5. und 4. Jahrhunderts v. u. Z., als der Handel den Krieg als wichtigste Nachschubquelle der Sklaverei in Griechenland abgelöst hatte, fanden in der Athener Agora jeden Monat öffentliche Sklavenversteigerungen statt.[120]

Im Fall Roms war das Muster ein wenig anders. Auch wenn sich Sklavenmärkte im ganzen Reich ausbreiteten, dürfte es sich bei der Mehrheit der Versklavten um Kriegsgefangene und Opfer von Raubzügen der kaiserlichen Armee gehandelt haben, von denen viele nach der Gefangennahme, wie Cicero in seinem Sesterzen-Bild deutlich macht, verkauft wurden.[121] Auffallend ist, dass in der zweiten Hälfte des 1. Jahrhunderts u. Z Ketten mit Fesseln »zur Standardausrüstung des römischen Soldaten« gehörten.[122] Es gibt einige aufschlussreiche historische Notizen zu diesem Thema. Nach der Niederlage der gallischen Truppen im Jahr 52 v. u. Z. verteilte Julius Caesar an jeden Soldaten seiner Armee einen versklavten Gefangenen. Über 100 Jahre später, im Jüdischen Krieg von 66–70 u. Z., sollen etwa 97 000 gefangene Juden von den siegreichen Römern versklavt worden sein. Bezeichnenderweise wurden 700 dieser versklavten Menschen beim Triumphzug, den Titus, der Sohn des Kaisers, im Anschluss daran in Rom organisierte, gemeinsam mit Tieren und

118 Joseph C. Miller: The Problem of Slavery as History: A Global Approach, New Haven 2012, S. 49. Siehe auch: ders.: Introduction: Women as Slaves and Owners of Slaves, in: Gwyn Campbell/Suzanne Miers/Joseph C. Miller (Hrsg.): Women and Slavery. Africa, the Indian Ocean World, and the Medieval North Atlantic, Athens 2007, S. 1–40. Natürlich muss es unter den gefangenen Bevölkerungsgruppen auch nicht-binäre Personen gegeben haben, aber die Sklavenhalter hätten dazu tendiert, die Geschlechtsidentität auf die gleiche Weise festzulegen wie Kleidung, Gewohnheiten und sogar Namen.

119 Homer: Odyssee, 14:449-452, 15.380-384.

120 Zu Delos, vgl. Junius P. Rodriguez: Chronology of World Slavery, Santa Barbara 1999, S. 31. In Bezug auf Athen vgl. Garlan: Slavery in Ancient Greece, S. 53–55.

121 Dieser Ansicht ist beispielsweise Keith Hopkins: Conquerors and Slaves, Cambridge 1978, S. 8, 25f., 102.

122 Sandra R. Joshel: Slavery in the Roman World, Cambridge 2010, S. 84.

geplünderten Gegenständen aus Gold, Silber und Elfenbein vorgeführt.[123] Versklavte Menschen waren nichts anderes als Raubgut; Besitztümer, die sich im Prinzip nicht von Vieh unterschieden.

Mit den Füßen anderer gehen: Tiere, Eigentum, versklavte Körper

»Für die Notwendigkeiten des Lebens nämlich liefern uns die Gegenden [...] ihre Herden und die Menge der als Sklaven ausgeführten Menschen in reichlicher Anzahl.« (Polybius)[124]

Polybius' nüchterne Beschreibung lebensnotwendiger Güter im alten Rom brachte den Alltagsverstand seiner sozialen Klasse zum Ausdruck. Versklavte Menschen waren ein wesentliches Gut, ein Besitz, der für den aristokratischen Komfort ebenso unerlässlich war wie das Vieh für einen florierenden landwirtschaftlichen Betrieb. In diesem Sinne gehörten versklavte Menschen zur gleichen Kategorie wie das Vieh, sie waren eine Art menschlicher, für den herrschaftlichen Wohlstand unentbehrlicher Nutztierbestand. Die Gleichsetzung von versklavten Menschen mit Tieren prägt auch die Begriffswelt der klassischen griechischen Kultur.[125] Der einzige eindeutige Begriff für einen versklavten Menschen – *andrapodon* – ist etymologisch mit dem Wort *tetrapodon* (Wesen mit vier Füßen) verwandt, das für das Vieh verwendet wurde. Wörtlich bedeutete *andrapodon* also so etwas wie »Tier mit menschlichen Füßen«. Und im militärischen Kontext bezeichnete der Begriff nicht nur einen Gefangenen, sondern auch »das als Beute erworbene Objekt«.[126] Die semantische Verknüpfung von *andrapodon* mit Tieren und Kriegsbeute ist verblüffend. Wir wissen, dass in homerischer Zeit der Ochse zum Standardmaß für den Wert von Waren, einschließlich versklavter Menschen, geworden war. In den Epen erfahren wir beispielsweise, dass eine versklavte Frau, Eurykleia, für den Gegenwert von 20 Ochsen erworben worden war, während eine Bronzerüstung neun und ein Tripod zwölf Ochsen kostete.[127] Versklavte Menschen wurden also buchstäblich mit Vieh gleichgesetzt. Dementsprechend war *soma* oder »Körper« seit dem 4. Jahrhundert v. u. Z. einer der gebräuchlichsten Begriffe für versklavte Menschen. Eine Person als Körper zu bezeichnen bedeutet, sie zu verdinglichen, sie ihrer Persönlichkeit und Menschlichkeit zu berauben, sie als rein physisches Wesen und Lasttier darzustellen – als antiken Zombie ohne Bewusstsein, Identität, Denken und Verstand.

123 Ebd., S. 66–68.

124 Polybius: Geschichte (übersetzt von A. Haakh), Stuttgart 1858, 4. Buch, S. 332.

125 Das galt natürlich auch für andere Gesellschaften, wie etwa die der alten Hebräer. Das Alte Testament berichtet beispielsweise, dass Jakob »über die Maßen reich wurde, sodass er viele Schafe, Mägde und Knechte, Kamele und Esel hatte« (1. Mose 30:43).

126 Garlan: Slavery in Ancient Greece, S. 20.

127 Homer: Odyssee, 1:429f.; Illias, 6:235f., 23: 702f.

Gewöhnlich hält man den rechtlichen Status als menschliches Eigentum für das entscheidende Kennzeichen eines versklavten Menschen. Das ist zwar nicht falsch, aber ungenügend. Denn das Recht ist in dieser Hinsicht lediglich ein Ausdruck eines weiter reichenden sozialen Prozesses. Versklavt zu sein bedeutet, sozial enteignet, menschlich entwurzelt zu sein – ja letztlich gar keine Wurzeln zu besitzen. Grundlage der Sklaverei ist die Beseitigung der Verwandtschaft, der Entzug der Zugehörigkeit zu einer Gemeinschaft, die Zerstörung der persönlichen Identität. Nichts definiert eine solche Zerstörung so sehr wie die gewaltsame Trennung des Menschen von seiner Gemeinschaft und seinen Verwandten. Finley verweist darauf, dass von den etwa 60 Aufzeichnungen über den Verkauf versklavter Menschen im alten Ägypten keine einzige einen versklavten erwachsenen Mann zusammen mit Frau oder Kindern zeigt.[128] Versklavte Menschen waren nicht nur »von Geburt an entfremdet«, wie Patterson richtig anmerkt – das heißt, ihrer auf die Geburt zurückgehenden verwandtschaftlichen Beziehungen beraubt –, sondern ihr Status impliziert auch die ständige Bedrohung, jede noch so prekäre Bindung an Kinder und Ehepartner zu verlieren.[129] Während die Sklaverei mit dem Unglück von Gefangennahme, Verschleppung und Verkauf begann, konnte sich das Ursprungstrauma des sozialen Todes bei jedem weiteren Verkauf wiederholen. Es ist in diesem Zusammenhang aufschlussreich, dass die wörtliche Übersetzung des ägyptischen Wortes für Gefangenschaft »lebender Tod« lautete.[130] Natürlich konnten in vielen Gesellschaften auch *Angehörige* der Gemeinschaft (und nicht nur Fremde) versklavt werden, insbesondere diejenigen, die sich gegenüber Nachbarn etwas zuschulden kommen lassen hatten. Zu diesen Vergehen gehörte auch das »Verbrechen«, einen Kredit nicht zurückgezahlt zu haben, was häufig die Schuldknechtschaft des Schuldners oder eines seiner Verwandten nach sich zog. Durch solche Verfahren wurde ein Angehöriger der Gemeinschaft faktisch ausgeschlossen und zu einem Außenstehenden, zu einer Person, der gegenüber anderen zu nichts verpflichtet war und die demzufolge wie ein Gegenstand behandelt werden konnte. In Ägypten, schreibt Abd al-Muhsin Bakir, erhielten Gemeinschaftsangehörige, die, meist aufgrund ihrer extremen Armut, versklavt wurden, einen Status, der dem rechtlichen und sozialen Tod gleichkam.[131] Der Anthropologe Claude Meillassoux hält fest, es sei für alle Formen der Sklaverei charakteristisch, »dass der Sklave rechtlich nicht in der Lage ist, ›verwandt‹ zu sein«.[132] In der Tat wurden während der

128 Moses I. Finley: Ancient Slavery and Modern Ideology, Harmondsworth 1983, S. 76.

129 Patterson: Slavery and Social Death, S. 13. Selbstverständlich variieren die Formen der Sklaverei in den einzelnen Gesellschaften und im Laufe der Geschichte stark. Das Eigentum an Menschen ist bei Weitem nicht die einzige Form der Sklaverei. Pattersons Definition als »die dauerhafte, gewaltsame Beherrschung von Personen, die von Geburt an entfremdet und ihrer Würde beraubt sind«, ist sehr nützlich.

130 Ebd., S. 42, 377.

131 Abd al-Muhsin Bakir: Slavery in Pharaonic Egypt, Kairo 1952, Kap. 2.

132 Claude Meillassoux: The Anthropology of Slavery (übersetzt von Alide Dasnois), Chicago 1991, S. 35.

ägyptischen Spätzeit (dem ersten Jahrtausend v. u. Z.) versklavte Menschen, die sich im direkten Besitz des königlichen Schatzmeisters befanden, *nemeh* oder »Waise« genannt.[133]

Der Sklavenhandel implizierte also eine verblüffende Symmetrie. In den meisten von uns untersuchten »primitiven« Gesellschaften waren die Versklavten Fremde *(outsiders)*, aber auch Handel wurde in diesen Gesellschaften nur mit Außenstehenden getrieben. Insofern waren Handel, Sklaverei und Geld in einem Entfremdungszusammenhang miteinander verknüpft; sie konstituierten sich in Beziehungen außerhalb der Gesellschaft, aus der die Händler stammten, und waren dieser fremd. Sklavenhandel war also der Tausch (sozial toter) Außenstehender mit anderen Außenstehenden, denen gegenüber man sozial zu nichts verpflichtet war. Und das Geld war als Mittel zur Abwicklung des Geschäfts ein Medium für entfremdete soziale Beziehungen. Es darf deshalb kaum überraschen, dass versklavte Menschen in vielen Gesellschaften auch als Geld oder zumindest als Wertmaßstab dienten. Da sie häufig den Status einer primären Handelsware besaßen, wurden versklavte Menschen leicht zu einem Gegenstand, anhand dessen andere Waren bewertet werden konnten. Diese Art von Sklavengeld lässt sich in einer Vielzahl von Gesellschaften finden, unter anderem im vorkolonialen und kolonialen Afrika, im pazifischen Nordwesten des heutigen Kanada, beim Volk der Obydo im heutigen Brasilien und, vielleicht am bekanntesten, im frühchristlichen Irland.[134]

Das irische Geldwesen des frühchristlichen Zeitalters beruhte auf einer dualen Maßeinheit. Der gebräuchlichste Wertmaßstab war das *sét*, das sich auf ein Stück Vieh bezog. Die höchste Werteinheit war das *cumal*, was wörtlich übersetzt »Sklavin« bedeutete. Geldstrafen für Körperverletzungen wurden ebenso wie der Preis für Grund und Boden oft in *cumal* festgesetzt, obgleich bei diesen Transaktionen in der Regel keine Sklaven den Besitzer wechselten. So wie die versklavten Menschen von ihren Gemeinschaften abstrahiert wurden – eine der ältesten lateinischen Bedeutungen des Verbs abstrahieren ist »abreißen« oder »wegziehen« –, lieferte der *cumal* einen abstrakten Maßstab, an dem der Wert anderer Dinge gemessen werden konnte. Die der Sklaverei inhärente gewaltsame Abstraktion verwandelte also die versklavten Menschenobjekte in eine allgemeine Maßeinheit, mit der sich der Wert eines Gegenstands im Verhältnis zu einem anderen darstellen ließ. Der Tauschwert wird, wie Marx dargelegt hat, nicht durch Qualität, sondern durch Quantität ausgedrückt. Auf dem Markt repräsentiert ein Gegenstand eine Geldmenge – und nicht eine Menge Schönheit, Nahrung, Wärme usw. Mit den entsprechenden Mengen Geld können wir Gegenstände des Alltags erwerben.

133 Ancient Egypt, in: Paul Finkelman/Joseph C. Miller (Hrsg.): Macmillan Encyclopedia of World Slavery, New York 1998, S. 282.

134 Vgl. Einzig: Primitive Money, S. 80, 111, 131–180, 238–241.

Das Geld erlang also die Eigenschaft eines allgemeinen Maßstabs (und ist mit allen Dingen austauschbar). Seine einzigartige »Qualität« besteht darin, reine Quantität zu verkörpern. Selbstverständlich konnten nur jene Menschen als Geld und Maßstab abstrakter Quantität dienen, die ihrer persönlichen Identität beraubt worden waren. Es gibt zu denken, dass versklavte Menschen mit Münzen die Eigenschaft teilten, markiert zu sein, also ein Zeichen auf ihrer Oberfläche zu tragen. Von den Kriegsgefangenen, die Athen im Krieg mit Samos 441 bis 439 v. u. Z. gefangen nahm, heißt es sogar, ihnen sei eine Eule ins Fleisch gebrannt worden, dasselbe Symbol, mit dem auch die athenischen Münzen geprägt wurden.[135] Versklavte Menschen und Münzen, die im Alltag austauschbar waren, waren mit den Insignien der Staatsmacht versehen.

Diese sozialen Prozesse sind im römischen Recht kodifiziert, wo das Eigentum als *dominium* (Macht oder Herrschaft) über eine *res* (Sache) definiert ist. Bezeichnenderweise bedeutete das Wort *dominus* ursprünglich »Sklavenhalter« und nicht »Eigentümer«. Doch als sich das Konzept des absoluten Eigentums entwickelte, begann der Begriff *dominus* sich auf den Privateigentümer im Allgemeinen zu beziehen. Parallel dazu wurde eine versklavte Person zu einem Rechtsgegenstand, »der einzigen menschlichen *res*«, wie Patterson schreibt.[136]

Aber das Recht folgte hier nur der sozialen Phänomenologie des Alltagslebens in der Sklavenhaltergesellschaft. In dieser Hinsicht herrschte in Rom die gleiche Sprachregelung wie in Griechenland, wo Versklavte vor allem in Kaufverträgen und in Entlassungsdokumenten häufig als *somata* bezeichnet wurden. Der Historiker Keith Hopkins zitiert zahlreiche entsprechende Textpassagen, darunter auch folgende: »[...] wird an den Pyther Apollo der weibliche Körper mit dem Namen Pistis [... um] einen Preis von viereinhalb *mnae* [450 Drachmen] verkauft«. In einem anderen Entlassungsbrief heißt es über die Versklavten: »zwei weibliche Körper mit Namen Onasiphoron und Sotero«.[137] Die versklavten Menschen fungierten als Arbeitstiere, deren Körper dazu dienen, Wirkungsradius und Macht des Sklavenhalters zu erweitern. Für Aristoteles haben versklavte Menschen mit »zahmen Tieren« gemein, dass beide »mit dem Körper bei (der Bereitstellung) der lebensnotwendigen Mitteln [helfen]«.[138] Darauf anspielend, dass sich die römischen Herren von versklavten Menschen tragen ließen, schreibt Plinius der Ältere: »Wir gehen auf fremden Füßen.«[139] Versklavte Menschen wurden so sehr mit Tierkör-

135 Page duBois: Slaves and Other Objects, Chicago 2003, S. 107.

136 Patterson: Slavery and Social Death, S. 32.

137 Hopkins: Conquerors and Slaves, S. 142–143.

138 Aristoteles: Politik, 1254b16.

139 Georg C. Wittstein (Hrsg.): Die Naturgeschichte des Cajus Plinius Secundus 5. Band, Leipzig 1882, S. 89.

pern gleichgesetzt, dass die Gesetze, die Käufer in Griechenland und Rom vor unsichtbaren Mängeln schützen sollten, sowohl für den Erwerb von Tieren als auch für den versklavter Menschen galten.[140] Der renommierte Jurist Gaius schreibt: »Das Gesetz behandelt unsere Sklaven und unser in Herden gehaltenes vierbeiniges Vieh ebenbürtig.«[141] Marx notierte in Anbetracht dieser Gleichsetzung von Mensch und Lasttier sarkastisch: »Der Sklavenhalter kauft seinen Arbeiter, wie er sein Pferd kauft.«[142]

Dem Kauf voraus ging eine Prüfung – oft in Form einer Inspektion versklavter Menschen, die auf einer Plattform, der sogenannten *catastra*, ausgestellt wurden. Hierauf spielt Cicero in seinem bereits erwähnten Brief an Atticus an. Das römische Recht verlangte, dass die wichtigsten Informationen über den Versklavten auf einem um den Hals hängenden Schild notiert wurden, und es war absolut üblich, dass der potenzielle Käufer den Sklaven herumstieß oder entkleidete, um die Qualität der Ware unter die Lupe nehmen zu können. Das Entkleiden war auch ein Akt der Erniedrigung, mit dem die Versklavten aller Eigenschaften beraubt werden sollten, die sie zu sozialen Wesen machten. Der große Odysseus erzählt Eumäus von seiner »Stunde der Knechtschaft. Und sie zogen mir aus die Kleider und Mantel und Leibrock, warfen um mich einen schlechten Lumpen und einen zerschlissenen, schmutzigen Leibrock, wie du ihn siehst mit eigenen Augen.«[143] Die erzwungene Entkleidung war wesentlicher Bestandteil der »säkularen Exkommunikation«, mit der man die Versklavten kulturell entblößte.[144] Die Semiotik der Nacktheit sollte die Persönlichkeit und die durch Kleidung definierte soziale Zugehörigkeit auslöschen. Indem sie dem Individuum seine soziale Haut nahmen, erlangten die Herren die Kontrolle über die Identität des Gefangenen. Diese Art der Unterwerfung war so allgegenwärtig, dass selbst Seneca, der Sklaven weniger abschätzig betrachtete als viele seiner Zeitgenossen, den Kauf von Sklaven beiläufig mit dem Erwerb eines Pferdes verglich und dem Käufer empfahl, »den zum Verkauf angebotenen Sklaven die Kleider auszuziehen, damit euch kein körperlicher Makel entgeht.«[145]

Die Käufer prüften Größe, Stärke, Wunden, Krankheiten und Schönheit. Doch ungeachtet der Beurteilung spezifischer Eigenschaften wurde der versklavte Körper vor allem *quantitativ* bewertet. Die qualitative Bewertung der versklavten Person, der auch ein Unterwerfungsakt innewohnte, diente dazu, einen Preis, ein quantitatives Maß zu ermitteln. »Für Käufer und Verkäufer«, schreibt die Historikerin Sandra Joshel,

140 Andreau/Descat: Slave, S. 64.

141 Ebd., S. 64; Alan Watson (Hrsg.): The Digest of Justinian, Philadelphia 1985, Abschnitt 9.2.2.2.

142 Marx: Kapital, Bd. 1, MEW, Bd. 23, S. 281.

143 Homer: Odyssee, 14: 339–342.

144 Patterson: Slavery and Social Death, S. 5.

145 Lucius Annaeus Seneca: Moral Epistles vol. 2, Cambridge 1917.

»war der Sklave gleichbedeutend mit seinem Preis und damit trotz der Unterschiede von Alter, Geschlecht, Herkunft und Aussehen mit jedem anderen Sklaven austauschbar.«[146] Der Geldwert war das Maß aller versklavten Menschen; jeder hatte seinen Preis, der in einem einheitlichen Wertmaßstab ermittelt wurde – unabhängig davon, ob dieser in Ochsen, Goldstücken oder Silbermünzen ausgedrückt wurde. Nachdem ein Preis festgelegt und der Verkauf abgewickelt worden war, konnte der Eigentümerwechsel am versklavten Körper durch ein Brandzeichen oder eine Tätowierung markiert werden. Neben dem Brandzeichen stellten auch die Ketten einen Eigentumsanspruch dar, wie der Gott Pluto in Aristophanes' Stück »Die Frösche« anmerkt: »Ich will sie gebrandmarkt, fest geknebelt, geschnürt«.[147] Die Sklaverei war buchstäblich in die Haut gebrannt, und sie wurde dem Körper durch tägliche Erniedrigung regelmäßig neu eingeschrieben. Nichts unterschied den Versklavten im klassischen Griechenland und Rom so fundamental vom Bürger wie die physischen Spuren der Macht, die er erleiden musste. Wenn etwas die Ausübung herrschaftlicher Macht und die Trennung zwischen Bürgern und Versklavten repräsentierte, dann war es, wie in der modernen Sklaverei, die Peitsche.[148] Doch die körperliche Züchtigung endete nicht mit ihr: Heiße Eisen, Handschellen, Fesseln, Halsketten und Sklavengefängnisse waren Bestandteil der Machttechnologie; das Auspeitschen, Verbrennen und Foltern Teil ihrer Praxis.[149] Diese Brutalität chiffrierte die der griechisch-römischen Kultur inhärente Banalität der Gewalt. In seinen »Memorabilia« schildert Xenophon, wie Sokrates mit seinem Schüler Aristippos den richtigen Umgang mit widerspenstigen Sklaven debattiert. »Davonzulaufen verbietet man ihnen durch Fußschellen«, rät Sokrates, »und gegen die Faulheit sind Schläge ein bewährtes Mittel. Oder wie hältst *du* es mit deinen Sklaven, wenn du einen dieses Gelichters unter ihnen entdecktest?« Daraufhin erwidert Aristippos: »Ich züchtige ihn ohne Barmherzigkeit so lang und so viel, bis er seine Schuldigkeit tut.«[150]

»Bis er seine Schuldigkeit tut«: Diese markige Antwort resümiert ein ganzes Programm sozialer Herrschaft. Das Erstaunliche an diesem Dialog ist gerade seine Beiläufigkeit, die völlig nüchterne Unterhaltung über den Einsatz von »Fußschellen« und »das bewährte Mittel« der Schläge. Ganz ähnlich auch bei Aristophanes' Darstellung der Brutalität gegenüber versklavten Menschen in der Komödie: Erwähnt werden der Einsatz von Ketten, Fesseln, Schlägen und Peitschen. »Die Frösche« ist in dieser Hinsicht

146 Joshel: Slavery in the Roman World, S. 105.

147 Aristophanes: Die Frösche.

148 Jäger: Body of the Citizen, S. 278, 273, 280, 284.

149 Joshel: Slavery in the Roman World, S. 116, 119–121; Hunter: Body of the Citizen, S. 281f.

150 Xenophon: Sokratische Gespräche aus Xenofons denkwürdigen Nachrichten von Sokrates (übersetzt von Christoph Martin Wieland).

ein bemerkenswertes Stück, da es auf einer karnevalesken Umkehrung beruht, einem Rollentausch, bei dem der Gott Dionysos als Sklave und sein Sklave Xanthias als Herr auftritt. Um einer Verhaftung zu entgehen, will Xanthias (der sich als Dionysos ausgibt) seinen Sklaven (bei dem es sich um den Gott Dionysos handelt) zur Folterung aushändigen. Der Dialog, der sich entspinnt, führt uns zum Begriff des *basanos* zurück. Nach der Wahrheit seiner Aussage befragt, erwidert Xanthias: »Nimm meinen Burschen da und foltre den« *(basanize)*. Der Richter fragt: »Welche Art von Folter schlägst du vor, Herr?« Daraufhin Xanthias: »Wie du willst! Bind' ihn auf die Leiter, häng' ihn, peitsch' ihm mit dem Haarseil die Haut vom Leibe, schraub' ihn, gieß ihm Essig ins Nasloch, glühend Eisen – alles gleich. Nur peitsch' ihn nicht mit Lauch und Zwiebelröhrchen!«[151]

Die Absurdität hat komödiantische Wirkung. So sehr, dass man die Grausamkeit der Unterhaltung ausblenden kann – hier werden Instrumente der physischen Folter aufgezählt, deren Einsatz gegen Versklavte an der Tagesordnung war. Auf ganz ähnliche Weise lässt die Verwendung des Wortes *basanos* zur Beschreibung der legalen Folter einer versklavten Person die einstige Verbindung des Begriffs mit der Prüfung von Geldmünzen vergessen. Doch auf vielleicht symptomatische Weise kehrt das Stück von Aristophanes selbst zu dieser Frage zurück. Der dritte Akt der »Frösche« endet mit einer Ansprache des Chorführers:

> »Oftmals hat es mir geschienen: unserm Staat ergeht es ganz
> Ebenso mit seinen besten Bürgern, jedes Lobes wert,
> Wie es mit der alten Münze und dem neuen Golde geht;
> Denn auch jene, die doch wahrlich weder falsch ist noch zu leicht,
> Ja, die unter allen Münzen, die ich weiß, die beste ist
> Und allein ein gut Gepräge trägt und Klang und Geltung hat
> Unter den Hellenen allen und im Ausland überall:
> Jene braucht ihr nicht mehr, sondern dieses schlechte Kupfergeld,
> Gestern oder ehe gestern ausgeprägt, von schlechtem Klang!«

Nachdem er den Wert der Münzen mit der Zuverlässigkeit von Männern verglichen hat, beklagt der Chorführer die Entwertung des Geldes und vor allem die Substitution vollsilberner Münzen durch versilberte Kupfermünzen. Im Anschluss zieht er eine Parallele zwischen dem entwerteten Münzgeld mit der Art von Menschen, die in Athen gefeiert werden:

> »Bürger, die wir kennen, edel von Geburt und einsichtsvoll,
> Männer redlichen Charakters, makellos, gerecht und gut,
> Wohlgeübt im Kampf, in Chören und in jeder Musenkunst,

151 Aristophanes: Die Frösche.

> Die verschmäh'n wir, und das Kupfer.
> Pyrrhiasse, Fremdlinge, Schurkensöhn' und Schurken brauchen wir zu allem.«[152]

Hochwertiges Geld wird hier mit menschlichem Adel gleichgesetzt. In der letzten Zeile werden Ausländer und versklavte Menschen mit Kupfer in einer Reihe genannt, was auf eine lange zurückreichende Sprachregelung der Eliten verweist, bei der die Reinheit des Charakters mit begehrten Edelmetallen, Unreinheit hingegen mit gewöhnlichen Metallen assoziiert wird. Der aristokratische Diskurs verknüpfte Adel mit Gold und Minderwertigkeit mit Kupfer, wobei Silber eine Zwischenposition einnahm – genau die Hierarchisierung, die Platon bei seinem Mythos der Metalle in der »Politeia« vornimmt. In der Passage oben adaptiert Aristophanes die Analogie zwischen Tugendhaftigkeit und Reinheit des Metalls geschickt. Er modifiziert das aristokratische Schema jedoch, indem er das von der Polis geprägte Silbergeld zum höchsten Wertmaßstab macht und damit die Kraft der demokratischen Werte seiner Zeit zum Ausdruck bringt. Dennoch fürchtet der Dichter, dass das hochwertige Silbergeld, der »Goldstandard« einer nicht-aristokratischen Ordnung, dem Verfall preisgegeben werden könnte. Indem er den edlen Charakter mit Silbermünzen in Verbindung bringt, bringt Aristophanes seine Sorge zum Ausdruck, dass Tugend und Geld gleichzeitig entwertet werden und »Schurken« den »Männern redlichen Charakters« auf ähnliche Weise den Rang ablaufen könnten, wie versilberte Kupfermünzen das reine Silber verdrängen. Das Stück assoziiert also nicht nur die Tugendhaftigkeit von Menschen mit der Qualität des Geldes, sondern formuliert auch die Befürchtung, dass Handelsbeziehungen durch die Belohnung der Gier den Wert beider unterminieren könnten. »Denn alles ist dem Reichtum, alles Untertan«, sagt eine Figur in »Plutos«, einem anderen von Aristophanes' Stücken[153] und drückt damit eine kritische Spannung in der Dialektik der Monetarisierung aus.

Die Ausbreitung der Geldbeziehung löste jedoch nicht nur Befürchtungen aus, sondern sorgte auch dafür, dass sich das Prinzip abstrakter Allgemeinheit als »Sichtweise« durchsetzt – der Vergleich aller (oder der meisten) Dinge mit Geld. Wir können dies in der attischen Komödie, aber auch in der Philosophie beobachten, wo Sokrates, als ein von Tauschgeschäften scheinbar unberührter Philosoph, Geld und Charakter in einen Topf wirft. So etwa in einer Passage, in der Xenophon schildert, wie der Philosoph freie Menschen und Sklaven hinsichtlich ihres Geldwerts vergleicht. »Haben Freunde wie Diener ihren eigenen Wert?«, fragt Sokrates

152 Aristophanes: Die Frösche [Pyrrhias wurde offenbar häufig als Sklavenname verwendet, Anm. d. Ü.].

153 Aristophanes: Plutos, eine Komödie (übersetzt und herausgegeben von C. P. Conz), Tübingen 1807, S. 14.

einen Gesprächspartner. »Denn ein Diener mag zwei Minen wert sein, ein anderer nicht weniger als zehn [...] Daher frage ich mich, ob Freunde sich nicht im Wert unterscheiden.«[154] Es ist auffällig, wie Sokrates den Preis versklavter Menschen – deren Wert von zwei bis zehn Minen variieren kann – mit dem geschätzten Wert freier Menschen vermengt. In seiner berühmten »Politeia« verwendete Platon den Mythos der Metalle – eine durch und durch aristokratische Grammatik –, um die Ungleichheit und den Ausschluss der Massen von der politischen Entscheidungsfindung zu legitimieren. Doch Sokrates entzieht sich dieser Annahme hier, *verallgemeinert* das Geldprinzip und erörtert den Wert freier Menschen mit jenem Wertmaßstab, der auf versklavte Menschen angewandt wird – dem monetären Preis. Anstatt jeder Gruppe ein eigenes Maß zuzuschreiben – Gold für die Elite, Kupfer für die Massen, Silber für die Mittelschicht –, bringt Sokrates ein gemeinsames Äquivalent für Sklaven und freie Menschen ins Gespräch. Es scheint, als würde damit ein egalitäres Moment in Platons Philosophie eingeführt. Dabei würde es sich jedoch um einen an der Warenform orientierten Egalitarismus handeln – eine abstrahierte Gleichheit, in der Menschen unterschiedliche Mengen derselben Substanz (Geldwert) repräsentieren. Ironischerweise rührt der kritisch-utopische Aspekt des platonischen Denkens von dem Versuch her, jenseits des eigennützigen, auf Bereicherung abzielenden monetären Kalküls ein »gutes Leben« anzustreben – auf diesen Punkt wird zurückzukommen sein. Doch an dieser Stelle bleibt das sokratische Denken dem monetären Kalkül tief verhaftet.

Während sich aristokratische Denker wie Sokrates einerseits den »gleichmachenden« Effekten der Demokratie widersetzten, bewegten sie sich andererseits in einem vom Geld geprägten sozialen Universum, das aus Perspektive der Philosophen zunehmend aus universellen Substanzen oder Formen zu bestehen schien[155] – was sie dazu veranlasste, Personen und Gegenstände als Subsumptionen der universellen Geldform zu verstehen. Das ist Ausdruck einer Gesellschaft mit voll entfaltetem universellen Äquivalent, dessen Maßeinheit das Alltagsleben auf vielfältige Weise durchdringt und den Preis versklavter Menschen ebenso definiert wie den relativen Wert von Freunden. Doch an dieser Stelle müssen wir noch einmal einen Schritt zurückgehen. Um die Bedeutung der Monetarisierung wirklich erfassen zu können, müssen wir uns nämlich die Entstehung des Geldes im antiken Griechenland vor Augen führen.

154 Xenophon: Memorabilia, Ithaca 1994, 1.16.

155 Siehe die überzeugende Argumentation bei Seaford: Money and the Early Greek Mind.

2 —— Das Gesetz des Körpers: Geld und Staat

In menschlichen Gesellschaften bestanden die frühen Formen des Geldes im Allgemeinen aus Dingen, die ernähren (Getreide, Mais, Vieh), als Schmuck oder Verzierung dienen (Muscheln, Gold, Silber) oder bei der Herstellung von Gebrauchsgegenständen helfen (Werkzeuge aller Art). Vermutlich waren Nahrungsmittel, der Treibstoff des Körpers, die wichtigste Geldform. Es ist daher kein Zufall, dass wir Begriffe wie *Zirkulation* verwenden, um die Bewegung des Geldes durch den sozialen Organismus zu beschreiben; ein Begriff, der auch für den Fluss der Nährstoffe im menschlichen Körper verwendet wird. Tatsächlich entwickelten die wichtigsten Nationalökonomen des zentralen 18. Jahrhunderts, die französischen Physiokraten, ein theoretisches Modell, dessen zentrales Konzept der »Kreislauf« des Reichtums durch die Wirtschaft war.[1] Wie Blut sollte dieser *fließen*, *zirkulieren* und *nähren*. Die materielle und semiotische Verbindung von Blut und Geld ist an dieser Weichenstellung zu verorten. Im antiken Griechenland war das Geld so tief in der kommunitären Praxis, die Nahrung zu teilen, verwurzelt, dass die gemeinsame Mahlzeit als »das erste Geld unserer Kultur« bezeichnet wurde.[2] Gemeinsame Mahlzeiten reproduzieren den *politischen Körper*, weil sie die Menschen in Zeremonien zusammenbringen, bei denen neben dem Essen auch Erinnerungen, Freizeit und Folklore geteilt werden. Es überrascht daher nicht, dass Geld in Griechenland oft symbolisch durch Essen und andere Subsistenzmittel wie Rinder und Olivenzweige dargestellt wurde. Und in einer monetarisierten Gesellschaft ist es natürlich oft besser, das Symbol als die Substanz zu erhalten: Geld statt Nahrung zu besitzen. Denn Geld ist in solchen Kontexten das Mittel, mit dem sich praktisch *alle* lebensnotwendigen Güter erwerben lassen. Aus diesem Grund stellt es ein vitales Element der *zweiten Natur* dar; es garantiert die Reproduktion dieser Gesellschaften, es ist Teil jenes menschengemachten, für das gesellschaftliche Leben unerlässlichen Geflechts aus Technologien, Praktiken und

1 Vgl. meine Political Economy and the Rise of Capitalism: A Reinterpretation, Berkeley 1988, Kap. 3.

2 William H. Desmonde: Magic, Myth, and Money, New York 1962, S. 23. Obwohl Desmondes Analyse manchmal zu ausschließlich psychoanalytisch ist, bietet sie wichtige Einblicke in die historische Beziehung zwischen Nahrung und Geld in der Antike.

Institutionen.[3] All diese sozialen Artefakte bilden einen *zweiten Körper* zur täglichen Reproduktion der Menschen. Und wie Werkzeuge, Technologien und soziale Institutionen ist auch das Geld eine Erweiterung des Körpers, die sich diesem gegenüber verselbstständigen kann. Im modernen Kapitalismus wird Geld zu einer entfremdeten, die Reproduktion des menschlichen Lebens beherrschenden Macht.

Die Geldökonomien der Antike waren selbstverständlich nicht kapitalistisch. Kapitalistische Ökonomien entstehen dort, wo die Reproduktion sowohl der Arbeiter als auch der Eigentümer vom Markt abhängt und somit von Natur aus durch entfremdete Wertformen vermittelt wird.[4] Wie der marxistische Philosoph Georg Lukács feststellte, hat »die griechische Philosophie die Phänomene der Verdinglichung zwar gekannt, aber noch nicht als universelle Formen des gesamten Seins erlebt«.[5] Selbst wenn die bäuerlichen Produzenten des antiken Griechenlands regelmäßig Transaktionen auf dem Markt abwickelten, hing ihr Überleben nicht vom systematischen Verkauf ihrer Produkte auf dem Markt ab – vor allem, weil die Aufstände des *demos* der massenhaften Enteignung der Armen und der damit verbundenen Marktabhängigkeit Grenzen gesetzt hatten. Erst in der sich vollständig mit Geld reproduzierenden Ökonomie (Kapitalismus), in der das Kapital die Körper der Arbeiter seiner eigenen Reproduktion unterworfen hat, verwandelt sich das Geld in ein vollwertiges Substitut des Körpers.[6] In der kapitalistischen Gesellschaft befiehlt das Geld, und die Arbeit gehorcht. Der moderne Kapitalist, so schrieb Alfred Sohn-Rethel, »versieht« die Rolle des »Produzenten [...] nicht im Wege der Arbeit, nicht mit seinen Händen, nicht mit Hand- und Produktionswerkzeugen, die er handhabt. Vielmehr versieht er sie mit seinem Geld.«[7] Das Geld ermöglicht das, weil es das Kommando über die Arbeit anderer übernimmt. Seine gesellschaftliche Macht beruht auf der Beherrschung ihrer Körper (als Speicher der Arbeitskraft). In der voll entwickelten kapitalistischen Produktionsweise geschieht dies vor allem mithilfe der Lohnarbeit, doch natürlich kann dies auch durch die Herrschaft über Sklavenarbeit erfolgen. In den

3 Im kritischen marxistischen Denken bezieht sich das Konzept der »zweiten Natur« auf die Naturalisierung und Verdinglichung sozialer Prozesse, wodurch letztere als das Ergebnis von Naturgesetzen wahrgenommen werden, die sich der menschlichen Kontrolle entziehen. Vgl. Georg Lukács: Geschichte und Klassenbewußtsein: Studien über marxistische Dialektik, Frankfurt a. M. 1970; und Alfred Sohn-Rethel: The Curse of the Second-Nature, in: Intellectual and Manual Labour: A Critique of Epistemology, London 1978, Kap. 34.

4 Ellen Meiksins Wood: Der Ursprung des Kapitalismus (aus dem Englischen von Harald Etzbach), Hamburg 2015. Ich würde Woods Analyse dahin gehend ergänzen, dass die Marktabhängigkeit auch die Unterwerfung der Arbeit unter die kapitalistische Wertform und damit neue Formen der entfremdeten Arbeit impliziert.

5 Lukács: Geschichte und Klassenbewußtsein, S. 210.

6 Während diese Unterordnung der Arbeit unter das Kapital vertraglich ein »vorübergehender« Zustand ist, der regelmäßig durch die Lohnform erneuert wird, ist die Arbeiterklasse als Ganzes an die »goldene Kette« des Kapitals gelegt. Siehe Marx: Kapital, Bd. 1, MEW, Bd. 23, S. 646.

7 Alfred Sohn-Rethel: Geistige und körperliche Arbeit. Schriften IV. Teilband 1, Freiburg/Wien 2018, S. 335Af.

Gesellschaften der Antike war Sklavenarbeit – anders als die Plantagensklaverei in der Neuen Welt – typischerweise allerdings nicht auf Warenproduktion ausgerichtet, auch wenn der Silberbergbau in Griechenland oder die Landwirtschaft im Römischen Reich auf Sklavenarbeit beruhten. Im Großen und Ganzen produzierte die Arbeit der Versklavten – in ihrer Mehrzahl Frauen – in der griechisch-römischen Welt vor allem Gebrauchswerte (einschließlich sexueller »Gefälligkeiten«) für den unmittelbaren Konsum.

Wenn das Geld seine Wurzeln in den Ritualen des Teilens von Nahrung im antiken Griechenland hatte, müssen wir die spezifischen sozialen Transformationen zurückverfolgen, die seine Entstehung als zunehmend autonome soziale Macht ermöglichten. Rituale des Teilens von Lebensmitteln sind in menschlichen Kulturen weitverbreitet, und nur selten haben sie in archaischen und antiken Gesellschaften zum Entstehen vollentfalteten Geldes geführt. Erst der Zusammenbruch der allgemeinen Reziprozität im antiken Griechenland bereitete neuen Formen der sozialen Integration und der Entstehung des Geldes das Feld.

Von Lebensmitteln zu Metallen: Die Entstehung des Geldes im antiken Griechenland

Wie die Epen zeigen, war das Teilen von Lebensmitteln die Grundlage der Reziprozität im antiken Griechenland. Bei der *panegyris* (einer festlichen Zusammenkunft) nahmen sämtliche Angehörigen einer Gemeinschaft an Prozessionen, Gesängen, Gebeten, Banketten und Wettbewerben teil, und alle brachten große Mengen an Lebensmitteln mit, die während der *dais* (des gemeinsamen Festmahls) geteilt wurden. Solche Anlässe waren gewiss auch Gelegenheiten zur Selbstinszenierung der Aristokratie: Mächtige Männer steuerten Schafe und Ochsen bei, wie es das männliche Oberhaupt im *oikos* tut.[8] Es handelte sich aber auch um egalitäre Versammlungen von Bürgern. Selbst wenn die Feierlichkeiten im Haus eines Adligen stattfanden, stand das Tieropfer im Mittelpunkt, meist eines Ochsen oder einer Ziege, deren Fleisch und Blut von allen gemeinsam verspeist wurde. Die Opferung von Tieren war eine heilige Handlung, bei der der Natur und den Göttern Gaben dargebracht wurden, und möglicherweise ein Ersatz für ältere Praktiken, bei denen Menschen, sogar Mitglieder der königlichen Familie, getötet worden waren. In dieser Hinsicht folgten sie einer *Logik der Substitution*, das heißt, anstelle von Menschen wurden den Göttern nicht-menschliche Tiere geopfert.[9] Wie ich weiter unten zeigen werde, lässt sich diese Substitutionslogik auch in der Geschichte des Geldes beobachten, und zwar entlang folgender Kette: Menschen → Tiere → Bratgeräte → Münzen. Diese Kette der Substitution führt uns zurück zur Krise der Reziprozität im antiken Griechenland.

8 Walter Donlan: Reciprocities in Homer, in: Classical World, 3/1982, S. 155f., 163.

9 Desmonde: Magic, Myth and Money, S. 97.

Opferrituale, mit denen die Fruchtbarkeit von Menschen und außermenschlicher Natur gesteigert werden sollte, waren in allen menschlichen Kulturen weitverbreitet, beispielsweise der Maya-Zivilisation Mesoamerikas. In Ägypten, Persien und Mesopotamien wurde Stieren ein heiliger Status zugeschrieben, und ihre Opferung diente einerseits zur zeremoniellen Abgeltung an die Götter, die die Nahrungsversorgung und die menschliche Fortpflanzung regelten, lieferte andererseits aber auch das Fleisch für gemeinsame Festmahle. In der griechischen Mythologie wird der Gott Dionysos, der mit Blut, Wein und Fruchtbarkeit assoziiert wird, häufig als Stier dargestellt. Die griechische Tragödie hat ihren Ursprung vermutlich in Frühlingsriten, bei denen die Aussaat der Feldfrüchte gefeiert wurde, und vor allem in der rituellen Tötung und dem Verzehr eines heiligen Stiers.[10] Während der Dionysien in Athen – eines mehrtägigen, von den Beamten der Polis im 6., 5. und 4. Jahrhundert v. u. Z. organisierten Festes – wurden zahlreiche Ochsen geopfert; während ein Bild des Dionysos ins Theater getragen und auf der Bühne platziert wurde, führten ausgewählte junge Männer einen wertvollen Stier in den Theaterbezirk.[11] Im kleinasiatischen Magnesia kauften die Verwalter der Stadt auf dem jährlichen Jahrmarkt im Herbst einen Stier, der dann im Frühjahr im Rahmen eines großen Festmahls geopfert wurde.[12] Als Symbole von Blut und Fruchtbarkeit wurden Stiere mit den Göttern assoziiert. Doch durch den Verzehr bei den Festmahlen durchdrang ihr Fleisch und Blut buchstäblich die Gemeinschaft, was einerseits der physischen und sozialen Reproduktion der Gemeinschaftsangehörigen diente, andererseits aber auch an die Verbindung von Blut und Geld erinnert. Angesichts ihrer semiotischen und materiellen Zirkulation in der Gemeinschaft lässt sich leicht vorstellen, wie Stiere zu generellen Symbolen des Reichtums werden konnten.

Eine entsprechende Argumentation entwickelte der Historiker Bernhard Laum erstmals in den 1920er-Jahren.[13] Scharfsinnig widerlegte er die Vorstellung, das Geld sei im antiken Griechenland als Recheneinheit entstanden, die sich aus der Verwendung eines Gegenstands als Tauschmittel hergeleitet habe. Schließlich liegt auf Hand, warum Vieh als von

10 Jane Ellen Harrison: Ancient Art and Ritual, Bradford-on-Avon 1978, S. 41–47; Robert Parker: Athenian Religion. A History, Oxford 1996, S. 92.

11 Richard Seaford: Money and Tragedy, in: William V. Harris (Hrsg.): The Monetary System of the Greeks and the Romans, Oxford 2008, S. 53; Harrison: Ancient Art and Ritual, S. 2f.; Parker: Athenian Religion, Kap. 1.

12 Harrison: Ancient Art and Ritual, S. 45.

13 Bernhard Laum: Heiliges Geld: Eine historische Untersuchung über den sakralen Ursprung des Geldes, Tübingen 1924. Es ist bemerkenswert, dass dieses Buch nie ins Englische übersetzt wurde. Brauchbare Zusammenfassungen von einigen von Laums Argumenten finden sich bei Desmonde: Magic, Myth, and Money, S. 110–119; Alla Semenova: Would You Barter with God? Why Holy Debt and Not Profane Markets Created Money, in: American Journal of Economics and Sociology, 2/2011, S. 376–400; Mark Peacock: The Political Economy of Homeric Society, in: Contributions to Political Economy, 1/2011, S. 47–65; und Louis Gernet: Value in Greek Myth, in: Richard L. Gordon (Hrsg.): Myth, Religion, and Society, Cambridge, UK 1981, S. 112–114.

Mensch zu Mensch weitergegebenes Zahlungsmittel wenig geeignet ist. Stattdessen verwies Laum erstens auf den heiligen Charakter der Rinder in Griechenland und zweitens auf die standardisierten Mengenangaben, die für die Verwendung bei Ritualen galten. Laum stellte fest, dass bei den Zeremonien jeweils eine bestimmte Anzahl von Rindern erforderlich war – in den Epen werden sie gewöhnlich in Gruppen von hundert, zwanzig, zwölf, neun oder vier Tieren geschlachtet.[14] Die Gaben an die Götter erfolgten also in quantitativ einheitlichen Beträgen, womit eines der entscheidenden Merkmale des Geldes vorweggenommen ist. Im ersten Gesang der »Ilias« zum Beispiel berichtet Homer von einem Fest, dem sogenannten *hekatom*, bei dem 100 Rinder als Brandopfer dargebracht wurden:

> »Nachdem sie gefleht, und heilige Gerste gestreuet:
> Beugten zurück sie die Häls', und schlachteten, zogen die Häut' ab,
> Sonderten dann die Schenkel, umwickelten solche mit Fette [...]
> Jetzo verbrannt' es auf Scheitern der Greis, und dunkeles Weines
> Sprengt' er darauf; ihn umstanden die Jünglinge, haltend den Fünfzack.
> Als sie die Schenkel verbrannt, und die Eingeweide gekostet;
> Schnitten sie auch das übrige klein, und steckten's an Spieße,
> Brieten es dann vorsichtig, und zogen es alles herunter.
> Aber nachdem sie ruhten vom Werk, und das Mahl sich bereitet,
> Schmausten sie, und nicht mangelt' ihr Herz des gemeinsamen Mahles.«[15]

Das Ritual beginnt mit Gebeten an die Götter, dann werden die Opfertiere geschlachtet und zum Braten vorbereitet; ein Vorgang, der von einem älteren Mann beaufsichtigt wird, der Wein – ein weiteres Symbol für Leben und den Gott Dionysos – über das Fleisch gießt. Die jungen Männer tragen fünfzackige Gabeln: für das Festmahl unverzichtbare Utensilien. In einem nächsten Schritt wird das Fleisch auf die Bratspieße gezogen; diese Gerätschaften sollten später zu einer Art Proto-Geld werden. Schließlich setzen sich die Männer zum Essen hin, wobei jeder den »gleichen« Anteil entgegennimmt.

Der Hinweis, dass beim Festmahl jeder den gleichen Anteil erhält, ist in den Epen häufig zu finden. Und obwohl die egalitären Gefühle, wie sie im 8. Jahrhundert v. u. Z. vorherrschend waren, nicht unterschätzt werden sollten,[16] ist die hier erwähnte Gleichheit möglicherweise eher *proportionaler* als arithmetischer Natur: Der Anteil jedes Einzelnen stand möglicherweise im äquivalenten Verhältnis zu seiner sozialen Stellung,

14 Einzig: Primitive Money, S. 382; Seaford: Money and the Early Greek Mind, S. 61.

15 Homer: Ilias, 1:458–468.

16 Morris: The Strong Principle of Equality.

wobei Priester und Aristokraten die größte Menge erhielten.[17] Eine fast identische Beschreibung eines Festmahls findet sich in der »Odyssee« (3:446–463). Dies alles wirkt nicht nur extrem geordnet, ja fast gesetzesähnlich; noch bezeichnender ist, dass eine Bedeutung des griechischen Wortes für Gesetz, *nomos*, im 5. Jahrhundert v. u. Z. Verteilung war. Das Recht der demokratischen Polis hat seine Wurzeln also in der Idee des angemessenen Teilens bei einer gemeinschaftlichen Mahlzeit: die gerechte Vergabe von Lebensmitteln. Eine gerechte Republik definiert sich über die angemessene Verteilung des Reichtums. Hier wird deutlich, warum die demokratische Gerechtigkeitsnorm seit ihren Anfängen mit der Verteilungsfrage verknüpft ist. Und wie wir sehen werden, trägt auch das Wort für Geld – *nomisma* – diese semantische Bedeutung.

Neben der seit Langem bestehenden Verbindung zur Verteilung von Gaben besaß das Wort *nomos* eine Reihe Konnotationen, die auf Ordnung, Lebensweise, gesellschaftliche Regeln und gute soziale Beziehungen verwiesen.[18] Die entsprechende soziale Ordnung umfasste sowohl Menschen als auch Götter, die miteinander kommunizierten und Gaben austauschten. Auf der menschlichen Seite dieser Gleichung waren Opfer und Festmahle erforderlich, für die Priester zuständig waren, die häufig aus bestimmten Familien *(gene*, Einzahl: *genos)* rekrutiert wurden. Diese angesehenen Privatpersonen standen den Gemeinschaftsritualen auch dann noch vor, als sich bereits die demokratische Polis des 6. und 5. Jahrhunderts v. u. Z. herausgebildet hatte und die städtisch finanzierten Feste den athenischen Kalender dominierten.[19] Seit Solons Reformen zu Beginn des 6. Jahrhunderts v. u. Z. wurden religiöses Leben und öffentliche Rituale eher vom Stadtstaat als von Adelshäusern bestimmt. Die Verteilungsgesetze, *nomoi*, wurden ebenso wie die bei den Opferungen einzuhaltenden Riten von öffentlichen Beamten gemeinsam mit den Tempelpriestern überwacht. Entscheidend ist, dass die Zahlungen an die Götter als religiöse Angelegenheiten erachtet und durch staatliche Regeln, nicht aber durch Marktbeziehungen geregelt wurden. Die Menschen feilschten nicht mit den Göttern; sie beglichen auf der Grundlage gemeinschaftlicher Normen ihre Schuld.[20] Hier zeichnete sich zwar bereits eine Vorform des Geldes ab, aber die gemeinschaftliche Ausgabe von Fleisch hatte ihren Ursprung nicht im Tausch oder Handel. Opferungen waren zwar eine Art Zahlung an die Götter, doch sie gehörten zur Sphäre des Göttlichen – nicht des Marktes. Hier ging es nicht um Tauschwerte, sondern um heilige Verpflichtungen.

17 Seaford: Money and the Early Greek Mind, S. 24; Desmonde: Magic, Myth, and Money, S. 116; Semenova: Would You Barter with God?, S. 387f.

18 Martin Ostwald: Nomos and the Beginnings of the Athenian Democracy, Oxford 1969, S. 20–27.

19 Parker: Athenian Religion, Kap. 6.

20 Oder in den Worten Semenovas: Mit Göttern treibt man keinen Tauschhandel.

Gesetz, Geld, Körper ... und Krieg

Eine andere Herleitung des Geldes vom Körper hat mit der Bedeutung des Letzteren als Rechtsort zu tun. Die Grundlagen von Leben und Freiheit sind körperlich, es geht um Voraussetzungen des menschlichen Überlebens und die Ausübung körperlicher Möglichkeiten in der uns umgebenden Welt. Aus diesem Grund ist die juristische Sprache der Polis von der Vorstellung einer angemessenen Verteilung der Lebensgüter durchdrungen. Ganz allgemein ist der Körper in antiken Gesetzestexten allgegenwärtig, wobei gegen den Körper gerichtete Verbrechen im Mittelpunkt des Rechts stehen und Aggressoren mit körperlicher Strafe und Gefangenschaft belegt werden. Recht und Unrecht werden auf den Körper eingeschrieben. So war die Verstümmelung des Körpers vermutlich die verbreitetste archaische Strafe.[21] Es ist allerdings ebenso bemerkenswert, dass das antike Recht häufig auch die Möglichkeit vorsah, Geld und Körper auszutauschen.

Eine Untersuchung von siebzehn antiken Gesetzessammlungen – darunter die babylonischen Gesetze von Eschnunna (ca. 1770 v. u. Z.), der Kodex von Hammurabi (ca. 1750 v. u. Z.) und das römische Zwölftafelgesetz (450 v. u. Z.) – zeigt, dass die Substitution körperlicher Züchtigung durch Geldstrafen weitverbreitet war und vom sozialen Rang des Opfers abhing. In den Gesetzen von Eshnunna wird beispielsweise die Todesstrafe verhängt, wenn ein Mann die Frau oder das Kind eines anderen Mannes tötet. Tötet er hingegen eine versklavte Frau, so ist sein eigenes Leben nicht gefährdet; stattdessen muss er zwei versklavte Frauen als Entschädigung übergeben. Verursacht ein Hund oder Ochse, dessen Besitzer zuvor verwarnt worden ist, den Tod eines Menschen, so sieht dasselbe Gesetz für den Besitzer eine Geldstrafe von 40 Schekel Silber vor. Wenn der Hund oder Ochse jedoch einen Versklavten tötet, wird die Strafe um fast zwei Drittel auf 15 Schekel herabgesetzt. Im Gesetzbuch von Hammurabi, das zwei Jahrzehnte später verfasst wurde, muss ein Gläubiger, der den Sohn eines Schuldners erschlägt, den eigenen Sohn ausliefern, der dann im Gegenzug getötet werden kann. Im Fall, dass er einen Versklavten des Schuldners tötet, muss er dem Kreditnehmer 20 Schekel zahlen und das Darlehen erlassen.[22] Dieser Fall zeigt, dass je nach gesellschaftlicher Wertschätzung des betroffenen Lebens Geld die körperliche Strafe ersetzen kann. Ging es um versklavte Menschen, waren Geld und Leben immer austauschbar. Doch dieses monetäre Prinzip durchdrang

21 James Q. Whitman: At the Origins of Law and the State: Supervision of Violence, Mutilation of Bodies, or Setting of Prices?, in: Chicago-Kent Law Review, 1/1995, S. 41–84.

22 James Lindgren: Measuring the Values of Slaves and Persons in Ancient Law, in: Chicago-Kent Law Review, 1/1995, S. 162–164. Lindgrens Artikel leidet zwar unter einem Quantifizierungswahn, wie er für den »neuen Empirismus« in den Rechtswissenschaften charakteristisch ist, bringt aber interessante Beobachtungen für die uns hier beschäftigenden Fragen in Spiel.

die Sphäre des Rechts und der Justiz auf komplexe Weise.[23] Dies zeigt sich vor allem in dem im germanischen Raum weitverbreiteten Brauch des *Wergilds*, bei dem Geldzahlungen an die Stelle körperlicher Strafen oder Todesurteilen traten.

Diese Praxis der monetären Substitution war über die oben genannten Beispiele hinaus in der antiken Welt verbreitet. Ähnliche Regelungen finden sich auch in den hethitischen Gesetzbüchern Zentralanatoliens (der heutigen Türkei) aus der Zeit um 1400 v. u. Z., in den während des Exodus erlassenen Gesetzen des Alten Testaments, im Gesetzbuch von Gortyn (Kreta, ca. 480–450 v. u. Z.) und auf den römischen Zwölftafelgesetzen, die etwa zur gleichen Zeit wie das Gesetzbuch von Gortyn entstanden.[24] Auch bei Homer, wo Ajax davon berichtet, Männer hätten nach dem Mord an ihren Brüdern und Söhnen aufgrund von Geldzahlungen auf eine direkte Vergeltung verzichtet,[25] sind eindeutige Hinweise darauf zu finden. Diese Normen zur Bewertung von Körpern und Leben haben ihre Wurzel mindestens ebenso sehr in der Sphäre des Rechts wie in der des Marktes.

Es ist zwar irreführend, in diesen antiken Rechts-Kodexen eine Geschichte der »Kommodifizierung« von Personen auszumachen[26] – vor allem, weil die »Preise« nie durch Marktbeziehungen bestimmt wurden –, aber gleichzeitig ist doch richtig, dass sich in diesen Gesetzestexten eine Reihe von Wertfestlegungen für Personen und ihre Körperteile finden lassen. In der Tat wurden im antiken Recht oft besondere »Preise« (Geldstrafen) für das Entstellen von Körpern, das Brechen von Knochen, das Ausreißen oder Verstümmeln von Augen, Fingern, Zähnen usw. festgelegt. All diese Körperteile erhielten in diesen vom Staat ausgehenden Gesetzbüchern einen Geldwert. Und nicht nur die gesetzlichen Strafen waren staatlich geregelt. In den Gesetzen von Eshnunna wurden Geldstrafen gemeinsamen mit Löhnen aufgeschlüsselt, das heißt, es wurden Preise für die »Miete« eines Körpers festgelegt.[27] Der Staat bestimmte auch die Preise für Nahrungsmittel und Subsistenzgüter, die Grundstoffe der physischen Existenz. Die staatlich regulierten Lohnsätze und Preise etablierten zwar eine Art Geldwert, aber es handelte sich bei ihnen nicht um *marktbestimmte* Preise, da der Handel keine eigenständige Sphäre des gesellschaftlichen Lebens darstellte. Dasselbe galt auch für die gesetzlich vorgesehene Austauschbarkeit von Körper und Geld; im Gegensatz zum Handel mit versklavten Menschen war dies kein Marktprozess. Häufig trieb die politische Ökonomie des

23 Wie wir sehen werden, ist diese Monetarisierung des Rechts nicht aus Marktprozessen ableitbar.
24 Lindgren: Measuring the Values of Slaves, S. 166–172.
25 Homer: Ilias, 9:632–36.
26 Wie fälschlicherweise bei Lindgren: Measuring the Values of Slaves, S. 205, 210.
27 Whitman: Law and the State, S. 49–52.

Rechts jene des Marktes voran, wobei Transaktionen in der Marktsphäre oft jenen Wertverhältnissen folgten, die zuvor durch Gesetze zur Regelung von Geldstrafen und Preisen definiert worden waren. Wenn Einzelpersonen Tributzahlungen an den Staat leisten mussten, dienten Güter wie Gerste oder Kupfer, Vieh oder Silber als Maßstab zur Berechnung der Zahlungen. Die zur Bestimmung von Steuereinnahmen und Bußgeldern festgelegten Kennziffern sickerten häufig auch in die Sphäre der kommerziellen Transaktionen ein. Da ist etwa das Beispiel des altägyptischen Polizisten aus dem 1. Kapitel, der einem Handwerker einen Ochsen im Wert von 50 Deben Kupfer abkauft, aber nur fünf Deben in Kupfer und den Rest in verschiedenen anderen Waren bezahlt. Auf ähnliche Weise erwarb eine wohlhabende Frau im Jahre 1275 v. u. Z., während der Herrschaft des ägyptischen Königs Ramses II., ein versklavtes syrisches Mädchen zu einem Preis, der 373 Gramm Silber entsprach. Doch die Zahlung erfolgte nicht in Silber. Stattdessen wurden ein Topf mit Honig, zehn Hemden, Bronzegefäße und zehn Deben Kupferbarren übergeben.[28] Hier wurde ein Wertmaßstab, der von einem antiken Staat zur Berechnung von Geldstrafen und Steuern festgelegt worden war, als Recheneinheit für Markttransaktionen angewandt. Zwar entstanden verschiedene Geldformen als Nebenproduktes des Austausches unter Fremden. Doch dort, wo sich Zentralregierungen herausgebildet hatten, war Geld als Wertmaßstab – zur Bewertung unter anderem von Menschen und ihren Körperteilen – häufig ein Rechtskonstrukt. Die »Preise«, die das Gesetz den Menschen, ihrem Eigentum oder ihren Körperteilen zuwies, spiegelten keine Kommodifizierung im eigentlichen Sinne – eine Bewertung durch den Austausch auf dem Markt –, sondern brachten eher ein Ensemble soziopolitischer Werte zum Ausdruck, die vom Staat verwaltet wurden.

Damit soll die Bedeutung von Märkten für Monetarisierungsprozesse nicht geleugnet werden – tatsächlich habe ich genau diese Dynamik in der griechischen Antike seit dem Zeitalter der Kolonisierung nachgezeichnet.[29] Aber ich habe ebenfalls gezeigt, dass sich Markttransaktionen zunächst *außerhalb* der um den *oikos*, den einzelnen Haushalt, herum organisierten politischen Gemeinschaft verbreiteten, und zwar vor allem im Außenhandel, darunter auch dem Handel mit versklavten Menschen. In Gesellschaften, in denen die »ökonomische« Sphäre kaum von der moralisch-politischen unterschieden wurde, sollten wir keine lineare Entwicklung hin zu einer umfassenden Internalisierung externer Marktbeziehungen erwarten. Zweifelsohne wurden die Beziehungen zwischen Herren und Bauern im Griechenland dieser Epoche zunehmend

28 Philip Grierson: The Origins of Money, in: Research in Economic Anthropology, 1/1978, S. 10.

29 Jairus Banaji hat eine schlagkräftige, wenn auch höchst umstrittene Argumentation für die Existenz eines »Handelskapitalismus« entwickelt, der menschliche Geschichte lange vor dem Aufkommen des Agrar- und Industriekapitalismus geprägt haben soll. Vgl. Jairus Banaji: Guide de lecture: Pour une historiographie du capitalisme marchand, in: Période, 4/2017.

kommerzialisiert. Für die Herren bedeutete dies jedoch, dass sie sich Effekte des Marktes, insbesondere Schulden, zunutze machten, um sich Land anzueignen – dies war die Grundlage von Reichtum und Macht der Aristokratie. Die Ausbreitung der Marktbeziehungen diente also dazu, adelige Formen von Reichtum und Macht zu festigen, während Teile der Bauernschaft verarmten.

Zweifellos begünstigte der wachsende Außenhandel die Entwicklung einer unabhängigen Warenproduktion. Aber es gibt keinen zwingenden Grund, warum dieser Prozess *allein* zu einer stärker monetarisierten Lebensweise geführt haben soll, wie sie sich in der Ära der antiken Demokratie herausbildete. Damit dies geschehen konnte, mussten sich soziopolitische Zwänge mit wirtschaftlichen Tendenzen überlagern und gegenseitig verstärken. Und dies war in der gesamten Epoche der antiaristokratischen Politik der Fall – von der Tyrannei bis zur aufständischen Demokratie –, als neue Formen öffentlicher Ausgaben die Zentralisierung des religiösen, sozialen und politischen Lebens in öffentlichen Tempeln, der Agora und der Versammlung begleiteten. All dies sorgte, gemeinsam mit der Übernahme der wachsenden Kriegsausgaben durch den Stadtstaat, für die Umleitung des Reichtums in Geldkreisläufe, die vom aristokratischen Gabentausch unabhängig waren. Darüber hinaus scheinen die demokratische Polis und die vorausgehenden Tyranneien Reichtumskreisläufe gezielt sichtbar gemacht zu haben, indem sie Symbole der öffentlichen Autorität einführten – Münzen –, mit denen aristokratische, private Macht repräsentierende Objekte verdrängt wurden. Betrachtet man beispielsweise die staatliche Festlegung gesetzlicher Strafen, so zeigt sich eine deutliche Entwicklung weg von Strafen, die in wertvollen Gütern und Metallen festgelegt waren, hin zu in Münzbeträgen definierten Geldstrafen. Eine ähnliche Entwicklung vollzog sich auch bei staatlich organisierten Spielen und Wettbewerben: Dort lösten Geldprämien Kränze und Mäntel ab.[30] Im 5. Jahrhundert v. u. Z. verwendeten Regierungsbeamte Münzen für immer mehr Ausgaben: unter anderem die Bezahlung von Geschworenen, die Finanzierung von Liturgien und Aufwandsentschädigungen für die Teilnahme an demokratischen Versammlungen. Der Staat leistete aber nicht nur eigene Zahlungen in Münzen, sondern verlangte auch, dass jede Strafzahlung seiner Bürger in Form von Münzgeld erfolgte.[31] Gesetzliche Verordnungen untersagten es Ladenbesitzern unter Androhung der Beschlagnahme ihres Eigentums, Münzen als Zahlungsmittel abzulehnen.[32] Die Polis machte ihr Münzgeld

30 Sitta von Reden: Money, Law, and Exchange: Coinage in the Greek Polis, in: Journal of Hellenic Studies, 117/1997, S. 157f., 167.

31 Julie Vélissarapoulos-Karakostas: Merchants, Prostitutes, and the »New Poor«: Forms of Contract and Social Status, in: Paul Cartledge/Edward E. Cohen/Lin Foxhall (Hrsg.): Money, Labour, and Land. Approaches to the Economies of Ancient Greece, London 2002, S. 134.

32 Stroud: An Athenian Decree on Silver, S. 159.

damit zum gesetzlichen Zahlungsmittel, einer staatlich sanktionierten Währung, die alle Verkäufer und Gläubiger akzeptieren mussten. In einer Gesellschaft, die an andere Geldformen gewöhnt war, verhalfen diese Maßnahmen den Münzen zur allgemeinen Zirkulation. All dies wurde noch dadurch verstärkt, dass der Staat auf der Abwicklung der eigenen Geschäfte in Münzen und auf ihrem Einsatz bei der Zahlung von Tributen und Bußgeldern bestand.

Die Monetarisierung war also nicht nur eine Entwicklung von Markt und Handel, sondern insofern auch ein politischer Prozess, als der Staat Transaktionen mit Münzgeld als Bestandteil des politisch-ökonomischen Kreislaufs der Polis förderte. Die Verknüpfung des Münzgelds mit der athenischen Demokratie rief, wie wir gesehen haben, eine aristokratische Opposition auf den Plan. Und niemand artikulierte den elitären Widerspruch gegen die Demokratie mit solcher Gewandtheit wie die Philosophen der sokratischen Tradition. Dennoch blieb ihre Ablehnung der Demokratie in die begrifflichen Formen der Geldbeziehungen eingeschrieben. Die sokratische Philosophie imitierte das universalisierende Drama der Geldform – wie sehr sie sich auch darum bemühte, die Ausbreitung des Geldes als Steuerungsmittel des sozialen und politischen Lebens zu stoppen.

Geld, Philosophie und die Gewalt der Abstraktion

Charakteristisch für die neue Mathematik und Philosophie des antiken Griechenlands war ihre zunehmende *Abstraktion* von physischen Erscheinungsformen. Die frühe Mathematik war im Körper verankert gewesen. Räumliche Maßeinheiten basierten auf menschlichen Körperteilen wie dem Unterarm, der im alten Ägypten als Größeneinheit verwendet und im Lateinischen später als *cubitum* (Elle) bezeichnet wurde. Zahlen kennen wir im Englischen als *digits*, ein Begriff, der auch Finger, Daumen und Zehen benennt, also die beim Zählen verwendeten Körperteile. Die Längenangabe *yard* wurde von der Schrittlänge eines durchschnittlich großen erwachsenen Mannes abgeleitet.[33] Tatsächlich hatten diese körperlich fundierten Einheiten mit Fuß, Elle und dem englischen *pace* bis ins 19. Jahrhundert hinein Bestand.[34] Auch die frühe Entwicklung von Bruchrechnung, Multiplikation und Division scheint mit dem Körper und seinen Nahrungsquellen zu tun zu haben. Im antiken Mesopotamien beispielsweise, wo der Staat für die Allokation von Ressourcen zuständig war, wurde die Arithmetik entwickelt, um soziale Verteilungsprobleme wie etwa die Frage zu lösen, auf welche Weise 20 Brote unter neun Perso-

33 Norman Biggs: Quite Right. The Story of Mathematics, Measurement, and Money, Oxford 2016, S. 18f., 24.

34 Witold Kula: Measures and Men, Princeton 1986.

nen aufgeteilt werden konnten.[35] Die soziale Herausforderung des Sammelns und Verteilens von wirtschaftlichen Ressourcen und insbesondere Nahrungsmitteln war der praktisch-körperliche Ausgangspunkt für einen großen Teil der frühen Mathematik.

Durch die bewusste *Abstraktion* von körperlichen Erscheinungsformen distanzierten die griechische Mathematik und Philosophie ihre Begriffe und Verfahren von den alltäglichen Problemen des körperlichen Lebens. Zu diesem Zweck erhoben sie die logische Argumentation über den praktischen Beweis. Es wurden neue Methoden abstrakten Denkens entwickelt, bei denen sich der Verstand von einem logischen Axiom zum nächsten hangelte, ohne sich mit empirischen Daten zu kontaminieren. Quadrate, Recht- und Dreiecke wurden hinsichtlich ihrer logisch notwendigen Eigenschaften und nicht anhand profaner Fragen analysiert, die mit dem Schnitt landwirtschaftlicher Nutzflächen zu tun hatten. Der Verstand erstellte auf diese Weise seine eigenen logischen Protokolle und erhob sich »über« körperliche Empfindungen und Erfahrungen.

Der Nationalökonom Alfred Sohn-Rethel, der über die Bedeutung dieser Verschiebungen reflektierte, meint eine Wechselbeziehung zwischen Monetarisierung und philosophischer Abstraktion im antiken Griechenland erkennen zu können. Entscheidend war in diesem Zusammenhang seine Analyse der *realen Abstraktion*, wie sie mit dem Tauschhandel auf dem Markt einhergeht. Denn jeder Warentausch setzt voraus, dass die Beteiligten von den konkreten und spezifischen Eigenschaften der jeweiligen Gegenstände – zum Beispiel einer versklavten Frau und 20 Fässern Wein – abstrahieren, um eine quantitative Gemeinsamkeit zu finden (so wird jedes Objekt als äquivalent mit einer Menge eines dritten Gegenstands, zum Beispiel einer Unze Silber, erachtet). Diese Messbarkeit setzt voraus, dass man von konkreten Eigenschaften abstrahiert, um zu einer quantitativen Gleichheit zu gelangen. Denn schließlich hat der Gebrauchswert von Wein nichts mit den nützlichen Eigenschaften von Silber zu tun. Die Marktpreise implizieren eine konzeptionelle und praktische Abstraktion, die nützliche Eigenschaften ausblendet, um eine quantitative Reduktion der entsprechenden Gegenstände auf Grundlage einer Einheitsmetrik vorzunehmen. Genau dies hat Sohn-Rethel als Tauschabstraktion bezeichnet. »Die Tauschgleichung«, schreibt er, »ist relationales Postulat des Tausches als gesellschaftliche Verkehrsform […] Die Waren sind nicht gleich, der Tausch setzt sie gleich.«[36] Diese eigentümliche Sphäre der Quantität ist insofern dimensionslos, als es keine reale, physische Dimension gibt, in der ein versklavter Mensch und 20 Fässer Wein

35 Ebd., S. 15f., 25.

36 Sohn-Rethel: Geistige und körperliche Arbeit, S. 241. Sohn-Rethels brillante und originelle Arbeit hat allerdings die Tendenz, die Tauschabstraktion mit der kapitalistischen Produktionsweise als solcher zu verwechseln. Dieser Mangel nimmt seiner Analyse der griechischen Mathematik und Philosophie aber nichts von ihrer Strahlkraft.

identisch wären. Anders ausgedrückt: Kommensurabel sind die Waren nur in einem abstrakten Raum, der frei von realen Objekten ist und lediglich von mathematischen Werten und Relationen bewohnt wird – nur in einem abstrakten Raum wie diesem kann der Warenaustausch über das Medium Geld stattfinden. Die Tauschabstraktion wird also in erster Linie in einem rein logisch-monetären Raum vollzogen, in dem die Gegenstände faktisch entmaterialisiert werden, um sie in bloße Mengen eines abstrakten (monetären) Werts zu verwandeln. Die Sphäre der Tauschwerte hat also etwas, das man als »gespenstige Gegenständlichkeit«[37] bezeichnen könnte. Tauschwerte sind *real* – sie lassen reale Gegenstände von einer Hand in die andere übergehen und können für Reichtum sorgen oder ihn vernichten –, gleichzeitig sind sie *sinnlich* nicht zu erfassen. Wir können Weinfässer, versklavte Menschen oder Mäntel drehen und wenden, wie wir wollen, wir werden immer nur ihre physischen (Gebrauchswert-)Eigenschaften entdecken. Ihr Wert als reine, monetär repräsentierte Größe entzieht sich unserer Wahrnehmung; er ist gespenstig. Mit der Beschreibung der Tauschabstraktion wollte Sohn-Rethel veranschaulichen, dass die griechische Philosophie eine radikal neue Sicht der Welt schuf, als sie Aspekte des gesellschaftlichen Tauschprozesses in einem neuartigen Begriffsvokabular formalisierte.

Wer mit Platons Wahrheitslehre vertraut ist, wird erkennen, wie sehr sich auch seine Philosophie in einem abstrakten Raum bewegt. Doch zugleich versucht Platon, den Raum der Philosophie von dem des Geldes abzugrenzen, indem er letzteres aus dem Bereich der Wahrheit verbannt. Vor allem in seinem reifsten Werk, der »Politeia«, wird die Philosophie dem Geld so explizit gegenübergestellt, dass man sie als »zwei konkurrierende architektonische Prinzipien« betrachten kann.[38]

Platon entwickelt diese Gegenüberstellung schon im ersten Satz der »Politeia«, in dem er Sokrates seinen Lesern mitteilen lässt: »Ich ging gestern mit Glaukon, dem Sohne des Ariston, in den Peiraieus hinunter.«[39] Der Piräus war der Hafen von Athen, wo Güter und Geld ständig in Bewegung waren, Schiffe unablässig ihre Fracht löschten und wieder ablegten, Geschäfte abgewickelt und Investitionen getätigt wurden. Es gibt die These, die (privaten und gewinnbringenden) Aktivitäten, wie sie für den Hafen charakteristisch waren, hätten in scharfem Widerspruch zu den öffentlichen Pflichten der Bürger gegenüber dem Staat gestanden.[40]

37 Marx, Kapital, Bd. 1, MEW, Bd. 23, S. 52.

38 Marc Shell: The Economy of Literature, Baltimore 1978, S. 24.

39 Platon: Sämtliche Werke, Bd. 2 (übersetzt von Wilhelm Siegmund Teuffel und Wilhelm Wiegand), Berlin 1940.

40 Edith Ayres Copeland: The Institutional Setting of Plato's Republic, in: International Journal of Ethics, 3/1924, S. 228–242. Eine ausgezeichnete Diskussion des 1. Buchs der »Politeia« findet sich bei Thomas Noutsopoulos: The Role of Money in Plato's Republic, Book I, in: Historical Materialism, 2/2015, S. 131–156.

Vermutlich wollte Platon mit der Wahl dieses Schauplatzes diese widersprüchlichen Prinzipien einander gegenüberstellen, denn er geht sofort zu einer Diskussion über das Verhältnis von Geld und Gerechtigkeit über. Das Gespräch wird mit Kephalus geführt, einem wohlhabenden Bürger, dessen Haus der Philosoph und sein Begleiter aufsuchen. Sokrates erkundigt sich, ob ihr Gastgeber sein Vermögen geerbt oder durch eigene Arbeit erworben habe. Kephalus erklärt stolz, er habe seinen Reichtum größtenteils geerbt, und Sokrates erwidert, dass er dies auch vermutet habe. Denn im Gegensatz zu jenen, die ihren Reichtum erbten (und sich daher nicht um den Erwerb kümmerten), hätten diejenigen, die ihr Vermögen selbst anhäuften, »es doppelt so lieb wie die anderen«, was eine Quelle des moralischen Verfalls sei. Zwar würden wegen »seiner Nützlichkeit« alle am Geld hängen, es sei ein Mittel zur Befriedigung von Bedürfnissen. Doch diejenigen, die es »erworben haben«, pflegten eine unnatürliche und zwanghafte Beziehung zum Geld: »Daher ist es auch unangenehm, mit ihnen umzugehen, weil sie nichts loben mögen als den Reichtum.«[41] Bereits hier deutet Platon an, dass Geld eine natürliche Rolle als Mittel zum Zweck spielte, es aber auch eine perverse und korrumpierende Leidenschaft auslösen könne, wenn es zum Selbstzweck werde. Trotzdem ist Kephalus nicht gänzlich überzeugt, dass man das Geld scharf von der Gerechtigkeit abgrenzen sollte. Er wendet ein, dass ein Mann mit Geld es sich leisten könne, ehrlich zu sein und seinen Verpflichtungen gegenüber Göttern und Menschen nachzukommen (weil er es nicht nötig habe, andere zu täuschen). Aber Sokrates beharrt darauf: Die Wahrheit zu sagen und das Anvertraute zurückzugeben sei nicht gleichbedeutend mit Gerechtigkeit. Tatsächlich könne Letztere nicht im Sinne eines Nutzenkalküls verstanden werden. Im Gegensatz zum Geld, argumentiert Sokrates, sei die Gerechtigkeit ein Ziel an und für sich und kein Mittel zum Zweck. Wie bereits angedeutet, wird Platons Streben nach einem guten Leben jenseits des monetären Kalküls auf diese Weise kritisch-utopisch aufgeladen. Was gut ist, hat keinen Preis; es ist kein Mittel zum Zweck. Das Gute und das Wahre sind Selbstzweck und bedürfen keines äußeren Maßstabs oder einer Bestätigung.

Kephalus wehrt sich jedoch gegen diese Schlussfolgerung. Er führt immer neue Beispiele an, um zu zeigen, dass die Gerechtigkeit nützlich ist und als Mittel zu verschiedenen Zwecken eingesetzt werden kann: zur Begleichung von Schulden, zur Unterstützung von Freunden, zum Abschluss gerechter Verträge. Jedes Mal entkräftet Sokrates das Argument. Der Philosoph vertritt sogar die These, die Nützlichkeit der Gerechtigkeit bestehe darin, *keinem* äußeren Zweck zu dienen. Die Gerechtigkeit existiere in und für sich selbst, als ihr eigenes Ziel. Gerechtigkeit sei nur

41 Platon: Sämtliche Werke, Bd. 2, S. 10.

dann nützlich, wenn alle anderen Dinge, einschließlich das Geld, nutzlos sind. Gerechtigkeit beginne also dort, wo Dinge mit bestimmten Zwecken an ihre Grenzen geraten. Die Gerechtigkeit werde auf natürliche Weise zum Selbstzweck, Geld dagegen nur auf unnatürliche Weise. In diesem unnatürlichen Zustand beansprucht das Geld seine Nichtidentität mit allen anderen Dingen; es besteht auf seinem Primat über alles andere. Mäntel, Boote oder versklavte Menschen können zu bestimmten Zwecken begehrt werden; aber Geld als Selbstzweck transzendiert jede Partikularität – es stellt sich als universell dar, obwohl seine Allgemeinheit nur falsch sein kann. Gegen diese Tendenz zur Pseudo-Universalisierung versucht Platon, das Geld auf seine Funktion als einfaches Tauschmittel zu beschränken, auf etwas, das nur als Mittel für andere Zwecke, aber nicht um seiner selbst willen begehrt wird. Nur dann könne sich die Gerechtigkeit als einzig wahrer und universeller Selbstzweck frei von Interferenzen durch die falsche Universalität des Geldes entfalten. Dieses Argument wird später von Aristoteles in seinem Werk »Politik« aufgegriffen, in dem er die natürliche Verwendung des Geldes als eines Mittels zu klar umrissenen Zwecken seiner perversen Verwendung als Selbstzweck gegenüberstellt (die er, wie ich weiter unten ausführen werde, als *Chrematistik* bezeichnet). In den Begriffen von Marx beschreiben Platon und Aristoteles den Kreislauf W – G – W als natürlich (eine Ware W wird für die Geldmenge G verkauft, die dann wiederum für den Kauf anderer Waren eingesetzt wird). Hier wird Geld verwendet, um Gebrauchswerte, bestimmte Güter, zu erwerben. Der Kreislauf G – W – G‘ hingegen, bei dem Geld lediglich dazu verwendet wird, Waren zu kaufen, um diese danach für mehr Geld zu verkaufen (G’ > G), wird als unnatürlich und irrational betrachtet, da das Geld hier zu einem dämonischen Selbstzweck geworden ist. Die Kunst des Gelderwerbs kenne keine Grenzen, schreibt Aristoteles, sie gehe mit Unersättlichkeit einher und erreiche niemals ein natürliches und vernünftiges Ziel. Auf diese Weise jedoch entferne man sich vom guten Leben.[42] Platon und Aristoteles betrachten das Geld (repräsentiert durch Silber oder Gold) als einen spezifischen Gegenstand, dem fälschlicherweise dieselbe Universalität wie Gerechtigkeit oder Wahrheit zugesprochen wird. Doch diese falsche Universalität ist pathologisch und provoziert irrationale Leidenschaften und Begierden. Aus diesem Grund will Platon das Geld auf die spezifische Funktion des Tausch- und Zahlungs*mittels* beschränken. Doch bei seinem Versuch, das monetäre Kalkül zu überwinden, definiert er Gerechtigkeit und Wahrheit auf der Grundlage eben jener abstrahierenden und verallgemeinernden Kräfte, die er in den unnatürlichen Fähigkeiten des Geldes erkennt. Obwohl Philosophie und Geld in diesem Text als »konkurrierende archi-

42 Aristoteles: Politik, 1257b30–31, 1257b42.

tektonische Prinzipien« verstanden werden, existiert doch auch eine Symmetrie zwischen ihnen. Die Philosophie übernimmt die abstrahierenden und universalisierenden Kräfte des Geldes, um es auf diese Weise zu besiegen. Die Mimikry des Geldes wird in den Büchern VI und VII der »Politeia« besonders deutlich.

Platons Innovation besteht hier nicht einfach im Gedanken einer vereinheitlichenden Substanz, die allen Dingen zugrunde liegt. Wie Richard Seaford gezeigt hat, ist dieser kontraintuitive Gedanke, der im Widerspruch zur Pluralität der von uns wahrgenommenen Gegenstände steht, für die frühe griechische Kosmologie und im Besonderen für Texte von Heraklit und Parmenides charakteristisch.[43] Platon gibt diesem kosmologischen Begriff jedoch eine stark idealistische Wendung. Zu Beginn des 6. Buches behauptet er, nur Philosophen vermögen »das ewig unwandelbare Sein zu erfassen [...], nicht aber die, welche im mannigfaltigen und wandelbaren Sein herumtappen« im Gegensatz zu »denen, die im Reich des Vielfältigen und Veränderlichen umherirren«.[44] Hier haben wir es mit einer Gegenüberstellung des Einen und des Vielen zu tun, wobei die Wahrheit im Unterschied zur gewöhnlichen Erfahrung, die die Welt als plural (»vielfältig« und »veränderlich«) erfasst, als einheitlich und unveränderlich dargestellt wird. Wer das »Sein« der Dinge betrachtet, so Platon, müsse sich von ihrem Werden und ihrer »Mannigfaltigkeit« abwenden. Letztere kennzeichnet das alltägliche, empirische Dasein, das nicht in ihrem zeitlosen Wesen, sondern in den Erscheinungen der Dinge zum Ausdruck kommt. Wir nehmen viele Dinge als schön und gut wahr, so Platon, bleiben aber unwissend, solange wir das »ewig Gute und Schöne« nicht erfassen, das über jede spezifische Verkörperung von Schönheit oder Güte hinausreicht. Diese Eigenschaften »stellten wir dann wiederum in einem einzigen begrifflichen Gedankenbild hin, als wenn die Vielheit eine Einheit wäre«.[45] Hier haben wir es mit einem expliziten Dualismus von Essenz und Erscheinung zu tun, dem Einen und dem Vielen, wobei die Wahrheit in Ersterem, der Irrtum in Letzterem zu suchen ist. Wie in Platons Formenlehre ist Wahrheit oder das Absolute nicht in den Gegenständen zu finden, die uns im Alltag begegnen. Die Wahrheit gehört einer ewigen, unveränderlichen, von den Sinnen nicht erfassbaren Sphäre an. Es handelt sich um ein Reich, das nur durch das Denken und die Logik des Verstands, nicht aber vermittelt über Empfindungen betreten werden kann.

Nachdem er sein idealistisches Programm dargelegt hat, in dem er das Reich der reinen Ideen von der Welt der ordinären Empfindungen und Erfahrungen trennt, wendet sich Platon im 7. Buch der Mathematik

43 Seaford: Money and the Early Greek Mind, S. 175, 231–258.

44 Platon: Sämtliche Werke, Bd. 2, S. 205.

45 Ebd., S. 240.

als Wissenschaft der Unveränderlichkeit zu. Die Philosophen, die seiner Ansicht nach am besten geeignet sind, den Staat zu regieren, sollten »die Rechenkunst« erlernen »bis sie mittels des reinen Denkvermögens zu einer begrifflichen Anschauung vom Wesen der Zahlen gelangen«.[46] Auf diese Weise würden sie »vom Werden zu Wahrheit und Sein« gelangen. Das Wesen der Zahlen *mittels des reinen Denkvermögens* zu erkennen bedeutet, den Bereich der »Kaufleute und Krämer« zu verlassen, die Zahlen immer in Bezug zu Waren, Gegenstände und Münzen setzen und deren mathematisches Verständnis durch die Sinneserfahrung in der gegenständlichen Welt kontaminiert ist. Der Philosoph hingegen verlässt die Sphäre der Empfindungen bewusst, um »bei ihren Operationen mit rein *abstrakten* Zahlen zu verfahren«.[47] An dieser Stelle bemüht sich Platon wie erwähnt, der Philosophie die Macht des Geldes als reiner Selbstzweck zu übertragen.

Die Quintessenz des voll entfalteten Geldes besteht darin, dass es als universelle Substanz des Warentauschs dient. Das Geld transzendiert alle Partikularitäten; im Unterschied zu sämtlichen anderen Waren ist es die einzige universelle Verkörperung von Wert. Es verkörpert somit das wahre Wesen der Dinge *als* Waren – es ist die Universalität, die deren Partikularitäten in sich vereint. In der Tat realisieren sich Waren nur als Geld. Außerhalb ihrer Geldform fehlt es ihnen an Realität und Wahrheit *als Waren* (d. h. als Waren, deren Funktion darin besteht, gekauft und verkauft zu werden). Daraus folgt, dass das Geld das »Sein« der einzelnen Güter ist: unberührt von ihrem Werden in Raum und Zeit, von ihren flüchtigen Bewegungen und Preisfluktuationen. Trotz des Chaos, das auf dem Markt herrscht, bleibt das Geld die Wahrheit aller Dinge. Geld ist abstrakter Wert, der sich in konkreten Mengen bestimmter Güter manifestiert, aber nicht auf diese reduziert werden kann. Geld ist nicht der Preis für diesen Mantel, jenen Laib Brot oder dieses Auto. Es ist die Möglichkeit konkreter Dinge *als* Zahlen (Tauschwerte) – die Eigenschaft von Dingen, die die vielen unterschiedlichen Zahlen (Preise) ermöglicht. Anders ausgedrückt: Keine Sache könnte einen Tauschwert haben, wenn sie nicht an der ontologischen Möglichkeit der Austauschbarkeit teilhätte. Diese ontologische Möglichkeit liegt jedoch außerhalb der Dinge als Gebrauchswerte; sprich: Die »äußere« Eigenschaft verkörpert sich im Geld. Letzteres ist die reine Form der Austauschbarkeit, so wie die platonische Wahrheit oder das Wesen der Schönheit eine zeitlose Form ist, die zu einer von der materiellen Welt der Dinge getrennten Sphäre gehört. »Was ist begrifflich das Eins an und für sich?« fragt Platon und antwortet: Es ist das, was wir »zugleich als Eins und als mannigfaltige Vielheit« sehen.[48]

46 Ebd, S. 264.
47 Ebd., S. 265, Hervorh. D.M..
48 Ebd., S. 263.

Das trifft natürlich auch auf das Geld zu, das – so wie sich die Wahrheit in konkreten philosophischen oder mathematischen Argumenten äußern kann, ohne auf diese beschränkt zu bleiben – die Gestalt jeder Zahl (jedes Preises) annehmen kann, ohne auf eine von ihnen reduzierbar zu sein. Geld und Wahrheit sind also auf eine Weise unendlich, die Preisen und wahrheitsgemäßen Aussagen abgeht.

Nachdem Platon im ersten Buch der »Politeia« das Geld als architektonisches Prinzip einer guten Gesellschaft abgelehnt hat, projiziert er in späteren Teilen des Werks die universalisierenden Eigenschaften des Geldes auf die Philosophie. Philosophische Wahrheit – ob nun in Gestalt von Weisheit, Tugend oder Schönheit – wird als universelle Substanz unserer Welt dargestellt. Darüber hinaus ist sie für Platon eine ideelle Substanz, die scharf von der Welt der Sinneserfahrungen, des Körpers und seiner Arbeit getrennt ist. Hier gibt es jedoch zwei Haken. Erstens entsteht die philosophische Produktion von Wahrheit als Antwort auf die universalisierende Macht des Geldes. Die Philosophie ahmt die transzendenten Eigenschaften des Geldes nach und tritt erst dort in Erscheinung, wo das Geld der Gesellschaft bereits seinen Stempel aufgedrückt hat. Minervas Eule beginnt hier wirklich erst in der Abenddämmerung ihren Flug. Zweitens ist das Geld seinerseits an die Welt der Arbeit gebunden. In der Antike war seine Existenz in erheblichem Ausmaß von der Arbeit versklavter Menschen abhängig, was sich in der Förderung des athenischen Silbers in den Minen der Stadt manifestierte. Diese doppelte Abhängigkeit – von Geld und Arbeit – unterminiert die Autonomieerklärungen der Philosophie, ihren Anspruch, die Wahrheit der Welt durch reines Denkvermögen produzieren zu können. Wie Marx später in seinen »Ökonomisch-philosophischen Manuskripten« feststellen sollte, ist die Unabhängigkeit des Verstandes eine Illusion. »Die Logik«, spottet er über den deutschen Idealismus, ist »das Geld des Geistes.«[49] So wie sich das Geld alle Waren unterordnet, indem es sich selbst als ihre Essenz ausgibt, so setzt Platons Logik wie jeder Idealismus die Denkprozesse des Verstandes als die Wahrheit aller Dinge voraus. Doch hinter der Welt des Verstandes verbirgt sich ein gesellschaftlicher Vorgang, der zwar alles erst ermöglicht, den die Logik jedoch ausblendet – die Trennung zwischen geistiger und manueller Arbeit. Erst in dem Augenblick, »wo eine Teilung der materiellen und geistigen Arbeit eintritt«, erklären Marx und Engels, »ist das Bewusstsein imstande, sich von der Welt zu emanzipieren.«[50] Doch diese »Emanzipation« ist insofern trügerisch, als sie nur durch die gewaltsame Ausbeutung ermöglicht wird, die den Mehrwert produziert, von dem die Philosophen leben. Mit anderen Worten: Determiniert wird die Welt des Geistes durch die Arbeit der »vielköpfigen und

49 Karl Marx: Ökonomisch-philosophische Manuskripte aus dem Jahr 1844, in: MEW, Bd. 40, S. 571.
50 Karl Marx/Friedrich Engels: Die deutsche Ideologie [1845/1846], in: MEW, Bd. 3, S. 31.

bunten Volksmenge«,[51] also derjenigen, die aus den Gefilden von Geist und Regierung ausgeschlossen sind. Auf ihren Tätigkeiten beruhen diese heiligen Sphären. Die versklavte Person ist nicht nur das Geheimnis des antiken Geldes, sondern auch der antiken Philosophie.

Da ihn die Befürwortung der Sklaverei nicht anfocht, machte Platon keinen Hehl aus der ökonomischen Abhängigkeit der Bürgerphilosophen. In seinen »Nomoi« etwa plädiert er für eine Gesellschaftsordnung, in der die Bürger »Künste und Gewerbe anderen zu treiben überlassen und den Anbau ihrer Ländereien Bediensteten übertragen [...], welche von dem Ertrag desselben immer zuerst ihnen so viel zu liefern verpflichtet sind, als für ein mäßiges Leben hinreicht.«[52] Derselbe Text erteilt der herrschenden Klasse Ratschläge, wie das »schwer zu handhabende Besitztum« (sprich die Versklavten) zu bändigen ist: Es sollte »fast jederzeit mit einem Befehl« angesprochen werden, man dürfe »auf keine Weise Scherz mit ihnen treiben« und müsse sie bei Bedarf auch körperlich züchtigen.[53] Einmal mehr kommen wir also auf Gewalt, Gefangenschaft und versklavte Körper zurück – Körper, die in einem von gewöhnlichen Soldaten geführten Krieg erworben wurden. Die herrschende Klasse betrachtete diese Soldaten ganz ähnlich wie versklavte Menschen. So wie die griechische Kultur im Tieropfer verwurzelt war, stellt das Opfern von Soldaten die Voraussetzung für Krieg und Imperium dar. Und dieses Opfer wurde mit Geld erkauft.

Münzen und die Polis

Mit der Entwicklung der Polis als öffentlicher Raum konzentrierten sich die sakralen Rituale zunehmend um die öffentlichen Tempel, von denen viele im 8. Jahrhundert v. u. Z. errichtet worden waren. Da ältere Formen der Reziprozität zerbröckelten, sahen sich die Aristokraten gezwungen, ihre Großzügigkeit auf Tempelgaben zu verlagern.[54] Eine neue egalitäre Empfindlichkeit identifizierte den Gemeinsinn mit der Umverteilung durch öffentliche Institutionen, auf die der *demos* zunehmenden Einfluss ausübte. Um Götter und Nachbarn wohlwollend zu stimmen, wurden von den Reichen nun keine privaten Bankette, sondern Spenden für die Tempel erwartet. Die zunehmend aristokratiefeindliche Stimmung führte auch dazu, dass verschwenderische Beerdigungsfeierlichkeiten, eine weitere Form der Selbstinszenierung, einen schlechten Ruf bekamen. Dieser Wandel ist als Verschiebung beschrieben worden, bei der Geschenke an Menschen durch Gaben an Götter ersetzt wurden; doch es handelte

51 Platon: Politeia, S. 219.

52 Platon: Nomoi, in: Rudolf Haller (Hrsg.): Platon. Die Werke, Marktgröningen 2005.

53 Platon: Nomoi, 777 St2A. Zum Gebrauch der Peitsche vgl. Morrow: Plato's Law of Slavery, S. 47, 66–68.

54 Snodgrass: Archaic Greece, S. 52–54; Murray: Early Greece, S. 65.

sich dabei auch um eine Verlagerung der aristokratischen *Wohltätigkeit* gegenüber Armen hin zu *Pflichten*, denen (reiche) Bürger gegenüber dem Staat (der die Tempelspenden entgegennahm) nachkommen mussten.[55]

In dem Maße, wie sich Tempel in Aufbewahrungsorte des Reichtums verwandelten – und in einigen Fällen auch in erste Banken der griechischen Antike –, übernahmen sie von den Privatmäzenen auch die Verteilung des Wohlstands im Rahmen öffentlicher Feierlichkeiten. In einer Gesellschaft, in der bürgerliches und religiöses Leben miteinander verwoben waren, konnten Tempel leicht zu Orten ökonomischer Transaktionen werden. Die Tempel veranstalteten Märkte und Messen, gewährten den städtischen Behörden in Notzeiten Kredite, zahlten Löhne – insbesondere den am Tempelbau beschäftigten Arbeitern – oder verkauften gestiftete Gegenstände, um ihre vielfältigen Aufgaben finanzieren zu können. In all diesen Hinsichten wurde der Tempel zu einem Knotenpunkt der Marktbeziehungen, während man gleichzeitig rituelle Feste organisierte, bei denen Tiere geopfert und Nahrungsmittel verteilt wurden.[56] Güter, die finanziellen Zwecken dienten, waren somit in eine Ökonomie des Sakralen eingebettet.

Obgleich Opfertiere zweifelsohne zu den Weihegaben der reichen Oberschicht gehörten, werden in den Epen im Zusammenhang mit gemeinschaftlichen Feierlichkeiten auch andere wertvolle und vormonetäre Gegenstände erwähnt. Im vorletzten Buch der »Ilias« beispielsweise veranstaltet Achilles einen sportlichen Wettkampf in Gedenken an seinen geliebten Freund Patroklos. An verschiedenen Stellen seiner Beschreibung kommt Homer auf die ausgelobten Preise zu sprechen. Dazu gehören Pferde, Ochsen, Gold und versklavte Frauen. Aber auch Metallgegenstände, die bei den Feierlichkeiten Verwendung finden, werden erwähnt – insbesondere »ein dreifüßig Geschirr auf dem Feuer« und ein Becken. Der Dichter nennt für diese Güter auch präzise, in Vieh ausgedrückte Wertangaben. Der Dreifuß, so erfahren wir, wird von den Kriegern auf den Wert von zwölf Rindern geschätzt, die versklavte Frau auf den Wert von vier, der beckenartige Kessel schließlich auf den Wert eines Stieres.[57] Erneut dient also Vieh als Wertmaßstab und können versklavte Menschen gegen Rinder getauscht werden. Bedeutsam sind aber auch die ausgelobten Metallgegenstände – das Becken und ein Dreibein zum Braten: zentrale Objekte des rituellen Festmahls. Tatsächlich gibt es Indizien, dass Kessel im 8. Jahrhundert v. u. Z. auf Kreta als reguläres Zahlungsmittel verwendet wurden.[58] Immer mehr archäologische Funde verweisen zudem darauf, dass eiserne Bratspieße – bekannt als *obolos* – im 8. und 7. Jahrhundert v. u. Z. in verschiedenen Teilen Griechenlands als eine Art Proto-Geld fungierten.

55 Ian Morris: Gift and Commodity in Archaic Greece, in: Man, 1/1986, S. 12.

56 Beate Dignas: Economy of the Sacred in Hellenistic and Roman Asia Minor, Oxford 2002, S. 14f.

57 Homer: Ilias, 23:702–705, 885.

58 Schaps: The Invention of Coinage, S. 82f.

Die Eisenspieße sind aus mehreren Gründen bemerkenswert. Erstens handelt es sich bei ihnen wie bei den Münzen um Metallgegenstände. Zweitens haben sie mit Tieropfern und dem Teilen von Nahrung zu. Und drittens schließlich waren sie im Unterschied zu Rindern gut zu transportieren und konnten leicht in unterschiedlichen Mengen zusammengestellt werden. In literarischen und archäologischen Quellen finden sich zwei berühmte Beispiele für die Verwendung von Bratspießen als *special-purpose money* (zweckgebundenes Geld). Das eine stammt aus dem Tempel der Hera in Argos und hat mit einem Dekret des Königs Pheidon aus der ersten Hälfte des 6. Jahrhunderts v. u. Z. zu tun, der angeordnet haben soll, Spieße durch Münzen ersetzen zu lassen. In einer berühmten Quelle heißt es, Pheidon von Argos habe in Ägina Geld geprägt, »und nachdem er ihnen (seinen Untertanen) die Münze gegeben und die Spieße abgeschafft hatte, weihte er diese Hera in Argos«.[59] Diese Textpassage wurde bestätigt, als man bei Ausgrabungen im Hera-Tempel ein Bündel von etwa 96 Eisenspießen fand.[60] Zwar ist das Motiv nicht klar, warum man Spieße als Grabbeigaben gewählt hat, aber man weiß, dass ähnliche Gaben auch anderswo dargebracht wurden. So berichtet Herodot von einem großen Geschenk der Kurtisane Rhodopis, einer ehemaligen Sklavin, in Naukratis. Nachdem sie relativ reich geworden war, soll Rhodopis ein Zehntel ihres Vermögens für den Tempel gespendet haben, indem sie »so viele eiserne Bratspieße« kaufte, wie sie mit diesem Teil ihres Besitzes erwerben konnte.[61] Herodot deutet an, dass er diese Spieße sah und, offenbar in Unkenntnis ihrer Geldfunktion, vermutete, sie seien zuerst mit Geld gekauft worden. Verschiedene wissenschaftliche Quellen gehen hingegen davon aus, dass es sich um richtiges Geld handelte – genauer gesagt, um eine Form von *special-purpose money*. Auch in vielen aristokratischen Gräbern finden sich, vermutlich als Opfergaben an die Götter, Bündel von Eisenspießen.[62] Der Althistoriker David Tandy hat die These entwickelt, die Spieße hätten »als eine Art Werteinheit« (oder Wertmaßstab) für den Handel zwischen kommerziell ausgerichteten Adligen gedient.[63]

59 Zitiert nach William Ridgeway: The Origin of Metallic Currency and Weight Standards, Cambridge 1892, S. 214.

60 Paul Courbin: Dans la Grèce archaïque: Valeur comparé du fer et de l'argent lors de l'introduction du monnayage, in: Annales, 14/1959, S. 211–233. Vgl. auch Alison Hingston Quiggin: A Survey of Primitive Money, London 1963, S. 282, die bezüglich der entdeckten Spieße eine andere Zahl nennt.

61 Herodot: Historien. Erster Band. Bücher I bis IV (herausgegeben von Josef Feix), Düsseldorf 2006, S. 317–319.

62 Siehe z. B. Ingrid Strom: Obeloi of Pre- or Proto-Monetary Value in the Greek Sanctuaries, in: Tullia Linders/Brita Alroth (Hrsg.): Economics of Cult in the Ancient Greek World, Uppsala 1992.

63 Tandy: Warriors into Traders, S. 160. John H. Kroll unterstützt Tandys Interpretation in seinen Observations on Monetary Instruments in Pre-Coinage Greece, in: Miriam S. Balmuth (Hrsg.): Hacksilber to Coinage: New Insights into the Monetary History of the Near East and Greece, New York 2001, S. 87. Seaford (Money and the Early Greek Mind) und Schaps (Invention of Coinage) kommen hinsichtlich der protomonetären Funktion der Spieße zu demselben Schluss, ebenso Robert M. Cook: Speculations on the Origins of Coinage, in: Historia, 3/1958, S. 257–262.

Etymologische Indizien untermauern diese Interpretation. Das in der ägäischen Welt verbreitete Silbergeld wurde *obelos* genannt, ein Begriff, der auf das Wort für Eisenspieß, *obolos*, zurückgeht. Darüber hinaus wurde eine Münze im Wert von sechs *obeloi* als Drachme bezeichnet, was früher »greif-« oder »fassbar« bedeutete. Tatsächlich wurden die Eisenspieße, wenn sie als Spenden im Tempel eingesetzt wurden, oft zu leicht tragbaren Bündeln zusammengebunden. Auch der monetäre Begriff *drachmae* scheint sich also auf Bratspieße bezogen zu haben.[64] Ab dem 6. Jahrhundert v. u. Z. gibt es eine Vielzahl von Edelmetallobjekten, die als Tempelspenden dargeboten werden.[65] Diese haben ihren Ursprung in aristokratischen Siegespreisen: Metallpokale, orientalische Dreifüße, Becken, Schwerter und andere Waffen – es sind die Wertgegenstände des aristokratischen Gabentauschs. Das Verschenken solcher Objekte aus Edelmetall wurde in Epen und aristokratischer Lyrik verherrlicht. Doch diese aristokratischen Güterkreisläufe waren in sich geschlossen, nur wohlhabende *aristoi* konnten an ihnen teilhaben. Tatsächlich priesen aristokratische Kunst und Dichtung die Praxis, sich kostbare Geschenke zu machen, gerade deshalb, weil sie von einfachen Menschen nicht kontaminiert war. Im 8. Jahrhundert v. u. Z. gerieten die Werte der Elitenkultur jedoch unter den Druck von Plebejern und »mittleren« Schichten.[66] Das macht die Verwendung von Eisenspießen als Proto-Währung ausgesprochen interessant. Denn Spieße waren integraler Bestandteil der Gemeinschaftsrituale, an denen jeder Bürger teilnahm. Materiell wie auch symbolisch handelte es sich eher um inklusive als exklusive Gegenstände. Der Umstand, dass sie gesellschaftlich als Wertrepräsentant anerkannt wurden, deutet auf die Entwicklung inklusiverer Praktiken in der griechischen Gesellschaft hin. Wie bereits skizziert, hielt der Demokratisierungsschub jener Zeit die Reichen davon ab, ihren Wohlstand, insbesondere bei Begräbnissen und Bestattungen, verschwenderisch zur Schau zu stellen. Mit dem Aufstieg der Polis wurde auch der Umgang mit Schmuck, edlen Kleidern und ornamentalen Frisuren zurückhaltender.[67] Es wäre daher nicht verwunderlich, wenn sich die kulturell akzeptierte Wertrepräsentation in Richtung von Metallobjekten wie den Eisenspießen verlagert hätte, die emblematisch für die gesellschaftliche Solidarität gemeinschaftlicher Feierlichkeiten standen.

Die Entwicklung des Münzwesens würde somit auf Bemühungen hindeuten, Reichtum und Tausch nach dem Zusammenbruch der alten Rezi-

64 Vgl. Courbin: Dans la Grèce archaïque; sowie Cook: Origins of Coinage.

65 Seaford: Money and the Early Greek Mind, S. 79f.

66 Vgl. Morris: The Strong Principle of Equality. Allein das Beispiel Hesiods spricht für Morris' Behauptung einer anti-aristokratischen oder »mittleren« Tradition im antiken griechischen Kulturleben.

67 Ian Morris: Death-Ritual and Social Structure in Classical Antiquity, Cambridge 1992, S. 118–129, 151–153. Die Ursprünge der Polis reichen sicherlich deutlich weiter zurück. Mir geht es hier um das Erstarken der Polis und den Eingriff in die aristokratischen Privilegien.

prozitätsbeziehungen gesellschaftlich *neu einzubetten*[68]. Mit der Erosion der Gefolgschaftsbeziehungen des aristokratischen Lebens übernahm der Nexus Tempel-Agora-Polis unter anderem die Aufgabe, den Reichtum der gesamten Gemeinschaft zugänglich zu machen. Die Münzprägung war daher auch Teil des Versuchs, die Vorherrschaft von in der Polis produzierten Zahlungsmitteln gegenüber jenen Transaktionen durchzusetzen, die durch aristokratische Luxusgüter dominiert waren. Als die städtischen Tempel die Veranstaltung der gemeinschaftlichen Feiern übernahmen, begann man Spenden zu präferieren, für die (anders als bei Tieren) weder Arbeit noch Pflege erforderlich war – solange man sie später zum Erwerb von Opfertieren einsetzen konnte. Außerdem konnten Metallgegenstände wie Becken und Eisenspieße verliehen werden, wenn sie nicht sofort benötigt wurden. Derartige Objekte konnten dann als Zahlungs- und Tauschmittel zirkulieren, weil die Tempel- oder Stadtbehörden sie irgendwann zurückkaufen mussten, um Vieh zu erwerben. In der Folge könnten sich Tempelgüter als allgemeine Verkörperung von Reichtum durchgesetzt haben. Die in den Tempeln verwendeten Objekte zirkulierten gerade deshalb als allgemeine Form von Reichtum, weil die heiligen Institutionen sie immer als Zahlungsmittel akzeptieren würden. Insofern stellte es für die Polis keinen großen Schritt dar, kostbare Gegenstände zu prägen – die Münzen –, die man in der Folge als Tausch-, Zahlungs- und Wertaufbewahrungsmittel gesellschaftlich anzuerkennen begann. Doch hier ist noch ein kleiner Exkurs notwendig, denn Münzen scheinen zuerst in tyrannisch regierten Staaten aufgetaucht zu sein. Nur wenn wir die Gründe hierfür erkennen, ist die Verbindung von Münzgeld und demokratischer Polis zu verstehen.

Münzen, Religion, Recht und Polis

Herodot schreibt über die Lyder: »Sie sind die ersten Menschen, von denen wir wissen, dass sie Münzen aus Gold und Silber geprägt und verwendet haben. Sie waren auch die ersten Kaufleute.«[69] Während viele von Herodots Schlussfolgerungen daraus zweifelhaft sind, gilt dies nicht für seine Aussage, das Münzwesen sei in Lydien erfunden werden. Es gilt unter Wissenschaftlern als anerkannt, dass die ersten aus Elektrum, einer Legierung aus Gold und Silber, geprägten Münzen um 600 v. u. Z. von der lydischen Monarchie in Kleinasien hergestellt wurden. Ein halbes Jahrhundert später ließ Krösus, der letzte lydische König, die ersten Gold- und Silbermünzen prägen. Zu diesem Zeitpunkt oder kurz danach begannen auch einige der griechischen Stadtstaaten, darunter Athen, Korinth und Ägina, Silbermünzen herzustellen.[70] Umstritten an Herodots

68 McNally spielt hier auf Karl Polanyis Begriff des *embedding of the markets*, der gesellschaftlichen Einbettung (= Regulation und Beschränkung) der Märkte an. [Anm. d. Ü.]

69 Herodot: Historien, S. 93.

70 Eagleton/Williams: Money, S. 23–26.

Schilderung der Lyder ist, sie hätten den Handel sowie »das Würfel-, das Knöchel- und das Ballspiel« erfunden, ihre »jungen Töchter« hätten sich »alle« verkauft, um ihre Aussteuer zu finanzieren, und die Frauen würden sich – in Herodots Augen skandalöserweise – »selbst ausstatten«.[71] Wie die Altphilologin Leslie Kurke gezeigt hat, haben wir es hier mit einer Assoziationskette zu tun (Geld → Handel → Prostitution → weibliche Selbstbehauptung → unmännliche Spiele), die eine aristokratische Kritik am Münzgeld und seinen Auswirkungen wiedergibt.[72] Die Münzprägung wird hier den heroischen Tugenden des adligen Kriegers gegenübergestellt, unabhängig davon, wie sehr sich die Aristokratie der Versklavung, dem Handel und der Enteignung von Bauern widmete. Doch diese Elitenpraxis kreiste um Edelmetalle, die weitgehend ein Monopol des Adels waren. Die Münzprägung überwand die aristokratische Exklusivität, indem sie geprägte Edelmetalle in den *allgemeinen* Umlauf brachte.[73] Indem sie die aristokratischen Gabenkreisläufe und die Zurschaustellung des Reichtums durch den Adel umgingen, verliehen die Münzen dem Gold und dem Silber eine neue Promiskuität, was dazu führte, dass die Metalle durch die Hände der breiten Masse wanderten. Auf diese Weise trug das Münzwesen dazu bei, die traditionellen aristokratischen Machtstrukturen aufzubrechen, und hier liegt auch seine Verbindung zur Tyrannei begründet.

Die Tyrannei entwickelte sich als politische Form im Jahrhundert nach 650 v. u. Z. in der gesamten griechischen Welt. Korinth erlebte die vielleicht längste Abfolge von Tyranneien (etwa 655 bis 585 v. u. Z.), doch auch Athen wurde im halben Jahrhundert von 560 bis 510 v. u. Z. fast durchgängig tyrannisch regiert. Oft handelte es sich bei den Tyrannen um abtrünnige Adlige, die versuchten, die Herrschaft eines aristokratischen Elitennetzwerks zu brechen. Bei der Wiederherstellung der politischen Herrschaft konzentrierten die Tyrannen die Macht nicht nur in eigenen Händen; sondern warben auch um die Unterstützung des Volkes und stärkten die Rechte der einfachen Bürger, um den Einfluss der Aristokraten zu beschränken. Das Resümee von Aristoteles ist aufschlussreich: »Ein Tyrann [wird dagegen] aus der Mitte des Demos und der Menge (zu ihrem Schutz) gegen die Angesehenen an die Macht gebracht, damit der Demos von ihnen kein Unrecht zu erleiden hat.«[74] Die Entstehung dieser Tyranneien scheint ein Ergebnis großer sozialer Umwälzungen gewesen zu sein.

71 Herodot: Historien, 1. Buch, S. 93f.

72 Leslie Kurke: Coins, Bodies, Games, and Gold: The Politics of Meaning in Archaic Greece, Princeton 1999. Kurke weist zu Recht darauf hin, dass es sich bei Herodots Text um einen »zutiefst dialogischen« Text handelt (S. 29). So sehr er etwa bei seiner Beschreibung Lydiens von aristokratischen Themen und Werten durchdrungen ist, so gibt es doch auch Gegenströmungen, die eher der von Morris identifizierten »Tradition des Mittelstands« zu verdanken sind.

73 Kurke: Coins, Bodies, Games, S. 47.

74 Aristoteles: Politik, 5.1310b.

Erstens machten Verarmung, Verschuldung und Enteignung die aristokratische Herrschaft für viele Angehörige der unteren Schichten immer unerträglicher. Bemerkenswerterweise war Korinth, wo die Tyrannei entstand und am längsten andauerte, zu dieser Zeit auch die wirtschaftlich am weitesten entwickelte griechische Stadt. Wenn Handel und Wohlstand zu sozialer Ausdifferenzierung und Klassenkonflikten führten, kann es kaum überraschen, dass das Volk zuerst in einer großen Handelsstadt gegen die adeligen Autoritäten rebellierte. Zweitens: Mit dem Aufkommen der Hopliten-Kriegführung, die auf einer großen Zahl schwer bewaffneter, aus dem einheimischen Bürgertum rekrutierter Truppen beruhte (den sogenannten Hopliten), wurden Krieg und Politik gegen Ende des 8. Jahrhunderts v. u. Z. immer unabhängiger von nicht-adeligen Gruppen. Das Ethos der neuen Kriegsführung stellte weniger das Können und die Tapferkeit des heroischen Individuums als die Massenaktion in den Mittelpunkt. Der Althistoriker George Forrest schreibt: »Wenn diese Tausenden in die Schlacht zogen, sahen sie alle gleich aus [...] Bauern, Handwerker, Händler und Aristokraten standen Seite an Seite, und jene, die abseits standen, spielten keine Rolle mehr.«[75] Hopliten machten damals vielleicht ein Drittel der Männer eines Stadtstaates aus, und ein Aristokrat, der die Macht der traditionellen Adelshäuser brechen wollte, konnte sich leicht an diese Gruppe wenden, deren Mitglieder über Waffen verfügten und nach einer Demokratisierung der Verhältnisse strebten.[76] Aber ebenso wie aufstrebende Tyrannen diese soziale Schicht für einen Angriff gegen die alte Machtstruktur mobilisieren konnten (wie es offenbar in Korinth der Fall war),[77] waren diese demokratisch geneigten Bürger in der Lage, solche Erhebungen auch selbst anzustoßen.

Was Märkte und Geld angeht, ist zu beobachten, dass Tyrannen häufig das Wachstum von Handel und Kolonisation förderten, möglicherweise um Finanzierungsquellen für eine neue Staatsform zu erschließen. Immerhin waren die neuen Infrastrukturen des öffentlichen Raums und der politischen Macht ausgesprochen kostspielig – und das unabhängig davon, ob die Gelder für den Ausbau der Agora, den Tempelbau, für Stadtfeste, Wasserversorgung oder Kriegführung verwendet wurden. Doch sollten Handel und Kolonisation den für die aufstrebende Regierungsform unverzichtbaren Reichtum bereitstellen, war dies einfacher

75 Forrest: The Emergence of Greek Democracy, S. 94. Zur neuen Form der Kriegführung siehe auch Snodgrass: Archaic Greece, S. 111–113; und Murray: Early Greece, S. 120–131. Auf der Grundlage neuerer historischer Erkenntnisse entwickelt Kurt A. Raaflaub eine etwas graduellere Darstellung, die weniger von der Idee einer »militärischen Revolution« geprägt ist. Vgl. Equalities and Inequalities in Athenian Democracy, in: Josiah Ober/Charles Hedrick (Hrsg.): Demokratia. A Conversation on Democracies, Ancient and Modern, Princeton 1997, S. 151f.

76 Victor D. Hanson: Hoplites into Democrats: The Changing Ideology of Athenian Infantry: in: Josiah Ober/Charles Hedrick (Hrsg.): Demokratia. A Conversation on Democracies, Ancient and Modern, Princeton 1997, S. 289–312.

77 Forrest: Greek Democracy, S. 112–115.

zu bewerkstelligen, wenn sie in von staatlichen Zahlungs- und Tauschmitteln dominierte Geldkreisläufe eingebunden waren. Der Vorteil des Münzgeldes besteht darin, dass es die Wohlstandsströme in monetäre Formen integriert, die politisch autorisiert sind und die Embleme der öffentlichen Hand tragen. Münzgeld wird öffentlich und auf Anweisung der staatlichen Autoritäten, nicht der Adligen hergestellt. So wie sich die Politik verschob – weg vom adligen *oikos* und dem aristokratischen *symposion*, hin zur Agora und der Bürgerversammlung –, so veränderten sich auch die Wohlstandskreisläufe: Das Münzgeld, das das Zeichen des Stadtstaates trug, verdrängte die zwischen aristokratischen Haushalten ausgetauschten Edelmetalle. Diese Prozesse ermöglichten es der politischen Obrigkeit nicht nur, ihren »Anteil« einzutreiben, sondern sorgten auch dafür, dass die Macht *sichtbar wurde*, was für die sich entfaltende Demokratie von entscheidender Bedeutung war. Als Zentren des politischen Lebens wirkten die Agora und die Bürgerversammlung der relativen Unsichtbarkeit der aristokratischen Haushalte als privater Machtbastion ebenso entgegen wie das Münzwesen den wirtschaftlichen Transaktionen zur Sichtbarkeit verhalf. Diese Prozesse gingen auch mit Veränderungen im religiösen Leben einher.

»Im antiken Griechenland«, so ist zu Recht festgestellt worden, »war die Religion der Bereich der öffentlichen Tätigkeit schlechthin.«[78] Doch wie bereits erwähnt, erfuhr diese Tätigkeit im 7. Jahrhundert v. u. Z. bedeutende Veränderungen. Der Bau von Tempeln, die Einführung staatlich organisierter Feste, das Wachstum der Agora und die Ausarbeitung von Gesetzen schufen eine neue öffentliche Sphäre – den kollektiven Raum der Bürger-Bauern –, die die Macht des aristokratischen Haushalts verdrängen sollte. Der Aufschwung des Tempelbaus im späten 8. Jahrhundert v. u. Z. machte große gemeinschaftlichen Anstrengungen notwendig, die den politischen Aufstieg des *demos* begleiteten.[79] Zur Zeit von Solons Reformen (590 v. u. Z.) entwickelten sich Polis und städtische Religion gemeinsam weiter, was sich in der Errichtung von Steintempeln, der Neuorganisation der Feste und der Einweihung von Marmorstatuen zeigte. All diese Prozesse vollzogen sich während der Tyrannei des Peisistratus und seiner Söhne, die den größten Teil des halben Jahrhunderts von 561 bis 510 v. u. Z. herrschten, und sie machten die Religion für alle Bürger zugänglicher.[80]

Unter Peisistratus wurden Stadtfeste wie die Panathenäen oder auch die Dionysien neu gestaltet, bei denen es nun auch zur Vorführung von Tragödien kam.[81] Diese mit Spielen, Prozessionen, Opferungen und

78 Parker: Athenian Religion, S. 88f.

79 Raaflaub: Homer to Solon, S. 52.

80 Parker: Athenian Religion, S. 71, 75.

81 Seaford: Money and Tragedy, S. 55; und, mit einigen Einschränkungen, Harrison: Ancient Art and Ritual, S. 82–84.

Aufführungen neu gestalteten Festlichkeiten seien, wie der Althistoriker Robert Parker schreibt, nur »im Kontext der entwickelten Polis mit ihrem Bürgerbewusstsein und ihrem Stolz zu verstehen.«[82] So sehr die Reform-Tyrannen bei dem Versuch, ihre Herrschaft zu legitimieren, die Grammatik der Festlichkeiten auch überarbeiten mochten, so konnten sie doch nur erfolgreich sein, wenn sie ihre Reformen an das wachsende staatsbürgerliche Bewusstsein des *demos* anpassten. Über den Stadtstaat übte der *demos* Druck auf die Reichen aus, ihren weniger wohlhabenden Mitbürgern während der Panathenäen und Dionysien öffentlich Stammes-Bankette zu spendieren.[83] Der private Reichtum wurde auf diese Weise rechenschaftspflichtig gegenüber der Polis, die ihrerseits ein neues staatsbürgerliches Selbstbewusstsein repräsentierte.

Diese Sichtbarmachung der Macht ging auch mit einer räumlichen Revolution einher. Versammlungsorte und Plätze, auf denen rituelle Feste, Theatervorführungen und Märkte stattfanden, waren für die Entwicklung des Stadtstaates um 600 v. u. Z. von wesentlicher Bedeutung. Vieles davon fand seinen Niederschlag in den Baumaterialien: Die Stadt Athen war nicht länger eine Stadt der Ziegel, sondern von Marmor und Kalkstein. Die Ausdehnung der Agora und die Errichtung von Tempeln wurden vom Bau eines neuen Theaters der Dionysien begleitet, das die Aufführung von Tragödien beherbergen sollte.[84] Räumliche Umbrüche dieser Art sind immer mit einer Ökonomie der Arbeitskraft, Lohnkosten und Ausgaben für Werkzeuge und Baumaterialien verbunden. Nach dem Bau fielen für viele der im öffentlichen Raum durchgeführten Aktivitäten auch weiterhin laufende Ausgaben an – für Feierlichkeiten musste Fleisch gekauft werden, Dichter mussten für ihre Auftritte bezahlt werden. Bezeichnenderweise ersetzten Geldprämien bei den neuen Festen die traditionellen Wettbewerbe, sodass Dichter anstelle von Edelmetallobjekten wie Kelchen oder Kesseln nun Geldzahlungen erhielten.[85]

Außerdem trug die bedeutendste griechische Münze – die erstmals um 515 v. u. Z. geprägte Athener Eule – das Siegel der Polis und wurde gesetzlich gestützt. Bei der Monetarisierung ging es mindestens ebenso sehr um eine neue Rechts-, Religions- und Staatspraxis wie um neue Handelsstrukturen. Nichtsdestotrotz war die Eule wegen der Reinheit ihres Silbergehalts über die Grenzen hinweg überaus bekannt, was sie in gewisser Hinsicht zum ersten echten *Weltgeld* machte, das aufgrund seines intrinsischen Werts im gesamten mediterranen Handelsraum akzeptiert (und von anderen Staaten regelmäßig kopiert) wurde. Archäologen haben

82 Parker: Athenian Religion, S. 91.
83 Ebd., S. 103.
84 Harrison: Ancient Art and Ritual, S. 68–77.
85 Seaford: Money and Tragedy, S. 56, 61.

Eulen in Phönizien, Ägypten und Babylonien gefunden.[86] Die Eulenmünzen Athens repräsentierten somit eine einzigartige Verschmelzung von politischer und wirtschaftlicher Dynamik: Sie trugen das Gepräge eines mächtigen Staates, der ihren Umlauf innerhalb des eigenen Hoheitsgebietes erzwingen konnte; und sie waren aus so hochwertigem Silber, dass sie von Händlern, Staatsbeamten und anderen weit über den athenischen Herrschaftsbereich hinaus akzeptiert wurden. Sie stellten somit die erste voll entfaltete *Modularform* des Geldes dar, das Münzgeld.

An dieser Stelle sollten wir kurz innehalten und uns die wichtigsten Fakten hinsichtlich der Produktion der athenischen Eule vergegenwärtigen. Wie bereits festgestellt, hatte der Wert der Münzen viel mit dem Reinheitsgrad ihres Silbergehalts zu tun, der über Jahrzehnte hinweg beibehalten wurde. Um in der Phase früher Monetarisierung allgemeine Tauschfähigkeit zu erlangen, musste sich das Münzwesen auf frühere Formen des Reichtums stützen, insbesondere die Edelmetalle. Doch das Silber, aus dem die Eulen bestanden, stammte lange – und das ist entscheidend – aus den Silberminen von Attika in Laurium. In diesen Minen gab es die wahrscheinlich größte Konzentration an versklavten Menschen in der griechischen Welt – im späten 4. Jahrhundert v. u. Z. könnten es 30 000 Menschen gewesen sein.[87] Berücksichtigt man die Leistung der Herstellung, beruhte der Wert der athenischen Eule – Ursprung der wichtigsten Modularform des Geldes während der darauffolgenden 2500 Jahre – also auf der *geleisteten Arbeit* Tausender versklavter Menschen. Das erste Weltgeld geht aus der Arbeit versklavter Körper hervor. Nicht minder entscheidend ist, dass dieses Weltgeld seinen Wirkungskreis eher Krieg und Blut als Handel und Märkten verdankte. Wie die versklavten Menschen wurden auch die Soldaten mit Geld erworben. Und in dieser Verbindung zwischen Soldatentum und Versklavung stellt sich auch erneut die Frage nach dem Verhältnis von Geld und Sklaverei.

Münzen und Armeen

Zahlreiche Historiker sind der Meinung, die ersten Münzen in Lydien seien hergestellt worden, um griechische Söldner zu bezahlen.[88] Hierbei handelt es sich um eine wichtige Erkenntnis. Denn die enorme Bedeutung des Söldnertums für die Entwicklung der Monetarisierung in der Antike zu betonen, zieht nicht notwendigerweise einen monokausalen Erklärungsansatz nach sich. Wie jeder komplexe historische Prozess ging

86 Christopher Howgego: Geld in der Antiken Welt. Was Münzen über Geschichte verraten, Darmstadt 2000, S. 111f.; Colin M. Kraay: Archaic and Classical Greek Coins, Berkeley 1976, S. 55, 60, 63, 72f. Natürlich war dies ein regionales Weltgeld. Ein vollwertiges Weltgeld entsteht erst mit der kapitalistischen Produktionsweise und dem damit verbundenen Weltmarkt.

87 Wood: Peasant-Citizen and Slave, S. 43, 189.

88 Cook: Speculations on the Origins of Coinag, S. 257–262; John Melville-Jones: Why Did the Ancient Greeks Strike Coins?, in: Journal of the Numismatic Association of Australia, 17/2006, S. 21–30.

auch die Entstehung des Münzgeldes mit verschiedenen, sich gegenseitig verstärkenden historischen »Ursachen« einher, deren Ergebnisse nie im Voraus determiniert waren. Diese Prozesse folgen eher einer Logik der *Retro-Determinierung*, die im Nachhinein herausgearbeitet werden kann. Nachdem sich das Münzgeld einmal als »Lösung« für ganz unterschiedliche historische Probleme – sowohl politischer als auch wirtschaftlicher Natur – entwickelt hatte, stärkte es bereits bestehende Tendenzen und etablierte eine nachträgliche Pfadabhängigkeit. Oder wie es Marx ausgedrückt hat: »Die Anatomie des Menschen ist ein Schlüssel zur Anatomie des Affen.«[89] Mit anderen Worten: Es handelt sich um Formen, die Vorhergehendes erklären können. Auf diese Weise als Bestandteil eines komplexen dialektischen Prozesses begriffen, war die Bezahlung von Söldnern tatsächlich von entscheidender Bedeutung für die Entstehung des Münzgeldes.

Während eines großen Teils der Menschheitsgeschichte gehörte die Mobilisierung von Streitkräften zu den größten staatlichen Unternehmungen. Große Kriegsoperation machen die Rekrutierung Tausender Soldaten, ihre Bewaffnung (Schwerter, Schiffe, Pferde, Schilde), die Bereitstellung von Proviant und Ausrüstung (Lebensmittel, Zelte, Kleidung) sowie Geldreserven für den Sold notwendig. Herodot berichtet, dass der Tyrann Peisistratus, als er das letzte Mal in Athen die Macht ergriff, »große Geldsummen von vielen Seiten« mobilisierte, um Söldner zu bezahlen.[90] Im Laufe der Jahrzehnte wurde der Einsatz von Söldnern in immer größerem Umfang üblich, die nicht mehr nur als Leibwache, sondern auch als Soldaten und Matrosen bei Feldzügen dienten. Zur Zeit des Peloponnesischen Krieges zwischen Sparta und Athen (431–404 v. u. Z.) setzten beide Seiten in erheblichem Maße auf angeheuerte Truppen. Eine spartanische Expedition soll 1000 »durch Sold überzeugte« Soldaten umfasst haben, während die athenische Flotte vor Söldnern strotzte. Als im Jahr nach dem Ende des Krieges heftige Klassenkämpfe Athen erschütterten, heuerten sowohl Oligarchen als auch Demokraten bewaffnete Kämpfer an. Fast unmittelbar danach rekrutierte Kyros der Jüngere angeblich 10 000 griechische Söldner, um in einem Feldzug den persischen Thron zu erobern. Eine noch größere Zahl angeworbener griechischer Kämpfer soll über einen Zeitraum von eineinhalb Jahrhunderten in Ägypten gedient haben.[91] Zu dieser Zeit war die massenhafte Anwerbung griechischer Söldner überall im Mittelmeerraum, Nordafrika und Persien üblich. Der Historiker Nicholas Hammond hat vor diesem Hintergrund sogar die These formuliert, in der zweiten Hälfte des ersten Jahrtausends v. u. Z. habe ein »militärisch-monetärer Komplex« *(military-coinage*

89 Karl Marx: Grundrisse der Kritik der politischen Ökonomie [1857/1858], in: MEW, Bd. 42, S. 636.
90 Herodot: Historien, S. 53.
91 Herbert W. Parke: Greek Mercenary Soldiers, Chicago 1933, S. 15–17, 19, 23–33, 4–6.

complex) existiert.[92] Um sich ein Bild der damit verbundenen Ausgaben und der Folgen für das Münzwesen zu machen, sollte man daran denken, dass »der Unterhalt einer einzigen Legion Rom rund 1,5 Millionen Denar pro Jahr kostete, weshalb das Hauptmotiv für die jährliche Ausgabe von Silberdenaren schlichtweg in der Auszahlung des Solds bestand«.[93] Ein Historiker ist sogar der Ansicht, Zahlungen für die Armee seien in der Spätphase des Römischen Reichs, in dem das Geldwesen eigentlich auf Gold beruhte, der *einzige* Grund für die Herstellung von Silbermünzen gewesen.[94]

Was die griechische Antike betrifft, so ist die Symbiose zwischen Söldnertum und Münzprägung leicht zu verstehen. Zunächst einmal lag es in der Natur der Sache, dass diese Kämpfer bezahlt werden mussten, und es war völlig unpraktisch, Soldaten im Feld in Vieh, versklavten Menschen oder Rohbarren auszuzahlen.[95] Münzen waren leicht zu transportieren, und besaßen, wenn sie wie die athenischen Eulen aus Edelmetall bestanden, hohen Wert. Doch natürlich gaben die Soldaten unterwegs auch einen Teil ihres Soldes aus – für Nahrung, Sex, Kleidung und andere Güter. Dies trug nicht nur zur Monetarisierung des ländlichen Raums bei, da die Bauern ihre Erzeugnisse oft an die Truppen verkauften, sondern erweiterte auch den Wirkungsradius des griechischen Münzgelds. Mindestens ebenso bedeutsam ist, dass die von Verwandtschaft und eigenen Subsistenzmitteln abgeschnittenen Söldner vom Geld abhängiger wurden und sich immer mehr daran gewöhnten, es zu verwenden. Die in Bezug auf Rom getroffene Aussage, dass »das Leben in der Armee die Soldaten lehrte, Geld auszugeben«, ist wohl nur eine leichte Übertreibung.[96] Tatsache ist auf jeden Fall, dass Rom seine Münzproduktion während der ersten beiden Punischen Kriege (218–201 v. u. Z.) erheblich steigerte, und zwar in kleinen Stückelungen, die sich besser für die Auszahlung des Solds eigneten. Die römische Armee war genauso »ein wichtiger Anreiz für die Monetarisierung«,[97] wie es die griechische Verwendung von Söldnern während des ersten Jahrhunderts der Münzprägung gewesen war.

Doch welchen Status besaßen diese Männer, die für Sold kämpften? Aus heutiger Sicht erscheinen sie oft als Lohnarbeiter. Doch für die Alten,

92 Nicholas G. L. Hammond: Alexander the Great, Bristol 1994.

93 Glyn Davies: A History of Money. From Ancient Times to the Present Day, Cardiff 2002, S. 89.

94 Jairus Banaji: Agrarian Change in Late Antiquity, Oxford 2002, S. 43.

95 Eine Ausnahme stellen die Bürgersoldaten des Römischen Reiches dar, die mit Sklaven entlohnt werden konnten, die ihnen in der Armee dienten. Dieser Fall unterscheidet sich jedoch grundlegend von dem der angeheuerten Söldner. Vgl. Sara Elise Phang: Soldiers' Slaves, »Dirty Work«, and the Social Status of Roman Soldiers, in: Jean-Jacques Aubert/Zsuzsanna Varhelyi (Hrsg.): A Tall Order. Writing the Social History of the Ancient World, Leipzig 2005, S. 203–225.

96 David B. Hollander: Veterans, Agriculture, and Monetization in the Late Roman Republic, in: Jean-Jacques Aubert/Zsuzsanna Varhelyi (Hrsg.): A Tall Order. Writing the Social History of the Ancient World, Leipzig 2005, S. 229.

97 Sitta von Reden: Money in Ptolemaic Egypt, Cambridge 2007, S. 52.

insbesondere die aristokratischen Kommentatoren, war der Verkauf des eigenen Körpers – und dies war das vorherrschende Verständnis von Lohnarbeit – gleichbedeutend mit Versklavung. Die moderne liberale Unterscheidung zwischen dem Verkauf der Arbeit (oder genauer gesagt der Arbeitskraft) durch einen Lohnarbeiter und dem Verkauf des Körpers einer versklavten Person lässt sich in antiken Texten nicht finden.[98] Immer wieder werden die Lohnarbeiter, darunter auch die Söldner, mit Sklaven verglichen. In Xenophons »Erinnerungen an Sokrates« zum Beispiel befragt Sokrates Eutherus über dessen Leben und Herkunft. Der antwortet, dass er sein Leben aufgrund des Krieges verändern musste: »Da die auswärtigen Besitzungen uns abgenommen sind, und mein Vater mir in Attika nichts hinterlassen hat, so sehe ich mich jetzt in die Notwendigkeit versetzt, nachdem ich in die Heimat zurückgekehrt bin, mir mein Brot mit meiner Hände Arbeit zu verdienen. Es scheint mir dies immer noch besser zu sein, als einen Menschen anzusprechen [zu betteln].« Eutherus ist also ein unabhängiger Produzent, der von den Erträgen seiner Arbeit lebt. Doch Sokrates fragt ironisch nach, ob es nicht Vorteile habe, als Lohnarbeiter beschäftigt zu werden. Sei es, da man älter werde, nicht besser, sich an »irgendeinen Wohlhabenden« zu verpachten und Angestellter zu werden? Die Antwort von Eutherus bestätigt die sokratische Position, die sich auch bei Platon findet: »Schwer, Sokrates, würde es mir fallen, mich zum Sklavendienste zu verstehen.«[99] Für einen anderen zu arbeiten, gegen Lohn beschäftigt zu werden, bedeutet, versklavt zu sein. Man ist jemand, der seinen Körper verkauft und ihn unter den Befehl eines Herren stellt. Aristoteles vertritt in seiner »Rhetorik« denselben Standpunkt, wenn er die Unfreiheit (Sklaverei) als Leben »im Dienste eines anderen«[100] definiert.

Diese Gleichsetzung von Sklaven und Lohnarbeitern ist in antiken Texten weitverbreitet, in denen Lohnarbeitende in der Regel als *doulos* (ein gängiger Begriff für Sklave) oder als *latris* bezeichnet wurden, was sowohl »gepachteter Mann« oder »Diener« als auch »Sklave« bedeutet.[101] Diese semantische Unschärfe war wohl der Tatsache geschuldet, dass die überwältigende Mehrheit derjenigen, die täglich auf dem Markt für Tagelöhner standen, versklavt waren.[102] In Griechenland und Rom war es nämlich nicht unüblich, dass Sklaven einen Lohn erhielten, den sie

98 Yvon Garlan: Slavery in Ancient Greece, Ithaca 1988, S. 93. Die zweifelhafte liberale Unterscheidung zwischen Arbeit und Körper untersuche ich in: The Commodity Status of Labor, in: Dennis Soron/Gordon Laxer (Hrsg.): Not for Sale: Decommodifying Public Life, Toronto 2006, S. 38–54.

99 Xenophon: Erinnerungen an Sokrates (aus dem Griechischen von Otto Güthling), Leipzig 1883, S. 73.

100 Aristoteles: Rhetorik (übersetzt von Gernot Krapinger), Stuttgart 2019, 1367a33.

101 Finley: Between Slavery and Freedom, S. 234.

102 Edward E. Cohen: An Unprofitable Masculinity, in: Paul Cartledge/Edward E. Cohen/Lin Foxhall (Hrsg.): Money, Labour and Land, Abingdon 2001, S. 101.

mit ihren Herren teilen mussten.[103] In Athen waren Sklaven mit Sicherheit die größte Gruppe der Lohnarbeiter, und in Rom erhielten manche Sklaven, vor allem solche mit handwerklichen Fähigkeiten, einen regelmäßigen Monatslohn von ihren Herren.[104] Wenn sich also Söldner für Geld verdingten, übten sie eine Tätigkeit aus, die die meisten Beobachter mit versklavten Menschen assoziierten und in ihren Augen der Sklaverei ähnelte. Selbst mehrere Jahrhunderte später, in der späten römischen Republik, bezeichnete Cicero (106–51 v. u. Z.) den Sold der Söldner als Sklavenlohn. Ein weiteres Jahrhundert danach definierte Seneca eine versklavte Person als ewigen Söldner.[105] Versklavte und Lohnempfänger teilten das Schicksal, im Dienst eines anderen zu stehen und einer Kontrolle unterworfen zu sein, die sich in der, wenn auch nur temporären, Preisgabe von Körper (und Freiheiten) äußerte. Diese Assoziationen wirkten auch im Europa der frühen Neuzeit nach. Hugo Grotius, ein niederländischer Rechtsgelehrter aus der ersten Hälfte des 17. Jahrhunderts, erklärte beispielsweise, dass es viele Formen des *servitus* gebe. Während die Sklaverei »die schändlichste« unter ihnen sei, gebe es auch den Status der Leibeigenen und *mercenarii* (Lohnarbeiter). Letztere wurden von Grotius als »ewige Mietlinge« bezeichnet, die für die Dauer eines Kontrakts an einen Herrn gekettet seien.[106] Ich habe an anderer Stelle erörtert, inwiefern Lohnarbeiter auf verschiedene Arten einen sozialen Tod erleiden.[107] Doch in unserem Zusammenhang ist von Bedeutung, dass die Gleichsetzung von Sklaverei und Lohnarbeit schon allein deshalb täglich bestätigt wurde, weil versklavte Menschen die größte Gruppe der Lohnarbeiter in Athen ausmachten. Und diese Gleichsetzung fand ihren Eingang auch in Begriffe, die mit Lohnarbeit assoziiert werden. Lateinische Begriffe, die mit Lohn und Handel in Verbindung stehen – man denke etwa an *mercantile* –, sind, wie wir bei Grotius gesehen haben, mit jenen für Söldner verwandt. Der renommierte Sprachwissenschaftler Émile Benveniste konstatierte in diesem Sinne: »Die Bilder des Krieges und der Söldnerdienste gingen denen der Arbeit und der damit verbundenen Entlohnung voraus und brachten diese hervor.«[108]

Das erinnert an die Beobachtung von Marx, wonach das »Salär zuerst völlig in der Armee entwickelt [war] bei den Alten.«[109] In den »Grundrissen«, wo er diesen Gedanken ausführt, erörtert er die Parallelen zwischen

103 Zum Verhältnis von Sklaven und Lohnarbeit in Rom, vgl. Andreau/Descat: The Slave in Ancient Greece, S. 72–74, 81–89; Cohen: An Unprofitable Masculinity, S. 102f.; Hopkins: Conquerors and Slaves, S. 124–128; und Garlan: Slavery in Ancient Greece, S. 70–72.

104 Hopkins: Conquerors and Slaves, S. 126–128.

105 Joshel: Slavery in the Roman World, S. 167.

106 Hugo Grotius: The Rights of War and Peace, Indanapolis 2005, Bd. 2, S. 556f., und Bd. 3, S. 1483.

107 McNally: Monsters of the Market.

108 Benveniste: Indo-European Language and Society, S. 137.

109 Karl Marx an Friedrich Engels, 25. September 1857, in: MEW, Bd. 29, S. 192.

Lohnarbeit und der Besoldung von Soldaten in der römischen Welt.[110] Tatsächlich bezogen in den imperialen Armeen Griechenlands und Roms nicht nur Söldner, sondern ab einem bestimmten Zeitpunkt auch die Bürgersoldaten einen Sold. Die athenische Demokratie war bestrebt, alles zu tun, damit diese Entlohnung nicht an Leibeigenschaft erinnerte – ganz ähnlich, wie man es auch bei Zahlungen an Geschworene oder für die Teilnahme an Versammlungen tat. Doch diese Bemühungen stießen auf den erbitterten Widerstand der aristokratischen Eliten, darunter auch die Anhänger der sokratischen Tradition. Während arme Bürgersoldaten einerseits klar von versklavten Menschen unterschieden wurden, grenzten die Aristokraten die Bürgersoldaten wiederum scharf von den Patriziern mit ihren edlen »Tugenden« ab. Die militärische Lohnarbeit war somit ein umstrittenes Konzept, das Elemente der politischen Freiheit und des öffentlichen Dienstes mit Söldnertätigkeit (Arbeit gegen Bezahlung) verband, der man mit einer gewissen Verachtung begegnete. In den ersten zwei Jahrhunderten u. Z., als die imperiale Armee Roms mit etwa 450 000 Soldaten ihren Höchststand erreichte, war der Militärdienst zweifellos der wichtigste Ort der Lohnarbeit. An der Schnittstelle von Geld und Krieg florierte das Lohnsystem.

»Soldaten und Geld«, soll Julius Cäsar gesagt haben, »wenn dir das eine fehlt, fehlt dir bald auch das andere«.[111] Geld kaufte Soldaten, und zwar sowohl Söldner als auch Bürger; mit ihm ließen sich Proviant, Waffen, Pferde und Schiffe erwerben. Und, wie erwähnt, verteilten die Soldaten ihrerseits das Geld in ländlichen Gebieten, wenn sie Lebensmittel, Getränke und vieles andere mehr einkauften. Geld und militärische Macht waren symbiotisch miteinander verbunden. Wir haben festgestellt, dass die Münzproduktion in Athen am Ende der Perserkriege (479–431 v. u. Z.), aber auch in Rom während der ersten beiden Punischen Kriege (218–214 v. u. Z.) dramatisch anstieg.[112] So gab es Ende des 6. Jahrhunderts in der gesamten griechischen Welt mehr als 100 Münzstätten. Im 2. Jahrhundert u. Z. betrug der Jahreshaushalt des römischen Imperiums schätzungsweise 225 Millionen Denare, von den drei Viertel für den Sold der 400 000 Soldaten verwendet wurden.[113]

Der militärische Bedarf war nicht nur in Rom, Karthago und den von Alexander dem Großen errichteten hellenistischen Königreichen, sondern auch in Persien und den keltischen Staaten Motor der Verbreitung des Münzwesens. In Gallien wurde die Münzprägung zur Auszahlung keltischer Söldner eingeführt, die in den makedonischen Armeen von Philipp II., Alexander III. und deren Nachfolgern dienten. Es kann kaum

110 Marx: Grundrisse, MEW, Bd. 42, S. 371.

111 Zitiert nach Hollander: Veterans, Agriculture, and Monetization, S. 233.

112 von Reden: Money in Ptolemeic Egypt, S. 39.

113 Eagleton/Williams: Money, S. 51.

überraschen, dass die Kelten sich, als sie begannen, eigene Münzen zu prägen, makedonische und andere griechische Münzen zum Vorbild nahmen. Bezeichnenderweise taten sie dies, als sie ihre politische Macht zentralisierten und vor allem zur Finanzierung ihrer eigenen Armeen eine Staatsbildung in Angriff nahmen.[114] Eines der am besten untersuchten Beispiele für die Symbiose von Geld und Staatsaufbau ist das ptolemäische Ägypten, das nach der Eroberung durch Alexander im Jahr 332 v. u. Z. entstand. Nach dem Tod des Eroberers im Jahr 323 v. u. Z. wurde Ptolemäus Statthalter *(satrap)*, und in der Folge regierten er und seine drei Nachfolger Ägypten mehr als ein Jahrhundert lang ohne Unterbrechung, wobei sie die Monetarisierung zum Staatsaufbau nutzten.[115] Das alte Ägypten war durchaus mit dem Münzwesen vertraut, doch das Geld war weitgehend auf den mediterranen Handel und den Einkauf von Luxusgegenständen beschränkt gewesen. Neu unter den Ptolemäern war das Ausmaß der Bargeldtransaktionen, da die Monetarisierung mit der Militarisierung einherging. Auch hier begann ein Großteil dieses Prozesses mit dem Anwerben von Söldnern.

»Soldaten und Geld«, wie es bei Caesar heißt – so war es auch bei Alexanders Kriegen zur Absicherung seiner Herrschaft über Ägypten. Um die Kosten für Söldner und ägyptische Soldaten tragen zu können, die er neben seinen makedonischen Truppen einsetzte, stützte sich Alexander nicht nur auf das in Makedonien geprägte imperiale Geld, sondern auch auf Münzen aus neuen lokalen Münzstätten. Silbermünzen stellten die Grundlage des ptolemäischen Geldsystems dar, doch auch prestigeträchtige Goldmünzen fanden, insbesondere für militärische Zahlungen, Verwendung.[116] Die Ptolemäer erbten das Geldsystem von Alexander und erhielten es aufrecht, um Kriege zu führen, lokale Statthalter zu unterstützen, eine bewaffnete Streitmacht aufzubauen und Söldner anzuheuern. Neben der Einführung zahlreicher neuer Steuern förderten die Ptolemäer die Monetarisierung auch dadurch, dass sie die Zahlungen, mit Ausnahme von Abgaben auf Land und Getreide, in Geld und nicht in Naturalien (z. B. Getreide) erhoben.[117] Die Produktion und der Verkauf von Textilien, Obst, Papyrus, Bier, Salz und Futterpflanzen wurden ebenso wie Immobilienverkäufe, Transport und Dienstleistungen in Geld

114 Daphne Nash: Coinage and State Development in Central Gaul, in: Barry Cunliffe (Hrsg.): Coinage and Society in Britain and Gaul, London 1981, S. 14–16, 11; von Reden: Money in Ptolemaic Egypt, S. 60f.

115 Die Regierungszeiten der ptolemäischen Könige waren: Ptolemaios I. (323–282/3 v. u. Z.); Ptolemaios II. (282/3–246 v. u. Z.); Ptolemaios III. (246–222 v. u. Z.); Ptolemaios IV. (222–204 v. u. Z.).

116 von Reden: Money in Ptolemaic Egypt, S. 21, 32, 56. Später wurde eine Bronzemünze für kleinere Geldzahlungen geprägt und häufig für Lohnzahlungen verwendet.

117 Geldzahlungen konnten entweder von den direkt Besteuerten oder von Steuereintreibern stammen, die ermächtigt waren, veranschlagte Steuersummen einzuheben und unter Abzug des Anteils abzuliefern, den sie selbst behalten durften. Sie konnten die Zahlungen zumindest teilweise in Form von Naturalien eintreiben, sollten sie aber in Bargeld umwandeln, bevor sie sie den Regierungsbeamten aushändigten. Vgl. ebd., S. 94–99.

und nicht in Naturalien besteuert.[118] Vielleicht trug keine Abgabe mehr zur Monetarisierung bei als die 263 v. u. Z. eingeführte Salzsteuer. Bei ihr handelte es sich praktisch um eine Kopfsteuer, die auf alle Frauen und Männer erhoben wurde. Ihre Einführung zwang eine beträchtliche Zahl von Ägyptern zu gelegentlicher Lohnarbeit, um auf diese Weise das Geld (in der Regel Bronzemünzen) zu verdienen, das zur Zahlung der Abgabe erforderlich war. In der Tat war »die Besteuerung für viele Einwohner Ägyptens der einzige Grund, warum sie überhaupt in den Geldkreislauf eintraten«.[119]

Dies sollte daran erinnern, dass die Entwicklung des Geldes zwar eng mit Handel und Märkten verknüpft ist, letztere aber keineswegs automatisch zu vollentfaltetem Geld führen. Historische Darstellungen, die sich ausschließlich auf die Entwicklung des Tauschhandels konzentrieren, ignorieren die entscheidende Bedeutung einer neuen, für die Geschichte von organisierter Gewalt und Krieg entscheidender Institution: des Staates. In dieser Hinsicht ist die These des Historikers William V. Harris sehr überzeugend, der zufolge »die wirtschaftliche Macht des Staates, historisch betrachtet, das entscheidende Element in der Geschichte der Monetarisierung darstellt«.[120]

Wie der ägyptische Fall zudem zeigt, kann Geld sowohl als Instrument von imperialer Herrschaft als auch von demokratischer Macht fungieren. Dabei ging es nicht nur darum, die materielle Macht des Staates zu stützen, sondern auch um die symbolische Legitimation königlicher Macht. 321–320 v. u. Z. tauchten auf den Münzen der Ptolemäer anstelle von Götterbildern oder Symbolen für die Gaben der Natur (wie Olivenzweige) Abbildungen von Alexander auf. Die Gleichsetzung der Könige mit der Macht von Göttern und Natur war tatsächlich eine »revolutionäre« Veränderung, wie die Historikerin von Reden kommentiert, und führte schon bald zu einer noch nie da gewesenen Wendung – zum ersten Mal wurde mit Ptolemaios I. in Ägypten ein *lebender* König auf Münzen geprägt.[121] Münzen waren ebenso sehr ein entscheidendes Instrument für den Aufbau einer neuartigen staatlichen Militärmacht wie Bestandteil des imperialen Repräsentationsapparates.

In dieser Hinsicht entstand das Münzwesen zwar als Alternative zur privaten Machtzirkulation des Adels, wurde aber auch für neue Formen von Reichtum und Macht eingesetzt, die sich der Kontrolle des Volkes entzogen. In der antiken Welt unterminierten Kriegszüge und Kolonialismus häufig die demokratische Macht an jenen wenigen Orten, an

118 Ebd., S. 84, 103, 60.

119 Ebd., S. 63, 104.

120 Joseph G. Manning: Coinage as »Code« in Ptolemaic Egypt, in: William V. Harris (Hrsg.): The Monetary System of the Greeks and Romans, Oxford 2008, S. 84–111, hier S. 109.

121 von Reden: The Monetary System of the Greeks and Romans, S. 36, 39.

denen sie sich etabliert hatte. Fortgesetzter Krieg und die Ausdehnung des Imperiums waren mit monetären Dynamiken verbunden, die sich dem Demos entzogen. Wie Aristoteles kommentierte, ist die Akkumulation von Geld im Gegensatz zur (begrenzten) Anhäufung bestimmter, zur Reproduktion des *oikos* notwendiger Güter (z. B. die Lagerhaltung von Getreide, das Halten von Pferden oder das Sammeln von Goldkelchen) potenziell unbegrenzt. Und da das gute Leben nicht durch diese Tätigkeit erreicht werden kann, hielt Aristoteles das Streben nach Geld – das er *Chrematistik* nannte – für unnatürlich und irrational. (»Politik«, 1.9) Hier erahnte er, wie bereits angemerkt, jene Dynamik, die Marx als allgemeine Formel des Kapitals beschrieben hat: G – W – G'. Aristoteles konnte die Akkumulationsdynamik genau deshalb wahrnehmen, weil die klassische griechische Gesellschaft von einer weitreichenden Monetarisierung erfasst worden war. Und seine Analyse verweist auf das Problem, das die monetäre Akkumulation für die griechische Demokratie repräsentierte: Ihre Kreisläufe etablierten Zwecke (nämlich die unbegrenzte Akkumulation), die im Widerspruch zum Ethos der Polis standen. Die von Sohn-Rethel beschriebenen begrifflichen und praktischen Abstraktionsformen sind die Antithese zu einer Politik, die auf den unmittelbaren und persönlichen Beziehungen demokratischer Versammlungen beruht.

Spätestens im Römischen Reich war das Geld ganz offenkundig zum Werkzeug von Krieg und Versklavung geworden – wie sich an Ciceros Gleichsetzung von Versklavten und Sesterzen erahnen lässt. Seine Ursprünge im Demokratisierungsprozess der Polis waren längst verschüttet. Nach dem Zusammenbruch des Römischen Reichs existierte das Geld zwar weiter, aber spielte keine vergleichbare Rolle mehr. Erst mit der kolonialen Expansion Europas in der frühen Neuzeit nahm die Monetarisierung wieder Fahrt auf. Und erneut wuchs sie mit den Gezeiten des Krieges.

Seidenstraßen und Sklavenrouten

Auch wenn Geld, Handel und Gewerbe mit dem Zerfall des Römischen Reiches sich überall in Europa auf dem Rückzug befanden,[122] florierten sie im Nahen und Fernen Osten, von Syrien bis China. Der größte Nutznießer des römischen Niedergangs war, zumindest vorübergehend, Persien, das im frühen 7. Jahrhundert Städte wie Antiochia, Jerusalem oder Alexandria eroberte und seine Handelsverbindungen über die historischen Seidenstraßen nach China ausbaute. Als die persische Expansion schließlich ins Stocken geriet, entwickelte eine neue Macht dynamisch-expansive Fähigkeiten: der Islam. Ausgehend von Medina breitete er sich ab dem Jahr 622 aus, bildete rasch einen politischen Staat, der die Reiche von Persien und Byzanz besiegte, und erreichte schnell eine größere geografische

122 Vgl. u. a. Peter Spufford: Money and Its Use in Medieval Europe, Cambridge 1988, S. 14–17.

Ausdehnung als das Römische Reich je besessen hatte (und dies zudem in etwa der Hälfte der Zeit).[123] Rivalität zwischen Imperien hat immer mit ideologischen Auseinandersetzungen zu tun. Einige der Propagandaschlachten, die mit der Expansion des islamischen Reiches in Verbindung stehen, wurden zurecht als »Münzkriege« bezeichnet, da die rivalisierenden Parteien ihre Botschaften mit auf Münzen geprägten Slogans verbreiteten. Ich sage »zurecht«, weil das islamische Reich für ein rasantes Wachstum von Handel, Gewerbe und Monetarisierung in ganz Eurasien und Nordafrika sorgte. Während die Märkte im christlichen Mittelmeerraum schrumpften, florierten die Handelsrouten der muslimischen Welt. Luxusgüter wie Keramik, Silberwaren, Schmuckkästchen sowie Gold- und Bleibarren strömten im 8. Jahrhundert, als das muslimische Reich das größte maritime Handelssystem der Welt errichtete, über die Meere und über die Seidenstraße von und nach China.[124] Mit dem Handel verlagerten sich auch Kultur und Wissenschaften in den Osten. Philosophie, Medizin und Kunst gediehen in der gesamten arabischen Welt, wobei sich Bagdad neben einer Reihe von zentralasiatischen Städten zu einem renommierten Zentrum der Wissenschaft entwickelte. Doch wie Walter Benjamin anmerkt, ist in der Klassengesellschaft jeder zivilisatorische Fortschritt auch ein Fortschritt der Barbarei. Parallel zu Kunst und Wissenschaft erlebte auch die Sklaverei in der arabischen Welt und in Teilen Europas einen spektakulären Aufschwung. Mit dem Handel wurde in Eurasien auch die alte Verbindung von Märkten und Versklavung wiederbelebt.

Es war das kommerzielle Wachstum des muslimischen Imperiums, das den Sklavenhandel neu beflügelte. Die Wikinger spielten hier insofern eine zentrale Rolle, als sie von Nordeuropa aus nach Süden fuhren, um mit der islamischen Welt Handel zu treiben. Auf ihren Reisen erbeuteten die Rus-Wikinger eine begehrte Ware – gefangene Slawen, von denen sich der Begriff *Sklave* ableitet. Zu ihnen gesellten sich versklavte Kelten und Skandinavier. Bis zum 9. Jahrhundert strömten die von den Rus versteigerten Gefangenen nach Skandinavien, Nordafrika, Spanien, Bagdad und in Teile Asiens. Am muslimischen Hof in Córdoba soll es im Jahr 961 13 000 versklavte Slawen gegeben haben. Möglicherweise machten versklavte Menschen im Jahr 950 15 Prozent der europäischen Bevölkerung aus.[125] Doch der Handel mit Slawen, Kelten und Skandinaviern wurde durch den transsaharischen Sklavenhandel, der 13 Jahrhunderte andauerte, noch in den Schatten gestellt. Millionen versklavter Afrikaner wurden durch die Sahara transportiert, während weitere Millionen in Ostafrika gefangen genommen wurden, wo der Handel mit menschli-

123 Für einen Überblick vgl. Hugh Kennedy: The Great Arab Conquests, Philadelphia 2007. Die Hintergrundgeschichte schildert Maxime Rodinson: Muhammad, Harmondsworth 1971.

124 Frankopan: Silk Roads, S. 86–93.

125 Patterson: Slavery and Social Death, S. 152–157.

chen Körpern den späteren atlantischen Sklavenhandel in seinen Ausmaßen noch übertroffen haben könnte.[126] Der arabische Sklavenhandel aus Afrika stellte schon bald jenen in der Blütephase des Römischen Reichs in den Schatten und soll bis zu 400 000 Menschen jährlich umfasst haben.[127] Bemerkenswerterweise breitete sich mit dem Aufschwung des Sklavenhandels auch das Münzgeld überall in Zentralasien aus.[128] Einmal mehr entwickelten sich Sklavenhandel und Monetarisierung gemeinsam. Westeuropa bekam die Auswirkungen zu spüren, als muslimische Händler in Städten wie Marseille und Rom Stützpunkte des Sklavenhandels errichteten. Und wenn Autoren wirtschaftliche und kulturelle Blüte der italienischen Stadtstaaten einige Zeit später feiern, blenden sie in der Regel aus, dass auch die Renaissance auf Sklaverei beruhte. Doch bevor wir diese vorkapitalistischen Schlüsselmomente untersuchen, sollten wir uns dem ersten längeren Experiment der Welt mit Papiergeld zuwenden.

Eine gescheiterte Innovation: Papiergeld auf der Seidenstraße

Im 13. Jahrhundert verblüffte der venezianische Kaufmann Marco Polo, der von 1275 bis 1292 in China gelebt hatte, seine Leser mit Darstellungen des chinesischen Geldes. In seinen berühmten »Die Wunder der Welt« verfasste Polo ein Kapitel mit dem Titel »Über die Art des Papiergeldes, das der Großkhan ausgibt und das in seinem ganzen Herrschaftsgebiet verbreitet ist«. Darin heißt es:

> »In Canbaluc befindet sich die kaiserliche Münzstätte. Wenn man sieht, wie sie eingerichtet ist, könnte man sagen, der Kaiser kenne die letzten Geheimnisse der Alchimie. [...] Alle Geldscheine werden mit dem Siegel des Großkhans versehen. [...] Sollte sich jemand weigern, [das Papiergeld] anzunehmen, droht ihm die Todesstrafe. Doch ich kann euch sagen, jeder Einzelne, alle Völker des Reiches, empfangen das Papiergeld gerne [...] Alles und jedes können sie kaufen, die Scheine haben ihren Wert.«[129]

China war auf vielen Gebieten innovativ. Als eine der ältesten Zivilisationen der Welt, die ihre Wurzeln im zweiten vorchristlichen Jahrtausend hatte,

126 Ralph A. Austen: The Trans-Saharan Slave Trade: A Tentative Census, in: Henry A. Gemery/Jan S. Hogendorn (Hrsg.): The Uncommon Market: Essays in the Economic History of the Atlantic Slave Trade, New York 1979, S. 23–76; Thomas M. Ricks: Islamic World, in: Paul Finkelman/Joseph C. Miller (Hrsg.): Macmillan Encyclopedia of World Slavery, Bd. 2, New York 1988, S. 833f.; Patterson: Slavery and Social Death, S. 159.

127 Frankopan: Silk Roads, S. 104, 111–117; Dimitrij Mishan: The Saqaliba Slaves in the Aghlabid State, in: Annual of Medieval Studies at CEU 1996–1997, Budapest 1998, S. 236–244.

128 Thomas S. Noonan: Early Abbasid Mint Output, in: Journal of Economic and Social History of the Orient, 2/1986, S. 113–175.

129 Marco Polo, Il Milione. Die Wunder der Welt (Übersetzung aus altfranzösischen und lateinischen Quellen von Elise Guignard), Zürich 1983, S. 154f.

war es der erste Staat, der Schießpulver, Papier und Druckerzeugnisse herstellte. Die letztgenannten Technologien erlaubten ihm auch die Erfindung des Papiergeldes. Doch schon viele Jahrhunderte zuvor hatte das Land eine Vielzahl von Geldformen entwickelt, die von Lederwährungen bis hin zu Metallmünzen reichten – letztere bestanden in der Regel aus Bronze und hatten oft die Form von Messern oder Spaten. Während Bronzemünzen als Tauschmittel für die Alltagsgeschäfte dienten, wurden größere Zahlungen für Knechte, Pferde und Herrenhäuser meist in kostbaren Gütern wie Gold, Seide, Papier und Silber getätigt. Während der Zeit der Fünf Dynastien (907–960) waren Eisenmünzen weitverbreitet, in der zweiten Hälfte der Epoche wurden Silberbarren zu Münzen gegossen. Unter der Song-Dynastie (960–1279) experimentierte China, lange bevor eine derartige Währung in Europa verwendet wurde, vier Jahrhunderte lang mit Papiergeld. Wie das Münzgeld wurde auch das Papiergeld zunächst privat und vor allem in Form von Noten hergestellt, die es den Kaufleuten erlaubten, Vermögenswerte von einer Region in eine andere zu transferieren, ohne Münzen transportieren zu müssen. Doch schon bald stiegen auch Staatsbeamte in das Spiel ein, die die Produktion von Papiergeld als Möglichkeit betrachteten, die Geldmenge zu erhöhen, wenn Zahlungen für die Armee, insbesondere zur Versorgung der Truppen, die Staatsausgaben in die Höhe trieben. Im Jahr 1189 nahm die Jin-Dynastie die direkte Herstellung von Papiergeld auf. Dieses staatlich produzierte Papiergeld war so effektiv, dass es von den mongolischen Invasoren übernommen wurde, die die Yuan-Dynastie (1279–1368) begründeten. Schon bald wurde das Papiergeld der Yuan-Dynastie als alleinige Währung etabliert – eine Form von Fiatgeld. Überzeugt von dieser Innovation, exportierte Chinas mongolische Oberschicht sie nach ganz Südostasien, stieß dabei allerdings auf erhebliche Probleme.[130]

Es waren die unter dem Mongolenkaiser Kublai Khan hergestellten Banknoten, die Polos Bewunderung weckten. Der venezianische Kaufmann war von diesem Geld so angetan, dass er behauptete, der Khan »kenne die letzten Geheimnisse der Alchimie«, sei also fähig, aus bloßem Papier Reichtum zu zaubern. Tatsächlich befand sich Chinas Papierwährung zu diesem Zeitpunkt bereits in der Krise. Die Mongolen, Architekten eines riesigen Reiches, versuchten, den Wirkungsradius des Papiergelds auszuweiten. Doch die Eigenschaften der chinesischen Papierwährung standen in Widerspruch zu einer neuen Geldform mit enormer geografischer und ökonomischer Reichweite. Das lag vor allem daran, dass die Herrscher des Reiches der Versuchung erlegen waren, das Angebot an Papiergeld über seine Deckung durch Edelmetall hinaus zu erhöhen. Das Ergebnis war eine anhaltende Geldentwertung unter der Song-Dynastie bereits zu Beginn des 12. Jahrhunderts. Im Jahr 1223 betrug der Wert der staatlichen Banknoten nur noch ein Hundertfünfzigstel ihres

130 Ich stütze mich hier auf die Darstellung in: Lien-sheng Yang: Money and Credit in China: A Short History, Cambridge 1952, Kap. 1, 6 und 7; sowie Eagleton/Williams: Money, Kap. 6.

ursprünglichen Wertes, und in den 1260er- und 1270er-Jahren, den letzten Jahrzehnten der Song-Herrschaft, waren die Noten so wertlos geworden, dass die Wirtschaft wieder zum Silberstandard zurückkehren musste.[131]

Die Ming-Dynastie (1368–1644) versuchte das Experiment mit dem Papiergeld wiederzubeleben und schien damit auch insofern erfolgreich zu sein, als sich die Landwirtschaft erholte und die Steuereinnahmen wuchsen. Da der Staat jedoch weiterhin Geldscheine ausgab, um ehrgeizige Schiffs- und Kanalbaupläne sowie die fortlaufende Aufrüstung des Heeres zu finanzieren, erlebte die Wirtschaft im 15. Jahrhundert eine Art Kreditkrise. Der nicht zu verhindernde Zusammenbruch war so heftig, dass die Papiernoten schließlich zu 0,3 Prozent ihres Nennwerts gehandelt wurden. Die Kernschmelze der chinesischen Papierwährung stand im Zusammenhang mit der Weltwirtschaftskrise des 15. Jahrhunderts, auf die ich im nächsten Kapitel zurückkommen werde. Wie die meisten europäischen Länder erholte sich auch China in der zweiten Hälfte des Jahrhunderts. Doch zu dieser Zeit verlagerte sich der Schwerpunkt der ökonomischen Dynamik nach Westen. Während andere Mächte aufstiegen, stagnierten Chinas Einfluss und Macht, wodurch auch das Experiment mit dem Papiergeld zum Erliegen kam. Bis zum Ende des 15. Jahrhunderts waren Chinas Papiergeldscheine offenbar praktisch verschwunden.[132] So innovativ Chinas Herrscher in Geldangelegenheiten auch gewesen waren, die Einnahmen aus den Steuern, die auf die geringen Überschüsse der bäuerlichen Landwirtschaft erhoben wurden, waren zu gering, um die kaiserliche Macht und eine neue Form von Weltgeld zu stützen. Als dank der Bank of England in den 1690er-Jahren eine wirklich erfolgreiche Papierwährung auf der Bühne erschien, geschah dies beflügelt durch ein neues (und kapitalistisches) Regime von Empire und Krieg.

Vor dem Empire des Kapitals: Europäisches Geld, Kolonisierung und Sklaverei von den Kreuzzügen bis Kolumbus

Zu dieser Zeit gab es allerdings wenig Grund zu der Annahme, dass Westeuropa zum Zentrum der wirtschaftlichen, technologischen und militärischen Entwicklung werden könnte. Ungeachtet der frühen Erfolge der griechischen und römischen Imperien war Europa ein ganzes Jahrtausend lang, von etwa 600 bis 1600, ein echter Nachzügler. Was wissenschaftliche Erkenntnisse, Künste, technologische Innovation und ökonomische Dynamik angeht, waren China und die islamische Welt weltweit führend.[133] Trotzdem sollte Europa nach einem Jahrtausend der Rück-

131 Yang: Money and Credit, S. 61, 53–55.

132 Frankopan: Silk Roads, S. 191–193; Yang: Money and Credit, S. 66f.

133 Ungeachtet einiger Widersprüche in seiner Argumentation hat Kenneth Pomeranz recht, was die relative Entwicklung Chinas bis ins 15. Jahrhundert angeht. Vgl. Kenneth Pomeranz: The Great Divergence. China, Europe, and the Making of the Modern World Economy, Princeton 2000. Sein Versuch, die These bis ins 18. Jahrhundert auszuweiten, ist allerdings wenig überzeugend.

ständigkeit zum Geburtsort eines neuartigen kapitalistischen Imperiums werden, das sich auf eine hegemoniale Form des Papiergeldes stützte. Diese Geschichte soll in den nächsten beiden Kapiteln nachgezeichnet werden. An dieser Stelle wollen wir uns mit der rasanten Entwicklung der frühneuzeitlichen europäischen Kolonisierung und ihrem Verhältnis zur Sklaverei befassen.

Als die Ritter des Ersten Kreuzzuges Jerusalem im Juli 1099 eroberten, geschah dies im Namen ihres Herrn. Ideologie und Kultur sind jedoch immer Bestandteil eines sozialgeschichtlichen Ensembles, das auch von Produktions- und Aneignungsformen sowie von Methoden der Kriegführung geprägt ist; so war dies auch bei dem christlichen Überfall auf den Nahen Osten. Von Jerusalem aus dehnten die Kreuzzügler ihren Einflussbereich rasch auf Tripolis, Tyros und Antiochia aus. Noch bevor die ersten Ritter die Heilige Stadt erreichten, stachen in Venedig, Genua und Pisa Flotten Richtung Palästina und Syrien in See. Kriege waren immer schon ökonomische Unternehmungen, die den Eroberern Beute ermöglichten, und dies sollte auch für die Kreuzzüge gelten. Für ihre Teilnahme an der Belagerung von Akkon im Jahr 1100 erhielten venezianischen Abenteurer ein Drittel des gesamten Raubguts, Steuerfreiheit sowie eine Kirche und einen Marktplatz in jeder eroberten Stadt. Nachdem die christlichen Ritter in der Schlacht auf dem Blutfeld 1119 geschlagen worden waren, traf eine venezianische Flotte in Jerusalem ein, um den christlichen Anführern ein Darlehen zu gewähren. Als Gegenleistung wurden ihnen wiederum eine Kirche und ein Stadtplatz sowie eine Straße und jährliche Zahlungen in jeder königlichen und fürstlichen Stadt im Reich der Kreuzfahrer versprochen.[134] Doch nirgends war der Appell an den kommerziellen Eigennutz so unverhohlen wie in dem breit zirkulierenden Brief des französischen Abtes Bernhard von Clairvaux. Der später heiliggesprochene Abt von Clairvaux, der 1145 zum zweiten Kreuzzug aufrief, bediente sich der Sprache eines modernen Anlageberaters, als er sich an potenzielle Kreuzfahrer wandte: »Bist Du ein kluger Kaufmann, ein Mann des Erwerbs in dieser Welt – einen großen Markt sage ich Dir an; sieh zu, dass er Dir nicht entgeht.«[135]

Bevor die Kreuzzüge in den 1090er-Jahren einsetzten, hatten die italienischen Stadtstaaten und insbesondere Venedig einen neuen Expansionszyklus eingeläutet, der sich maßgeblich auf ihre Teilnahme am mittelalterlichen Sklavenhandel stützte. Schon bald dehnten die Venezianer ihren Einflussbereich bis nach Nordafrika aus – ein Vorbote dessen, was kommen sollte. Um 1180 wurde bereits mehr als ein Drittel des genue-

134 Frankopan: Silk Roads, S. 137, 139.

135 Bernhard von Clairvaux: Epistula 363, in: Alfred Läpple, Kirchengeschichte in Dokumenten, Düsseldorf 1958.

sischen Handels mit dem nördlichen Afrika abgewickelt.[136] Hier wurden die Grundlagen für die auf Sklavenarbeit beruhende Kolonisierung gelegt, aus der die moderne Welt hervorgehen sollte. Doch man sollte sich auch nicht täuschen: Die spätmittelalterliche europäische Kolonisierung trug überwiegend feudale Züge. Die berühmte historische Analyse Henri Pirennes, der die Kreuzzüge für den Ausgangspunkt des Kapitalismus hielt, liegt in dieser Hinsicht falsch.[137] Sicherlich war das spätmittelalterliche Europa der Ort eines *kommerzialisierten Feudalismus*, der seine Wurzeln sowohl in den korporativen Handelsstrukturen der feudalen Städte als auch in den adeligen Gütern auf dem Lande hatte. Doch wurden die von den Europäern zu dieser Zeit kolonisierten Regionen zumeist unter feudale Besitz- und Herrschaftsformen gebracht, wie sie sich in Lehensgütern und ritterlichen Treuegelöbnissen ausdrückten. Dies galt insbesondere für die französischen und italienischen Kolonien im Nahen Osten. Doch einige dieser Merkmale waren auch für die frühen portugiesischen Kolonien auf den Kanarischen Inseln, Madeira und den Azoren vor der nordwestlichen Küste Afrikas charakteristisch.[138]

Auch die Sklaverei war den mittelalterlichen und frühneuzeitlichen europäischen Kolonien gemeinsam. Sie war nur eines der Merkmale, die eine Kontinuität zur kapitalistischen Kolonisierung (insbesondere Amerikas) ab 1650 markierten. Tatsächlich beruhen alle großen historischen Transformationen auf komplexen Sozialprozessen, mit denen sich scheinbare Kontinuitäten in neue Ensembles verwandeln. Ältere Phänomene wie Sklaverei und Kolonisierung werden auf ganz ähnliche Weise zu neuen Macht- und Produktionskonstellationen zusammengefügt, so wie die aristokratischen Formen während des Aufstiegs des Kapitalismus in England sowohl bewahrt als auch umgewälzt wurden. Beziehungen und Prozesse, die sich innerhalb einer sozialen Lebens- und Produktionsform entwickelt haben, können später zwar als Inkubatoren für neu entstehende Verhältnisse betrachtet werden, müssen ihre Gestalt dafür aber grundlegend verändern.[139] Obgleich wir in den Handels-, Versklavungs- und Kolonisierungspraktiken der europäischen Staaten während des

136 David Abulafia: Das Mittelmeer. Eine Biografie (aus dem Englischen von Michael Bischoff), Frankfurt a. M. 2014, S. 393.

137 Vgl. u. a. Henri Pirenne: Sozial- und Wirtschaftsgeschichte Europas im Mittelalter (aus dem Französischen von Marcel Beck), München 1976, 1. Kapitel. Pirennes Analyse hatte bekanntlich großen Einfluss auf die marktfokussierte Position, die Paul Sweezy – in Erwiderung auf Maurice Dobbs »Entwicklung des Kapitalismus vom Spätmittelalter bis zu Gegenwart« (Köln/Berlin 1972) – in der marxistischen »Übergangsdebatte« der frühen 1950er-Jahre vertrat. Vgl. Paul Sweezy: Eine Kritik, in: Rodney Hilton (Hrsg.): Der Übergang vom Feudalismus zum Kapitalismus, Frankfurt a. M. 1984, S. 41–73.

138 Charles Verlinden: The Beginnings of Modern Colonization, Ithaca 1970, S. 11–17. Ritterliche Lehensdienste waren für die späteren portugiesischen Kolonien weniger typisch.

139 Ich möchte nochmals betonen, dass ich in einer Logik der *Retro-Determination* argumentiere. Es geht nicht darum, dass sich die frühere Form in eine bestimmte Richtung entwickeln *musste*. Sobald ein neues Stadium erreicht ist, wird es vielmehr möglich, die historische Logik zu rekonstruieren, durch die jenes aus früheren Formen hervorgegangen ist.

Spätmittelalters ein Vorstadium des Kapitalismus erkennen können, blieb die grundlegende Dynamik des globalen Handels überwiegend feudal.

Die Voraussetzungen für das Wachstum von Handel und Märkten wurden während des mongolischen »globalen Jahrhunderts« (1250–1350) geschaffen, als das Mongolenreich ein Handelssystem errichtete, das 100 Jahre lang für wirtschaftliches Wachstum und zunehmende Monetarisierung sorgte. Große Teile Europas, darunter die italienischen Stadtstaaten, prosperierten während diesem mongolischen Zeitalter, aber auch Südindien und China erlebten einen dauerhaften ökonomischen Aufschwung.[140] Für den reibungslosen Ablauf der kommerziellen Expansion sorgte das Silber, das in ganz Eurasien als Weltgeld fungierte und von Westeuropa, dem Nahen Osten, Afrika und Teilen Asiens im Austausch gegen Waren (wie Gewürze, Keramik, Rohseide und Seidenkleidern) in den Fernen Osten floss.[141] Gold wurde indessen bis zum 14. Jahrhundert zur Hauptwährung in Europa und baute diese Position in dem Maße noch aus, wie Portugal den afrikanischen Nachschub des Edelmetalls erweiterte.[142] Auch Gold strömte Richtung Osten, wenn auch nicht im gleichen Ausmaß wie Silber. Regierungsbeamte von Kairo bis London beklagten sich über den anhaltenden Abfluss von Edelmetallen in den Osten. Doch die Klagen hatten eine einfache Ursache: Die euroasiatischen Wirtschaftsbeziehungen waren strukturell unausgeglichen. Die ständig wachsende Nachfrage Europas nach östlichen Waren machte einen systematischen Abfluss von Edelmetallen notwendig. Europa war in dieser Hinsicht extrem verwundbar: Sollte der Kontinent nicht in der Lage sein, neue Silber- und Goldvorräte zu erschließen, würde das Geld, das das gigantische Handelssystem am Laufen hielt, versiegen und der Handel zum Stillstand kommen. Genau dies geschah in der großen Wirtschaftskrise im 15. Jahrhundert.

Die Vorstellung einer Weltwirtschaftskrise vor dem Entstehen des Kapitalismus mag überraschen, doch es besteht kaum ein Zweifel daran, dass in der ersten Hälfte des Jahrhunderts »fast alle Regionen der damals bekannten Welt eine tiefe Rezession erlebten [...] Der Handel zwischen den Gesellschaften ging zurück, die Währungen verloren allgemein an Wert, und Kunst und Handwerk verfielen«, schreibt Janet Abu-Lughod.[143] Ausschlaggebend dafür war die massive Kontraktion der Geldmenge – in diesem Sinne handelte es sich um eine klassische *Liquiditätskrise*.[144]

140 Janet Abu-Lughod: Before European Hegemony. The World System, A.D. 1250–1350, New York 1989; Roxann Prazniak: Sienna on the Silk Roads: Ambrogio Lorenzetti and the Mongol Global Century, 1250–1350, in: Journal of World History, 2/2010, S. 177–217.

141 Spufford: Money in Medieval Europe, S. 152–160; Frankopan: Silk Roads, S. 190–193, 181.

142 Spufford: Money in Medieval Europe, Kap. 12.

143 Abu-Lughod: Before European Hegemoniy, S. 85.

144 John Day: The Great Bullion Famine of the Fifteenth Century, in: Past and Present, 5/1979, S. 3–54.

Bergbau und Silberbestände brachen überall in Asien und Europa ein, wodurch die Fähigkeit der Europäer, Waren aus dem Osten zu kaufen, stark eingeschränkt wurde. Als Folge kam es zu einem massiven Produktions- und Handelsrückgang. In China ging diese Entwicklung mit einer Abkehr der Bevölkerung vom Papiergeld einher, die Ausdruck des wachsenden Misstrauens gegenüber der nicht ausreichend edelmetallgedeckten Währung war. Letzten Endes blieben Metallmünzen die Grundform des Geldes. In der auf Edelmetallen basierenden eurasischen Wirtschaft war das Papiergeld letztlich nur dann glaubwürdig, wenn es ohne Probleme und zu stabilen Wechselkursen in Edelmetall (in roher oder geprägter Form) getauscht werden konnte. Mit fortschreitender Krise war dies immer seltener der Fall. Die erste Reaktion der Herrscher der chinesischen Ming-Dynastie bestand darin, die Krise durch militärische und kommerzielle Expansion zu kompensieren. Die Ming-Herrscher schickten Invasionsarmeen nach Südostasien, eroberten Land in der Mandschurei, drangen mit Streitkräften tief in mongolisches Gebiet ein und schickten Seeflotten bis zum Roten Meer und nach Ostafrika.[145] Am Ende waren die damit verbundenen militärischen Kosten jedoch angesichts des Rückgangs von Produktion, Handel und Steuern nicht zu tragen. Der Silber- und Goldmangel sorgte dafür, dass die Krise zu einem Kollaps des Papiergeldes führte. Es folgten Sparmaßnahmen und Ausgabenkürzungen, doch obwohl sich die chinesische Wirtschaft schließlich erholte, sollte es nie wieder sein wie zuvor. Das Zentrum der Weltwirtschaft hatte sich nach der Krise nachweislich nach Westen verlagert.

Um 1450 bildete sich auf der Grundlage von drei Faktoren eine neue internationale Konstellation heraus. Den ersten Faktor könnte man als *kolumbianischen Moment* bezeichnen: die Welle der atlantischen Kolonisierung, die mit der Eroberung von Inseln vor der Nordwestküste Afrikas durch Portugal begann und sich dann auf Amerika und weitere Teile Asiens und Afrikas ausdehnte. Der zweite Faktor war die allgemeine Ausplünderung der Edelmetallreserven. Gold war anfangs von entscheidender Bedeutung; zu den bescheidenen westafrikanischen Vorräten gesellten sich die gewaltsam angeeigneten mexikanischen Schätze. Doch schon bald rückte das Silber der Neuen Welt in den Vordergrund. In Potosí, im heutigen Bolivien, förderten die Spanier gigantische Silbervorräte. Um 1600 hatte diese Bergbaustadt 150 000 Einwohner und produzierte über ein Jahrhundert lang die Hälfte des weltweiten Silbers. Die Gold- und Silberlieferungen aus Amerika waren gewaltig, ihr Wert stieg von etwas mehr als einer Million Pesos zu Beginn des 16. Jahrhunderts (1503–1510) auf fast 70 Millionen zwischen 1591 und 1600. Zu dieser Zeit war das spanische »Achterstück«, eine Silbermünze im Wert von acht *Reales*, zur

145 William S. Atwell: Time, Money, and the Weather: Ming China and the »Great Depression« of the Mid-fifteenth Century, in: Journal of Asian Studies, 1/2002, S. 84.

Weltwährung geworden.[146] Der dritte Faktor des entstehenden Weltzusammenhangs war die massenhafte Versklavung von Afrikanern, durch die schwarze Arbeitskräfte für den Zuckerrohranbau mobilisiert wurden. Europäische Kolonisatoren hatten ihre ersten Erfahrungen mit der Zuckerproduktion während der Zeit der Kreuzzüge in Syrien und Palästina gesammelt, oft mithilfe von Sklavenarbeit. Auch auf Sizilien und im muslimischen Spanien entstanden im Spätmittelalter Zuckerrohrplantagen. Doch im 15. Jahrhundert durchbrachen Portugal und Spanien mit dem auf Sklaverei beruhenden Anbau auf Madeira und den Kanarischen Inseln neue soziale Grenzen. In den darauffolgenden Jahrzehnten sollte Portugal seine Zucker-Sklaven-Ökonomie in Richtung Brasilien, Spanien in Richtung Española (Haiti) ausweiten.[147]

Schon bald allerdings begegnen Spanien und Portugal in den Niederlanden einem neuen imperialen Rivalen. Die holländische Hegemonie wiederum sah sich kurze Zeit später mit einem anderen Herausforderer konfrontiert. Ab 1655, als England den Spaniern Jamaika abnahm, übertrafen die militärischen und kolonialen Unternehmungen Englands die seiner holländischen Rivalen. Die englische Vorherrschaft sollte die Welt insofern verändern, als sie die drei genannten Komponenten – Geld, Kolonisierung und Sklaverei – auf der Grundlage einer entstehenden kapitalistischen Produktionsweise neu kombinierte. Ein epochaler Wandel war im Gange, an dessen Ende ein globales, auf neuen Ausbeutungsprozessen und einer neuartigen Form des Geldes beruhendes Imperium stand. Im 15. Jahrhundert mag die Verlagerung der globalen Macht nach Westen durch die anhaltenden und massiven Gold- und Silberströme aus der Neuen Welt nach Indien, China und Zentralasien kaschiert worden sein. Doch Mitte des 17. Jahrhunderts konnte kein Zweifel mehr bestehen: Die Weltordnung befand sich in einem tiefgreifenden Wandel. Im Rückblick ist der Grund leicht auszumachen. In den Worten eines Historikers: »Europas tiefe Verwurzelung in Gewalt und Militarismus erlaubten ihm, sich nach den großen Expeditionen der 1490er-Jahre im Zentrum der Welt zu positionieren.«[148] Genau so war es. Gewalt und Militarismus wurden jedoch, wie angedeutet, auf einem noch nie da gewesenen sozioökonomischen Terrain organisiert, das durch neue Geld- und Ausbeutungsformen geprägt war. Mit ihnen wurde eine neue imperiale Ordnung auf die Welt losgelassen.

146 Harry E. Cross: South American Bullion Production and Export, 1550–1750, in: John F. Richards (Hrsg.): Precious Metals in the Later Medieval and Early Modern Worlds, Durham 1983, S. 402–404; Pierre Vilar: Gold und Geld in der Geschichte, München 1984, S. 94f., 124–127.

147 Verlinden: Modern Colonization, S. 18–24. Vgl. Eric Wolf: Die Völker ohne Geschichte. Europa und die andere Welt seit 1400 (aus dem Amerikanischen von Niels Kadritzke), Frankfurt a. M. 1986, S. 217–219.

148 Frankopan: Silk Roads, S. 250.

3 —— Von den Gebeinen der Prinzen zum Blut des Gemeinwesens: Kriegsfinanzierung und die Ursprünge des Kapitalismus

»Große und ernsthafte Autoren behaupten, dass Geld das Nervensystem von Krieg und Republik sei [...] Mir aber scheint, dass man es eher als das zweite Blut bezeichnen sollte.«

Bernardo Davanzati, 1588[1]

Das Zitat Davanzatis, eines italienischen Übersetzers und Ökonomen, ist in zweifacher Hinsicht provokant. Erstens, weil es ausdrücklich eine Verbindung zwischen Geld, Krieg und der Republik herstellt und zweitens wegen der Metapher des Geldes als zweites Blut der Republik. Die Analogie zwischen menschlichem Blutkreislauf und dem Geldfluss des Gemeinwesens war zu dieser Zeit in Europa alles andere als neu. Wir finden sie bereits im 14. Jahrhundert bei Nicholas Oresmes »De Moneta« (um 1355) und blieb, wie man am Beispiel der französischen Physiokraten des 18. Jahrhunderts ersehen kann, auch in den darauffolgenden vier Jahrhunderten populär.[2] Doch das Bild des Geldes als *zweites* Blut ist insofern faszinierend, als es das im Europa des Mittelalters verbreitete Konzept der »zwei Körper des Königs« (auf das ich noch zurückkommen werde) auf das Phänomen des Geldes projiziert. Es handelt sich hierbei um eine begriffliche Äquivalenz zwischen der Unsterblichkeit des Monarchen in der Politik und der universalisierenden Funktion des Geldes in der Wirtschaft. Diese Äquivalenz sticht umso stärker hervor, als sich an ihr die dialektische Spannung zwischen Monarch und Geld bei der Entstehung moderner Machtformen nachverfolgen lässt. In einer kapitalistischen Gesellschaft kann es keine derartige Äquivalenz geben. Die persönliche Herrschaft muss der unpersönlichen Herrschaft des Kapitals, die Monarchie der Macht des Geldes weichen. In diesem Kapitel soll der Prozess skizziert werden, durch den das Geld zum zweiten Blut des Gemeinwesens wurde – und inwiefern dafür Ozeane des *ersten* Blutes nötig waren.

1 Barnardo Davanzati: A Discourse upon Coins [1588] (übersetzt von John Toland), London 1969.

2 Vgl. Nicholas Oresme: De Moneta [1356–60] (herausgegeben von Charles Johnson), New York 1956, S. 43f. Zur Verwendung der Metapher bis ins 18. Jahrhundert, vgl. Jerah Johnson: The Money=Blood Metaphor, in: Journal of Finance, 1/1966, S. 119–122.

Bevor wir uns diesen Kreisläufen von Blut, Geld und Imperium zuwenden, sollte angemerkt werden, dass die Metapher des Geldes als Blut mit dem Entstehen von modernem Geld, Kolonialismus und atlantischem Sklavenhandel an Bedeutung verlor. Je mehr echtes Blut floss, je mehr Leichen sich auf der Mittleren Passage, auf den Schlachtfeldern Afrikas, Europas und Amerikas türmten, desto entschlossener vermieden die Repräsentationen des Geldes jede Assoziation mit Blut. Geld wurde immer häufiger durch ein anderes, scheinbar sauberes und neutrales Symbol dargestellt: Wasser. Doch die Ozeane und Meere hatten sich in wahre Friedhöfe verwandelt, in Schauplätze von Krieg, Welthandel und massenhafter Sklaverei. In diesen transozeanischen Kreisläufen von Blut und Geld manifestieren sich die grausamen Ursprünge kapitalistischer Macht. In diesem Kapitel wollen wir der Geschichte vom Mittelalter bis 1650 folgen.

Vom zweiten Körper des Königs zum zweiten Blut des Geldes

Beginnen wir mit der Metapher des Geldes als zweitem Blut, die auf die mittelalterliche Vorstellung der zwei Körper des Königs zurückgeht. Wie der Historiker Ernst Kantorowicz argumentierte, pflegten die zentralistischen Monarchien im mittelalterlichen Europa die eigentümliche Idee, der König besitze zwei Körper: einerseits einen physischen, vergänglichen und sterblichen, andererseits einen ewigen, unsterblichen. So sehr der sterbliche König souveräne Macht ausübte, war er doch der Träger eines transzendenten und mystischen Körpers (eines *corpus mysticum*), in dem ewige Kräfte wohnten, die über die Jahrhunderte von einem Monarchen zum nächsten weitergegeben wurden und jeden von ihnen überdauerten. Trotz der Sterblichkeit des ersten Körpers des Königs verschied der zweite, die Heimstatt der souveränen Autorität, nicht. Das Königtum überdauerte also, indem es sich in bestimmten sterblichen Körpern ausdrückte, aber nie vollständig mit diesen verschmolz. »Wenn er somit als König genannt wird, stirbt er als König nie, obwohl sein natürlicher Leib stirbt«, schrieb ein Richter aus der Zeit der Tudors.[3]

Als sich im Laufe des Mittelalters die Staatsapparate immer weiter ausdifferenzierten, nahm dieser Gedanke nicht zuletzt aufgrund der wachsenden ökonomischen Macht der Monarchien neue Formen an. Schließlich war Reichtum unerlässlich, um Truppen, Waffen, Flotten, Gesandte, Gerichte Verwaltungsstellen, Zollbeamte und Steuereintreiber zu finanzieren. Es setzte sich die Vorstellung durch, diese als *fiscus* bezeichnete Macht – ein Begriff, der auf Lateinisch ursprünglich einen »geflochtenen Korb« beschrieb – sei im zweiten Körper des Königs enthalten. Im römi-

3 Edmund Plowden: Commentaries or Reports, London 1816, zitiert nach Ernst H. Kantorowicz: Die zwei Körper des Königs. Eine Studie zur politischen Theologie des Mittelalters (aus dem Englischen von Walter Theimer und Brigitte Hellmann), München 1990, S. 404.

schen Recht hatte sich das Wort *fiscus* auf die Schatzkammer des Kaisers bezogen, doch im mittelalterlichen Europa wurde es zur Bezeichnung aller Ressourcen, aus denen sich die Krone finanzierte – insbesondere von Ländereien und Steuern. Bei der Entwicklung dieses Begriffs stützten sich die europäischen Gelehrten und Staatsbeamte offenbar auf die christliche Vorstellung vom mystischen Leib Christi, der angeblich trotz der Sterblichkeit von Päpsten, Kardinälen, Bischöfen und Priestern weiterlebte. So sehr ihre Repräsentanten auch kämen und gingen, bleibe die Kirche doch als mystischer Leib bestehen, der die gebrechlichen Körper der menschlichen Individuen transzendiert. Diese Idee des unsterblichen mystischen Körpers wurde von Juristen und Staatsbeamten säkularisiert, darunter auch von Baldus de Ubaldis (1327–1400), der schrieb: »Der Fiskus ist ewig und unvergänglich […] der Fiskus stirbt nie«.[4] Hier lassen sich die ersten Schritte zur *Entpersonalisierung* von Eigentum und Macht erkennen. Der Fiskus ist nicht das Eigentum eines Individuums; der Monarch ist nicht frei, das Land der Krone zu verkaufen oder zu verschenken, ebenso wenig kann er auf die rechtliche Befugnis verzichten, Steuern zu erheben. Stattdessen ist der Fiskus Teil des zweiten Körpers des Königs, jenes *corpus mysticum*, der später als »politischer Körper« oder Gemeinwesen bezeichnet wurde. Aufgrund seiner unveränderlichen und unpersönlichen Eigenschaften stellte man sich den Fiskus häufig als *corpus fictum* vor, einen metaphysischen Körper, der einer fiktiven Person zugeordnet ist;[5] ähnlich dem heutigen Rechtsverständnis einer modernen Aktiengesellschaft.

Was bedeutete diese Vorstellung für das Geld? Ein englisches Gerichtsurteil aus dem Jahr 1605 kann als aufschlussreiches Beispiel dienen. Elisabeth I. hatte kurz zuvor den Silberanteil der Münzen reduziert, die ihre Regierung in Irland in Umlauf brachte. Als ein irischer Kaufmann diese neuen Münzen zur Bezahlung eines englischen Gläubigers verwendete, lehnte dieser das Geld ab und beschwerte sich, dass es weniger Metall enthalte als die Münzen, die zum Zeitpunkt des Vertragsabschlusses in Gebrauch waren. Doch die englische Justiz entschied, dass die neuen Münzen ein gesetzliches Zahlungsmittel waren und angenommen werden mussten – ein Urteil, das zu Recht als Sieg des *Nominalismus* über den *Metallismus* beschrieben wurde.[6] Dem Urteil zufolge war der Wert einer Münze nicht durch das darin enthaltene Metall, sondern durch den vom Monarchen festgelegten Wert definiert: durch den *Nennwert*, den der Fürst der Münze zuwies. Die Krone besaß nicht nur das exklusive Recht

4 Baldus de Ubaldis: Consilia, Venedig 1575; zitiert nach Kantorowicz: Die zwei Körper des Königs, S. 185.

5 Kantorowicz: Die zwei Körper des Königs, S. 191f., 220.

6 Christine Desan: Making Money. Coin, Currency, and the Coming of Capitalism, Oxford 2014, S. 268–270.

zur Münzprägung, sondern auch die Macht, den Marktwert des Geldes festzulegen. Natürlich konnten Herrscher einen bestimmten Wert verkünden, Marktteilnehmer hingegen zu anderen Urteilen kommen. Aber rechtlich betrachtet bestimmten die Monarchen über das Geld. »Es steht nur dem König von England zu, in seinem Herrschaftsbereich Geld herzustellen oder zu prägen«, verkündeten die Mitglieder des Privy Council, um dann die bemerkenswerte Aussage zu treffen, dass diese Macht »den Gebeinen der Fürsten« innewohne.[7] Doch in welchen Gebeinen der Fürsten, das heißt, in welchem Knochen ihrer Körper befand sich die Macht über das Geld? Der Kronrat, der über die persönlichen Privilegien des Königs wachte, tendierte dazu, sie im Monarchen als lebender Person zu verorten. Für die Parlamentarier und die Gegner des Absolutismus war dies jedoch eine gefährliche Vermischung. Für sie durfte die Verfügungsgewalt über das Geld nicht zum persönlichen Spielzeug eines Monarchen werden; diese Macht gehörte zu einem Körper, der über die Person des Königs hinausging.

In dieser Hinsicht ist das Diktum Davanzatis besonders bemerkenswert. Denn indem der italienische Ökonom das Geld als »zweites Blut« bezeichnete, bezog er es implizit auf den *zweiten* Körper des Königs, den das sterbliche Individuum lediglich beherbergte. In diesem Sinne ist Geld das Blut, das im ganzen Reich zirkuliert. Es ist das öffentliche Blut, das Blut des Gemeinwesens. Es nährt die wirtschaftliche Sphäre, die den Fiskus, die Besitzungen der Krone und ihr Recht umfasst, sich (in Form von Steuern, Abgaben und Pachten) einen Teil des von anderen produzierten Reichtums anzueignen, aber darüber hinausgeht. Geld wird somit als Mittel zur Belebung der ökonomischen Zirkulationssphäre betrachtet, die *alle* kommerziellen Transaktionen zwischen Individuen umfasst; einschließlich derjenigen, die Steuererhebung und Besitzungen der Krone betreffen. Folglich ist das Recht der Münzprägung eine Macht, die zu öffentlichen Zwecken ausgeübt wird. Mit der Prägung übt der König Befugnisse aus, die in seinem zweiten Körper begründet sind, dem Körper des gesamten Reiches, dessen Oberhaupt er ist. Aus diesem Grund könnte man sagen, er sondere ein zweites Blut ab – nicht das in seinem eigenen (sterblichen) Körper zirkulierende Blut, sondern jenes, das den *corpus oeconomicus* belebt.

Der Kronrat von 1605 griff diese Überlegung jedoch nicht auf. Stattdessen tendierte er in seiner Entscheidung dazu, die beiden Körper des Königs in eins zu setzen. Wenn er erklärte, »das Geld wohne den Gebeinen der Fürsten« inne, schien er dem Monarchen in dieser Frage freie Hand zu lassen. Auf unheilvolle Weise wurden hier die individuellen feudalen

7 The Case of Mixed Money in Ireland (1605), in: Thomas B. Howell (Hrsg.): Cobbett's Complete Collection of State Trials and Proceedings for High Treason and Other Crimes and Misdemeanours, Bd. 2, London 1809, S. 114–118.

Ansprüche des Monarchen (z. B. auf Pacht aus seinen Ländereien) mit seiner öffentlichen Macht verwechselt, Steuern zu erheben, Gesetze zu erlassen und Geld zu prägen. Tatsächlich bemühte sich die politische Opposition in England seit dem 13. Jahrhundert darum, die Steuervollmachten der Krone von der Person des Monarchen zu trennen. Die Verquickung von beidem führe zur Tyrannei – zu einer persönlichen Herrschaft, die sich über Gesetze, Freiheiten und etablierte Praktiken hinwegsetze. Die scharfe Unterscheidung zwischen öffentlicher und privater Sphäre hatte zur Folge, dass den persönlichen Befugnissen des Königs Grenzen auferlegt wurden. Die bürgerliche Sphäre tendierte daher zu einer gewissen Autonomie – es gab nicht nur den königlichen Körper, sondern auch einen öffentlichen, eine *res publica*, die mit dem Körper des Monarchen koexistierte, aber nicht identisch mit ihm war. So betrachteten engagierte Parlamentarier den König zwar als *Teil* des Staatswesens, behaupteten aber, dass dieses auch andere Komponenten umfasse, die – wie der Rat und das Parlament – nicht auf den Monarchen zurückzuführen seien, und deshalb als zusammengesetztes Gebilde betrachtet werden müsse.[8] Auch hier spielte der ökonomische Aspekt des Staats*körpers* eine große Rolle, wie sich in dem im politischen Diskurs Englands so zentralen Begriff des *commonwealth* zeigt. Letzterer bezog sich nämlich sowohl auf das Königreich als Gemeinwesen als auch auf das wirtschaftliche Wohlergehen des Volkes, obwohl der *common wealth* (der gemeinsame Wohlstand) nicht identisch mit dem Reichtum der Regierung war.

Was die Entstehung des modernen Geldes angeht, können wir also konstatieren, dass es aus den Gebeinen der Fürsten extrahiert und ins Blut des Gemeinwesens transplantiert wurde. In England geschah dies erst im Verlauf heftiger politischer Auseinandersetzungen, wie sie während der revolutionären Umwälzungen von 1640 bis 1689 ausgefochten wurden. Im Mittelpunkt dieser Kämpfe stand die Macht über den Fiskus, insbesondere das königliche Recht, Steuern zu erheben. Wir werden uns im Weiteren mit den komplizierten Problemen (etwa Eigentum, Piraterie, Kolonialismus und Sklaverei) befassen, die diesen Konflikten zugrunde lagen. Doch es ist aufschlussreich, wenn wir diese Umwälzungen zunächst durch die Brille von Thomas Hobbes betrachten, der in seinem »Leviathan« (1651) auch die Frage des Geldes erörtert.

Hobbes ist einer der faszinierendsten Vertreter des englischen politischen Denkens. Obgleich vom Geist des gewöhnlich mit der Aufklärung assoziierten wissenschaftlichen Materialismus durchdrungen, war Hobbes ein Befürworter der absoluten Monarchie und lehnte die Idee der Volksherrschaft sowie das Recht auf Widerstand gegen autoritäre Willkür radikal ab. Seine politische Theorie geht von der Prämisse aus, dass

8 The Case of Mixed Money in Ireland, S. 225–227.

Menschen von Natur aus gleich sind und im »Naturzustand« die gleichen Rechte besitzen, doch dieses egalitäre Prinzip bringt Hobbes insofern für anti-egalitäre Ziele in Stellung, als er argumentiert, die Menschen sollten ihre Rechte preisgeben und die absolute Macht einem Souverän übertragen.[9] Wie die meisten liberalen Denker betrachtete Hobbes Marktbeziehungen und -verhalten als natürlich und rational, doch gleichzeitig plädierte er für eine ausgesprochen antiliberale politische Ordnung. Seine Verteidigung der Marktprinzipien offenbart sich beispielsweise, wenn er meint, »ausgleichende Gerechtigkeit« sei »die Gerechtigkeit eines Vertragsschließenden, das heißt, die Erfüllung eines Vertrags durch Kauf und Verkauf, Mieten und Vermieten, Verleihen und Leihen, Wechseln, Tauschen und andere vertragliche Handlungen«.[10] Ausgehend von der Annahme, dass Marktbeziehungen natürlich sind, knüpft die hobbessche Ökonomie nicht an mittelalterliche und frühneuzeitliche Vorstellungen von gerechten Preisen an, bei denen Tauschwerte eher durch moralische Erwägungen als durch die Marktkonkurrenz bestimmt sind. Wie sehr Hobbes' Absolutismus auch in Widerspruch zur liberalen Politik stand, bewegte er sich doch auf der Welle des »bürgerlichen« ökonomischen Denkens.[11]

Dies wird deutlich, wenn wir das 24. Kapitel des »Leviathan« betrachten, das den bezeichnenden Titel »Ernährung und Fruchtbarkeit des Staates« trägt. Hier befasst sich Hobbes mit der wirtschaftlichen Reproduktion der Gesellschaft durch Warenproduktion und -tausch. Erneut verbindet er kühne Einsichten über neue Muster der gesellschaftlichen Beziehungen mit konservativen Ansichten über Autorität und souveräne Macht. So erkennt er beispielsweise die sich herausbildende Kommodifizierung der menschlichen Arbeitskraft, wie sie für die gesellschaftlichen Beziehungen im Kapitalismus charakteristisch ist, und belehrt seine Leser, dass auch »die menschliche Arbeit [...] ebenso wie jedes andere Ding eine Ware, die mit Gewinn ausgetauscht werden kann«. Gleichzeitig schreckt Hobbes jedoch vor jeder Vorstellung eines absoluten Privateigentums zurück und besteht darauf, dass alles Eigentum letztlich dem Souverän gehöre.[12] Seine Verteidigung der Marktwirtschaft führt ihn

9 Für einen ausgezeichneten Überblick über Hobbes' politisches Denken vgl. Ellen Meiksins Wood/Neal Wood: A Trumpet of Sedition: Political Theory and the Rise of Capitalism, 1509–1688, London 1997, Kap. 5.

10 Thomas Hobbes: Leviathan (aus dem Englischen von Walter Euchner, herausgegeben von Iring Fetscher), Frankfurt a. M./Berlin/Wien 1976, S. 115. Crawford B. Macphersons Analyse von Hobbes' »Marktmodell« der Gesellschaft baut auf Passagen wie dieser auf und ist nach wie vor äußerst erhellend – vgl. Die politische Theorie des Besitzindividualismus, Frankfurt a. M. 1990. Allerdings steht sein Versuch, Hobbes in die liberale Tradition einzuordnen, in offenkundigem Widerspruch zu Hobbes' absolutistischen Überzeugungen.

11 Für einen Überblick über das bürgerliche ökonomische Denken und seinen soziohistorischen Hintergrund: vgl. McNally: Political Economy and the Rise of Capitalism.

12 Hobbes: Leviathan, S. 193. [Die deutschsprachige Ausgabe weicht hier so stark vom Original ab, dass aus der englischen Fassung übersetzt wurde. Anm. d. Ü.]

dann zum Problem des Geldes und der Austauschbarkeit von Waren. Er legt dar, dass der Markttausch die Güter »zusammenmische«, das heißt, »alle Waren [werden] auf etwas von gleichem Wert reduziert«. Diese Schwierigkeit werde jedoch durch Gold, Silber und Geld (sprich Münzgeld) behoben. Edelmetalle lösten das Problem des »Zusammenmischens« *(concoction)* der Güter im Handel zwischen Nationen. Innerhalb des nationalstaatlichen Territoriums funktioniere das Münzgeld ebenso effizient wie Rohbarren (aus Edelmetall), wenn es darum geht, den Wert von Gütern und Dienstleistungen zu messen, da es »innerhalb des Staates von Mensch zu Mensch weitergegeben wird«. Auf diese Weise nährt das Münzgeld die Organe des »künstlichen Menschen« *(artificial man)*, der nicht umsonst auch als Staatskörper bezeichnet wird, auf ganz ähnliche Weise wie der natürliche Blutkreislauf den menschlichen Körper. Da jedoch der Kreislauf des Münzgeldes auf das *nationale* Staatsgebiet beschränkt ist, seien Gold- und Silberbarren unverzichtbar, wenn Nationalstaaten »ihre Arme [...] in fremde Länder [...] strecken«, um dann »ganze Armeen mit Lebensmittel zu versorgen«.[13] Anders ausgedrückt: Das zweite, vom Münzgeld verkörperte Blut fließt nur dort, wo sich der zweite Körper des Königs territorial erstreckt. Jenseits davon, auf der Bühne der Kriege und des Welthandels, herrscht das Weltgeld in Form von Silber- und Goldbarren.

»Geld, Geld und noch mehr Geld«: Feudalismus, Krieg und der Aufstieg des Kapitalismus

Von etwa 1500 an wurde die Kriegführung in dramatisch größerem Umfang zur zentralen Sorge aller europäischen Regierungen. Dies hatte mit den Reaktionen der herrschenden Klasse auf die allgemeine Krise der feudalen Produktionsweise im 14. Jahrhundert zu tun. Zeichnen wir die diesbezügliche Entwicklung kurz nach.

Nach dem Zerfall des Römischen Reiches (formal im Jahr 476), der das Ergebnis imperialer Überdehnung, sozialer und regionaler Revolten und »barbarischer« Invasionen war, wurde die dezentrale militärische Adelsherrschaft zum Grundmuster der gesellschaftlichen Organisation. Dem voraus gingen eine lange Phase von Zersplitterung und bewaffneten Konflikten sowie die gescheiterten Bemühungen des Fränkischen Reichs (800–888), in Mittel- und Westeuropa die kaiserliche Macht wiederherzustellen. In dieser Zeit der Instabilität prosperierten vor allem jene, die sich durch Krieg, Raub und Plünderung hervortaten. Schließlich ließen sich »die Plünderer als Grundherren nieder« und bildeten den Kern der feudalen Herrscherklassen.[14] Die Feudalaristokratie war nicht nur eine waffen-

13 Hobbes: Leviathan, S. 194.

14 Rodney Hilton: Feudalism in Europe: Problems for Historical Materialists, in: Class Conflict and the Crisis of Feudalism, 2. Auflage, London 1990, S. 2.

tragende Klasse, die sich einem Monarchen gegenüber zu militärischer Unterstützung verpflichtete, sondern *konstituierte* sich durch Krieg und eine spezifische Art der Kriegswirtschaft überhaupt erst als Klasse. Der französische Historiker Georges Duby schreibt, in der frühen Feudalzeit habe sich in West- und Mitteleuropa »im Zuge fortgesetzter und verstärkter Angriffsunternehmungen ein nach Osten und Süden expandierendes, auf gewaltsamer Aneignung und Plünderung beruhendes Wirtschaftssystem herausgebildet«.[15] Der Krieg war der Schlüssel zur Eroberung von Land und zur Anhäufung von Waffen, Rittern und Ressourcen. Die Landnahme implizierte eine Eroberung bäuerlicher Gemeinschaften, die dann einer systematischen Ausplünderung durch Pachtzahlungen, Zwangsdienste und Tribute (wie Heiratsgebühren) unterworfen wurden. Dafür verloren die wiederkehrenden Überfälle durch eine marodierende Kriegerklasse an Bedeutung.

Ab 700 bildeten sich die klassischen Beziehungen zwischen Herren und Leibeigenen heraus, bei der sich Angehörige der dezentralisierten Adelsklasse die Überschussproduktion und/oder -arbeit aneigneten. Diese sozioökonomischen Verhältnisse konnten sich jedoch erst verfestigen, als das Fränkische Reich (das von Papst Leo III. mit der Krönung Karls des Großen in Rom im Jahr 800 offiziell abgesegnet worden war) im Jahr 888 wieder zerfiel. Um das Jahr 1000 hatte sich »das neue Sozialsystem herausgebildet [...] Seine klassische Funktionsweise [...] beruhte auf den beiden grundherrschaftlichen Elementen des der Eigenbewirtschaftung vorbehaltenen Bodens und der von Pächtern oder Halbfreien betriebenen Hofstellen«,[16] was nicht zuletzt mit dem Fehlen einer mächtigen Imperialmonarchie zu erklären ist. Das Zentrum der feudalen Ordnung war das Rittergut, das sowohl eine Einheit der landwirtschaftlichen Ökonomie als auch der politischen Herrschaft war. Als soziogeografische Einheit umfasste es vier Arten von Landbesitz. Zunächst gab es den ritterlichen Grundbesitz, dessen Erträge sich der Herr direkt aneignete und der von seinen Leibeigenen (die ihm eine bestimmte Menge Arbeit und Dienste schuldeten) sowie von versklavten Menschen und angeheuerten Lohnarbeitern bewirtschaftet wurde. Danach folgte das herkömmliche Land, das von unfreien Bauern bestellt wurde, die faktisch dem Grundherrn gehörten. Diese gebundenen Bauern waren dem Rittergut Arbeitsleistungen schuldig (die in Pachtzahlungen umgewandelt werden konnten), mussten eine Reihe von Tributen zahlen (z. B. Gebühren für die Aufnahme in ein Pachtverhältnis, für das Recht, außerhalb des Guts zu leben, oder für die Erlaubnis zu heiraten) und waren in allen Fragen, die ihr Pachtverhältnis betrafen, an die

15 Georges Duby: Krieger und Bauern. Die Entwicklung von Wirtschaft und Gesellschaft im frühen Mittelalter (aus dem Französischen von Grete Osterwald), Frankfurt a. M. 1981, S. 161.

16 Guy Bois: Umbruch im Jahr 1000 (aus dem Französischen von Jochen Grube), Stuttgart 1993, S. 68f.

Entscheidungen des Gutshofes gebunden. Die dritte Form des Grundbesitzes waren die freien Höfe, deren Bewohner zur Zahlung von Pachtzinsen (die in der Regel niedriger waren als die der Leibeigenen) und manchmal zur Erbringung von Dienstleistungen verpflichtet waren. Sie waren jedoch von vielen anderen Verpflichtungen befreit und besaßen das Recht, sich an den Königshof zu wenden. Schließlich gab es ausgedehnte Almenden, die Eigentum der Gemeinschaft waren und allen Mitgliedern zur Verfügung standen. Dort konnten Bauern ihr Vieh weiden, fischen und jagen, Holz, Stroh und Beeren sammeln. Vor allem für arme Bauern war die Almende häufig Grundlage des Überlebens und der Reproduktion des Haushalts.

Im England des späten 13. Jahrhunderts sollen Unfreie drei Fünftel der Bevölkerung ausgemacht haben.[17] Diese unfreien Bauern standen in einem Klassenverhältnis zu den adeligen Herren, deren Herrschaft fragmentiert war. Letztere war in unterschiedliche territoriale Einheiten gespalten, die sich jeweils auf ein Herrenhaus, eine Burg oder ein Kloster stützten und über eigene Höfe und Streitkräfte verfügten. Die Herrschaft bestand also aus einem relativ dezentralen Netzwerk der Macht – was zweifelsohne ein entscheidendes Merkmal des europäischen Feudalismus darstellte. Unter anderem aus diesem Grund ist es wenig hilfreich, das vorkapitalistische Europa einfach als »bäuerliche Gesellschaft« zu bezeichnen.[18] Wir verlieren den Blick für die historischen Besonderheiten der jeweiligen Gesellschaften, wenn wir das alte China, das mittelalterliche Europa, die großen Zivilisationen Mesoamerikas und einen Großteil der griechisch-römischen Antike – allesamt vorkapitalistische Gesellschaften mit sesshafter Landwirtschaft – einfach nur als Varianten einer Gesellschaftsformation namens »bäuerliche Gesellschaft« behandeln. Dieser Ansatz blendet die Besonderheiten der feudalen Herrschaft aus, da es, wie Hilton formuliert hat, »die Grundherrschaft ist, die den Feudalismus charakterisiert«.[19] Die territoriale Grundlage dieser Herrschaft war, wie erwähnt, das Rittergut: eine politische und militärische, aber auch ökonomische Einheit. Diese Verschmelzung wirtschaftlicher, politischer und militärischer Macht in dezentralen Einheiten, die um die bäuerliche Landwirtschaft herum organisiert waren, ist das spezifische Merkmal feudaler Herrschaft. Selbst als sich die Leibeigenschaft in den Jahrhunderten nach dem Schwarzen Tod in weiten Teilen Europas auflöste, hatte die Grundherrschaft Bestand. Die ökonomischen Ansprüche

17 John Hatcher: English Serfdom and Villeinage: Towards a Reassessment, in: Past and Present, 2/1981, S. 3–39.

18 So auch in in ihrer wichtigen Arbeit Jane Whittle: The Development of Agrarian Capitalism. Land and Labour in Norfolk 1440–1580, Oxford 2000, S. 11–15. Wie im Folgenden deutlich werden wird, bin ich an wichtigen Punkten der historischen Analyse und Beurteilung anderer Meinung als Whittle.

19 Rodney Hilton: A Crisis of Feudalism, in: Trevor H. Aston/ Charles H. E. Philpin (Hrsg.): The Brenner Debate: Agrarian Class Structure and Economic Development in Pre-Industrial Europe, Cambridge 1985, S. 124.

der Landherren und ihre Gerichtsbarkeit blieben auch dann noch bestehen, als sich die Bauern aus der Leibeigenschaft gelöst hatten.[20]

Aus diesem Grund ist die *parzellierte Souveränität* des klassischen Feudalismus integraler Bestandteil seiner sozialen Form. Diese zeichnet sich dadurch aus, dass lokale Adelige und Bischöfe weitreichende juristische und militärische Macht ausüben, sich gleichzeitig aber zu militärischen Leistungen zur Verteidigung des Territoriums und gemeinsamer Interessen der Adelsfamilien im Feudalstaat verpflichten (zunächst in Form feudaler Aufgebote – der direkten Bereitstellung von Rittern, Soldaten, Pferden und Waffen –, später auch immer mehr in Gestalt von Geldzahlungen).[21] Diese herrschende Klasse war eng gefasst und bestand zwischen 1160 und 1220 in England aus nur etwas mehr als 150 großen Fürsten.[22] Zwar stand die Monarchie über diesem System ritterlicher Macht, doch sie beruhte auf einem – oft brüchigen – Bündnis adeliger Familien, durch das begrenzte politische und militärische Kompetenzen zur Verteidigung des Reichs und zur Beilegung von Streitigkeiten unter den Adeligen zentralisiert wurden. Im feudalen Europa gab es nichts, das mit der zentralisierten Staatsmacht des alten Persien, China oder Rom vergleichbar gewesen wäre. Tatsächlich waren die wirtschaftlichen und militärischen Ressourcen der Könige oft kaum größer als die der reichsten Ritter.

Der Feudalstaat lässt sich in seiner klassischen Form also als eine Art Vereinigung zum gegenseitigen Schutz militärischer »Anführer« beschreiben, die eigene kleine Armeen unterhielten und gleichzeitig bäuerliche Haushalte ausbeuteten. Allerdings nahm diese Struktur ideologisch die Gestalt eines komplexen Systems der Huldigung, Respektbekundung und Pflichten gegenüber jenen an, die in der sozialen Ordnung über einem standen – die Bauern waren auf diese Weise den ritterlichen Herren und diese wiederum den Königen verpflichtet. Jeder unterhalb des Monarchen war somit ein *Vasall* der über ihm Stehenden.[23] Im Alltag aber waren die Befugnisse des königlichen Staates, zumindest nach antiken und modernen Maßstäben, sehr beschränkt. Für ihren Herrschaftsbereich besaßen die Adeligen eigene Gerichte (manchmal auch einen eigenen Galgen); zudem erließen sie lokales Recht, wodurch sie praktisch keiner Kontrolle unterlagen. Sie konnten sich die Produktion der Bauern aneignen, ohne dabei von oben überwacht zu werden, und marodierten und plünderten weitgehend nach Belieben.

20 Vgl. Whittle: Agrarian Capitalism, S. 46–63, die allerdings darauf hinweist, dass die ritterliche Gerichtsbarkeit im 15. Jahrhundert teilweise einen Niedergang erlebte (S. 83).

21 Perry Anderson: Von der Antike zum Feudalismus. Spuren der Übergangsgesellschaften (aus dem Englischen von Angelika Schweikhart), Frankfurt a. M. 1978, S. 176f. Es ist zweifelsohne richtig, dass der mittelalterliche englische Staat deutlich weniger dezentralisiert und die Krone mächtiger war als in Kontinentaleuropa. Doch es handelte sich dabei nur um eine im Vergleich etwas stärkere Monarchie in einem immer noch erkennbar feudalen System.

22 Sidney Painter: Studies in the History of the English Feudal Barony, Baltimore 1943, S. 170–178.

23 Marc Bloch: Die Feudalgesellschaft (aus dem Französischen von Eberhard Bohm), Frankfurt a. M./Wien/Berlin 1982, S. 180–200.

Darüber hinaus wurde die Macht des Königs durch die internationale Macht der katholischen Kirche beschnitten, die nicht nur die wichtigste ideologische Institution der Epoche war, sondern auch über gewaltigen Grundbesitz, eigene Gerichte und diplomatische Vertretungen verfügte und in den zwischenstaatlichen Beziehungen in Europa eine entscheidende Rolle spielte. Das Ausmaß der kirchlichen Macht lässt sich daran ablesen, dass die Kirche 1086 ein Viertel aller Pachterträge in England einstrich, was für den größten Teil Europas typisch gewesen zu sein scheint.[24]

Die Befugnisse des Feudalstaates waren tatsächlich erschreckend klein. In den Jahren 1171/72 beispielsweise scheinen sich die Gesamteinnahmen Heinrichs II. von England auf etwas mehr als 21 000 Pfund belaufen zu haben, nicht viel mehr als die Haushaltseinnahmen eines Großgrundbesitzers oder höheren Kirchenvertreters. Vor diesem Hintergrund überrascht es vermutlich kaum, dass die beiden wichtigsten »Ressorts« der Regierung »die Kammer *(chamber)*, in der der König schlief, und die Garderobe *(wardrobe)*, in die er seine Kleider hing,« gewesen seien.[25] Der Staat war so betrachtet nicht viel mehr als ein großer adeliger Hof, der in Kriegszeiten den Adel zu den Waffen rufen konnte.

Der Feudalismus scheint also ein äußerst ungünstiges soziales Umfeld für die Entstehung moderner Staaten geboten zu haben. Doch als er aufgrund seiner inneren Widersprüche als Produktionsweise einmal in die Krise geraten war, wurde der militarisierte Aufbau von Staatsstrukturen zur vorherrschenden politischen Dynamik – deren Eigenschaften allerdings die Überwindung des Feudalismus selbst nach sich zogen.

Ohne jeden Zweifel war die feudale Produktionsweise in Europa durchaus vital. Etwa 250 Jahre lang, von etwa 1000 bis 1240, wuchsen Anbauflächen, gesellschaftlicher Überschuss (Pachten und Tribute) und Bevölkerung kontinuierlich, wobei sich letztere in England zwischen 1100 und 1300 etwa verdoppelte. Vor allem um 1150 nahm die Erschließung von unbestelltem Land für landwirtschaftliche Zwecke Fahrt auf. Mit der Ausdehnung der Anbaugrenze entstanden neue Dörfer, und den Grundherren flossen neue Einnahmen zu. In England wurde geschätzt eine Million Hektar Wald, Heide, Moor und Sumpfland urbar gemacht.[26] Das Feudalsystem zeigte auch eine schwache Tendenz zu technologischer Innovation, die sich insbesondere im Einsatz der Wasserkraft oder in der Nutzung von Zugtieren zeigte. Infolgedessen stieg die landwirtschaftliche Produktivität zwar an, scheint im Allgemeinen jedoch hinter dem

24 Jack Goody: Entwicklung von Ehe und Familie in Europa (aus dem Englischen von Eva Horn), Frankfurt a. M. 1989, S. 139–142.

25 Michael Mann: Geschichte der Macht, Zweiter Band (aus dem Englischen von Hanne Herkommer), Frankfurt a. M./New York 1991, S. 271, 287.

26 Christopher Dyer: An Age of Transition? Economy and Society in England in the Later Middle Ages, Oxford 2005, S. 18–20. Zur allgemeinen Entwicklung in Westeuropa vgl. Georges Duby: Rural Economy and Country Life in the Medieval West, Columbia 1968, S. 67–80.

Bevölkerungswachstum zurückgeblieben zu sein. Es fehlte etwas, das mit der kapitalistischen Tendenz zur systematischen technologischen Weiterentwicklung der Produktionsmittel vergleichbar gewesen wäre.[27] Da Produktion und Überschüsse zunahmen, förderte die Feudalwirtschaft auch die Ausbreitung von Marktbeziehungen und Geldverkehr sowie die Stadtentwicklung.[28] Doch Mitte bis Ende des 13. Jahrhunderts (vielleicht um 1230–1240 in Frankreich und ungefähr 1280 in England) kam dieses Wachstum zum Erliegen.[29] Die Städte, in denen die Kaufleute während des mongolischen Jahrhunderts (1250–1350) vom Wachstum der eurasischen Ökonomie profitierten, wurden zu Zentren der Entwicklung. Die landwirtschaftliche Entwicklung hingegen steckte in einer Sackgasse.

Da die Dynamik des feudalen Wirtschaftswachstums hauptsächlich extensiver Natur war – sie beruhte auf der Vergrößerung der Anbauflächen –, führte sie zu abnehmenden Erträgen, weil auch immer mehr unfruchtbare oder schwer zugängliche Flächen bewirtschaftet wurden. Minderwertiges Land benötigt einen höheren Arbeitseinsatz pro Ertragseinheit; vereinfacht ausgedrückt muss auf schlechten Böden mehr Aufwand betrieben werden, um das gleiche Produkt zu erzielen. Infolgedessen nahm die landwirtschaftliche Produktivität nach etwa zweieinhalb Jahrhunderten des Wachstums wieder ab, jede Einheit neu erschlossenen Landes ernährte weniger Menschen, und die neuen feudalen Überschüsse schrumpften. Das rückläufige Wachstum verringerte auch die Nachfrage nach städtischen und ländlichen Manufakturerzeugnissen und behinderte jeden Impuls zur technischen Innovation. Die technischen Verbesserungen in der Tuchherstellung beispielsweise kamen ab etwa 1300 zum Stillstand.[30]

Entscheidend ist hier, dass die feudale Produktionsweise als solche keine nachhaltigen und dauerhaften Investitionen in die ländliche Arbeits-

27 Zur hinter dem Bevölkerungswachstum zurückbleibenden landwirtschaftlichen Produktivität vgl. Hilton: Crisis of Feudalism, S. 122. Das Konzept einer schwachen Tendenz des technischen Fortschritts stützt sich auf die Idee, dass es sich beim Menschen um ein kulturelles Wesen handelt, das in der Lage ist, soziales Wissen (einschließlich der Technologien) weiterzugeben und zu erneuern. In diesem Punkt beziehe ich mich auf mein Buch »Bodies of Meaning« (Kap. 3). Was jedoch bewahrt und weitergegeben wird, hängt in erster Linie von den gesellschaftlichen Produktionsverhältnissen und dem Ausmaß ab, in dem technische Veränderungen gefördert oder behindert werden. Was den von ihr generierten Zwang zur kontinuierlichen und systematischen technologischen Innovation angeht, unterscheidet sich die kapitalistische Produktionsweise von allen anderen Gesellschaftsformationen. Die Tendenz, diese kapitalistische Dynamik als ein transhistorisches Gesetz zu begreifen, hat den historischen Materialismus schwer beschädigt. Zur Kritik dieser Tendenz vgl. Ellen Meiksins Wood: Geschichte oder technologischer Determinismus, in: Demokratie gegen Kapitalismus: Beiträge zur Erneuerung des historischen Materialismus (aus dem Amerikanischen von Ingrid Scherf und Christoph Jünke), Köln 2010, Kap. 4.

28 Vgl. Lynn White Jr.: Medieval Technology and Social Change, London 1962; Robert S. Lopez: The Commercial Revolution of the Middle Ages, 950–1350, Cambridge 1976.

29 Belege für die um 1280 in England einsetzende Stagnation liefert Herbert E. Hallam: Population Density in the Medieval Fenland, in: Economic History Review, 1/1961, S. 78f. Zur allgemeinen Frage der Systemkrise im mittelalterlichen England vgl. Ian Kershaw: The Great Famine and Agrarian Crisis in England 1315–22, in: Rodney Hilton (Hrsg.): Peasants, Knights and Heretics: Studies in Medieval English Social History, Cambridge 1976, S. 85–132.

30 Hilton: Class Conflict, S. 170.

produktivität begünstigte. Letzteres ist als *intensives* Wachstum bekannt und wird im Bereich der Landwirtschaft durch Investitionen in den Einsatz von Dünger, verbesserte Werkzeuge, wissenschaftliche Fruchtfolge usw. gefördert. Die Priorität der *politischen Akkumulation* durch die ritterlichen Grundherren (auf die wir gleich zurückkommen werden) hatte hingegen zur Folge, dass militärische Investitionen in Männer und Waffen die Investitionen in den Boden häufig übertrafen. Gleichzeitig setzte die Armut der Bauernschaft ihren Möglichkeiten, die Erträge zu reinvestieren, enge Grenzen. Zwar mag es zwischen 850 und 1150 in Europa einen langsamen Anstieg der landwirtschaftlichen Produktivität gegeben haben (worüber sich die Historiker allerdings keineswegs einig sind), doch setzte diese Entwicklung bei einem ausgesprochen niedrigen Ausgangspunkt ein und stagnierte auf einem äußerst niedrigen Niveau.[31] Darüber hinaus gab es für die städtischen Kaufleute keinen systemischen Anreiz, zur Erhöhung der Produktionsmenge oder zur technischen Weiterentwicklung in die verarbeitenden Industrien zu investieren.[32] So kam die feudale Expansion unweigerlich ins Stocken, die Versorgungslage verschlechterte sich, die Unterernährung nahm zu, und die Bevölkerung wurde außerordentlich anfällig für Krankheiten, was zu demografischen Krisen wie dem Schwarzen Tod (1346–1353) führte, der zig Millionen Menschen auslöschte und dessen Folgen noch Generationen später zu spüren waren. Nicht nur die Lebenserwartung sank, sondern mehr als ein Jahrhundert nach dem Schwarzen Tod (d. h. um 1470) lebten in den meisten europäischen Dörfern nur noch etwa halb so viele Menschen wie im Jahr 1300. In dieser Zeit des Bevölkerungsrückgangs verschwanden in Deutschland zwischen 20 und 30 Prozent der Siedlungen, in England weiß man von mindestens 2000 verlassenen Ortschaften.[33] Dieser Rückgang führte zu einem Zusammenbruch der herrschaftlichen Einnahmen, die im Jahrhundert nach dem Schwarzen Tod um bis zu 70 Prozent zurückgingen.[34] Die feudale Produktionsweise befand sich in einer Abwärtsspirale aus sinkendem Ertrag, fallenden Überschüssen und Bevölkerungsrückgang, die der Historiker Guy Bois als »große mittelalterliche Depression« bezeichnet hat.[35]

31 Zur These eines langsamen Anstiegs der Agrarproduktivität bis zum 12. Jahrhundert vgl. Georges Duby: Die Landwirtschaft im Mittelalter, 900–1500, in: Carlo M. Cipolla (Hrsg.): Europäische Wirtschaftsgeschichte, Bd. 1., Mittelalter, Stuttgart/New York 1983, S. 111–139. Eine skeptischere Sichtweise vertritt Hilton: Was There a General Crisis? in: Class Conflict, S. 169. Hilton meint, es gebe »keinen Hinweis auf eine allgemeine und dauerhafte Steigerung der Erträge«.

32 Hilton: Was There a General Crisis?, S. 170f.

33 Duby: Rural Economy, S. 124, 298–301.

34 Hilton: Class Conflict, S. 74.

35 Guy Bois: La Grande Dépression medievale, Paris 2000. Dieses Buch ergänzt Bois' früheren Versuch, eine historisch-materialistische Darstellung jener systemischen Bewegungsgesetze im Feudalismus zu entwickeln, die zu dessen Niedergang und Zusammenbruch führten. Vgl. auch Guy Bois: Crise du féodalisme, Paris 1976. Ich halte Bois' Analyse für ausgesprochen aufschlussreich, auch wenn ich Einwände gegen die Vorstellung von ausschließlich ökonomischen Bewegungsgesetzen für Produktionsweisen habe, in denen das »Ökonomische« und das »Politische« nicht formal getrennt waren.

Doch während die feudale Produktionsweise mehr als zwei Jahrhunderte lang (etwa von 1240 bis 1450) in einer systemischen Krise steckte, entwickelten einzelne Feudalherren sowie regional oder landesweit verbündete Adelsgruppen Strategien, um die Folgen des Zusammenbruchs für sich selbst abzufangen. Diese Strategien zielten darauf ab, was Robert Brenner als *politische Akkumulation* bezeichnet hat.

Da die feudalen Strukturen einer nachhaltigen Expansion im Weg standen, hätten die Grundherren, so Brenner, dazu tendiert, »größere und effektivere militärische Organisationen« aufzubauen, mit denen sich der bäuerliche Widerstand gegen die intensivierte Ausbeutung brechen *und* gewaltsam in die Besitzungen anderer Grundherren eindringen ließ. Groß angelegte Angriffe auf Dorfgemeinschaften hatten allerdings nur begrenzte Erfolgsaussichten, da die Bauern, insbesondere in Zeiten sinkender Bevölkerungszahlen, auf die Ländereien anderer Herren flüchten oder sich auflehnen konnten, wie es während der französischen Jacquerie von 1358 oder dem englischen Bauernaufstand von 1381 geschah. Angesichts dieser Hindernisse für das Bestreben, die Bauern auszupressen, wandten sich die Angriffe der Ritter häufig gegen andere Herren, »was eine allgemeine Tendenz von inneradliger Konkurrenz und Krieg« nach sich zog. Diese wiederum machte es notwendig, immer größere militärische Ressourcen, angefangen bei Land und Gefolgsleuten, anzusammeln.[36] Nachdem die Feudalkrise einmal eingesetzt hatte, wurde der Krieg in Europa, wie Duby konstatiert, zu einem »semipermanenten Zustand«.[37] Paradoxerweise sollte dies den europäischen Staaten ab 1450 beträchtliche Vorteile verschaffen.

Militärische Konflikte innerhalb des Adels konnten die Form von Bürgerkriegen innerhalb eines Reichs oder von Kriegen zwischen Königreichen annehmen, wie es im Fall des Hundertjährigen Kriegs zwischen England und Frankreich 1337 bis 1453 der Fall war. Das Ziel solcher Auseinandersetzungen war die Eroberung fremden Landes – einschließlich der dazugehörigen Bauern und der von ihnen produzierten Überschüsse –, das in die marodierenden Staaten eingegliedert und dessen Erlöse wie Kriegsbeute aufgeteilt werden sollten. Dies war es, was Hobbes gemeint hatte, als er davon sprach, Staaten würden »ihre Hände [...] in fremde Länder ausstrecken«. Doch Konflikte dieser Größenordnung waren nur möglich, wenn sich die Adelshäuser auf nationaler Ebene zusammenschlossen und die Monarchen mit ausreichenden militärischen und finanziellen Mitteln ausstatteten, um längere Kriege auf einem größeren Territorium zu führen. Kriege waren damit nicht länger episodischer Natur, sondern wurden zu einem Dauerzustand, was die Monarchen dazu

36 Robert Brenner: The Agrarian Roots of European Capitalism, in: Aston/Philpin: The Brenner Debate, S. 238.

37 Duby: Rural Economy, S. 206.

zwang, größere Armeen, technisch ausgereiftere Waffen, größere Geldmittel und, damit verbunden, auch mehr politische und administrative Macht zu mobilisieren. Die politische Akkumulation habe vor dem Hintergrund von Krieg und feudaler Krise mächtigere Zentralstaaten erforderlich gemacht: »Die Kriegführung war der große Motor der feudalen Zentralisierung.«[38]

Kriege jedoch konnten nicht ohne Geld geführt werden. Größere Armeen, neue Waffen (z. B. Kanonen), neue Festungsanlagen und nicht endende Feldzüge trieben die Militärkosten in die Höhe.[39] Als Ludwig XII., der Frankreich von 1498 bis 1515 regierte, den venezianischen Botschafter fragte, wie er sein Reich am besten verteidigen und Siege der Armee ermöglichen könne, antwortete dieser: »Großmütiger König, drei Dinge sind nötig: Geld, Geld und nochmals Geld.«[40]

Drei Dinge, in der Tat. Während seiner Regierungszeit (1413–1422) gab Heinrich V. von England mehr als zwei Drittel des königlichen Haushalts sowie den größten Teil der Einnahmen aus seinen französischen Ländereien für seine Armee, die Flotte und die Bezahlung von Kriegsschulden aus. Fast zwei Jahrhunderte später widmete Elisabeth I. in den letzten fünf Jahren ihrer Herrschaft (1598–1603) drei Viertel des Budgets dem Kriegshaushalt. Und England stellte in dieser Hinsicht keine Ausnahme dar. In einem ähnlichen Fünfjahreszeitraum (1572–1576) wandten sowohl die Habsburger als auch das französische Königshaus mehr als 75 Prozent ihrer Einnahmen für Militärausgaben und den kriegsbedingten Schuldendienst auf.[41] Gleichzeitig jedoch war die Fähigkeit der europäischen Monarchien, die steigenden Militärkosten zu tragen, auffallend begrenzt. In England beispielsweise waren die Einnahmen, die Heinrich VI. in den 1440er-Jahren zur Verfügung standen, in Realwerten berechnet ebenso hoch wie die, die Heinrich II. fast drei Jahrhunderte früher hatte einsetzen können. Selbst noch in der Zeit des Englischen Bürgerkriegs (1642–1651) hatten sich die Steuereinnahmen der Krone gegenüber denen der vorausgehenden drei Jahrhunderte kaum verändert.[42] Unfähig, ihre finanziellen Spielräume und Ressourcen signifikant zu erhöhen, standen die europäischen Staaten aufgrund steigender Kriegskosten regelmäßig vor der Zahlungsunfähigkeit.[43] Das Ergebnis war eine nicht enden wollende Anei-

38 Brenner: Agrarian Roots, S. 239.

39 Geoffrey Parker: Die militärische Revolution. Die Kriegskunst und Aufstieg des Westens 1500–1800 (aus dem Englischen von Ute Mihr), Frankfurt a. M. 1990; Michael Duffy (Hrsg.): The Military Revolution and the State, Exeter 1980. Auch wenn sozialgeschichtliche Analysen in diesen Büchern fehlen, ist ihre Darstellung doch aufschlussreich.

40 Zitiert nach Michael Mann: Geschichte der Macht, Bd. 2, S. 326.

41 Richard Bean: War and the Birth of the Nation State, in: Journal of Economic History, 1/1973, S. 216f.

42 Mann: Geschichte der Macht, Bd. 2, Tabelle 13.2, S. 425; Patrick K. O'Brien/Philip A. Hunt: The Rise of a Fiscal State in England, 1485–1815, in: Historical Research 160/1993, S. 151.

43 Michael Mann (Geschichte der Macht, Bd. 2, S. 294) verweist in Erwiderung auf die manchmal überzogenen Thesen von Charles Tilly zu Recht darauf hin, dass die Fähigkeit der mittelalterli-

nanderreihung von Krisenmaßnahmen – Notkredite, Zwangsanleihen, Entwertung des Münzgeldes, die Verweigerung des Schuldendienstes –, die eine längerfristige finanzielle Stabilität der betroffenen Königshäuser unterminierten. Tatsächlich mussten die meisten europäischen Staaten in den beiden Jahrhunderten nach 1485 immer wieder damit kämpfen, die durch die Kriegführung verursachten Schulden zu finanzieren. Selbst die spanische Krone, die zwischen 1503 und 1660 40 Prozent des in der Neuen Welt geplünderten Silbers bezog, ging hoch verschuldet aus ihren Feldzügen hervor.[44] Vor diesem Hintergrund waren Staaten, die ein stabiles System der Kriegsfinanzierung entwickeln konnten, entschieden im Vorteil.

Dieser Durchbruch gelang dem englischen Staat ab 1689. Verkörpert wurde er durch die 1694 gegründete Bank of England. Doch der Weg zu diesem Durchbruch war weder reibungs- noch alternativlos. Es bedurfte einer längeren Phase von Umwälzungen (1640–1689), um jene tiefgreifenden sozialen Veränderungen einzuleiten, mit denen ältere Formen persönlicher Herrschaft durch eine neue *subjektlose Macht* abgelöst wurden.[45] In diesem Prozess entwickelten sich neue Geldformen im direkten Zusammenspiel mit Krieg, Kolonialismus und Sklaverei.

* * *

Nach Marx und Engels erfordert der Aufbau eines neuen, an die Dynamik des Kapitals gebundenen Staatsapparates eine doppelte Reorganisation der politischen Macht. Die moderne Zivilgesellschaft, so schrieben sie, müsse »nach Außen hin als Nationalität sich geltend machen, nach Innen als Staat sich gliedern«.[46] In ihren Beziehungen zu anderen Staaten muss sich die kapitalistische Macht also zu einer nationalen Einheit verdichten, die sämtliche Truppen der Nation unter ihrem souveränen Kommando mobilisieren kann. Um dazu in der Lage sein, muss sie sich aber auch »als Staat gliedern«, was voraussetzt, dass alle konkurrierenden politischen Mächte der souveränen Herrschaft eines zentralisierten Regierungs- und Verwaltungsapparats untergeordnet werden.

Es ist historisch anerkannt, dass die Umgestaltung des englischen Staates unter der Herrschaft der Tudors (1485–1603) auf eben diesen Prozessen beruhte: politische Zentralisierung und Unterwerfung konkurrierender Machtinstanzen. Die dramatischsten Ereignisse hatten mit den Außen-

chen und frühneuzeitlichen Staaten, sich Ressourcen anzueignen, »kaum besonders beeindruckend« zunahm. Zu Tillys Sicht vgl. Charles Tilly: Reflections on the History of European State-Making, in: Charles Tilly (Hrsg.): The Formation of National States in Western Europe, Princeton 1975, S. 73f.

44 John H. Elliott: Imperial Spain, 1469–1716, New York 1966, S. 203, 282f.

45 Der Begriff der subjektlosen Macht stammt von Heide Gerstenberger (Die subjektlose Gewalt. Theorie der Entstehung bürgerlicher Staatsgewalt, 3. Auflage, Münster 2017), die ihn im Rahmen einer vergleichenden historischen Analyse entwickelt hat.

46 Marx/Engels: Deutsche Ideologie, MEW, Bd. 3, S. 36.

beziehungen »als Nationalität« zu tun. Die protestantische Reformation, die durch die Forderung Heinrichs VIII. nach der Aufhebung seiner Ehe durch den Papst beschleunigt wurde, sorgte dafür, dass die politischen Interferenzen einer ausländischen Macht wie der katholischen Kirche und der ihr treu ergebenen Bischöfe und Prälaten ein Ende hatten. Bereits 1516, vor dem formalen Bruch mit Rom (1532–1534), hatte Heinrich VIII. bekräftigt: »Englands Könige hatten niemals einen anderen Souverän als Gott allein.«[47] Diese Feststellung der Regierung als höchste Autorität auf Erden bildete den Auftakt zu einer Revolution von oben, die die Unteilbarkeit der souveränen Macht des Nationalstaates etablierte. Von nun an sollte ein englischer Untertan nur einer Macht gegenüber loyal sein: dem englischen Staat. Intellektuell untermauert wurde diese Revolution im politischen Bewusstsein durch die Präambel des 1533 Act of Appeals, der von Thomas Cromwell, dem damals mächtigsten Berater Heinrichs VIII., verfasst worden war: »Das Königreich England ist ein Imperium und als solches in der Welt anerkannt worden, regiert von einem die Würde und den königlichen Rang der Reichskrone desselben besitzenden Oberhaupt und König, dem ein Gemeinwesen [...] verpflichtet ist und ihm nächst Gott einen naturgegebenen und untertänigen Gehorsam schuldet.«[48]

Bemerkenswert ist, dass hier von einer einheitlichen Macht *(supreme head)* die Rede ist und England erstmals als Imperium bezeichnet wird. Die Erklärung spricht nicht von einer englischen Herrschaft über andere, etwa Schotten oder Iren, sondern erhebt den Anspruch auf totale (»imperiale«) Herrschaft des englischen Staates über das *englische* Volk. Die souveräne Macht sollte nicht länger mit einer äußeren Autorität wie der römisch-katholischen Kirche geteilt werden, die über riesige Klostergüter, eigene Gerichte und diplomatische Vertretungen verfügte. Die Loyalität englischer Priester und Prälaten sollte nicht länger Kirche und Staat gleichermaßen gelten. Darüber hinaus sollte der König auch keine inneren Konkurrenten unter den großen Lords mehr haben. Zu diesem Zweck schränkten die Tudors die militärischen und politischen Befugnisse des Adels systematisch ein. Die Macht von Gewalt und Krieg lag fortan bei der Krone und ihrem Staatsapparat. »Der größte Triumph der Tudors«, schreibt der Sozialhistoriker Lawrence Stone, »war die letztlich erfolgreiche Durchsetzung des öffentlichen und privaten königlichen Gewaltmonopols.«[49] Die Staatsmacht war nun einheitlich und unteilbar. »Zentraler Bestandteil der Tudor-Revolution«, so ein anderer Historiker, »war das Konzept der nationalen Souveränität.«[50]

47 Zitiert nach Geoffrey R. Elton: England unter den Tudors (aus dem Englischen von Suzanne Annette Gangloff), München 1983, S. 125.

48 Zitiert nach Elton: England unter den Tudors, S. 82. Zur politischen Karriere von Thomas Cromwell vgl. Kapitel VI und VII.

49 Lawrence Stone: The Crisis of the Aristocracy, 1558–1641, New York 1967, S. 97.

50 Elton: England unter den Tudors, S. 160.

In der Begrifflichkeit von Marx hatte die englische Monarchie damit begonnen, sich »nach Innen als Staat zu gliedern«, während sie »nach Außen hin Nationalität geltend machte«. Dennoch wirkten die imperialen Ansprüche zum Zeitpunkt der »Tudor-Revolution« in erster Linie nach innen. So sehr die Tudors ihre Eigenständigkeit als souveräne Repräsentanten des Nationalstaates auch zu festigen vermochten, blieb ihr imperialer Wirkungsradius – die Fähigkeit, »ihre Hände nach fremden Ländern auszustrecken« – doch sehr beschränkt. Der berühmte Historiker Christopher Hill ist der Ansicht, dass der Englisch-Niederländische Krieg von 1652–1654 das »erste staatlich unterstützte imperialistische Abenteuer der englischen Geschichte« gewesen sei, dem allerdings schon bald viele weitere folgten.[51] In den 125 Jahren zwischen der englischen Reformation und dem Ersten Niederländischen Krieg legten neue Beziehungen zwischen Eigentum, Markt und Staat jedoch die Grundlage für eine einzigartige Form des kapitalistischen Kolonialismus – und damit auch für neue Formen des bürgerlichen Geldes und Finanzwesens.

Das Zeitalter der Plünderungen: Einhegung, Enteignung und agrarischer Kapitalismus

Der frühe englische Kolonialismus wies drei charakteristische Merkmale auf, deren Verbindung zur Konsolidierung der kapitalistischen Sozialbeziehungen in England beitrug. Das erste war die relative Schwäche der Krone in den frühen Militär- und Kolonialangelegenheiten, wodurch Privatinteressen direkt in die Kriegsfinanzierung involviert wurden. Die Schwäche der Krone zeigte sich besonders deutlich im Konflikt mit Spanien, der 1585 ausbrach und 18 Jahre lang andauerte. Mit jährlichen Einnahmen von etwa 300 000 Pfund war Elisabeth I. nicht in der Lage, eine militärische Auseinandersetzung mit der beherrschenden imperialen Macht jener Zeit zu führen. Es überrascht daher nicht, dass sich die Königin jahrelang einer aggressiveren Politik gegenüber Spanien verweigerte.[52] Auch wenn ein relativ schwacher Staat den imperialen Ambitionen im Weg stand, förderte er in dieser Phase doch das Entstehen von neuen Formen bürgerlicher Macht – und das wiederum erwies sich als Vorteil, da bürgerliche Vermögen auf diese Weise direkt in den Staatshaushalt einflossen.

Dies war zweitens der Grund, warum der Spanische Krieg von 1585 bis 1604 von Privatkapitalisten – Kaufleuten, Landadel und wohlhabenden Kapitänen – geführt wurde. Dementsprechend ist der frühe englische Kolonialismus richtigerweise auch als ein System der *Freibeuterei*

51 Christopher Hill: A Bourgeois Revolution?, in: John G. A. Pocock (Hrsg.): Three British Revolutions: 1641, 1688, 1776, Princeton 1980, S. 117.

52 Kenneth R. Andrews: Elizabethan Privateering: English Privateering during the Spanish War, 1585–1603, Cambridge 1964, S. 7–10.

beschrieben worden. Zwei Beispiele aus dem Krieg mit Spanien verdeutlichen dies. Über Francis Drakes' Expedition zu den Westindischen Inseln im Jahr 1585 gibt es zahlreiche englische Überlieferungen, doch die Queen stellte nur zwei seiner 25 Schiffe. Die übrigen gehörten Privatinvestoren, die von der Plünderung spanischer Schiffe zu profitieren hofften. Zwei Jahre später wurden von den 23 Schiffen der nach Cádiz aufbrechenden englischen Flotte elf von einem Konsortium Londoner Kaufleute und vier von Händlern aus Plymouth zur Verfügung gestellt, während zwei dem Lord Admiral und sechs der Königin gehörten.[53] Der Krieg war also *unmittelbar* mit Privatinvestitionen und Profitstreben verknüpft. Die Investoren der Kriegszüge erwarteten »Prisen« – insbesondere Waren wie Wein, Oliven, Rosinen, Feigen, Öl und Nüsse – aus spanischen und portugiesischen Schiffen.[54]

Das dritte charakteristische Merkmal des frühen englischen Kolonialismus war die zentrale Rolle des Landadels in Freibeuterei, Handel und Kolonisation. Schätzungen zufolge investierte etwa die Hälfte des englischen Adels zwischen 1575 und 1630 in den Außenhandel; eine Praxis, die es so in Kontinentaleuropa nicht gab. Landbesitzer zählten auch zu den großen Investoren in Aktiengesellschaften, die sich dem Handel und der Gründung von Plantagen-Kolonien widmeten. Tatsächlich bewiesen die Mitglieder des Landadels ein typisch kapitalistisches Interesse für langfristige Investitionen, die auf kurze Sicht möglicherweise keinen Gewinn abwarfen.[55] Bei der Gründung von Plantagen-Kolonien in Irland in der zweiten Hälfte des 16. Jahrhunderts spielten adelige Investoren ebenfalls eine entscheidende Rolle.[56] Handel und Plünderung waren im 16. Jahrhundert nicht nur »untrennbar miteinander verbunden«,[57] beides erforderte auch die Zusammenarbeit von Kaufleuten und Gutsherren. Wenn aber Englands Landadel mit seinem Bekenntnis zu Handel, Plünderung und Kolonisierung einzigartig war, bleibt die Frage: »Wie kam es dazu, dass der Adel in diesem Land und zu dieser Zeit mit der hartnäckigsten Tradition ihrer Klasse in Westeuropa brach?«[58] Zur Beantwortung dieser Frage muss man die Verwandlung der englischen Grundherren (des höheren und niederen Adels) in eine Klasse von Agrarkapitalisten untersuchen – mit anderen Worten, wir müssen die Geschichte der frühneuzeitlichen Ausplünderung des eigenen Landes betrachten, die die Grundlage für die kolonialen Raubzüge in Übersee schuf.

53 Ebd., S. 5, 94, 21.

54 Ebd., Kap. 7.

55 Theodore K. Rabb: Enterprise and Empire: Merchant and Gentry Investment in the Expansion of England, 1575–1630, Cambridge 1967, S. 13, 27, 31, 38f.

56 Vgl. Nicholas Canny: The Elizabethan Conquest of Ireland. A Pattern Established 1565–76, Brighton 1976.

57 Andrews: Elizabethan Privateering, S. 15.

58 Rabb: Enterprise and Empire, S. 13.

* * *

Die Krise der feudalen Produktionsweise im Europa des 13. und 14. Jahrhunderts – die »große mittelalterliche Depression« – zog eine Reihe unterschiedlicher gesellschaftlicher Entwicklungen nach sich. Im östlichen Teil des Kontinents wurde vielerorts, vor allem in Böhmen und Preußen, die Leibeigenschaft wieder eingeführt.[59] In anderen Gebieten, vor allem in Frankreich, zentralisierten absolute Herrscher die politische Macht mit großer Entschlossenheit, hielten gleichzeitig aber an der kleinbäuerlichen Produktion als Grundlage der Staatseinnahmen (über Steuern) fest. In weiten Teilen der Niederlande und in den italienischen Stadtstaaten entwickelten sich auf der Grundlage expandierender Außenhandelsmärkte hochgradig spezialisierte Handelsrepubliken. Hier herrschte das Kapital der Kaufleute vor, ohne dass dies notwendigerweise mit dem Übergang zur entwickelten kapitalistischen Produktionsweise einhergegangen wäre.[60] In England hingegen, wo sich ausgehend von den spätmittelalterlichen/frühneuzeitlichen Veränderungen auf dem Lande agrarkapitalistische Sozialbeziehungen herausbildeten, kam es zu einem derartigen Übergang. Zugegebenermaßen sind zeitliche Einordnung und soziale Ursachen dieses Übergangs unter Historikern umstritten. Aber was die Entstehung eines Agrarkapitalismus im späten Mittelalter und in der frühen Neuzeit in England angeht, sind sich die Geschichtswissenschaften weitgehend einig.[61]

59 Zu Böhmen vgl. Arnošt Klima: Agrarian Class Structure and Economic Development in Preindustrial Bohemia, in: Aston/Philpin: The Brenner Debate, S. 192–212. Zu Preußen vgl. Terence Byers: Capitalism from Above and Capitalism from Below. An Essay in Comparative Political Economy, Houndmills 1996.

60 Es ist unmöglich, der Debatte über die wirtschaftliche Entwicklung der Niederlande an dieser Stelle gerecht zu werden. Meine These, dass es sich um eine hoch entwickelte Handelsrepublik handelte, die von kaufmännischem Kapital beherrscht wurde, habe ich in »Monsters of the Market« skizziert. (Zombies, Vampires, and Global Capitalism, Chicago 2012, S. 35f.) Eine ausgezeichnete Erörterung der Rolle des Krieges in der Entstehung der niederländischen Republik findet sich in: Pepijn Brandon: War, Capital, and the Dutch State, Leiden 2015. Brandon verweist darauf, dass »die Wirtschaft der niederländischen Republik [...] ihre Dynamik spätestens zu Beginn des 18. Jahrhunderts größtenteils verloren« hatte. (S. 266) Robert Brenner und Ellen Meiksins Wood, die beiden Hauptvertreter des »Politischen Marxismus«, waren sich uneinig, ob die Niederlande den Übergang zum Agrarkapitalismus vollzogen hatte. Brenner bejahte dies, Wood war anderer Ansicht. Vgl. Robert Brenner: The Low Countries in the Transition to Capitalism, in: Journal of Agrarian Change, 2/2001, S. 169–241; sowie Ellen Meiksins Wood: The Question of Market Dependence, in: Journal of Agrarian Change, 1/2002, S. 50–87.

61 Der übergeordnete analytische Vergleich stützt sich auf die bahnbrechenden Arbeiten von Robert Brenner (vgl. seine Aufsätze in: The Brenner Debate). Allerdings entferne ich mich von Brenner in Bezug auf zeitliche Einordnung und soziale Akteure. Der größte Unterschied liegt an meiner Einschätzung, dass die soziale Ausdifferenzierung der Bauernschaft eine entscheidende Voraussetzung für die agrarkapitalistische Transformation Englands darstellt. Ausgehend von den Arbeiten von Rodney Hilton und anderen denke ich, dass reiche Bauern die ersten Ansätze zur Einhegung und »Verbesserung« der Landwirtschaft im Zeitraum von 1380 bis 1520 vorantrieben und damit Bedingungen schufen, die sich als förderlich für neue Einfriedungs- und Investitionswellen durch die Grundbesitzer selbst erwiesen. Zu Hiltons Arbeiten vgl. Insbesondere: The English Peasantry in the Later Middle Ages, Oxford 1975; The Decline of Serfdom in Medieval England, London 1969; Bond Men Made Free: Medieval Peasant Movements and the English Rising of 1381, London 1973; und Class Conflict and the Crisis of Feudalism London 1990; sowie: Hilton (Hrsg.): Peasants, Knights and Heretics: Studies in Medieval English Social History, Cambridge 1976. Wie wichtig

Hinsichtlich der zeitlichen Einordnung besteht wenig Zweifel daran, dass »das lange 15. Jahrhundert (1350–1520)« von zentraler Bedeutung ist.[62] Und charakteristisch für die Frühphase dieses Zeitraums wiederum ist der Aufstieg einer Schicht reicher Bauern, die oft als Freibauern *(yeomen)* bezeichnet werden und für die Entstehung einer kapitalistischen Landwirtschaft entscheidend waren. Kehrseite dieses Aufstiegs der Freibauern war die Entstehung einer großen Schicht armer, landloser Bauern, deren Lebensbedingungen zunehmend denen eines Agrarproletariats ähnelten. Bei dem Historiker David Underdown heißt es: »Es war die Konsolidierung der freibäuerlichen Oberschicht, die die Realität des Dorflebens grundlegend änderte.«[63] Doch auch die andere Seite dieses Prozesses sollte nicht ausgeblendet werden: die Proletarisierung der Landarmen.

Der durch den Schwarzen Tod und andere Epidemien verursachte Bevölkerungsrückgang hatte die sozialen und demografischen Rahmenbedingungen radikal verändert, unter denen sich Grundherren und Bauern begegneten. Da sich die Zahl der zur Verfügung stehenden Arbeitskräfte praktisch halbiert hatte, fanden sich die Grundherren in einer vergleichsweise nachteiligen Position wieder. Der Mangel an Arbeitskräften ließ die Löhne stetig ansteigen. Vielleicht noch wichtiger ist, dass die Grundherren, wenn sie Pächter halten oder anlocken wollten, kaum eine andere Wahl hatten, als die Pflichten zu verringern, weniger Dienste zu verlangen und eine attraktive Pacht anzubieten. Die feudalen Bindungen, die noch bestanden, lösten sich allmählich auf: »Zwischen 1350 und 1450 verschwand die Leibeigenschaft weitgehend von den englischen Landgütern.«[64] Das Ergebnis war das berühmte Goldene Zeitalter für die Bauern, gekennzeichnet durch sinkende Pachten und Arbeitsdienste, steigende Löhne und das Verschwinden der Leibeigenschaft.[65] Arme

der Punkt der sozialen Ausdifferenzierung der Bauernschaft ist, hat Terence J. Byers aufgezeigt (Differentiation of the Peasantry under Feudalism and the Transition to Capitalism: In Defence of Rodney Hilton, in: Journal of Agrarian Change, 1/2006, S. 17–68). Ähnliche Modifikationen von Brenners Argumentation finden sich bei: Colin Mooers: The Making of Bourgeois Europe, London 1991. Meine Analyse in »Political Economy and the Rise of Capitalism« (1. Kapitel) ist ebenfalls stark von Hiltons Werk beeinflusst. Ein interessanter Versuch, Brenner in dieser Hinsicht zu verteidigen – oder vielleicht zutreffender: der versucht, Aspekte der kritischen Einwände aufzugreifen und die Brenner-These weiterzuentwickeln – findet sich in: Spencer Dimmock: The Origin of Capitalism in England, 1400–1600, Chicago 2015. Zu den Klassikern der Geschichtswissenschaft, die mit dem hier vorgelegten Grundargument übereinstimmen, gehören Richard A. Tawney: The Agrarian Problem in the Sixteenth Century, London 1912, Nachdruck, New York 1967; William G. Hoskins: The Midland Peasant, London 1957; Margaret Campbell: The English Yeoman under Elizabeth and the Early Stuarts, New Haven 1942; Joan Thirsk: Agrarian Regions and Agrarian History in England, London 1987. Zu den neueren Arbeiten, die für diese Fragen von großer Bedeutung sind, gehören: Dyer: An Age of Transition?; Keith Wrightson: Earthly Necessities: Economic Lives in Early Modern Britain, New Haven 2000; sowie: Whittle: Agrarian Capitalism.

62 Dyer: An Age of Transition?, S. 1.

63 David Underdown: Revel, Riot and Rebellion. Popular Politics and Culture in England, 1603–1660, Oxford 1985, S. 26.

64 Whittle: Agrarian Capitalism, S. 37.

65 Duby: Rural Economy, S. 158

Bauern konnten ihren Lebensunterhalt im Allgemeinen leichter verdienen, mittlere und reichere Bauern prosperierten häufig. Letztere konnten auf diese Weise oft mehr und bessere Grundstücke pachten. Eine ganze Schicht von ihnen begann, Ländereien in Pacht zu nehmen, die früher zu herrschaftlichen Gütern gehört hatten.

Die Motive, warum Grundherren ihre Ländereien nicht mehr direkt bewirtschafteten, waren vermutlich recht einfach. Zum einen war der Einsatz von Leibeigenen immer weniger rentabel, da sich die feudalen Bindungen auflösten und die Pächter dort, wo Arbeitskräfte knapp waren, auf der Suche nach besseren Bedingungen auf andere Güter oder in die Städte fliehen konnten. Gleichzeitig war die Bewirtschaftung der Ländereien mit Lohnarbeitern ausgesprochen kostspielig, da die Löhne aufgrund des Arbeitskräftemangels stiegen. Aus diesen Gründen war es attraktiv, das Land in Pacht oder Erbpacht zu vergeben, sofern sich geeignete Pächter dafür finden ließen. So kam es, dass ein Grundherr nach dem anderen seine Ländereien entweder stückweise wohlhabenderen Bauern oder manchmal auch als Ganzes einem einzigen sehr reichen Pächter überließ. In den Jahrzehnten um 1400 wurden geschätzt etwa 25 Prozent der Anbaufläche englischer Herrenhäuser auf diese Weise verpachtet.[66] Häufig ging dies auch mit einer Umwandlung von Ackerland (zum Anbau von Nahrungsmitteln) in Weideland (Viehweide) einher, da für Letzteres weniger Pächter und Arbeitskräfte erforderlich waren. Entscheidend schließlich war, dass das Weideland eingehegt, also umzäunt werden musste, was einen radikalen Wandel in der Sozialgeografie des englischen Alltags bedeutete, da auf diese Weise das für das bäuerliche Leben so zentrale System der offenen Felder verdrängt wurde.

An dieser Stelle sind einige Worte zum Phänomen der Einhegung *(enclosure)* vonnöten. Im eigentlichen Sinne bezeichnete der Begriff eine räumliche Veränderung, die auf der Errichtung von Hecken und Zäunen beruhte. Doch gewöhnlich bezieht er sich auch auf einen vielschichtigen Transformationsprozess, in dessen Verlauf nicht eingehegte Bauernhöfe (offene Felder) und die damit verbundene Almende einem umzäunten, zunehmend privatisierten landwirtschaftlichen System wichen, das von großen, gewinnorientierten Betrieben mit Lohnarbeitern beherrscht wurde. In dieser Hinsicht implizierte die Einhegung oder Einfriedung auch eine Art Flurbereinigung, da Bauern und frühkapitalistische Landwirte Landstreifen tauschten oder (ver-) kauften, um anstelle von verstreuten Parzellen eine einzige zusammenhängende Einheit zu schaffen. Noch entscheidender war die Vergrößerung *(engrossment)*, bei der wohlhabende Bauern Grundstücke, die zuvor im Besitz von Nachbarn oder Grundherren gewesen waren, aufkauften oder pachteten. Sowohl Ein-

66 Dimmock: Capitalism in England, S. 146.

friedung *(enclosure)* als auch Vergrößerung *(engrossment)* implizierten einen tiefgreifenden sozialen Wandel im traditionellen Gewann *(open-field communities)*[67], in dem Bauern regelmäßig die Felder ihrer Nachbarn überquerten und sich zwischen den von ihnen bestellten verstreuten Ackerstreifen, Brachland, Wäldern und Almenden hin und her bewegten. In der Regel hatten die Dorfbewohner freien Zugang zum Land ihrer Nachbarn, wozu auch das Recht gehörte, das Vieh zu bestimmten Jahreszeiten über die Felder zu treiben. Auch wenn ein solches offenes Feld von einem Haushalt bewirtschaftet wurde, wurde es also gemeinsam genutzt; es war kein Privateigentum im engeren Sinne. Mit der Einhegung wich der relativ kooperative Ethos der Gewann-Gemeinschaft stärker individualisierten und privatisierten Sozial- und Raumbeziehungen.[68] Mit der Privatisierung ging die soziale Ausdifferenzierung einher, denn die Einhegung war auch »eine Methode zur Steigerung von Bodenproduktivität und -rentabilität«.[69] Diejenigen, die einfriedeten, profitierten tendenziell mehr als die weniger wohlhabenden Mitglieder der Gemeinschaft, die stärker an den kommunalen Praktiken hingen; und dies ging im Verlauf der Zeit oft auch auf Kosten der ärmeren Bauern. Mit zunehmender Einhegung (Privatisierung) und Landnahme (Vergrößerung von Einzelbetrieben reicherer Bauern) war nach 1348 in der Ökonomie der englischen Landgüter ein einheitliches Muster zu erkennen. Die Zahl der Pächter ging zurück, die Großbauern übernahmen immer mehr Land, die armen Bauern verloren es.[70]

Anfangs erfolgten Einhegungen und die Vergrößerung der Güter nur in kleinen Schritten. Eine Untersuchung der Einfriedungen vor allem in den mittelenglischen Midlands zeigt, dass viele von ihnen zwischen einem und acht Morgen betrugen.[71] Dies und andere Indizien verweisen darauf, dass die Freibauern *(yeomen)* wahrscheinlich für den größten Teil der Einfriedungen verantwortlich waren.[72] Auch wenn diese Einfriedungen klein gewesen sein mögen, hatten sie im Laufe der Generationen doch Auswirkungen, die weit über das englische Dorf hinausreichten. Bis Mitte des 16. Jahrhunderts waren vermutlich 45 Prozent der englischen Ländereien eingehegt worden.[73] Die Hauptnutznießer waren freie Groß-

67 Beim sogenannten Gewann handelt es sich um eine stark parzellierte, also nicht flurbereinigte Form der Dorfgemeinschaft, bei der die Felder allgemein zugänglich bleiben müssen, weil die Bauern teilweise weit voneinander entfernte Parzelle bestellen. [Anm. d. Ü.]

68 Zum kooperativen Ethos der nicht eingefriedeten Gemeinden vgl. Jeanette M. Neeson: Commoners: Common Right, Enclosure, and Social Change in England, 1700–1820, Cambridge 1993.

69 Joan Thirsk: Tudor Enclosures, London 1959, 4. Kapitel.

70 Whittle: Agrarian Capitalism, S. 196–203; William G. Hoskins: The Age of Plunder. The England of Henry VIII 1500–1547, London 1976, S. 57.

71 Ein Morgen (acre) entspricht etwa 0,4 Hektar. [Anm. d. Ü.]

72 Campbell: Englisch Yeoman, S. 87.

73 J. Ross Wordie: The Chronology of English Enclosure, 1500–1914, in: Economic History Review, 4/1983, S. 484–505.

bauern, die in Gegenden mit Ackerbau bis zu 40 Hektar und in Gegenden mit Weidewirtschaft bis zu 240 Hektar Land bewirtschafteten.[74] Nach normalen Maßstäben konnten sie nicht länger als Bauern gelten. Sie waren gewerbliche Landwirte, die in Einhegungen, Viehbestand, das Mergeln[75] und andere »Verbesserungen« investierten, spezialisierte landwirtschaftliche Waren für den Markt produzierten, dafür häufig Lohnarbeiter anstellten und die Rechte und das Eigentum ihrer ärmeren Nachbarn beschnitten.

In dem Maße, wie offene Felder, Moore und öffentlich zugängliches Brachland in umzäunte Viehweiden verwandelt wurden, begannen die wohlhabenden Großbauern mit ihren Schaf- und Rinderherden auch, die Allmende in Besitz zu nehmen, sich über traditionelle Nutzungspraktiken hinwegzusetzen und den Zugang der Ärmsten zu behindern. Der damit einhergehende Niedergang des Gewann *(open-field system)* und das Verschwinden von Brachland und Allmende führten dazu, dass das Leben der Landarbeiter *(cottager)* und armen Bauern, deren Land für den Lebensunterhalt der Familie nicht ausreichte, immer prekärer wurde. Ohne die Almende, auf der sie ihre Tiere weiden lassen, Holz und Stroh sammeln, jagen, fischen oder Beeren pflücken konnten, war die Reproduktion des Haushalts in Gefahr. Auf diese Weise schritt die Enteignung der armen Bauern voran, während sich Land in den Händen einer kleinen Schicht reicher Bauern konzentrierte. In Cheshunt in Hertfordshire beispielsweise besaß 1484 ein Drittel der Pächter 70 Prozent des Landes. Zu diesem Zeitpunkt waren, so Wrightson, »die englischen *yeomen* voll entwickelt«.[76]

Dieser Prozess war 1522 schon wesentlich weiter fortgeschritten, als die Regierung von Heinrich VIII. eine Vermögensbewertung anordnete, um eine neue Steuer erheben zu können. Die Schätzung ergab, dass es in der Grafschaft Rutland 302 Grundbesitzer gab. Doch fast die Hälfte davon besaß ein Eigentum von nur einem Pfund Sterling pro Jahr. Mit anderen Worten, es handelte sich weniger um Landbesitzer im eigentlichen Sinne als um halbproletarische Angehörige einer Agrargesellschaft, die eine Hütte, ein kleines Haus und/oder ein klein Stück Land besaßen, das zu klein war, um eine Familie zu unterhalten. Am anderen Ende der Skala waren 43 Prozent des Bodens im Besitz von vier Prozent der Landbesitzer. Das Dorf Babergh in South Suffolk zeigt einen noch dramatischeren Fall. Dort besaßen etwa 60 Prozent der in der Erhebung genannten Personen – 1375 von 2277 Bauern – überhaupt kein Eigentum. Zudem gehörten

74 Campbell: Englisch Yeoman, S. 102.

75 Beim Mergeln handelt es sich um eine Technik, um trockengelegte Feuchtgebiete mit Mergelstein landwirtschaftlich aufzuwerten. Kurzfristig verbessert sich dadurch die Bodenqualität, auf längere Sicht nimmt die Fruchtbarkeit allerdings ab (daher auch »Ausmergeln«). [Anm. d. Ü.]

76 Wrightson: Earthly Necessities, S. 101.

620 der als »Landbesitzer« eingestuften 902 Personen ein Stück Land, mit dem sie weniger als ein Pfund pro Jahr erwirtschafteten.[77] Weniger als zehn Prozent der örtlichen Bevölkerung besaß den Großteil des Landes. Bis in die 1520er-Jahre hatte also eine enorme soziale Ausdifferenzierung stattgefunden. Die Bauernschaft konnte nicht mehr als eine einheitliche soziale Klasse beschrieben werden, sondern hatte sich in eine aufstrebende Gruppe kapitalistischer Freibauern auf der einen Seite und eine wachsende Schicht von Landproletariern auf der anderen gespalten, die sich an ein kleines Häuschen und/oder einen winzigen Streifen Land klammerten.

Die Motive, die die Freibauern hierzu veranlassten, müssen, auch wenn sie später in diesem Sinne wirkten, keine spezifisch kapitalistischen gewesen sein. Auch wenn Überschüsse regelmäßig verkauft wurden, beruhte das bäuerliche Leben in der Feudalgesellschaft auf einer Produktion für den Konsum, das heißt für die unmittelbare Subsistenz des Haushaltes. Trotzdem strebten die Bauern fast immer nach einer *geringfügigen Akkumulation* von Land und Vieh.[78] Diese Art des Sparens sollte vor schlechten Jahren schützen, in denen Dürre, Trockenheit und andere Nöte eine *Deakkumulation* der in der Vergangenheit angehäuften Ressourcen notwendig machen könnten. Darüber hinaus motivierte die Aussicht, die eigenen Kinder mit Land, Vieh oder Bargeld zu versorgen, die Haushalte dazu, mehr als den jährlichen Bedarf anzuhäufen. Als kapitalistisch können solche Akkumulationsformen nicht gelten, da sie nicht darauf abzielten, durch Investitionen in Land und Ausrüstung effizienter zu produzieren und so andere marktorientierte Konkurrenten auf dem Markt auszustechen. Stattdessen ging es bei dieser kleinbäuerlichen Akkumulation darum, Ressourcen für die Reproduktion des eigenen Haushalts und seiner Angehörigen anzusparen. Doch sobald Marktmechanismen in den Vordergrund rückten, konnte sich diese Logik kleinbäuerlicher Akkumulation in einem kapitalistischen Sinn weiterentwickeln.

Bevor wir diesem Prozess nachgehen, wollen wir den Einzelfall eines aggressiven freibäuerlichen Landbesitzers betrachten, wie er in den Gerichtsakten des Herrenhauses Hevingham Bishops in Norfolk erwähnt wird.[79] Es geht um Robert Bisshop, einen Großpächter, der aus einer alteingesessenen Familie des Gutes stammte. Im Juli 1529 wurde Bisshop zu einer Geldstrafe verurteilt, weil er Land in der Nähe der »großen Einfriedung des Lords«, eine von ihm gepachtete zehn Hektar große Weidefläche, eingezäunt hatte. Im Oktober desselben Jahres wurde er beschul-

77 Hoskins: Age of Plunder, S. 30–32.

78 Dieses Argument habe ich bereits ausgeführt, und zwar in: Political Economy and the Rise of Capitalism, S. 5f.

79 Bei den folgenden Ausführungen stütze ich mich auf Whittle: Agrarian Capitalism, S. 59–62.

digt, das illegal eingefriedete Land in Weideland verwandelt zu haben. Im August 1530 wird Bisshop angeklagt, weil er sich geweigert hatte, »armen Pächtern« gegen angemessene Bezahlung das Weiden ihrer Tiere auf dem Pachtland zu gestatten, wie es traditionell üblich und in Bisshops Pachtvertrag festgelegt war. Im Juli 1533, vier Jahre nach der ursprünglichen Anklage, hatte Bisshop, wie die Aufzeichnungen des Gutes zeigen, seine illegale Einhegung immer noch nicht beseitigt.

Dieser Fall ist bemerkenswert, weil er verdeutlicht, wie aggressiv ein Freibauer gegen die Gewohnheitsrechte armer Pächter vorgehen konnte. Er legt nahe, dass die soziale Ausdifferenzierung zu Konflikten zwischen kapitalistischen Landwirten und zunehmend verarmten, halbproletarisierten Landarbeitern führte. Bezeichnend ist auch die Aggressivität, mit der sich Bisshop dem Grundherrn widersetzte und eine Einfriedung aufrechterhielt, die dieser für illegal erklärt hatte.[80] Im Laufe der Zeit jedoch verbündeten sich die Grundherren – nicht zuletzt, weil sie selbst im großen Stil einzäunten – immer häufiger mit diesem aggressiven und »fortschrittsorientieren« Bauernstand.

Auch wenn wohlhabende Bauern ursprünglich die treibende Kraft waren, so erkannten die Grundherren doch bald die Vorteile von Einfriedung, Landnahme und Vertreibung. Entscheidend hierfür war, die traditionellen *copyhold*-Verträge zu lösen, die so hießen, weil ein Nachweis dieser gewohnheitsmäßigen Vereinbarungen, die oft auch einen auf die Kinder vererbbaren Pachtanspruch umfassten, in den Abschriftsrollen oder rechtlichen Unterlagen des Herrenhauses festgehalten wurde. Im späten 14. und frühen 15. Jahrhundert konnten diese Vereinbarungen gelöst werden, indem man das Pachtland in die gutsherrliche Domäne überführte. Dies geschah nicht nur, weil durch den massiven Bevölkerungsrückgang viel Land frei brach lag, sondern weil Bauern von Gütern flohen, auf denen die Grundherren versuchten, Leibeigenschaft und/oder hohe Abgaben durchzusetzen. Auf dem Gut Forncett in Norfolk hatte sich der Grundherr 1378 auf diese Weise bereits ein Viertel des gesamten Gewohnheitslandes angeeignet.[81] Anfangs wurden diese Ländereien zur Pacht angeboten, doch viele Grundherren dürften darauf gehofft haben, später wieder ein klassisches Untertanenverhältnis etablieren zu können. Doch in den 1520er-Jahren wurde die Verpachtung für Grundherren ausgesprochen lukrativ, da die Bevölkerung wieder zunahm.[82] Da die Preise stiegen und die Nachfrage nach Land wuchs, konnten die Grundbesitzer die Pacht regelmäßig erhöhen. Dies bedeutete, dass Land immer häufiger zu Marktpreisen ver-

80 Interessanterweise wurde Bisshop zur Strafe der Pachtvertrag für die »große Einfriedung« entzogen. Dies scheint ihn jedoch nicht ernsthaft abgeschreckt oder einen nennenswerten Statusverlust in der Dorfgemeinschaft nach sich gezogen zu haben.

81 Whittle: Agrarian Capitalism, S. 70f.

82 Siehe R. Brian Outhwaite: Inflation in Tudor and Stuart England, London 1969. Zu den Auswirkungen dieser Preissteigerungen siehe Wrightson: Earthly Necessities, 5. Kapitel.

pachtet wurde, die dem entsprachen, was die wohlhabendsten Freibauern zahlen konnten. Gleichzeitig gerieten die kleinen und mittleren Bauern, die mit den steigenden Pachtzinsen und Bodenpreisen nicht mithalten konnten, immer massiver unter Druck. Im 16. Jahrhundert verfügten sieben Achtel der freien Pächter über weniger als acht Hektar Land, was als Minimum für das Überleben eines Haushalts galt.[83] Umgekehrt sahen sich die wohlhabenden Landwirte, die Land akkumulierten, um sich auf die Marktproduktion zu spezialisieren, aufgrund steigender Pachtpreise und der Konkurrenz durch andere Freibauern immer stärker zu Investitionen in die Produktivität der landwirtschaftlichen Arbeit gezwungen. Auch die Grundherren hatten nun einen Wettbewerbsanreiz, Geld in ihre Ländereien zu stecken: Sie hegten ein, legten Land trocken oder bewässerten und unternahmen vieles andere mehr, um die wohlhabendsten Pächter anzulocken, die in der Lage waren, die höchsten Marktpreise zu zahlen.

Durch diese Prozesse wurden sowohl die wohlhabenden, für den Markt produzierenden Landwirte als auch die Grundbesitzer (die Investitionen tätigten, um die Pächter – und ihre Pacht – anzulocken) zunehmend *marktabhängig*. Bei den Landwirten hing das Einkommen davon ab, dass sie Produktivitätsstandards erfüllten und Waren zu wettbewerbsfähigen Preisen produzieren konnten. Die Grundherren ihrerseits konnten nur dann hohe Pachtpreise verlangen, wenn sie langfristige Kapitalinvestitionen (in Erfassung, Einfriedung, Trockenlegung oder Bewässerung, Düngung usw.) in Land und Güter getätigt und somit Standards des landwirtschaftlichen Fortschritts erfüllt hatten. Es ist kein Zufall, dass aus dieser Zeit einige der frühesten englischen Traktate über Landvermessung und landwirtschaftlichen Fortschritt stammen, so etwa Anthony Fitzherberts »Husbandry« und »Surveying« (beide aus dem Jahr 1523) oder Thomas Tussers »A Hundred Good Points of Husbandry« (1557). Das Land sollte nun vermessen, kartiert und eingefriedet, Tätigkeiten wie Aussaat und Düngung konkurrenzfähig gemacht werden.

Die optimierten Höfe besaßen Marktvorteile, doch zur Steigerung ihrer Erträge, durch die sich wohlhabende Pächter anlocken ließen, waren aggressive Methoden notwendig. Ein kaufmännisch denkender Gutsherr konnte die Gebühren für die Übernahme des Lands durch einen neuen Pächter erhöhen oder Pächtern Gewohnheitsrechte wie das Weiden von Tieren auf Hügeln und Brachland oder den Anbau von Feldfrüchten auf Gutsparzellen verweigern.[84] Er konnte Brach- und Almendeland mit eigenem Vieh überweiden oder die Laufzeit von Verträgen verkürzen, um so die Pacht bei jedem neuen Abschluss erhöhen zu können – eine Praxis, die auch als »Folterpacht« *(rack renting)* bekannt wurde. Als

83 John E. Martin: From Feudalism to Capitalism: Peasant and Landlord in English Agrarian Development, London 1983, S. 129.

84 Beispiele aus Dyer: An Age of Transition?, S. 81–85.

die Bevölkerung um 1520 langsam wieder wuchs und einige Jahrzehnte später auch die Pachtzinsen zu steigen begannen, konnten sich diese Methoden ausgesprochen bezahlt machen. In Whitby verdoppelte Sir John Yorke in den 1540er-Jahren die Pachtzinsen für seine Ländereien. Und im Zeitraum zwischen 1530 und 1580 vervierfachte sich der Preis, der für kleine Parzellen auf dem Landgut Hevingham verlangt werden konnte.[85] In einem zunehmend wettbewerbsorientierten Umfeld unternahmen die Grundherren auch große Anstrengungen zur Ausweitung des von ihnen verpachteten Landes. Wenn das Gut bereits umgewandelt war, stellte die Einhegung offener Felder und Almenden oft den nächsten, für die Kleinbauern fatalen Schritt dar. Die soziale Ausdifferenzierung der Bauernschaft kam dem nach »Landverbesserung« strebenden Grundherren bei seinen Bemühungen zugute, da sie, wie der Historiker Rodney Hilton anmerkt, »den Zusammenhalt der mittelalterlichen Dorfgemeinschaft zerstörte« und dadurch einen koordinierten Widerstand der Bauern erschwerte.[86]

Die Ergebnisse der agrargeschichtlichen Forschung legen nahe, dass zwischen 1600 und 1760 mehr Land eingehegt wurde als in jedem anderen Zeitraum – auch mehr als während der großen, parlamentarisch abgesegneten Einhegung im 18. Jahrhundert. In diesem Zeitabschnitt nutzten große Teile des niederen und höheren Adels ihre soziale Macht, um in großem Stil das zu tun, was die *yeomen* (Freibauern) von etwa 1380 bis 1520 in kleinen Schritten verfolgt hatten: Sie betrieben die Einhegung und Expansion ihres Landbesitzes so energisch, dass dadurch das Überleben der armen Bauern in Gefahr geriet. In diesem Prozess verwandelten sie sich in kapitalistische Grundbesitzer, also eine Klasse, die in die Produktivität des Bodens investierte, um für den Markt und mit Lohnarbeit produzierende Pächter anzulocken, und dafür Marktpreise verlangte. Auf der anderen Seite produzierte die Enteignung der Bauern eine Klasse besitzloser Arbeiter, die schneller wuchs, als neue Produktionsprozesse sie hätten absorbieren können. Im Zeitraum zwischen 1560 und 1625 beispielsweise verzwölffachte sich die Zahl der vagabundierenden Bevölkerung in England, was das Ausmaß der ablaufenden Vertreibungsprozesse erahnen lässt.[87] Dieses aus den drei Gruppen *Grundherr/Kapitalist, pachtender Landwirt* und *Lohnarbeiter* bestehende Sozialsystem müssen wir vor Augen haben, wenn wir das England zur Zeit der Revolution der 1640er-Jahre als *agrarkapitalistische* Gesellschaft bezeichnen.

85 Wrightson: Earthly Necessities, S. 135, 139.

86 Hilton: The English Peasantry, S. 168.

87 A. Lee Beier: Social Problems in Elizabethan London, in: Journal of Interdisciplinary History, 2/1978, S. 203–221, hier S. 204f. Vgl. auch Paul Slack: Poverty and Policy in Tudor and Stuart England, London 1988.

Allerdings wäre die Umwandlung der englischen Landbesitzerklasse in kapitalistische Großgrundbesitzer ohne die Ausplünderung der kirchlichen Besitzungen, wie sie von der englischen Reformation ermöglicht wurde, in dieser Form und Geschwindigkeit nicht möglich gewesen. Wir haben die Bedeutung der Reformation für das Entstehen eines einheitlichen und souveränen englischen Staates bereits thematisiert. Nicht weniger wichtig waren jedoch ihre ökonomischen Folgen.

Die jährlichen Nettoeinnahmen der Kirche beliefen sich im Jahr 1535 wahrscheinlich auf etwa 400 000 Pfund. Der König hingegen nahm auf den Ländereien der Krone bestenfalls ein Zehntel dieses Betrags ein, seine jährlichen Gesamteinnahmen betrugen vielleicht 100 000 Pfund, also etwa ein Viertel dessen, was die Kirche verdiente.[88] Nicht besonders verwunderlich ist daher, dass sich Heinrich VIII., der in den Kriegen der 1520er-Jahre seine Steuereinnahmen verheizte, begehrlich dem Reichtum der Kirche zuwandte. Angesichts steigender Kriegskosten war die Haushaltslage des Staates so dramatisch, dass Heinrich 1529 einen sieben Jahre zuvor aufgenommenen Kredit einfach für nichtig erklärte. 1534 unternahm sein oberster Minister, Thomas Cromwell, einen ersten Angriff auf das Kirchenvermögen und ließ der Krone Zahlungen von etwa 40 000 Pfund pro Jahr überweisen. Ein Jahr später, als der Streit des Königs mit Rom eskalierte, kam es in weiten Teilen Nordenglands zu einem Aufstand, bei dem sich die Auflehnung des hohen und niederen Adels gegen Cromwells Zentralisierungspolitik, der Widerstand des Klerus gegen den Bruch mit Rom und die Unzufriedenheit der Bauern mit den Einfriedungen miteinander vermischten. Als dieser Aufstand im Norden zusammenbrach, handelten Heinrich und Cromwell schnell: Sie hängten wichtige Opponenten wegen Hochverrats und beschlagnahmten Klöster, große Abteien sowie den Besitz derjenigen, die sich ergeben hatten. Durch diese Enteignungen erhöhte die Krone ihre jährlichen Einnahmen um weitere 100 000 Pfund, was den jährlichen Revenuen des Königs zu Beginn von Cromwells Amtszeit fünf Jahre zuvor entsprach. Doch der König und sein oberster Minister gaben sich damit noch lange nicht zufrieden. Im Jahr 1542 wurden 700 irische Klöster aufgelöst. Drei Jahre später wurde der König durch ein Dekret ermächtigt, auch andere kirchliche Einrichtungen zu beschlagnahmen, wodurch etwa 90 Universitäten, 1010 Krankenhäuser und mehr als 2000 Kapellen und Kirchen in seinen Besitz kamen.

Möglicherweise hätte diese enorme Steigerung von Einnahmen und Eigentum die Entwicklung eines autonomeren Zentralstaats finanzieren können. Doch Heinrich VIII. wurde immer tiefer in Kriege verwickelt, was ihn dazu zwang, seine Beute zu verschleudern. 1543 erklärte der König

88 Bei den folgenden Ausführungen über Krone und Kirche stütze ich mich auf Elton: England under the Tudors, S. 143–149, und Hoskins: Age of Plunder, S. 121–136.

Schottland und Frankreich den Krieg, drei Jahre später, nachdem er zwei Millionen Pfund für seine Feldzüge ausgegeben hatte, schloss er Frieden. Selbst die Erhebung außerordentlicher Steuern zwischen 1540 und 1547, die 650 000 Pfund in die königlichen Kassen spülte, brachte nur ein Drittel dieser Ausgaben ein. Um Geld aufzutreiben, verkaufte der König Ländereien der Krone, insbesondere jene, die man den Klöstern abgenommen hatte. Insgesamt nahm die Regierung auf diese Weise weitere 800 000 Pfund ein, was genug war, um sich über Wasser zu halten und Auslandskredite zurückzuzahlen. Doch die Aufgabe riesiger Ländereien (und der damit verbundenen Erträge) machte die Krone langfristig von fremden Geldgebern abhängig.

Was der König verlor, gewann die reiche, Handel treibende *gentry*, der niedere Adel. Denn diese Adeligen – und dazu gehörten auch die jüngeren Söhne, die als Kaufleute, Fabrikanten, Anwälte und Staatsbeamte Karriere machten – kauften den Großteil der Ländereien. Die Beute der Krone wurde auf diese Weise aufgeteilt, wovon der kaufmännisch orientierte Teil der landbesitzenden Klasse am stärksten profitierte. Darüber hinaus entwickelte sich in diesen Jahren ein dynamischer Immobilienmarkt, auf dem Grundbesitz zu für die damalige Zeit außergewöhnlichen Preisen den Besitzer wechselte. Ebenso bedeutsam war, dass eine neue Schicht erfolgreicher Geschäftsleute – wohlhabende Tuchhändler, Kaufleute und reiche Freibauern, die fleißig Ländereien der Krone aufgekauft hatten – in die Grundherrenklasse aufstieg.[89] Das Ergebnis dieser Entwicklung war ein beeindruckendes Wachstum von Umfang und Gesamtvermögen des Landadels. 1565 befanden sich bereits drei Viertel der Güter von Norfolk im Besitz von *gentry*-Familien; 35 Jahre zuvor war es nur die Hälfte gewesen.[90]

Während wohlhabende Freibauern *(yeomen)* ab 1370 anderthalb Jahrhunderte lang Hauptakteure des landwirtschaftlichen Wandels gewesen waren, wurden sie nun zunehmend von den Grundherren überholt. Einhegung und Kapitalinvestitionen ins Land nahmen neue Ausmaße an. Im 17. Jahrhundert wurde doppelt so viel Land eingefriedet wie in jedem anderen Jahrhundert davor oder danach. Wie erwähnt, wurden zwischen 1600 und 1760 fast 30 Prozent des englischen Landes eingehegt.[91] Der Grundstücksmarkt war so dynamisch, dass zwischen 1500 und 1700 vermutlich ein Viertel des englischen Bodens (oft mehrmals) den Besitzer wechselte und das Land auf diese Weise in immer weniger Händen konzentriert wurde. »Profiteure dieser Entwicklung«, so der Agrarhistoriker Frederick M. L. Thompson, »waren Großgrundbesitzer und Adel, Verlierer zu etwa gleichen Teilen die Bauern sowie die institutionellen Eigentümer

89 Wrightson: Earthly Necessities, S. 142f.; Hoskins: Age of Plunder, S. 136–138.

90 Wrightson: Earthly Necessities, S. 144.

91 Wordie: Chronology of English Enclosure, S. 502, 495.

Krone und Kirche.«[92] Für die kleinen Pächter lief die Entwicklung darauf hinaus, dass sie ihr Land – wegen Räumungstiteln, erhöhten Gebühren bei der Verlängerung der Pachtverträge, der Einhegung der Almende oder stark steigenden Pachtzinsen – verlassen mussten, sodass sich schließlich bis zu drei Viertel des Landes in den Händen von Großgrundbesitzern befand. Die große Welle der Einhegungen, die durch das im Parlament 1773 verabschiedete Inclosure Act gestützt wurde, vollendete die Zerschlagung der englischen Bauernschaft zwischen 1760 und 1830. Die entscheidende Wende allerdings war schon viel früher erreicht, wie die folgende Tabelle zeigt.

Tabelle 2.1:
Zahl der landlosen Arbeiter in England und Wales, 1086–1640

Jahr	Bevölkerung (in Millionen)	% der nicht an ein Landgut gebundenen Bauern	Zahl der landlosen Bauern
1086	1,1	6	66 000
1279	3,3	10	330 000
1381	2,1	2	42 000
1540–1567	2,8–3,0	11–12	308 000–360 000
1600–1610	3,75	35	1 312 500
1620–1640	4,5–5,5	40	1 800 000–2 200 000

Quelle: Lachmann: From Manor to Market[93]

Selbstverständlich ist mit solchen Zahlen vorsichtig umzugehen. Doch außer Frage steht, dass sie den grundlegenden Trend richtig erfassen. Um 1640 waren etwa vier von zehn Bauern nicht mehr an ein Gut gebunden – fast vier Mal so viel wie ein Jahrhundert zuvor. Und von diesen Bauern waren etwa zwei Millionen völlig landlos. Es handelte sich um eine durch und durch proletarisierte Bevölkerung, zu der sich weitere Millionen gesellten, die sich an ihre Hütte und die verbliebenen Almende-Rechte klammerten und mit Subsistenzwirtschaft sowie Lohnarbeit gerade so über die Runden kamen. Die folgende Tabelle vermittelt einen Eindruck davon, wie schnell die Proletarisierung voranschritt:

92 Frederick Michael L. Thompson: The Social Distribution of Landed Property in England since the Sixteenth Century, in: Economic History Review, 3/1966, S. 515.

93 Richard Lachmann: From Manor to Market: Structural Change in England, 1536–1640, Madison 1987, S. 129.

Tabelle 2.2:
Anteil der als Lohnarbeiter beschäftigten Bauern in England 1096–1688

Jahr	Prozentsatz von als Lohnarbeiter beschäftigten Bauern
1086	6
1279	10
1381	2
1540–1559	11
1550–1567	12
1600–1610	35
1620–1640	40
1688	56

Quelle: Lachmann: From Manor to Market[94]

Der Aufstieg des Kapitalismus war ein gesellschaftlicher Transformationsprozess und kein einmaliges Ereignis. Dennoch können wir mit einiger Sicherheit sagen, dass die englische Gesellschaft zu Mitte des 17. Jahrhunderts agrarkapitalistisch geprägt war.[95] Der Feudalismus und die klassische Ökonomie des Lehensgutes waren tot oder im Sterben begriffen, was auch für die traditionelle Bauernschaft das Aus bedeutete. Die großflächige, marktorientierte Landwirtschaft dominierte das Wirtschaftsleben, und Höfe, die von einer kommerziellen Grundbesitzerklasse verpachtet und von kapitalistischen Landwirten mithilfe von Lohnarbeitern bewirtschaftet wurden, bestimmten das Bild. Hinzuzufügen ist, dass viele Lohnarbeiter als Knechte dienten und nicht als idealtypische »freie Lohnarbeiter« angestellt waren (ein Punkt, auf den wir im nächsten Kapitel zurückkommen werden). Zwischen 1574 und 1821 machten Knechte zwischen einem Drittel und der Hälfte der landwirtschaftlichen Arbeitskräfte aus.[96] Ähnliche Formen der Arbeitspflicht gab es in Form sogenannter Lehrverträge auch in der verarbeitenden Industrie. In dieser und vielen weiteren Hinsichten entwickelten sich rasch wachsende

94 Ebd., S. 17.

95 Dimmock: Capitalism in England (z. B. S. 155) verortet den »Ursprung« des Kapitalismus im 15. Jahrhundert. Dafür gibt es angesichts der sozialen Umwälzungen dieser Zeit einige Argumente. Ich halte jedoch die Darstellung für überzeugender, dass sich die kapitalistische Transformation um 1640 durchgesetzt hatte – allerdings war eine Neuordnung der Staatsmacht (die Revolutionen der 1640er-Jahre und 1688–1689) erforderlich, um diese Transformation unumkehrbar zu machen.

96 Ann Kussmaul: Servants in Husbandry in Early Modern England, Cambridge 1981, S. 3f., 11.

Industrien gemeinsam mit der kapitalistischen Umstrukturierung auf dem Land und in Verbindung mit Zwangsformen der kolonialen Arbeit.[97]

Von zentraler Bedeutung ist auch die Art und Weise, wie diese Metamorphosen eine radikale Monetarisierung der Beziehungen unter den Menschen sowie zwischen den Einzelpersonen und dem Land nach sich zogen und wie all dies den Aufstieg einer von einem abstrakten Raum bestimmten sozialen Welt beförderte. Zum einen war das Land nun in erheblichem Ausmaß kommodifiziert: Sein Wert war nicht mehr durch gemeinschaftliche Erinnerungen und ein Zugehörigkeitsgefühl definiert, sondern wurde durch Pachtzinsen und Preise ermittelt. Zu den älteren bäuerlichen Praktiken hatte die Wiederherstellung des sozialen Raums durch jährliche Umzüge gehört, bei denen die Mitglieder einer Gemeinschaft die Grenzen der Gemeinde, des Dorfes und seiner Bestandteile abschritten und mündlich an Grenzen, gemeinsame Rechte und Praktiken erinnerten. Die Bauern zeichneten mit ihren Körpern die gemeinsame Zugehörigkeit zum Land nach. Im Zusammenhang mit diesen traditionellen Praktiken, die zweifellos auch repressive Aspekte aufwiesen, wurden Land und Menschen integriert; das Ritual war Ausdruck der gemeinsamen Geschichte und gemeinschaftlichen Beziehungen. Das eingefriedete Land hingegen wurde abgegrenzt, vermessen und monetarisiert; es war, mit Ausnahme der unmittelbaren Besitzer, von allen abgetrennt und aus den gemeinschaftlichen und traditionellen Beziehungen herausgelöst. Gegen die Konkretheit von Körpern und kollektiven Geschichten postulierte das eingehegte Land die Vorherrschaft des Geldes und der abstrakten Bewertung. Ein Stück Land war so viele Hektar groß und konnte eine Ernte im Wert von so und so viel Geld pro Hektar erwirtschaften. Die Kartierung, die vor 1500 in England auf dem Land praktisch unbekannt war, spiegelte diese Restrukturierung des Landes in abstrakte Raumeinheiten wider – Gebiete ohne Bewohner und deren Geschichte der Zugehörigkeit. Kommodifiziertes Land stand dem Meistbietenden offen und sollte zur Erwirtschaftung des größtmöglichen monetären Überschusses genutzt werden. Dass es der Schauplatz familiärer Geschichten war, spielte im von Preisen, Profiten und Pachterträgen beherrschten monetären Kalkül keine Rolle. Das eingehegte und kommodifizierte Land war durch das geometrische Wissen von abstrakten Formen und Räumen bestimmt. Durch die Reduktion von allem auf »Zahl, Gewicht und Maß« ahmten die baconschen Reformer des 17. Jahrhunderts die quantifizierende Rationalität des Marktes nach, auf dem alles in der monetären Logik *abstrakter Zahlen* gemessen wird. Und das

97 Es gibt inzwischen eine umfangreiche Literatur über die frühe Industrialisierung, die ich zum Teil in meinem Buch »Against the Market: Political Economy, Market Socialism, and the Marxist Critique« (London 1983, S. 24–42) erörtert habe. Für eine umfassende und wesentlich aktuellere Übersicht und Analyse vgl. Michael A. Zmolek: Rethinking the Industrial Revolution: Five Centuries of Transition from Agrarian to Industrial Capitalism in England, Leiden 2013.

newtonsche Konzept des abstrakten Raums sollte dieses intellektuelle Vorhaben nur auf eine höhere, exaktere Ebene heben.[98]

Mit dem Aufstieg des Kapitalismus begann das Geld praktisch alle ökonomischen Transaktionen zu vermitteln – Pachtzahlungen, Ernteverkäufe, den Erwerb von Konsum- und Investitionsgütern, Anleihen und Kredite, Lohnzahlungen. Die Maßstäbe des Marktes durchdringen die Transaktionen des Alltags. Geld bestimmt, wer Land und Nahrung bekommt und wer enteignet wird. Damit einher geht die Kolonialisierung des Lebens durch die abstrakten Mengengrößen von Waren und Preisen. Zudem restrukturiert eine solche sozioökonomische Ordnung aber auch den Horizont erlebter Erfahrungen; letztere werden durch die gesellschaftliche Physik abstrakten Raums und abstrakter Zeit neu kalibriert. Ein Geograf hat dies als den »Sieg der Entkörperlichung« bezeichnet, da der Körper nicht länger das räumliche und zeitliche Maß vorgibt.[99] Stattdessen wird der Körper nun der Phänomenologie des Geldes und des Marktes unterworfen und in mathematisierten Kategorien von Raum und Zeit neu definiert. Entkörperlichung bedeutet, dass das Land nicht mehr mit den eigenen Füßen in einer Prozession, sondern nur noch über Preissignale auf dem Markt erfasst wird. Nicht die gemeinschaftliche Erinnerung stellt die Verbundenheit zum Land her, sondern die (entfremdete) gesellschaftliche Synthese des Geldes. In fundamentalster Hinsicht ist die Monetarisierung also ein Sieg des Abstrakten über das Konkrete.

All dies ist bei der Eroberung Irlands durch Cromwell sichtbar, der wir uns im nächsten Kapitel zuwenden werden. Dort kümmerte sich William Petty, ein baconscher Sozialreformer und Pionier der politischen Ökonomie, in den 1650er-Jahren um die Vermessung von 22 irischen Grafschaften. Das Land der irischen Bauern und ihrer Grundherren wurde auf diese Weise dem Gesetz der Zahlen unterworfen, quantifiziert und in Raster eingeteilt, um es besser enteignen und einhegen zu können. Pettys berühmte Katastervermessung unterwarf Irland nicht nur dem Blick des Betrachters, sondern auch der quantifizierenden Logik des Geldes – und all dies unterstützt von Waffen und Terror. Die Welt wurde tatsächlich neu betrachtet: durch die Brille des Profits und der Enteignung.[100]

An dieser Stelle sollte deutlich geworden sein, wie die englische Grundbesitzerklasse auf in Europa einzigartige Weise zu Pionieren des Handels, der Ausplünderung und Kolonisierung werden konnte. Es war eine nach kapitalistischen Maßstäben umgestaltete Klasse. Wenn sich

98 Zu Bacon und seinem Einfluss im England des 17. Jahrhunderts vgl. McNally: Political Economy and the Rise of Capitalism, S. 36–40 (zu Zahl, Gewicht und Maß vgl. S. 38). Zum abstrakten Raum, vgl. Henri Lefebvre: The Production of Space, London 1991. Eine interessante Debatte über die sich verändernden Landschaften des ruralen Kapitalismus findet sich bei: Matthew Johnson: An Archaeology of Capitalism, London 1996.

99 Derek Gregory: Geographical Imaginations, Oxford 1994, S. 392.

100 Zu Petty und der Katastervermessung (Down Survey), vgl. McNally: Political Economy and the Rise of Capitalism, S. 47–49.

ein Sozialkritiker des Jahres 1550 beklagte: »Händler wurden die Herren / und Herren nutzten den Handel« *(marchaundyse)*, brachte er die einzigartige Verbindung von großen Kaufleuten und Fabrikanten mit dem niederen Landadel in England und das Eintauchen der Grundbesitzer in die Welt des Handels und der Waren auf den Punkt – die Welt des »marchaundayse«.[101] Die englischen Großgrundbesitzer waren eine Klasse, die an Raub (durch Einhegung und Vertreibung der Bauern), Akkumulation und landwirtschaftliche Investition gewöhnt war. Es war nicht schwer, diese Praktiken auf die Ozeane und andere Kontinente zu tragen.

Handelskriege: Eroberung, Kolonisierung, Versklavung

1550 hatte der englische Landadel die großen Aufstände des Vorjahres gegen Einhegung und Vertreibung erfolgreich niedergeschlagen. Die Unruhen von 1549 waren so heftig gewesen, dass über sie zurecht gesagt worden ist, sie seien »das, was im England der Tudors einem Klassenkrieg am nächsten kam«.[102] Die Aufstände, deren Zentrum Norfolk war, waren eine Reaktion auf eine Vielzahl sozialer und religiöser Missstände, doch in ihrem Mittelpunkt stand der Widerstand gegen die Einhegung.[103] Die Aufständischen rissen Zäune und Hecken nieder, ließen ihr Vieh auf den Brachflächen weiden und forderten die Wiederherstellung der traditionellen kleinbäuerlichen Rechte sowie die Absenkung von Pacht und Abgaben. Wären sie erfolgreich gewesen, hätten sie dem Agrarkapitalismus »möglicherweise die Flügel gestutzt«.[104] Die Niederlage der Aufständischen jedoch ebnete der plündernden Klasse und der ersten großen Welle englischer Kolonisierung den Weg.

Mitglieder des englischen Landadels versuchten zunächst, den Agrarkapitalismus nach Irland zu exportieren. Ab 1565 schmiedeten sie Pläne, um die einheimische Bevölkerung von ihrem Land zu vertreiben und Platz für englische Siedler zu schaffen, darunter viele Soldaten. Kolonisierung und Landnahme waren so eng miteinander verknüpft, dass die Begriffe »Kolonie« und »Pflanzung« *(plantation)* weitgehend austauschbar verwendet wurden.[105] Die englischen Kolonisatoren waren nicht nur gut im Einhegen, sondern auch Experten bei der Anwendung von Waffengewalt. 1574 massakrierten sie alle etwa 600 Einwohner von Rathlin Island, bevor sie zum Weihnachtsfest desselben Jahres einige Hundert Anhänger von Brian McPhelim

101 Anonymous: A ruful complaynt of the publyke weale to England, London 1550. Vgl. auch den Hinweis von John U. Nef, wonach die wirtschaftlichen Interessen des englischen Landadels und der Kaufleute in der Zeit von 1540–1640 »tendenziell identisch wurden«. In: Industry and Government in France and England, 1540–1640, Ithaca 1964, S. 9.

102 John Guy: Tudor England, Oxford 1988, S. 208.

103 Vgl. die ausgezeichnete Studie von Andy Wood: The 1549 Rebellions and the Making of Early Modern England, Cambridge 2007, S. 56, 60.

104 Stanley T. Bindhoff: Ket's Rebellion, London 1949, S. 9.

105 Nicholas Canny: Kingdom and Colony. Ireland in the Atlantic World 1560–1800, Baltimore 1988, S. 13.

O'Neill und seiner Familie auslöschten. Humphrey Gilbert, englischer Militärführer in Irland, machte das Massaker zur offiziellen Politik, als er befahl, dass »die Häupter all derer [...] die in der Schlacht getötet wurden, von ihren Körpern abgeschnitten« und vor seinem Zelt ausgelegt werden sollten, um alle Iren, die ihn aufsuchten, in Angst und Schrecken zu versetzen.[106] Eroberung, Enteignung, das Anlegen von Pflanzungen und Terror wurden als integrale Bestandteile des siedler-kolonialen Programms verstanden. Und obwohl die Ergebnisse der Kolonialprojekte 1565–1576 durchwachsen waren, etablierten sie ein Muster der Eroberung, das dann auch in Amerika (und in den 1650er-Jahren in Irland selbst) zum Einsatz kam. Tatsächlich machten sich englische Familien, die sich in Irland als »Abenteurer« hervorgetan hatten, später häufig daran, Plantagen in Virginia zu errichten.[107] Damit folgten sie dem Beispiel Gilberts, der 1583 in Neufundland den ersten kolonialen Außenposten Englands in Nordamerika gründete.

Zu den charakteristischen Merkmalen der Besetzung Irlands im späten 16. und frühen 17. Jahrhundert gehörte es, dass die Eroberer die Bedeutung der marktorientierten Landwirtschaft betonten und die »Landverbesserung« als Rechtfertigung heranzogen. Der Jurist, Schriftsteller und Kolonisator Sir John Davies war einer der wichtigsten Architekten der englischen Imperialherrschaft in Irland. In einem 1610 verfassten Brief an den Earl of Salisbury legte er die rechtlichen und moralischen Gründe für die Aneignung irischen Landes dar:

> »Seine Majestät ist im Gewissen verpflichtet, alle rechtmäßigen und gerechten Mittel anzuwenden, um sein Volk aus der Barbarei in die Zivilisation zu führen [...] Sie [die Iren] würden nie, bis ans Ende der Welt nicht, Häuser bauen, Städte oder Dörfer errichten, das Land angemessen düngen oder verbessern; daher entspricht es weder der christlichen Politik noch ist es guten Gewissens zu ertragen, ein so gutes und fruchtbares Land wie eine Wildnis brachliegen zu lassen, wenn seine Majestät es rechtmäßig an solche Personen verteilen kann, die darauf eine zivile Pflanzung errichten.
>
> [...] denn die Hälfte ihres Landes liegt nun brach, und was bewohnt ist, ist nicht einmal zur Hälfte des Wertes verbessert.«[108]

Dieses Dokument ist insofern faszinierend, als es mehr als ein Dreivierteljahrhundert vor John Lockes »Two Treatises of Government« das Ethos der ökonomischen Optimierung zur moralischen Verteidigung der

106 Zitiert nach Canny: Elizabethan Conquest of Ireland, S. 122. Diese Darstellung stützt sich auf Canny: Elizabethan Conquest, S. 65–74, 154.

107 Canny: Elizabethan Conquest, S. 92; David B. Quinn: Raleigh and the British Empire, New York 1962; David B. Quinn: The Roanoke Voyages, 1584–90, 2 Bde., Cambridge 1955; Canny: Kingdom and Colony, S. 29, 100f., 105.

108 John Davies: Historical Tracts, London 1786, S. 288.

kolonialen Ausplünderung heranzieht. Irisches Land wird als Brachland *(waste)* bezeichnet – denselben Begriff sollte Locke für das Land der amerikanischen Ureinwohner geltend machen – und ist ein Anzeichnen der »Barbarei«. Selbstverständlich war diese Aussage bereits als Begründung für die Einfriedung von Almende und Brachflächen in England selbst verwendet worden. Doch die Ausweitung auf den siedler-kolonialen Kontext war von großer Bedeutung; es war ein Hinweis darauf, dass sich der Agrarkapitalismus mit einem globalen Projekt kolonialer Eroberung verbinden sollte.[109]

Dies war jedoch unmöglich, ohne zuvor Spanien zu besiegen, dessen Monarchie »das größte Überseeimperium, das die Welt je gesehen hat«, geschaffen hatte.[110] Die direkten Feindseligkeiten begannen im Mai 1585, als die Besatzungen englischer Schiffe in spanischen Häfen festgenommen und ihre Waren beschlagnahmt wurden. Sofort ersuchten die englischen Kaufleute ihre Regierung, sie zu Vergeltungsmaßnahmen zu ermächtigen, das heißt um die Erlaubnis, spanische Schiffe bewaffnet zu überfallen und sich an deren Waren *privat* zu bereichern. Im Sommer stachen die ersten privaten Kriegsflotten in See, kurz darauf machte sich Francis Drake zu den Westindischen Inseln auf. In den folgenden 18 Jahren bis zum Ende des Krieges im Jahr 1603 wurden Hunderte von Privatflotten gegründet. Auf dem Höhepunkt des Konflikts (1589–1591) machten sich in einem Zeitraum von drei Jahren über 200 Privatschiffe zu Plünderungen auf.[111] Bei diesen Fahrten handelte es sich um nichts anderes als um – staatlich autorisierte – Piraterie, die von Investoren aus dem niederen Adel finanziert wurde.[112] Bis in die 1650er-Jahre wurden die englischen Seekriege auf dem Globus in erster Linie in Form solcher Kaperfahrten ausgetragen. Der Staat war zwar Partner dieser Expeditionen und legte einige Bedingungen fest, aber es handelte sich um ein Geschäft mit Privatinvestoren, in dem politische Ziele des *Staates* verfolgt wurden. Wie bereits erwähnt stellte die Queen bei Drakes Raubzug in der Karibik im Jahr 1585 nur zwei der 25 Schiffe. Imperiale Kriegsführung als *private-public partnership*.

In dieser Hinsicht waren die Muster des frühen englischen Kolonialismus im Westen und im Osten sehr unterschiedlich. Im Osten dominierte der Handel, der sich häufig auf große, von Londoner Kaufleuten kontrollierte Handelskonzerne (wie die Levant und die East India Company)

109 Canny: Kingdom and Colony, S. 79f. diskutiert diese Darstellung des Kolonialismus als »Landverbesserung«.

110 Ellen Meiksins Wood: Das Imperium des Kapitals (aus dem Amerikanischen von Harald Etzbach), Hamburg 2003, S. 54f. Für eine allgemeine Geschichte, siehe Elliott: Imperial Spain.

111 Andrews: Elizabethan Privateering, S. 2–4.

112 Wie Andrews feststellt, läuft die »Unterscheidung zwischen Kaperfahrt und Piraterie« auf die rein rechtliche Frage hinaus, ob eine Plünderung mit oder ohne Kommissionsurkunde stattfindet (Elizabethan Privateering, S. 5).

stützte. Im Westen hingegen ging der Handel mit einer Siedlerkolonisierung und der Entwicklung der Plantagenwirtschaft einher. Kleinere Händler und Kaufleute, die nicht zu den privilegierten Netzwerken der städtischen Elite gehörten, spielten, häufig im Bündnis mit Investoren aus dem niederen Adel, eine wichtige Rolle bei der Kolonisierung Amerikas. In den Jahren vor der englischen Revolution der 1640er-Jahre treten diese »neuen Kaufleute« als dynamischste Gruppe unter den Handelskapitalisten zunehmend in den Vordergrund.[113] Die neuen Kaufleute beschränkten sich nicht auf das reine Handelsgeschäft, Waren von einem Markt zum anderen zu transportieren, sondern fingen an, in den aufstrebenden Plantagenkolonien in die Rohstoffproduktion und bald auch schon in die Sklaverei zu investieren. Wie Brenner schreibt, brachen die neuen Händler mit den Praktiken der großen städtischen Kaufleute und der East India Company, die »keine Risiken eingehen oder die neuartigen Investitionen in der Plantagenproduktion tätigen wollten, die der koloniale Handel erforderlich machte«. Für die Handelselite bedeutete dies, dass sie im Konkurrenzkampf mit den neuen Kaufleuten zusehends ins Hintertreffen geriet. In den 1620er-Jahren beispielsweise waren alle Unternehmen, die ursprünglich für den Kolonialhandel mit Amerika gegründet worden waren, bereits wieder zusammengebrochen, weil das große städtische Handelskapital nicht bereit gewesen war, in Arbeitskräfte und Produktionsmittel zu investieren. Von nun an wurde »die beschleunigte koloniale Entwicklung [...] von einer völlig anderen Gruppe von Händlern betrieben«.[114] Die amerikanischen Kolonialhändler, die nach 1620 an Bedeutung gewannen, schlugen einen neuen Weg ein, der auf der direkten Bereitstellung von Arbeitskräften basierte: Man finanzierte die Überfahrt von quasi leibeigenen Arbeitern *(indentured servants)*, deren Vertragsknechtschaft von den Plantagenbesitzern gekauft wurde. Es sollte nicht lange dauern, bis viele Händler auch in Sklavenschiffe und die Finanzierung der landwirtschaftlichen und agroindustriellen Produktion investierten.[115]

Die neuen Kaufleute konnten es sich jedoch nur selten leisten, alleine zu operieren, und suchten daher in der Regel Verbündete in den landbesitzenden Klassen, um die erforderlichen Investitionen aufbringen zu können. Sie fanden diese ohne größere Probleme unter den Kapitalisten aus dem niederen Adel. Tatsächlich investierte etwa die Hälfte der englischen Adligen zwischen 1575 und 1630 in Handelsgeschäfte, wobei fast

113 Wie Robert Brenner in »Merchants and Revolution« (London 2003) nachweist.

114 Robert Brenner: The Social Basis of English Commercial Expansion, 1550–1650, in: Journal of Economic History, 1/1972, S. 374. Siehe auch Brenner: Merchants and Revolution, S. 89, 113–116.

115 Richard Pares: Merchants and Planters, London 1960, S. 7. In dieser Hinsicht gingen die neuen Kaufleute über das klassische Verhalten kaufmännischer Kapitalisten hinaus, die »in den Bestand und nicht direkt in die Produktion« investieren, wie John R. Gillis feststellt (Islands in the Making of an Atlantic Oceana, in: Jerry H. Bentley/Renate Bridenthal/Karen Wigen (Hrsg.): Seascapes: Maritime Histories, Littoral Cultures, and Transoceanic Exchanges, Honolulu 2007, S. 28.

1200 Angehörige des niederen und höheren Adels Kapital in Aktiengesellschaften einbrachten, die auf Handelsunternehmungen in Übersee spezialisiert waren.[116] Vor allem in den ersten Jahrzehnten waren es in der Regel Grundherren, die die finanzielle und organisatorische Führung übernahmen. Obgleich die Adeligen keine Probleme mit Plünderung hatten, waren sie doch auch federführend beim Übergang von der Freibeuterei zu Siedlungspolitik und Investitionen in Grundbesitz.[117] Schnell fand sich für das Kolonialgeschäft eine Gestalt wie Sir Humphrey Gilbert, mit dem die Eroberung von Land über die bloße Ausplünderung hinausging.[118] Die adeligen Kolonisatoren zeigten ein bemerkenswertes kapitalistisches Gespür für langfristige Investitionen. Sie verwendeten die Überschüsse aus Pachten und landwirtschaftlichen Erträgen, um sie in Kolonialprojekte zu stecken, die erst nach einigen Jahren Gewinn erwirtschaften würden.[119] Ihr Vorgehen hatte sicherlich mit den stattlichen Gewinnen zu tun, die sie in ihrer Heimat mit Einfriedung und »Verbesserung« des Landes erzielt hatten und durch die ihnen vor Augen geführt worden war, dass Land einen erstklassigen Vermögenswert darstellt.

Für die Plantagenkolonien mussten – anders als bei der kommerziellen Ausplünderung, wie sie beispielsweise die East India Company betrieb – Arbeitskräfte organisiert werden. Auch hier nahm die herrschende Klasse Englands eine Vorreiterrolle ein. Ausgehend vom »Bevölkerungsüberschuss«, wie er in Großbritannien durch Einhegung und Vertreibung entstanden war, schufen sie ein transatlantisches System zur Versorgung mit Arbeitskräften, das auf der »Vertragsknechtschaft« *(indenture)* beruhte, die in Großbritannien eine lange Geschichte hatte.[120] Landwirtschaftliche Knechtschaft war für viele junge Erwachsene aus bäuerlichen Familien eine Übergangstätigkeit: Die Mehrheit der in der Landwirtschaft tätigen Lohnarbeiter im frühneuzeitlichen England hatten eine Zeit als Knecht verbracht und waren für ein Jahr an einen Herrn gebunden gewesen. Außerdem konnte dem Gesetz zufolge jede unverheiratete und besitzlose Person unter 60 Jahren zum Dienst gezwungen

116 Rabb: Enterprise and Empire, S. 27, 38f.

117 »Von Anfang an waren sie die wichtigsten Verfechter der Plantagenwirtschaft.« (Kenneth R. Andrews: Trade, Plunder and Settlement, Cambridge 1984, S. 18.)

118 Andrews: Elizabethan Privateering, S. 17, 189f. (Sir Humphrey Gilbert (1537–1583) gilt als einer der Pioniere des englischen Kolonialismus. Er war militärischer Abenteurer, Gouverneur von Nordirland und Mitglied des englischen Parlaments. Von ihm stammt die im Buch erwähnte Aufforderung, die Köpfe irischer Aufständischer vor seinem Zelt zur Schau zu stellen. Nach dem brutalen Krieg gegen die irische Zivilbevölkerung wandte er sich der Eroberung Neufundlands zu. [Anm. d. Ü.)

119 Rabb: Enterprise and Empire, S. 41f.

120 Mit »Bevölkerungsüberschuss« ist hier natürlich kein demografisches Verhältnis, sondern der Umstand gemeint, dass verarmte Kleinpächter und landlose »Vagabunden« für die kapitalistische Landwirtschaft gesellschaftlich überflüssig wurden. Es sei auch darauf hingewiesen, dass die Versklavung indigener Völker viel verbreiteter war als allgemein angenommen, obwohl die führenden Akteure in dieser Hinsicht Spanien und die Siedler waren, die durch die spanische Kolonialtätigkeit nach Amerika kamen.

werden.[121] Auch in englischen Manufakturbetrieben war die Lehrzeit oft mit einer Vertragsknechtschaft von bis zu sieben Jahren verbunden. Aber für ein *transnationales* System der Vertragsknechtschaft – und eine regelrechte Industrie des Exports unfreier Arbeiter aus Großbritannien in die Neue Welt – war eine riesige Reservearmee von Arbeitskräften notwendig, wie sie mit der ursprünglichen kapitalistischen Akkumulation auf dem Lande entstanden war.

Tatsächlich übertraf England im 17. Jahrhundert alle Konkurrenten in diesem Bereich. Obgleich die durchschnittliche Bevölkerungszahl bei unter fünf Millionen Menschen lag, entsandte das Land im Laufe des Jahrhunderts 700 000 Arbeiter in die Migration, von denen etwa eine halbe Million in die britischen Kolonien der Neuen Welt auswanderten.[122] Ein Siebtel der Bevölkerung und einen wesentlich höheren Prozentsatz der jungen Erwachsenen zu exportieren ist bemerkenswert. Es ist ein Ausdruck der Massenenteignung von Kleinbauern während der ursprünglichen Akkumulation und des raschen Anstiegs der Arbeitsproduktivität durch die Entwicklung des Agrar- und des aufkommenden Industriekapitalismus. Das Geschäft mit dem massenhaften Export von Arbeitskräften erforderte beträchtliche Investitionen, unter anderem in Kleidung und Transportmittel. Beträchtlich waren allerdings auch die Profite derjenigen, die den Export der Arbeitskraft finanzierten. Die Gewinne, die dabei erzielt wurden, waren praktisch ein Vorschuss auf jenen Mehrwert, den die ausgewanderten Arbeiter in den folgenden drei bis fünf (manchmal auch mehr) Jahren erwirtschaften würden, die sie sich zum Plantagendienst verpflichtet hatten.

Der Massenexport von Arbeitskräften untermauerte Englands frühen Erfolg in der kolonialen Besiedlung und der Plantagenproduktion. Eine der Ursachen, warum England in dieser Zeit die Niederlande in Kolonialproduktion und -handel so weit hinter sich lassen konnte, bestand in diesem Export »weißer« Vertragsknechte, der eine Vorwegnahme des groß angelegten Handels mit versklavten Afrikanern darstellte.[123] Um 1700 hatten die Engländer auf dem amerikanischen Kontinent 17 Kolonien mit einer Fläche von etwa 100 000 Quadratmeilen und einer Bevölkerung von 400 000 Menschen gegründet. Frankreich, dessen einheimische Bevölkerung viermal und dessen Kolonialreich doppelt so groß war, hatte nur 70 000 Menschen, die Niederlande weniger als 20 000 Siedler

121 Vgl. Kussmaul: Servants in Husbandry.

122 Ich stütze mich hier auf die Zahlen, die Henry A. Gemery nennt: Markets for Migrants. English Indentured Servants and Emigration in the Seventeenth and Eighteenth Centuries, in: Peter C. Emmer (Hrsg.): Colonialism and Migration. Indentured Labour before and after Slavery, Leiden 1986, S 38.

123 Aus den Niederlanden wurden nicht nur sehr viel weniger unfreie Arbeiter exportiert als aus England, sondern ein viel größerer Prozentsatz scheint auch nicht-landwirtschaftliche Tätigkeiten ausgeübt zu haben. Vgl. Ernst van den Boogaart: The Servant Migration to New Netherland, 1624–1664, in: Emmer: Colonialism and Migration.

in die Neue Welt geschickt.[124] Infolgedessen blieb der niederländische Kolonialismus handelsorientiert, während sich die Engländer bei der Produktion von Plantagenwaren einen großen Vorsprung verschafften. So sehr die Niederlande aufgrund der globalen Ausdehnung des kaufmännischen Kapitals in internationalen Handelsnetzwerken auch prosperierten, gelang ihnen doch der Übergang zu einem globalen System von auf Zwangsarbeit beruhender Warenproduktion nicht wirklich.[125] Über einen längeren Zeitraum hinweg hatten die niederländischen Kaufleute in ganz Europa eine Führungsrolle im schändlichen Geschäft mit versklavten Afrikanern inne, obwohl England ihnen schließlich auch in dieser Hinsicht den Rang ablaufen sollte. Doch von Anfang an übertraf England seine europäischen Konkurrenten bei der Durchsetzung der auf Sklaverei beruhenden *Produktion* in der Neuen Welt. Das historische Verhältnis war ganz anders als jene formalistischen Ansätze behaupten, die Kapitalismus und Sklaverei bzw. Leibeigenschaft als gegensätzlich betrachten. Denn die erste voll entfaltete kapitalistische Weltmacht war der größte Verkäufer und Ausbeuter von Sklavenarbeit.

Wir werden weiter unten auf die einzigartige Verschränkung von Krieg, Kolonialismus und Sklaverei zurückkommen, wie sie der erste echte kapitalistische Nationalstaat hervorbrachte. Um jedoch verstehen zu können, wie sich Großbritannien an die Spitze des Sklavenhandels und der auf Sklaverei beruhenden Warenproduktion katapultierte, müssen wir die politischen Umwälzungen nachzeichnen, die aus den Revolutionen 1640 bis 1660 resultierten und die die Voraussetzungen für die globale kapitalistische Entwicklung schufen.

Ein enthaupteter König und ein neues Imperium

Die Geschichte der englischen Revolution ist schon oft und gut erzählt worden.[126] Nach der Hinrichtung des Königs schafften die Anführer der Revolution die Monarchie und das vom Adel beherrschte Oberhaus für einige Jahre ab, machten diese Maßnahmen 1660 aber wieder rückgängig, da die Ermordung des Königs (in Gestalt seines ersten Körpers) zur Rettung des Königs (in Gestalt seines zweiten) zu leicht als Aufforderung zu Subversion und Aufruhr verstanden werden konnte. Doch mussten entscheidende (bürgerliche) Errungenschaften der Revolution auch nach der

124 Nuala Zahedieh: The Capital and the Colonies: London and the Atlantic Economy, 1660–1700, Cambridge 2010, S. 32f.

125 David Eltis: The Rise of African Slavery in the Americas, Cambridge 2000, S. 14, 36, 53.

126 Sehr gute Quellen finden sich bei Christopher Hill: The World Turned Upside Down, Harmondsworth 1968; A Century of Revolution, London 1969; Intellectual Origins of the English Revolution Revisited, Oxford 1997; Brian Manning: The English People and the English Revolution, London 1976; Michael Walzer: The Revolution of the Saints. A Study in the Origins of Radical Politics, Cambridge 1982; Henry N. Brailsford: The Levellers and the English Revolution, Stanford 1961; sowie Ian Gentles: The New Model Army in England, Ireland, and Scotland, 1645–1653, Oxford 1992.

Wiederherstellung der Monarchie beibehalten werden, die für die neue Ordnung der Dinge zentrale Bedeutung hatten. Zusammengefasst waren dies die Abschaffung der willkürlichen Befugnisse des Königs, die Beseitigung der letzten Überbleibsel der königlichen Gerichtsbarkeit über das adelige Eigentum und die Zerschlagung bäuerlicher Rechte. Durch diese Maßnahmen emanzipierten sich die Agrarkapitalisten von den Zwängen, die ihnen von oben und von unten auferlegt gewesen waren. Eine Reihe rechtlicher Änderungen erwiesen sich als entscheidende Errungenschaften der 1640er-Jahre. Erstens wurden die Rechtsbefugnisse der Monarchie durch die Abschaffung von Institutionen wie der Sternkammer[127], den Hochkommissaren und dem Council of the North massiv beschnitten. Die Steuererhebung ohne Zustimmung des Parlaments wurde für illegal erklärt. Der Triennial Act forderte die Neuwahl und Einberufung eines Parlaments alle drei Jahre, wodurch die von den Stuarts gepflegte Praxis, jahrelang, manchmal jahrzehntelang kein Parlament einzuberufen, unmöglich gemacht wurde. Die Bischöfe wurden aus dem Oberhaus ausgeschlossen, und die Regierung war nun in erster Linie den im Parlament versammelten Grundherren rechenschaftspflichtig. Ebenso bedeutend war die Abschaffung der feudalen Lehen und des Court of Wards, wodurch das Privateigentum einen absoluten, nicht mehr durch Pflichten gegenüber der Krone beschränkten Status erhielt. Auf diese Weise wurden die Grundbesitzer, wie Christopher Hill geschrieben hat, »von willkürlichen Erbschaftssteuern befreit, und ihr Land zu einer Ware, die ge- und verkauft sowie mit Hypotheken belastet werden konnte; dies begünstigte langfristige Kapitalinvestitionen in die Landwirtschaft«.[128] Ab Ende der 1640er-Jahre richtete sich eine Reihe von Gesetzen, die die Sicherheit von Pacht- und Erbpachtverträgen untergruben und damit weitere Einfriedungen erleichterten, zudem auch gegen das bäuerliche Eigentum.

Die Revolution versetzte nicht nur den inneren Gegnern der neuen kapitalistischen Ordnung einen Schlag, sondern bereitete auch den Angriff auf Englands äußere Feinde vor. Unter der Herrschaft von Oliver Cromwell und der Generäle (1646–1658) dehnten Englands neue Herrscher ihren globalen Wirkungsradius aggressiv aus, indem sie Flotte und Handel ausbauten und Sklaverei und Kolonisation forcierten.[129] Die Navigation Acts von 1651 setzten beispielsweise fest, dass alle von den Engländern und ihren Kolonien produzierten und gehandelten Waren mit englischen Schiffen transportiert werden mussten. Dies war eine

127 Bei der Star Chamber handelte es sich ebenso wie beim Council of the North um königliche Schiedsgerichte. [Anm. d. Ü.]

128 Hill: A Bourgeois Revolution?, S. 116.

129 Eine sehr nützliche Quelle zu diesem Thema ist Christopher Hill: God's Englishman. Oliver Cromwell and the English Revolution, New York 1970, Kap. 5–6.

entscheidende Maßnahme gegen die niederländische Vorherrschaft in Welthandel und Schifffahrt und löste 1652 bis 1654 den ersten von mehreren Kriegen aus. Bei diesem englisch-niederländischen Krieg handelte es sich nicht mehr um einen von Freibeutern geführten Feldzug, sondern, wie es Hill formuliert hat, um »das erste vom Staat getragene imperialistische Abenteuer der englischen Geschichte«.[130] Zu diesem Zweck wurde die britische Marine zwischen 1651 und 1660 um mehr als 200 Schiffe vergrößert. Zur gleichen Zeit setzte eine von der Regierung angeführte Eroberung Irlands ein. Das 1652 erlassene Gesetz zur Besiedlung der Insel erlaubte die Beschlagnahmung von zwei Dritteln des irischen Landes und die Übertragung an Siedler-Kolonisten. Trotz der Massaker, zu denen es in der Folgezeit kam, erreichten die Eroberer ihr Ziel nicht. Doch die Enteignungen waren massiv, und Irland wurde zur Beute des englischen Siedlerkolonialismus. Es sollte nicht der letzte derartige Fall bleiben.

Die herrschende Klasse von England war jedoch nicht nur darum bemüht, die Niederlande aus Handel und Seefahrt zu verdrängen, sondern richtete ihre Begehrlichkeiten auch auf Spaniens amerikanische Besitzungen. Der Krieg mit Spanien wurde bald zu Cromwells Tagesbefehl. Obwohl seine Truppen an einigen Fronten scheiterten, gelang es ihnen 1655, Jamaika einzunehmen, was sich als bedeutsamer Sieg erweisen sollte. Die Navigation Acts schrieben bereits vor, dass die Versklavten, die für englische Kolonien bestimmt waren, auch in englischen Schiffen transportiert werden mussten. Nachdem die Engländer den Niederlanden militärische Niederlagen zugefügt und Jamaika erobert hatten, konnten sie sich nun noch intensiver dem Sklavenhandel widmen: Ihre Schiffe verschleppten in der zweiten Hälfte des 17. Jahrhunderts mehr als 350 000 Afrikaner in die Sklaverei der Neuen Welt. Die 1672 gegründete Royal African Company verschiffte allein in den 1680er-Jahren 60 000 Afrikaner nach Amerika. Mit dem Aufschwung des afrikanischen Handels wurden die in Vertragsknechtschaft stehenden unfreien europäischen Arbeiter zunehmend durch versklavte Afrikaner ersetzt. 1650 beispielsweise lebten in Nordamerika und der Karibik etwa 100 000 englische Siedler, dagegen nur einige Tausend versklavte Afrikaner. 50 Jahre später waren es 260 000 englische Siedler und 150 000 versklavte Afrikaner. Barbados erlebte eine rasante Metamorphose. In den 20 Jahren nach 1640 verfünfzigfachte sich die Zahl der versklavten Afrikaner auf der Insel.

Diese Verschiebung hin zu afrikanischer Zwangsarbeit hat sowohl ökonomische als auch politische Motive. Der ab 1660 zu beobachtende Anstieg der englischen Löhne ließ den Zustrom von Schuldknechten abnehmen und trieb ihren Preis in die Höhe, während gleichzeitig der Bedarf nach Arbeitskräften auf den Plantagen der Neuen Welt wuchs.

130 Ebd., S. 117.

Gemeinsame Aufstandsversuche von unfreien Kontraktarbeitern und Versklavten in Barbados und Virginia sorgten für den politischen Anstoß, eine »Rassentrennung« voranzutreiben (indem man erst einmal »Rassen« schuf), um das Gefühl gemeinsamer Interessen zu brechen.[131] Aus diesen und anderen Gründen stammten um 1700 bereits drei Viertel aller Neuankömmlinge in diesen Regionen aus Afrika.[132] Im ersten Jahrzehnt des 18. Jahrhunderts beförderten britische Schiffe mehr als 100 000 versklavte Afrikaner. Bis zur Abschaffung des Handels 1807 waren die Engländer die führende Sklavenhändlernation in Europa.

Im folgenden Kapitel werden wir einen genaueren Blick auf die Wechselbeziehung zwischen Kapitalismus und Plantagensklaverei werfen. Für den Augenblick ist der Hinweis entscheidend, dass das englische Kapital mit dem Geschäft der Sklaverei eng verflochten war. Ein Beispiel hierfür ist Maurice Thomson, den Robert Brenner als »den größten Kolonialkaufmann seiner Zeit« bezeichnet hat. [133]

Um 1600 im englischen Hertfordshire in einer angesehenen Familie geboren, lebte Thomson ab 1617 in Virginia, wo er seine Karriere mit etwa 40 Hektar Land begann. Doch er begnügte sich nicht damit, Plantagenbesitzer in Virginia zu sein, sondern wurde bald auch in der Karibik als Kaufmann, Siedler und Sklavenhändler tätig und dehnte seine Geschäfte schließlich bis nach Ostindien aus. Im Jahr 1626 rüstete er drei Schiffe aus, kaufte an der westafrikanischen Küste 60 Versklavte und lieferte sie an einen Plantagenbesitzer auf St. Kitts. Die Rückreise traten seine Schiffe mit einer Ladung von 20 000 Pfund Tabak an. Einige Jahre später mischte er im heutigen Kanada im Pelzhandel mit. In den späten 1630er-Jahren führte er einige überaus erfolgreiche Raubzüge gegen spanische Besitzungen in Amerika, 1642 finanzierte er die Freibeuter des Earl of Warwick, wodurch er zum Großgrundbesitzer auf Barbados wurde und eine Zuckerfabrik gründen konnte. Ab 1649 finanzierte er Cromwells Plünderungen in Irland, wofür ihm etwa 4000 Hektar Land in Ulster versprochen wurden. Sklaverei, Handel, Plünderung und die Verwaltung der Plantagenproduktion waren also ineinandergreifende Tätigkeiten, die sich gegenseitig höchst profitabel ergänzten. Im Jahr 1634 verschickte Thomson die größte Tabaklieferung, die Virginia bis dahin gesehen hatte: etwa 155 000 Pfund, was einem Viertel der gesamten Jahresausfuhren

131 Vgl. Susan Dwyer Amussen: Caribbean Exchanges. Slavery and the Transformation of English Society, 1640–1700, Chapel Hill 2007, S. 154–173; Richard S. Dunn: Sugar and Slaves. The Rise of the Planter Class in the English West Indies, 1624–1713, New York 1972, S. 72f.; Daniel P. Mannix: Black Cargoes. A History of the Atlantic Slave Trade, Harmondsworth 1976, S. 60–66. Zur theoretischen und politischen Konstruktion des Konzepts vgl. Theodore Allen: The Invention of the White Race, 2 Bde., London/New York 1994 [Bd. 1 auf Deutsch: Die Erfindung der weißen Rasse. Rassistische Unterdrückung und soziale Kontrolle (aus dem Amerikanischen von Dagmar Ganßloser und Jürgen Schneider), Berlin 1998; Anm. d. Ü.]; und David Roediger: The Wages of Whiteness. Race and the Making of the American Working Class, London/New York 1991.

132 Eltis: Rise of African Slavery, S. 38f., 49.

133 Brenner: Merchants and Revolution, S. 115.

entsprach. Natürlich war die Tabakernte seiner Besitzungen in Virginia, ebenso wie die Produkte seiner karibischen Plantagen, mit Sklavenarbeit produziert worden.[134]

1647 war Thomson bereits ein prominenter Vertreter dieser Händler–Plantagenbesitzer in London. Zu diesem Zeitpunkt stand bereits fest, dass der Einsatz von Staatsgewalt für die Expansion des englischen Kolonialismus unerlässlich war. Bald übte Thomson großen Einfluss auf Cromwells Handels- und Kolonialpolitik aus und profitierte, wie bereits erwähnt, enorm von der Invasion des Lordprotektors in Irland. Möglicherweise war Thomson Autor des Navigation Act von 1651; ohne jeden Zweifel war er »die rechte Hand von Cromwells *western design*« – einem Projekt zur Einverleibung der spanischen Besitzungen in Amerika.[135]

Obwohl sein Einfluss enorm war, stellt Thomson in vielerlei Hinsicht doch einen typischen Vertreter jener Plantagenbesitzer-Kaufleute dar, die plünderten, Handel trieben, versklavte Menschen (ver-)kauften und unfreie Arbeiter ausbeuteten, um Weltmarktprodukte wie Tabak und Zucker zu produzieren.[136] Sein Fall wirft auch ein Licht darauf, wie sich der englische Staat direkt am globalen Austausch von Waren, Geld und versklavten Afrikanern beteiligte. Das Blut des Commonwealth zirkulierte nun auf den transatlantischen Handelswegen – und floss durch die Körper versklavter Afrikaner. In diesen blutigen, blutgetränkten Kreisläufen entwickelten sich neue Formen des Finanzwesens.

134 Meine Darstellung von Thomson basiert auf James E. Farnell: The Navigation Act of 1651, the First Dutch War, and the London Merchant Community, in: Economic History Review, 3/1964, S. 443f.; Brenner: Merchants and Revolution, S. 115, 118, 135, 158, 127, 134; und Gerald Horne: The Apocalypse of Settler Colonialism. The Roots of Slavery, White Supremacy, and Capitalism in Seventeenth-Century North America and the Caribbean, New York 2018, S. 15, 48.

135 Hill: God's Englishman, S. 160. In Anlehnung an Farnell: Navigation Act, spricht Hill (S. 131) von Thomson als Urheber des Gesetzes von 1651.

136 Siehe Brenner: Social Basis of English Commercial Expansion, S. 382.

4 —— Blut im Wasser: Kolonialismus, Sklaverei und die Geburt des modernen Geldes

»In diesem ruhigen Raum mit seiner Eichentäfelung und seinem türkischen Teppich, seinen Regalen voller Bücher und Almanache wäre es für die beiden schwierig gewesen, sich ein realistisches Bild von den Zuständen auf dem Schiff oder der Natur des Handels an der Küste von Guinea zu machen [...] Sich die Dinge auszumalen ist schlecht fürs Geschäft, es ist undynamisch. Der Schrecken erdrückt den Verstand, wenn man ihm zu viel Raum lässt. Wir haben Diagramme und Tabellen und Bilanzen, die uns helfen, geschäftig und sicher im Reich des Abstrakten zu bleiben.«

Barry Unsworth: Sacred Hunger[1]

Die Entwicklung des englischen Kapitalismus nach 1650 ähnelt der Aussicht am Rande eines weltumfassenden Strudels. Die kolonialen Stürme, die durch Krieg, Plünderung und Sklaverei heraufzogen, verdichteten sich zu Hurrikans. Kriegsschiffe hatten die Niederländer aus Englands Ostseehandel, seinen ostindischen Niederlassungen und aus Neu-Amsterdam vertrieben. Den Spaniern hatte man Jamaika entrissen. Versklavte Afrikaner wurden in englische Schiffe gepfercht und in einem bis dahin unvorstellbaren Ausmaß in die Sklaverei der Neuen Welt verkauft. Ein fürchterliches Unwetter aus Raub und hemmungsloser Gewalt zog auf, das einer neuen imperialen Machtordnung den Weg bereiten sollte.

Zwei Jahrhunderte später sollte Marx die Kräfte identifizieren, die diesen zerstörerischen Wirbelsturm entfesselt hatten: »Kolonialsystem, Staatsschulden, Steuerwucht, Protektion, Handelskriege usw., diese Sprösslinge der eigentlichen Manufakturperiode, schwellen riesenhaft während der Kinderperiode der großen Industrie. Die Geburt der letztren wird gefeiert durch den großen herodischen Kinderraub.«[2] Doch vor den 1690er-Jahren fehlten zwei dieser Bestandteile noch: Staatsverschuldung und hohe Besteuerung. Ohne diese beiden Elemente hätte sich ein für Kolonialismus und kapitalistischen Krieg notwendiges Finanzsystem

1 Barry Unsworth: Sacred Hunger, Hardmondsworth 1992, S. 352 [Anm. d. Ü.: In der deutschen Ausgabe, die unter dem Titel »Das Sklavenschiff« bei S. Fischer erschienen ist (Frankfurt a. M. 2015), fehlt diese Passage]

2 Marx: Kapital, Bd. 1, MEW, Bd. 23, S. 785.

nicht konsolidieren können. Ohne diese Elemente und ohne die dafür erforderlichen neuen Geldformen wäre Großbritannien nicht in der Lage gewesen, seine Hegemonie als erster kapitalistischer Goliath in der Welt zu etablieren. Das Geld musste noch den Gebeinen der Fürsten entnommen werden.

Der große Hunger: Gold, Geld und Staatsfinanzen

Wie Hobbes in seinem »Leviathan« notierte (der im selben Jahr veröffentlicht wurde, in dem auch der erste Navigation Act in Kraft trat, nämlich 1651), bestand das Weltgeld – das als Zahlungsmittel zwischen Nationen akzeptierte Geld – aus Edelmetallen. »Denn da Gold und Silber«, schrieb er, »in fast allen Ländern hoch geschätzt werden, bilden sie einen bequemen Wertmaßstab aller übrigen Dinge zwischen den Nationen.«[3] In der immer stärker durch einen globalen Warenverkehr charakterisierten europäischen Wirtschaft spielte ein internationales Zahlungsmittel eine entscheidende Rolle. In Ermangelung einer Nationalwährung, die wie die Eulen von Athen als internationales Geld hätte fungieren können, war der weltweite Zahlungsverkehr von Edelmetallen entweder in Form von Barren oder hochwertigen Münzen abhängig.

Im 16. Jahrhundert wurde Gold zur Obsession der europäischen Kolonialpolitik. In den 1470er-Jahren rafften portugiesische Seefahrer es an der afrikanischen »Goldküste« an sich. Spanien, die erste europäische Macht mit großen Kolonien in Amerika, gierte auf eine Weise nach Gold (und bald darauf nach Silber), die man wohl nur als wahnsinnig bezeichnen kann. »Gold ist das Vortrefflichste, Gold wird zum Schatz, und wer es besitzt, kann tun in dieser Welt, was er will«, schrieb Kolumbus. »Mit ihm kann er Seelen ins Paradies führen.«[4] Es war die Sucht nach Gold, die den »Entdecker« dazu veranlasste, Indigene als Sklaven einzusetzen, und seine Gedanken darum kreisen ließ, die Eingeborenen in Europa zu verkaufen.[5] Doch wie Adam Smith später in »Der Wohlstand der Nationen« argumentieren sollte, ist diese »merkantilistische« Fixierung auf das Edelmetall fetischistisch. Sie verwechselt den Gegenstand (das Edelmetall) mit der Tätigkeit – der Arbeit –, die ihn hervorbringt. Das *Ergebnis* wird fälschlicherweise für eine Ursache gehalten. Wie Smith in der zweiten Hälfte des 18. Jahrhunderts leicht erkennen konnte, werden letztlich diejenigen reich, denen es gelingt, die Arbeitsproduktivität zu steigern und Märkte zu erobern, und nicht diejenigen, die Geld für einen Selbstzweck halten. Wer die Schlacht um die Warenmärkte gewinnt, dem fließt

3 Hobbes: Leviathan, S. 194.

4 Zitiert nach Hans Koning: Columbus. His Enterprise, New York 1991, S. 107f. Mehr zu Kolumbus' Obsession mit Gold vgl. Kirkpatrick Sale: Das verlorene Paradies. Christoph Kolumbus und die Folgen (aus dem Amerikanischen von Brigitte Rapp), München 1991, S. 130f.

5 Andrés Reséndez: The Other Slavery. The Uncovered Story of Indian Enslavement in America, Boston 2016, S. 19–39.

das Geld zu. Spaniens Führungsschicht wurde ebenso wie die portugiesischen Könige in die Irre geführt, als sie versuchte, große Goldschätze anzuhäufen, anstatt in die Steigerung der Arbeitsproduktivität zu investieren. Fast ein Jahrhundert vor Smiths großem Text hatte der Ökonom Charles Davenant einen ähnlichen Standpunkt vertreten. »Geldreichtum«, schrieb er, könne zu einem »faulen Gemüt« führen. Schließlich sei es »nicht die Aufnahme einer großen Menge Nahrung, sondern eine gute Verdauung und Verteilung, die den Körper nährt«. Doch genau dies – die angemessene Verdauung und Verteilung – wurde von den spanischen Herrschern auf skandalöse Weise vernachlässigt. Ihre Verachtung für Arbeit und Manufakturen sorgte dafür, dass sie den Reichtum der Neuen Welt unverdaut durch ihr Land strömen ließen, ohne für »Geist, Stärke und Nahrung« zu sorgen.[6]

In den 1580er-Jahren kontrollierte Spanien bereits große Teile der Neuen Welt und unterhielt Handelsposten in Indien, Afrika, auf den Philippinen und darüber hinaus. Silber und Gold strömten in atemberaubenden Mengen ins Land. Es schien, als habe die imperiale Macht Spaniens keine Konkurrenz. Doch schon damals litt das Land unter heftigen Finanzkrisen, die das Ergebnis einer imperialen Überdehnung und der schwachen Inlandsproduktion waren. Noch bevor das Jahrzehnt zu Ende ging, besiegte das aufstrebende England die spanische Armada. Inzwischen waren die Krisen endemisch geworden. Portugal ließ seinen Verbündeten 1640 im Stich, Katalonien schlug den Weg der Revolte ein. Die manische Jagd nach Edelmetallen hatte in die Sackgasse geführt, weshalb man vom »Fluch des Goldes« zu reden begann.[7]

Sicherlich wurden auch die Herrscher Englands von jener Unruhe umgetrieben, die ein Schriftsteller 1686 als den »heiligen Hunger nach Gold« bezeichnet hat.[8] Doch in England hatte die Erfahrung, dass sich die Gewinne durch Investitionen in Landwirtschaft, Handel und Manufaktur deutlich steigern ließen, die Herrschenden zur »Verbesserung« von Produktionsmitteln erzogen. Und durch die Gründung von Plantagenkolonien in der Neuen Welt, den Aufbau einer geschützten Handelsflotte, Investitionen in Kolonialhandel und -produktion und die Unterstützung von all dem durch eine konkurrenzlose militärische Macht übernahm England in der neuen imperialen Ordnung die Führungsposition. Ein

6 Charles Davenant: Discourses on the Public Revenues and the Trade of England in Two Parts, in: The Political and Commercial Works of the Celebrated Writer Charles Davenant. 5 Bände, (herausgegeben von Charles Whitworth), London 1771, Bd. 1, S. 381–383. Zu den Unterschieden zwischen spanischem Kolonialismus und den französischen und englischen Varianten vgl. Sidney Mintz: Die süße Macht. Kulturgeschichte des Zuckers (aus dem Amerikanischen von Hanne Herkommer), Frankfurt a. M. 1992, S. 64f.

7 Zum Hintergrund vgl. Pierre Vilar: Spanien. Das Land und seine Geschichte von den Anfängen bis zur Gegenwart (aus dem Französischen von Wolfgang Kaiser), Berlin 1990. Vgl. auch Vilar: Gold und Geld, Kap. 17.

8 John Taylor: Multum in Parvo, zitiert nach Amussen: Caribbean Exchanges, S. 59.

unheilvolles Indiz hierfür ist, dass zwischen 1697 und 1702, als eine neue Finanzordnung etabliert wurde, der Geldwert der aus Afrika exportierten versklavten Menschen den des Goldes überstieg.[9] Von nun an war nicht mehr das metallische Zahlungsmittel, sondern das Mittel zur Produktion des Wohlstands – die versklavte Arbeitskraft – für den Reichtum der Neuen Welt von zentraler Bedeutung. Nichtsdestotrotz waren Englands Herrscher vor den 1690er-Jahren aus finanziellen Gründen nicht in der Lage, die imperiale Macht voll zu entfalten. Diese Hindernisse mussten durch eine Revolution in Staat und Finanzwesen überwunden werden.

* * *

Mit Oliver Cromwells aggressiver Imperialpolitik stellte sich das Problem der Finanzierung von Krieg und Kolonialismus neu. Um Irland und Schottland erobern und den Ersten Niederländischen Krieg (1652–1654) führen zu können, verkaufte Cromwell die Ländereien der Krone, der royalistischen Parteigänger und der Kirche.[10] Doch selbst dann war er noch gezwungen, die Steuern zu erhöhen, und dies stieß auf Widerstand. Cromwells Regime, das sich auf eine Armee der unteren und mittleren Schichten stützte, repräsentierte die herrschende Klasse nicht genug, als dass diese bereitwillig neue Steuern akzeptiert hätte. Das war seine fatale Schwäche und ein wesentlicher Grund, warum die Monarchie der Stuarts 1660 mit der Krönung von Charles II. wiederhergestellt wurde. Doch auch Charles' Regime gelang es nicht, das Vertrauen der herrschenden Klasse Englands zu gewinnen. Dies hatte viel mit der Neigung der Stuarts zu tun, den zweiten Körper des Königs, nämlich das Staatswesen (inklusive Fiskus), dem ersten, sterblichen Körper mit seinen Leidenschaften und Launen unterordnen zu wollen. Unfähig, die Unabhängigkeit des Staatswesens als unpersönliche Sphäre des bürgerlichen Eigentums zu achten, provozierte der König ökonomische Debakel wie den berüchtigten Stop of the Exchequer.[11]

Durch diesen Beschluss wurden 1672, am Vorabend eines weiteren Krieges mit den Niederlanden die Schuldenzahlungen ausgesetzt.[12] Charles stellte die Zahlungen für Schulden in Höhe von mehr als 1,3 Millionen Pfund einseitig ein, was damals, als das durchschnittliche Jahreseinkommen der Krone bei etwa zwei Millionen Pfund lag, eine

9 Eltis: Rise of African Slavery, S. 150f.

10 Hill: God's Englishman, S. 132.

11 Aufgrund der Aussetzung des Schuldendienstes durch den Stop of the Exchequer von 1672 kam es in England zu einem Bankenkrach und einer großen Finanzkrise. [Anm. d. Ü.]

12 Meine Darstellung des Stop of the Exchequer und seiner Folgen stützt sich auf Bruce G. Carruthers: City of Capital. Politics and Markets in the English Financial Revolution, Princeton 1996, S. 122–126; und Desan: Making Money, S. 281–287. Vgl. auch Henry Roseveare: The Financial Revolution, 1660–1760, London 1991, S. 21f.

gigantische Summe war. Einen großen Teil dieser Schulden hatte er bei Goldschmiede-Bankiers[13] aufgenommen, privaten Geschäftsleuten, die Einlagen entgegennahmen (für die sie in der Regel sechs Prozent Zinsen zahlten) und diese dann teilweise an den König weiter verliehen (zu einem Zinssatz von zehn Prozent oder mehr). Doch die aufgelaufenen Schulden aus *früheren* Kriegen beeinträchtigten die Fähigkeit der Krone, *neue* Kriege zu führen, erheblich. Charles und seine Berater räumten letzteren aber Vorrang ein und weigerten sich, alte Schulden zu begleichen (darunter solche, die in zwei früheren Kriegen gegen die Niederländer aufgelaufen waren). Anfangs sollte der Zahlungsstopp nur für ein Jahr gelten, wurde aber zweimal verlängert. 1677 schließlich erklärte sich die Regierung bereit, die Zahlungen wieder aufzunehmen. Doch in den darauffolgenden zwölf Jahren wurde nur etwa die Hälfte der geschuldeten Zinsen gezahlt (und nichts getilgt). Im Jahr 1690, als England erneut im Krieg war, bewilligte das Parlament die erneute Einstellung des Schuldendienstes. Da die Gläubiger eine Rückzahlung ihrer Kredite für immer unwahrscheinlicher hielten, verklagten sie die Krone schließlich vor dem Schatzkammergericht.

An und für sich waren Zahlungsmoratorien und das Aussetzen des Schuldendienstes alles andere als ungewöhnlich; die europäischen Monarchien waren für solche Manöver berühmt. Der Fall des englischen Staats lag jedoch anders. England befand sich in einem Transformationsprozess hin zu einer *bürgerlichen Monarchie*, und die Kläger forderten vom Staat die Einhaltung der bestehenden Eigentums- und Machtordnung. Außerdem konnte die Krone kein neues System der Staatsfinanzen etablieren, wenn sie den Anlegern die Rückzahlung der Schulden nicht garantieren konnte. Charles II. und seinen Beratern war es gelungen, den Markt für Staatsschulden beträchtlich zu vergrößern, indem sie sogenannte *tallyes of loan* verkauften, bei denen es sich letztlich um verzinsliche Anleihen handelte, die aus künftigen Steuereinnahmen zurückgezahlt werden sollten. Diese Anleihen, die später als »Schatzanweisungen« bezeichnet wurden, konnten zwar nicht einfach eingelöst werden,[14] zirkulierten aber dennoch als Zahlungsmittel. Wäre die Regierung in der Lage gewesen, diese Staatsanleihen an einen größeren Kundenkreis und nicht nur an Goldschmiede-Bankiers zu verkaufen, hätte sie möglicherweise viel niedrigere Zinssätze anbieten können. Doch die Entfaltung eines großen, liquiden Marktes für Staatsschulden war vom dauerhaften Vertrauen der Finanzmärkte in die Integrität der staatlichen Kreditaufnahme abhängig. Solange der Monarch auf seine rechtliche Immunität

13 Goldschmiede-Bankiers stellen eine frühe Form der Bank dar. Einige Goldschmiede begannen, Edelmetalle aufzubewahren und gegen Zinsen zu verleihen. Damit wurden sie zu Kreditgebern. [Anm. d. Ü.]

14 Siehe Desan: Making Money, S. 246–248; Roseveare: Financial Revolution, S. 34.

pochte – und damit auch auf das Privileg, Verträge einseitig zu brechen –, stand seine Kreditwürdigkeit infrage. Genau dies, der Widerspruch zwischen souveräner Immunität und Vertragspflichten, stand im Mittelpunkt des Rechtsstreits um den Stop of the Exchequer.

Die Einzelheiten dieses Falles, der als Case of the Bankers bekannt wurde und sich mit Anhörungen, vorläufigen Anordnungen und Berufungen über viele Jahre hinzog, sind hier belanglos. Entscheidend ist, dass die Richter des Schatzkammer- und Berufungsgerichts der Ansicht waren, die Bankiers besäßen das Recht, die Krone zu verklagen. Der oberste Richter des King's Bench brachte den Kern des Rechtsstreits auf den Punkt: »Der König selbst [...] hat sich zu solchen Zahlungen verpflichtet [...] Es ist weniger das Urteil der Gerichte, das das Eigentum verpflichtet, als der Schuldner selbst.« Dies war eine völlig neue Doktrin. Der König wurde hier wie jede andere Vertragspartei behandelt, ein »Schuldner«, der dem Gesetz *unterworfen* ist und nicht über ihm steht. Auf dem Feld der Verträge war der Monarch, die Inkarnation souveräner Macht, von nun an mit einer Privatperson identisch. Der oberste Richter unterstrich dies, als er verkündete: »Es wäre in der Tat schwer zu verkünden, dass das Schatzkammergericht den König gegenüber dem Untertanen entlasten kann und dem Untertanen nicht Beistand und Hilfe bietet, wenn er einen Rechtstitel gegen den König vorlegt.«[15]

Es ist ein Bekenntnis zur Unantastbarkeit von Eigentum und Vertrag. In einer Gesellschaft, die um – auf Geld- und Finanztransaktionen beruhende – Eigentumsrechte organisiert ist, muss auch die Krone ihren vertraglichen Verpflichtungen nachkommen. Diese Ansicht lässt sich auch in John Lockes Analyse des Geldes wiederfinden. Denn würden die Gerichte die Monarchie über die Vertragsverpflichtungen stellen, würde dies alle öffentlichen Verpflichtungen gefährden. Es würde »alle Renten, Pachtgebühren und andere Zahlungen, zu denen die Krone verpflichtet ist, zerstören«.[16] Zwar brach das Parlament unter dem Druck des Krieges später seine Verpflichtungen gegenüber den Bankiers erneut, und die Gläubiger akzeptierten schließlich einen Schuldenerlass von etwa der Hälfte der Gesamtschulden. Nichtsdestotrotz hatten die Gerichte das bürgerliche Prinzip etabliert: In Finanzfragen solle die Krone wie jede andere Vertragspartei auch behandelt werden. Der Staat musste sich der subjektlosen Macht unterwerfen – den Zwängen von Geld und Markt. Seine Befugnisse befreiten ihn nicht von seinen Verpflichtungen dem Markt gegenüber. Nachdem das »zweite Blut« des Geldes subjektlos geworden war, beschränkte sich der König wie jeder andere auch auf seinen ersten Körper.

15 The Case of the Bankers (1699–1700), in: Cobbett's Complete Collection of State Trials and Proceedings for High Treason and Other Crimes and Misdemeanours, hrsg. von Thomas B. Howell, Bd. 14, London 1809, S. 55.

16 Ebd., S. 37.

Doch die Stuarts waren nicht bereit, ihre Verpflichtungen einzuhalten, und dies besiegelte ihr Schicksal. Ihr Untergang hatte wenig mit der damaligen Wirtschaftsleistung zu tun. Nach der Restauration der Stuarts im Jahr 1660 florierte das cromwellsche System aus Krieg, Kolonialismus und Sklaverei weiter. Einfriedungen und »Landverbesserungen« schritten voran, die kolonialen Investitionen boomten. Der wachsende Export britischer Güter in die nordamerikanischen Kolonien finanzierte die britische Einfuhr von Waren, die wie Tabak, Baumwolle und Zucker mit Sklavenarbeit produziert wurden. Zwar stiegen die Ausfuhren englischer Manufakturbetriebe nach Europa zwischen den 1660er-Jahren und 1700 um 18 Prozent, doch die Exporte derartiger Waren in die Kolonien nahmen im selben Zeitraum um 200 Prozent zu, was die industrielle Entwicklung zweifellos beschleunigte. Mit dem Anstieg von Bevölkerung und Produktion in der Neuen Welt importierten die englischen Kolonisten immer mehr Textilien, Kleidung, Metalle, Metallwaren, Handwerkzeuge, Papier, Apparate zur Zuckerherstellung usw., wodurch die englische Produktion angekurbelt wurde.[17] In diesem Kontext boomten die großen Handelsgesellschaften. Die East India Company mag ihr Kapital zwischen 1660 und 1668 verdoppelt haben, doch das Wachstum der Hudson's Bay Company, deren Vermögen sich verdreifachte, und der Royal African Company, deren Größe sich im gleichen Zeitraum vervierfachte, war noch deutlich höher.[18] Nein, nicht die schwächelnde Wirtschaft wurde den Stuarts zum Verhängnis. Was ihr Schicksal in wirtschaftlicher Hinsicht besiegelte – an dieser Stelle blende ich die entscheidenden Fragen von Religion und Außenpolitik aus – war ihr Umgang mit Finanzen und Steuererhebung.

Die beschriebene Expansion des Handels ließ die Einnahmen des Königs aus Zöllen und Verbrauchssteuern wachsen. Wie erwähnt, wandten sich die Stuarts verstärkt an die aufstrebenden Finanzmärkte Londons, um Kredite aufzunehmen. Als unheilvoll sollte sich erweisen, dass König James II., der 1685 den Thron bestieg, seine Armee aufgrund von wachsenden Handelseinnahmen und neuen Kredite drastisch vergrößern konnte, ohne sich zusätzliche Mittel vom Parlament bewilligen lassen zu müssen. Das schürte die Illusion, die Monarchie sei von den beiden großen bürgerlichen Machtzentren, Parlament und Finanzmärkten, unabhängig. Anders ausgedrückt: Es bestand wieder die Gefahr einer Monarchie, in der die persönliche Macht (der erste Körper) über der Macht von Geld und Parlament (dem zweiten, vom Gemeinwesen repräsentierten Körper) steht. Die bürgerliche Monarchie, also die Unterordnung der Krone unter die Agrarkapitalisten im Parlament und die Finanzkapitalisten auf den Märkten, würde solange in Gefahr bleiben, wie die Krone ihre persönliche Macht

17 Vgl. Zahedieh: Capital and the Colonies, Kap. 6.

18 Hill: The Century of Revolution, S. 187, 189.

gegenüber der öffentlichen behaupten konnte. Ihre finanzielle Autonomie gegenüber dem Parlament, das Wachsen der königlichen Armee und die katholische Religions- und Außenpolitik – all dies schürte die Angst vor dem Absolutismus. Und so musste ein weiterer Monarch gestürzt werden, der diesmal allerdings seinen Kopf behalten durfte.

Der revolutionäre Umsturz von 1688/1689, der Wilhelm von Oranien als »Befreier« auf den Thron brachte, wurde von der Weigerung der Stuarts überdeterminiert, ein bürgerliches Finanzsystem zu akzeptieren, das vom ersten Körper des Königs unabhängig sein und den Regeln des Geldmarktes gehorchen sollte. Auch nach dem Ende der Stuarts blieb das Zahlungsmoratorium des sogenannten Stop of the Exchequer traumatisch in Erinnerung und sorgte dafür, dass in den Finanz- und Währungsdebatten der 1690er-Jahre die Rechte des Privateigentums und der Krone einander gegenübergestellt wurden.[19] Und während der gesamten 1680er-Jahre provozierte es die ablehnende Grundhaltung des Bürgertums gegenüber den Stuarts: »Der Stop of the Exchequer, berichtet ein Zeitzeuge, löste größere Bestürzung aus als das Auftauchen der holländischen Flotte in Medway. 1682, als die Stadtrechte von London angegriffen wurden, kam es zu einer Vertrauenskrise, 1685 zu einem Kreditengpass [...] Es gab viele Gründe, warum die Stadt ihren Befreier willkommen hieß, unter dem endlich 1 300 000 Pfund an die Bankiers von Charles II. zurückgezahlt wurden.«[20]

Ein entwickeltes kapitalistisches Geldsystem konnte nicht entstehen, solange das Geld nicht aus den Gebeinen der Fürsten entnommen und in das Blut des Staates transplantiert war. Um dies zu erreichen, musste das Geld subjektlos werden. Es durfte nicht länger das Eigentum königlicher Herrscher sein, sondern musste von Hobbes' »künstlichem Menschen« *(artifical man)* hergestellt werden, jenem sozialen Gebilde, das wir als das Gemeinwesen bezeichnen. Das Geld musste seine Gestalt verändern. Es musste von einem Körper in den anderen wandern, vom Leib des Königs in den unpersönlichen Staatskörper. Doch die Extraktion des Geldes aus den Gebeinen des Fürsten erwies sich als gewaltsames Geschäft. Die Gebeine des Königs mussten gebrochen werden, damit das Blut des Geldes wie nie zuvor über die Ozeane der Weltwirtschaft strömen konnte.

Kriegsfinanzierung und die Geburt des Bankgeldes

Wilhelm von Oranien landete am Guy-Fawkes-Tag 1688 mit 11 000 Fußsoldaten und 4000 Reitern in England. Dies erfolgte auf Einladung von sieben der mächtigsten Männer Großbritanniens, die ihm auch den britischen Thron anboten. Als James Stuart nach Frankreich floh, versam-

19 Carruthers: City of Capital, S. 125.

20 Ebd., S. 193. Wie erwähnt, wurde nicht die Gesamtsumme zurückgezahlt, obwohl die Gerichte den Anspruch der Gläubiger darauf verteidigt hatten.

melte sich die Elite der Landadeligen, großen Kaufleute und Fabrikanten rasch hinter der Invasionstruppe. Wilhelm mochte mächtig sein, doch die herrschende Klasse Englands hatte ihre Lektion gelernt und machte sich sofort daran, seine Macht zu beschränken. Das Parlament wies dem neuen König ein jährliches Einkommen von 700 000 Pfund zu, was sehr viel weniger war, als man Charles II. oder James II. zugestanden hatte, und es Wilhelm unmöglich machte, ohne Erlaubnis des Parlaments eine Armee zu finanzieren oder einen Krieg zu führen. Ein Höfling beklagte sich im Unterhaus, dass der König leben würde, als würde man ihm »Kost und Logis zugestehen«, doch genau darum ging es.[21] Nachdem es den Monarchen an die Leine genommen hatte, war das Parlament auch wieder bereit, Kriege zu finanzieren.

Wie vorauszusehen, begann das Blutvergießen in Irland, wo erneut eine Rebellion ausgebrochen war. Fast 50 000 Soldaten wurden entsandt, um die irischen Rebellen niederzuschlagen. Dies war notwendig, um das Kolonialprojekt am Leben zu erhalten. Doch das eigentliche Ziel bestand darin, Frankreich auszuschalten, Englands wichtigsten imperialen Rivalen. Spanien war bereits unter Elisabeth besiegt worden, die Niederlande unter Cromwell und den Stuarts. Wenn England die imperiale Hegemonie erlangen sollte – die Vorherrschaft in Welthandel und Kolonisation sowie die militärische Dominanz in Europa –, musste Frankreich mit seiner mächtigen absoluten Monarchie und seiner viermal größeren Bevölkerung unter Kontrolle gebracht werden. 20 der darauffolgenden 25 Jahre kämpften die beiden Nationen erbittert um die europäische Vorherrschaft (im Neunjährigen Krieg von 1689–1697 sowie im Spanischen Erbfolgekrieg von 1701–1714). Ausschlaggebend für den Sieg war Englands Bündnis mit den Niederlanden, Spanien und Österreich. Und zusammengehalten wurde das Bündnis durch Geld.

Scheinbar überall in Europa finanzierten Englands Herrscher Truppen und schickten Geld. In den ersten drei Jahren des Krieges (1689–1691) unterhielt die Regierung durchschnittlich fast 10 000 Soldaten in den Niederlanden. Der Kurfürst von Preußen erhielt eine jährliche Zahlung in Höhe von 20 000 Pfund, um Truppen nach Flandern zu schicken, die an der Seite der Engländer kämpften. Im Spanischen Erbfolgekrieg wurden in den Niederlanden 52 000 Soldaten finanziert, von denen zwei Drittel aus dem Ausland stammten. Portugal und Savoyen wurden 1703 in das Bündnis aufgenommen – bzw. eingekauft –, was im Fall Portugals jährlich etwa 150 000 Pfund und im Fall Savoyens noch etwas mehr kostete. Die jährlichen Zahlungen an Savoyen wurden 1705 um 50 000 Pfund und ein Jahr später um weitere 100 000 Pfund erhöht. In der Endphase des Krieges (1710–1711) zahlte der englische Staat für 171 000 Soldaten und Offiziere,

21 Debates of the House of Commons: From the Year 1667 to the Year 1694, Bd. 10, London 1763, S. 18.

die überall in Europa im Einsatz waren – fast 114 000 davon waren ausländischer Herkunft.[22] Und dies war nur die Anfangsphase von Englands »zweitem Hundertjährigen Krieg«, der mit der Glorreichen Revolution von 1688 begonnen hatte. Im darauffolgenden Jahrhundert schienen die Militärausgaben ein Fass ohne Boden zu sein, denn immer wieder mussten neue Truppen bewaffnet, verpflegt und an die Kriegsschauplätze entsandt und Tausende von Kriegsschiffen gebaut werden. Was Kapitalinvestitionen angeht, war im frühen 18. Jahrhundert nichts mit dem Bau eines Kriegsschiffs zu vergleichen. Eine große mehrstöckige Baumwollspinnerei kostete damals etwa 5 000 Pfund, für ein erstklassiges Kriegsschiff hingegen fielen Ausgaben von bis zu 39 000 Pfund an. Insgesamt steckte die britische Marine in der ersten Hälfte des Jahrhunderts rund 2,25 Millionen Pfund in ihre Schiffe – zu einer Zeit, als sich die Gesamtinvestitionen in die 243 Wollspinnereien im nordenglischen West Riding auf etwas über 400 000 Pfund beliefen.[23] »Bis zum Entstehen der modernen Fabrik«, schreibt ein Historiker, »war der Bau und die Ausrüstung eines voll bewaffneten Kriegsschiffs die größte und konzentrierteste Investition in materielle Güter, die ein Staat oder Privatunternehmer tätigen konnten.«[24]

In der Tat: »Geld, Geld und noch mehr Geld«. Im Jahr 1691 gab die englische Regierung drei Millionen Pfund für militärische Zwecke aus. Innerhalb von vier Jahren stieg dieser Betrag auf acht Millionen Pfund. Doch die Steuereinnahmen betrugen in dieser Zeit durchschnittlich nur etwa 4,5 Millionen Pfund. Wie immer musste das Defizit durch die Aufnahme von Krediten gedeckt werden. Und nun, im Kontext der neuen bürgerlichen Monarchie, konnte eine neue Struktur der schuldenbasierten Kriegsfinanzierung entstehen – und mit ihr die Grundlagen eines kapitalistischen Bankensystems.

Die Bank of England wurde zu einem einzigen Zweck gegründet: zur Finanzierung des Kriegs mit Frankreich. Anfangs ging es nur darum, der Regierung einen Großkredit zu verschaffen. Selbst die weitsichtigsten Gründer der Bank konnten nicht ahnen, welche Revolution das Darlehen der Bank für das Geldwesen bedeuten würde. Doch als der Krieg etwa ein Jahrhundert lang zum Dauerzustand geworden war, verstetigte sich auch der Bedarf nach Kriegsfinanzierung. In ihrer Eigenschaft als Instrument zur *dauerhaften* Kriegsfinanzierung veränderte die Bank die englische Finanzarchitektur.

Es begann alles ganz harmlos. Innerhalb weniger Monate nach der Kriegserklärung an Frankreich griff die Regierung auf alle üblichen For-

22 Dwyryd W. Jones: War and Economy in the Age of William III and Marlborough, London 1988, S. 7–11.

23 John Brewer: The Sinews of Power. War, Money, and the English State, 1688–1783, Cambridge 1990, S. 34.

24 Brandon: War, Capital, and the Dutch State, S. 57.

men der staatlichen Kreditaufnahme zurück (Schatzbriefe, Marineanleihen usw., die Einzelheiten brauchen uns hier nicht zu interessieren) und hinterlegte als Pfand künftige Steuereinnahmen. Das bedeutete, dass man Kredite (in der Regel bei den Goldschmiede-Bankiers) zur Finanzierung der Ausgaben aufnahm und gleichzeitig das Versprechen abgab, die Gläubiger zu entschädigen, sobald die Steuereinnahmen in der Schatzkammer, also der britischen Staatskasse, einträfen. Diese Zahlungsversprechen waren jedoch riskante Anlagen, da klamme Regierungen seit Langem dazu neigten, Ratenzahlungen aufzuschieben oder sich für zahlungsunfähig zu erklären. Erschwerend kam hinzu, dass Anleger in der Regel Finanzinstrumente bevorzugen, für die es einen Markt gibt, um die Ansprüche gegebenenfalls verkaufen zu können. Die staatlichen Schuldscheine waren zu dieser Zeit jedoch vergleichsweise schwer verkäuflich. Folglich neigten sie dazu, an Wert zu verlieren (d. h. sie wurden abgezinst, wenn Inhaber sie verkauften), weshalb potenzielle Gläubiger einen höheren Zinssatz verlangten, um der Gefahr eines Wertverlusts entgegenzuwirken. Die hohen Zinssätze zwangen den Staat zu höheren Kreditausgaben, und das ausgerechnet zu einem Zeitpunkt, als er den Schuldendienst dringend senken musste. Die Regierung bemühte sich daher, die Mittel auf andere Weise zu beschaffen, so zum Beispiel durch Lotterien und den Verkauf von Renten, die als Gegenleistung für eine Einlage regelmäßige, oft lebenslange Zahlungen vorsahen. Dabei handelte es sich jedoch nur um Notlösungen, die oft nicht günstiger waren als die Darlehen der Goldschmiede-Bankiers, und so stiegen mit den Kriegsausgaben auch die öffentlichen Defizite immer weiter. Um dieser Falle zu entgehen, billigte die Regierung im Mai 1694 schließlich einen Vorschlag von William Paterson, einem schottischen Kaufmann und Finanzier. Paterson bot an, Anteile für ein großes unbefristetes Darlehen an den Staat auszugeben. Die Anteilszeichner sollten bis 1706 als Bank von England bestehen und die Befugnis besitzen, Einlagen entgegenzunehmen und Papiere wie Banknoten, Wechsel und Schecks in Umlauf zu bringen. Nachdem die Regierung zugestimmt hatte, stellten Paterson und seine Partner ihr ein Darlehen von 1,2 Millionen Pfund zur Verfügung. Ohne es zu ahnen, hatten die Beteiligten ein revolutionäres Finanzexperiment ins Leben gerufen.

Die Geschwindigkeit, mit der sich dieses weiterentwickelte, hatte mit dem unstillbaren Verlangen der Regierung nach Geld zu tun. Nur ein Monat nach Auszahlung des ersten Kredits wurde die Bank um weitere 300 000 Pfund gebeten. Bald überwiesen ihre Direktoren auch Geld nach Flandern, um Truppen zu bezahlen und die Kosten für deren Versorgung zu decken. Im März 1696, kaum mehr als 18 Monate nach der Gründung der Bank, hatten sich deren Kredite an die Regierung mehr als verdoppelt und betrugen mehr als 2,7 Millionen Pfund. Im Dezember desselben Jahres kaufte die Bank 800 000 Pfund an Regierungsanleihen (mit Abschlag) und nahm damit weitere Staatsschulden in ihre Bücher auf. »Die Bank wurde ständig unter Druck gesetzt, um Forderungen der Armee nachzukommen«, schreibt der Historiker John Clapham, und jedes Mal zeigten sie sich der Lage gewachsen.[25]

Weder in dem Gesetz, mit dem die Bank of England gegründet wurde, noch in ihrer Satzung deutete irgendetwas darauf hin, dass die Bank sich als revolutionärste Innovation des Geldwesens seit der Erfindung des Münzgeldes in der Antike erweisen sollte. Und doch wurde sie dazu, weil sie zufällig die Methode entdeckte, mit der sich öffentliche Schulden in Geld verwandeln ließen. Die Monetarisierung der Staatsschulden sollte zur Grundlage des modernen Finanzwesens und zur zweiten Modularform des Geldes werden.

Zwei wesentliche Merkmale der frühen Kreditvergabe machten die Bank zu einer echten Innovation. Erstens wurde zum ersten Mal in der englischen Geschichte ein Kredit an den Staat nicht in Gold- und Silbermünzen, sondern größtenteils in Papierwährung (Banknoten und Wechseln) gewährt. Zweitens konnten die Kreditgeber, also jene Personen, die verzinsliche Anteile an der Bank erwarben, jederzeit wieder aussteigen, indem sie ihre Anteile (am Kredit an den Staat) auf dem expandierenden Aktienmarkt verkauften. Da das Papiergeld noch neuartig war, bestand die Regierung darauf, dass die Bank eine Goldreserve von 200 000 Pfund hielt, um ihre Wechsel und Banknoten abzusichern und der Öffentlichkeit damit ihre Solidität vor Augen zu führen. Diese Edelmetallreserve war nicht unwichtig, doch was das Geldwesen revolutionierte, war der Umlauf einer *privat hergestellten* Papierwährung, die auf öffentlichen Schulden beruhte.

Deshalb wurde bei dem Darlehen der Bank an die Regierung auch gar kein Bargeld übergeben. Stattdessen übergab die Bank Wechsel, die Zinsen abwarfen, und Noten, die dies nicht taten. Im Gegenzug erhielt sie von der Schatzkammer sogenannte *tallies*[26] – Kerbhölzer, die noch nicht eingezogene Steuereinnahmen repräsentierten. Diese waren seit dem 14. Jahrhundert in Gebrauch und konnten zur Begleichung von Schulden und Steuern übertragen werden.[27] Die Regierung setzte nun die verzinslichen Wechsel und Noten der Bank zum Erwerb militärischer Güter und

25 John Clapham: The Bank of England. A History, Bd. 1, 1694–1797, Cambridge 1966, S. 26. Eine sorgfältige Darstellung der frühen Geschichte der Bank findet sich in Richard Kleer: »Fictitious Cash«: English Public Finance and Paper Money, in: Charles Ivar McGrath/Chris Fauske (Hrsg.): Money, Power, and Print: Interdisciplinary Studies on the Financial Revolution in the British Isles, Newark 2008, S. 70–103.

26 Tallies sind Kerbhölzer, auf denen im Mittelalter Schuldverhältnisse relativ fälschungssicher notiert werden konnten. Schuldner und Gläubiger erhielten zwei zueinander passende Holzstücke, auf denen Zahlungen oder Schulden durch Kerben notiert wurden. Da die Markierungen einzigartig waren, konnten sie einseitig kaum manipuliert werden. Derartige Holzmarken wurden teilweise auch als Zahlungsmittel benutzt. [Anm. d. Ü.]

27 Zu den Ursprüngen der tallies (Kerbhölzer) vgl. Hilary Jenkinson: Medieval Tallies, Public and Private, in: Archaeologia, 74/1925. Siehe auch Davies: A History of Money, S. 146–152.

Dienstleistungen ein. Diejenigen, die sie erhielten, vertrauten also darauf, dass (a) die Bank die Wechsel auf Wunsch in Silber- oder Goldmünzen umwandeln und (b) die Regierung der Bank die Zinsen für ihr Darlehen (in Höhe von acht Prozent) zahlen würde, sowie (c) aus beiden Gründen auch andere die Zahlungsversprechungen der Bank als Zahlungsmittel akzeptieren würden. Im Jahr 1698 begann die Regierung dann, die Papiernoten der Bank bei der Zahlung von Steuern zu akzeptieren. Dies war entscheidend. Denn nun konnte jeder, der später Steuern zu zahlen hatte, Banknoten und Wechsel mit der Gewissheit akzeptieren, dass man sie jederzeit zur Begleichung der Steuerschuld einsetzen konnte. In der Praxis bedeutete dies, dass die von einer Privatbank ausgegebenen Noten zum vollwertigen Geld wurden, obgleich sie erst 135 Jahre später zum gesetzlichen Zahlungsmittel werden sollten. Und dies bedeutete, dass die Banknoten unverzichtbarer Teil der Geldversorgung wurden.

Jahr für Jahr, Jahrzehnt für Jahrzehnt erhielt die Bank, die der Krone immer neue Finanzmittel zur Verfügung stellte, größere Befugnisse: Sie durfte Geldscheine als gesetzliches Zahlungsmittel ausgeben (zunächst an das Schatzamt, dann allgemein) und erhielt das Monopol auf die Ausgabe dieser Noten. Auf die Fälschung dieser Noten stand, genau wie auf die von königlichen Münzen, die Todesstrafe. Das Eigentum der Bank war von der Besteuerung befreit, und sie war offizieller Makler für den Austausch von Banknoten der Schatzkammer. Die Bank of England war somit nicht länger nur eine Anlagegesellschaft für Staatsanleihen, sondern hatte sich innerhalb weniger Jahrzehnte in den Dreh- und Angelpunkt des öffentlichen und privaten Finanzwesens verwandelt. Sie war der wichtigste Kreditgeber des Staates und versorgte das gesamte Finanzsystem mit Liquidität.

Was bedeutet das praktisch? Ein privates Finanzinstitut, die Bank of England, gab Schuldscheine aus, die auf Staatsschulden beruhten und durch zukünftige Steuereinnahmen gedeckt waren. Diese Papier-Schuldscheine zirkulierten dann als *privat* produziertes Geld des Königreichs. Dass diese (privat hergestellten) öffentlichen Schuldscheine gesellschaftlich akzeptiert wurden, war nicht auf die Währungsautorität des Königs zurückzuführen, sondern Ergebnis subjektloser Märkte. Die Stabilität der Schuldscheine hing erstens von der Bereitschaft privater Anleger ab, einen Anteil an den Krediten der Bank an den Staat zu kaufen, also die von der Bank verkauften öffentlichen Schuldscheine durch Investitionen in ihre Aktien zu »erwerben«. Dies erforderte zweitens das Vertrauen der Anleger, dass die Krone ihren Verpflichtungen gegenüber den Besitzern der Bankanteile nachkommen würde. Letztlich hing alles davon ab, dass die Regierung ihre Steuereinnahmen für den Schuldendienst einsetzte. Ganz im Sinne des Case of the Bankers wurde die Krone nun denselben Marktregeln unterworfen wie jeder andere Kreditnehmer. Der Staat wurde auf diese Weise »abstrakter und entkörperlicht«,[28] er war der Disziplin der bürgerlichen Macht unterworfen. Und diese entfaltete sich in der entpersönlichten Sphäre der Finanztransaktionen, wo die Aktien der Bank of England auf dieselbe Weise den Besitzer wechselten wie jene der East India oder der Royal African Company: auf der Grundlage von Risikobewertung, Kreditfähigkeit und Rentabilität. Private Finanzmärkte hatten sich als Grundlage der öffentlichen Finanzen etabliert. Von nun an würde die Geldschöpfung untrennbar mit den Prozessen und Dynamiken des Marktes verbunden sein.

All dies ermöglichte es, dass die Zahlungsversprechen des Staates, die durch Wechsel und Noten der Bank repräsentiert wurden, als Geld zirkulierten. Zertifikate der Staatsschuld begannen als Bargeld zu fungieren. Vielleicht sah es nicht ganz so aus, solange verzinste Wechsel den größten Teil der von der Bank ausgegebenen Papiere ausmachten. Deren Empfänger hätten argumentieren können, dass sie dies taten, weil der potenzielle Profit das Risiko überwog. Doch Banknoten spielten eine Schlüsselrolle in der entstehenden Finanzarchitektur des englischen Kapitalismus und verdrängten schon bald die verzinsten Wechsel, die nach 1716, kaum mehr als 20 Jahre nach der Gründung der Bank, nicht mehr ausgegeben wurden. Da sie keine Zinsen erbrachten, zirkulierten die Banknoten der Bank of England nicht als Geldanlage. Sie wurden jedoch bereitwillig als Tausch- und Zahlungsmittel angenommen und als Wertaufbewahrungsmittel gehalten. Was also war die Grundlage dieser Banknoten? Zunächst stellten sie nichts anderes dar als den Kredit des Staates. Doch dieser Kredit wurde nun auf privaten Finanzmärkten validiert. Letztlich besaßen diese Banknoten so lange einen Wert, wie der Staat seine Schulden bei der Bank bezahlte. Jeder Versuch des Staates, seinen Verpflichtungen nicht nachzukommen, hätte den Wert der Bankaktien und der daran gebundenen Noten sofort sinken lassen und eine Flucht in andere Wertaufbewahrungsmittel wie Münzen bzw. Barren aus Gold und Silber ausgelöst. Doch solange die Regierung ihren Schuldendienst leistete und die Finanzmärkte sie für kreditwürdig hielten, konnte eine Banknote, die nichts anderes darstellte als einen Kredit an die Regierung, als universelles Äquivalent für sämtliche Waren und Zahlungen zirkulieren. Die Grundlage des Bankgeldes waren also die *künftigen* Einnahmen des Staates, und die von der Bank ausgegebenen Banknoten stellten ein auf öffentlichem Kredit beruhendes Treuhandgeld dar.

Diese zeitliche Verschiebung der Geldbasis ist das Herzstück der Finanzrevolution, aus der die *zweite Modularform* des Geldes, aber auch neue Spekulationspraktiken und die damit zusammenhängenden Finanzblasen und Krisen hervorgingen.

28 Carl Wennerlind: Casualties of Credit. The English Financial Revolution, 1620–1720, Cambridge 2011, S. 169.

Die Eulen von Athen beruhten auf zuvor geleisteter Arbeit, nämlich jener der Versklavten in den Silberminen von Laurion. Die Noten der Bank of England hingegen waren ein Index der Arbeit, die in der Zukunft geleistet werden würde. Sie bezeichneten einen Teil des (durch Arbeit hergestellten) gesellschaftlichen Reichtums, der in Form von Steuern an den Staat fließen würde. Zwar erklärte sich die Bank grundsätzlich bereit, ihre Noten gegen Silber- oder Goldmünzen zu tauschen. Doch die Edelmetallreserven der Bank beliefen sich nur auf zwölf bis 15 Prozent ihrer Geldmenge. In der Praxis konnte sie ihrer Verpflichtung nur solange nachkommen, wie die meisten Menschen von diesem Recht *keinen* Gebrauch machten. Das Papiergeld kreiste um die Verwendung *zukünftiger* Steuereinnahmen zur Zahlung von Zinsen auf Schulden der *Vergangenheit*.[29] Das Aussetzen des Schuldendienstes durch die Regierung hätte wie beim Stop of the Exchequer zwei Jahrzehnte zuvor dazu geführt, dass viele Gläubiger ihre Banknoten in Gold und Silber zu wechseln versucht und damit den Zusammenbruch der Bank provoziert hätten.

Was die Banknoten zumindest im Inland absicherte, war »das solide Funktionieren des Fiskalsystems«.[30] Und ob es »solide« war, entschieden private Anleger, die auf unpersönlichen Finanzmärkten agierten. All dies war selbstverständlich ein offener Prozess, der sich schrittweise entfaltete und von Rückschlagen wie der tiefen Währungskrise 1696–1698 geprägt war. Doch als die englische herrschende Klasse das Königshaus aus Hannover der Disziplin der Finanzmärkte unterwarf, überließ sie ihm, unter Vorbehalt parlamentarischer Zustimmung, auch die Steuerbefugnisse, die zur Finanzierung eines Jahrhunderts der Kriege erforderlich waren. Die unerschütterliche Verpflichtung, seine Schulden zu begleichen, ermöglichte es dem britischen Staat, mithilfe militärischer Mittel Souveränität herzustellen. Dies war eine dramatische Veränderung gegenüber der Situation am Ende des Dritten Niederländischen Krieges 1674, als Zölle und Verbrauchssteuern, die vier Fünftel der Staatseinnahmen ausmachten, ein ganzes Jahr lang ein Defizit einspielten. Das Vertrauen in die Fähigkeit der Regierung, ihre Schulden zurückzuzahlen, war zu dieser Zeit so erschüttert, dass die *tallies* – Holzmarken, die als Staatsanleihen ausgegeben wurden – mit einem Abschlag von 30 Prozent weiterverkauft wurden. Bei den Löhnen von Seeleuten und Hafenarbeitern im Dienst der Krone war der Staat bis zu anderthalb Jahre im Rückstand.[31] Diese Probleme hatten nicht in erster Linie mit einer ineffizienten Verwaltung zu tun, sondern mit dem erschütterten Vertrauen in die Bereitschaft der

29 Wie genau diese Schulden beglichen werden sollten, war eine heikle Frage – und einer der Gründe dafür, dass die Weltwährungen bis 1971 an Gold gebunden blieben. Auf diesen Punkt werde ich weiter unten nochmals eingehen.

30 Desan: Making Money, S. 319.

31 Patrick Hyde Kelly: General Introduction, in: Patrick Hyde Kelly (Hrsg.): Locke on Money, Bd. 1, Oxford 1991, S. 49.

Stuarts, ihre Schulden zu bezahlen, und mit dem Widerwillen des Parlaments, Steuern zu bewilligen, was absolutistische Tendenzen und eine wachsende Verselbstständigung des Königs hätte fördern können. Das Parlament, die politische Institution der englischen Landherren, Kaufleute und Fabrikanten, musste zunächst wieder Vertrauen darin gewinnen, dass sich die Krone den Regeln unterwerfen würde, die ihr durch Parlament *und* private Märkte auferlegt wurden. Erst dann war es bereit, einen ausreichenden – und vor allem ausreichend wachsenden – Steuerfluss zu autorisieren. Und dieser Strom von Steuereinnahmen war es, der das Vertrauen der Öffentlichkeit in die finanziellen Versprechen des Staates begründete. Das bürgerliche Finanzwesen und die zweite Modularform des Geldes beruhen also auf einem Versprechen, das sich auf *künftige* Steuereinnahmen aus zukünftiger Arbeit beziehen.

Damit soll nicht geleugnet werden, dass Kreditinstrumente wie private und öffentliche Schulden eine zentrale Rolle im Finanzsystem übernommen hatten. Die Noten der Bank of England waren schließlich eine Form von staatlich gedecktem, *privatem Kreditgeld*. Hinzu kamen Noten von Regionalbanken sowie verschiedene Formen des privaten Kreditgelds, wie etwa die Wechsel. Es stellte eine enorme Innovation des Geldwesens dar, dass sich die kreditwürdigsten Schuldscheine, nämlich die der Bank of England, in ein universelles Äquivalent verwandeln konnten. Doch diese bewegten sich nicht jenseits der Welt der Arbeit und der Produktion. Die Geldscheine waren keine Fetische oder Produkte der Vorstellungskraft, sondern in der politischen Ökonomie des öffentlichen Kredits verankert. Wie die Bankanteile, die den ursprünglichen Kriegskredit ermöglicht hatten, wurden die Banknoten durch einen Teil des nationalen Reichtums gestützt, den die Regierung durch Steuern einnahm. Es liegt also ein grundlegendes Missverständnis vor, wenn der renommierte Politikwissenschaftler John G. A. Pocock meint, mit der Investition in die Staatsverschuldung, habe »das Eigentum [...] aufgehört, real zu sein, und [sei] nicht nur mobil, sondern imaginär geworden«.[32] Ähnlich falsch liegt der Literaturkritiker Patrick Brantlinger, der über das frühneuzeitliche englische Finanzwesen schreibt, »die wirtschaftliche Grundlage« moderner Gesellschaften bestehe »eher in Form eines finanziellen Abgrunds als in einer positiven, materiellen Wirtschaftskraft«.[33] Denn gleich wie entmaterialisiert Kreditgelder und andere Finanzinstrumente auch erscheinen mögen, sie bleiben eng mit der Welt der Körper und ihrer Arbeit sowie mit den Beziehungen der Menschen zum Staat verknüpft. Um dies zu entschlüsseln, bedarf es jedoch einer kritischen *Entfetischisierung*. Ich möchte dies auf der rudimentärsten Ebene demonstrieren: anhand der Steuern.

32 John G. A. Pocock: Virtue, Commerce, and History, Cambridge 1985, S. 112.

33 Patrick Brantlinger: Fictions of State. Culture and Credit in Britain, 1694–1994, Ithaca 1996, S. 21.

* * *

Ein großes Verdienst der Untersuchungen, die über die politische Ökonomie des britischen Steuerwesens veröffentlicht worden sind, besteht darin, dass sie ihre Aufmerksamkeit darauf gerichtet haben, was die Staatsverschuldung eigentlich *untermauert*. Die Staatsfinanzen Großbritanniens standen nicht an einem Abgrund, sondern beruhten auf einer ungeheuer effizienten Steuermaschinerie.

Es wird häufig vergessen, dass die frühen Darlehen der Bank of England durch die Zusage der Regierung garantiert wurden, die Zinszahlungen aus spezifischen Steuereinnahmen zu finanzieren. So wurde denjenigen, die den ursprünglichen Kredit von 1,2 Millionen Pfund zeichneten, ein steuerfreier »ewiger Zinsfonds« zugesagt, der aus den Zöllen auf Schiffsfracht und Branntwein finanziert werden sollte.[34] Das Darlehen von 300 000 Pfund im Februar 1695 wurde durch Zollgebühren abgesichert. Tatsächlich ging der Anteil der staatlichen Kreditaufnahme, der sich *nicht* aus spezifischen Staatseinnahmen speiste, bis zum Amerikanischen Krieg (1775–1783) stetig zurück.[35] Der bürgerliche Staat, zu dem England nun geworden war, versäumte keine einzige Zinszahlung. Und die Einnahmen für diese Zahlungen kamen keineswegs aus dem Nichts.

Wenn man dies ausblendet, erscheint die gesamte Finanz- und Währungsrevolution nach 1689 (wie dies einige Zeitzeugen auch ausdrückten) als ein Werk der Alchemie, als bloßer Taschenspielertrick. Schließlich stieg die langfristige Staatsverschuldung von etwa zwei Millionen Pfund im Jahr 1688 auf 834 Millionen Pfund in den 1820er-Jahren. Das ist ein astronomischer Anstieg und versetzte viele Kritiker in Panik, die glaubten, die monströse Verschuldung werde die gesamte Gesellschaft verschlingen. Der Trick bei einer ewigen Verschuldung besteht jedoch darin, dass die Anleger einfach regelmäßig ihre erwarteten Zinszahlungen erhalten müssen (und auch in der Lage sein sollten, die Wertpapiere, die sie aufgrund dieser Schulden halten, problemlos zu verkaufen). Dies setzt voraus, dass die Regierung über die tatsächlichen Einnahmen – aus dem Nationalprodukt – verfügt, mit denen sie ihren Schuldendienst leisten kann. Das war ganz eindeutig der Fall. Zur Zeit der Napoleonischen Kriege (1803–1815) nahm der britische Staat 32-mal so viel Steuern ein wie unter Charles I.[36] Dies war die »positive, materielle Wirtschaftskraft«, die eine rasch wachsende Staatsverschuldung möglich machte. Aus diesem Grund bezeichnete Marx die »Steuerwucht« als eines der Elemente ursprünglicher Akkumulation. Abbildung 4.1 veranschaulicht das enorme Wachstum der Steuereinnahmen der Regierung ab den 1680er-Jahren und liefert uns einen ersten Hinweis darauf, wie das neue Finanzsystem funktionierte.

34 Clapham: Bank of England, S. 17, 24.

35 Vgl. Brewer: Sinews of Power, Abbildung 4.8, S. 118.

36 O'Brien/Hunt: The Rise of a Fiscal State, S. 151.

Abbildung 4.1:
Wachstum der englischen Staatseinnahmen, 1475–1820 (ausgedrückt in 100 000 Pfund an Staatsausgaben pro Jahr, gemessen in konstanten Preisen 1451–1475).

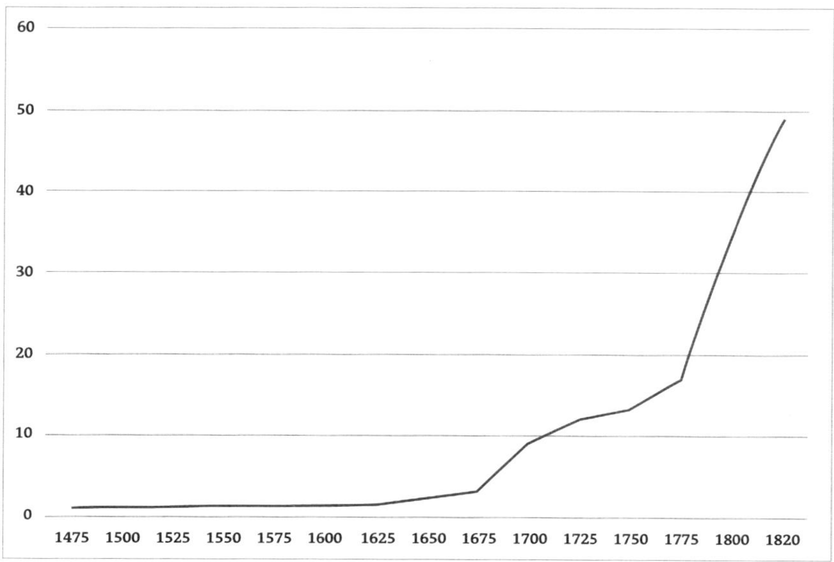

Quelle: British Parliamentary Papers, Bd. 35;
Daten aufbereitet von O'Brien/Hunt: European State Finance Database,
online unter: http://www.esfdb.org/table.aspx?resourceid=11192.

Bemerkenswert ist, dass die Steuerlast der Engländer besonders hoch war. Im ersten Viertel des 18. Jahrhunderts zahlten sie pro Kopf mehr als doppelt so viel Steuern wie die Franzosen, in den 1780er-Jahren fast dreimal so viel.[37] Die im Parlament versammelten Vertreter der englischen herrschenden Klasse waren also eindeutig nicht steuerfeindlich. Aber sie sollten sie erst in einem System genehmigen, das den Finanzmärkten, den dort tätigen Investoren und den parlamentarischen Repräsentanten der Klassen gegenüber Rechenschaft ablegte. Abbildung 4.2 veranschaulicht die britische Entwicklung in der Pro-Kopf-Besteuerung. Auch hier ist zu beobachten, dass der entscheidende Übergang Ende des 17. Jahrhunderts stattfand.

37 Brewer: Sinews of Power, S. 89.

Abbildung 4.2:
Wachstum der englischen Staatseinnahmen pro Kopf, 1451–1815.

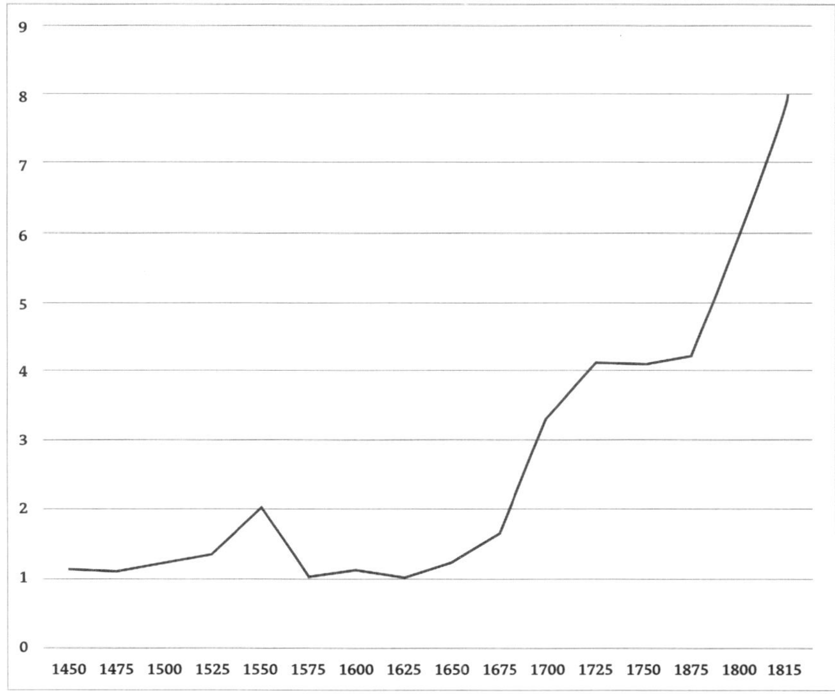

Quelle: British Parliamentary Papers, Bd. 35;
Daten aufbereitet von O'Brien/Hunt: European State Finance Database,
online unter http://www.esfdb.org/table.aspx?resourceid=11192.

Die Steuereinnahmen des Staates stammten zu einem immer größeren Teil aus Zöllen und Verbrauchssteuern und weniger aus Abgaben auf Grundbesitz.[38] Diese Revenuen wurden weitgehend geschont, weil sie nicht Luxus, sondern kapitalistische Expansion finanzierten. Der Krieg, Grundlage von Außenhandel und Kolonialisierung, war Motor des steten staatlichen Haushaltswachstums. Im Verlauf des 18. Jahrhunderts machten der laufende Militäretat und die Zins- bzw. Rückzahlungen von Schulden, die für frühere Kriege aufgenommen worden waren, 75 bis 85 Prozent der öffentlichen Ausgaben aus.[39] Das England dieser Epoche kann nur als *fiskalisch-militärischer Staat* bezeichnet werden.[40]

38 O'Brien/Hunt: The Rise of a Fiscal State, S. 163, 168.

39 Brewer: Sinews of Power, S. 40.

40 Verschiedene Historiker haben diesen Begriff für den britischen verwendet, so zum Beispiel John Brewer/Patrick K. O'Brien sowie: Matthew S. Anderson: War and Society in Europe of the Old Regime 1618–1780, Leicester 1988.

Selbstverständlich brachte das Bankengeld neue Instabilität mit sich. Wie erwähnt, weist jedes Finanzinstrument, dessen Grundlage *künftiger* Wohlstand ist, eine spekulative Komponente auf. Da die Zukunft notwendigerweise ungewiss ist, gehören Risiko und Ungewissheit zur Modularform des modernen Bankgelds. Selbstverständlich lässt sich das über alle Wetten auf die Zukunft sagen, von der holländischen Tulpenmanie in den 1630er-Jahren bis zur englischen Südseeblase[41] ein Dreivierteljahrhundert später (auf die ich weiter unten zurückkommen werde). Doch modernes Bankgeld, das nur lose an Edelmetalle gebunden ist, kann solche spekulativen Unternehmungen anheizen. Es besteht die inhärente Gefahr, dass das Papiergeld überproportional zur *in der Vergangenheit geleisteten* Arbeit (in Form von Edelmetallen) oder zur *zukünftigen* Arbeit (in Gestalt erwarteter Staatseinnahmen), die seine Existenzgrundlage bilden, wächst. Genau dies geschah mit dem chinesischen Papiergeld, das regelmäßig massive Wertverluste erlitt. Die Gesetzgeber waren daher bestrebt, sowohl die Überproduktion von Papiergeld als auch die Bildung von Spekulationsblasen einzudämmen. Sie mussten dabei berücksichtigen, dass die Masse der Bevölkerung immer noch in einem von Münzen und nicht von Scheinen dominierten ökonomischen Universum lebte. Um Vertrauen in das neue Währungs- und Finanzsystem des späten 17. Jahrhunderts zu schaffen, bemühten sich Politiker nicht nur darum, die Verantwortung der Regierung für die Einhaltung ihrer vertraglichen Verpflichtungen festzuschreiben. Sie waren auch bestrebt, die Banknoten mit Gold zu ankern, das wegen seiner Akzeptanz in der Bevölkerung und seiner Rolle im internationalen Zahlungsverkehr dafür bestens geeignet war. Das Beharren auf den vertraglichen Verpflichtungen des Monarchen und die Notwendigkeit, dem Papiergeld einen Edelmetallanker zu verschaffen, spielten eine zentrale Rolle in den Beiträgen, die John Locke, einer der bürgerlichsten Philosophen überhaupt, zu den heftigen Gelddebatten der 1690er-Jahre verfasste.

Von Newton zu Locke: Münzen, Todesstrafe und Weltgeld

Revolutionen durchlaufen Krisen. Das galt auch für die Währungsrevolution, die durch die Bank of England ausgelöst wurde. Tatsächlich erlebte das Land ein oder zwei Jahre nach der Gründung der Bank – inmitten eines eskalierenden Krieges mit Frankreich – fast den Zusammenbruch seines Geldsystems. Die Bank trug zweifelsohne zur Lösung dieser Krise bei, doch auch die grundlegende Reform des Münzwesens, die mit John Locke, Isaac Newton und der Todesstrafe zusammenhing, spielte eine wichtige Rolle.

England litt schon lange unter einer Münzknappheit, die sich mit dem Aufstieg des Kapitalismus weiter verschärft hatte. Dominiert von

41 Bei der Tulpenmanie der 1630er-Jahre und der Südseeblase von 1720 handelt es sich um erste Spekulationsblasen der jungen Weltwirtschaft, die zu schweren Rezessionen führten. [Anm. d. Ü.]

der ersten Modularform des Geldes, hing das monetäre System des frühneuzeitlichen Englands völlig von metallischen Münzen ab. Doch mit dem rasanten Wirtschaftswachstum ab Mitte des 16. Jahrhunderts und der steigenden Bedeutung der Märkte wurde die Geldknappheit akut. Ein Historiker schätzt, dass die Nachfrage nach Münzen zwischen 1540 und 1600 um 500 Prozent, das Angebot hingegen nur um etwas mehr als 60 Prozent wuchs.[42] In den 1620er-Jahren beschäftigen sich mit Thomas Mun, Gerard de Malynes und Edward Misselden drei der scharfsinnigsten Ökonomen der damaligen Zeit mit der Frage der Geldknappheit. Sie betonten dabei im Allgemeinen die Notwendigkeit einer günstigen Handelsbilanz, mit der man Silber und Gold ins Land ziehen wollte, um daraus Münzen prägen zu können.[43] Angesichts des Mangels an Bargeld griffen die Menschen in England zunehmend auf Kredite zurück, um die Geschäfte des täglichen Lebens abzuwickeln. Das reichte von den Schulden eines Arbeiterhaushalts beim Metzger bis hin zu Verkaufskrediten, Darlehen und umlaufenden Wechseln bei Händlern und Herstellern. Der Wirtschaftshistoriker Eric Kerridge geht davon aus, dass in der ersten Hälfte des 17. Jahrhunderts elfmal so viele Transaktionen mit Krediten wie mit Münzen abgewickelt wurden.[44] Doch auch wenn der Kredit das Getriebe des Handels schmierte, konnte er das gesetzliche Zahlungsmittel nicht ersetzen. Nur wenige Kreditinstrumente waren allgemein verbreitet, und die endgültige Zahlung musste weiterhin in Metallmünzen erfolgen. Auch Papiergelder, von denen verschiedene in Umlauf waren, dienten bis zur Mitte des 18. Jahrhunderts, als die Noten der Bank of England diesen Status erlangten, nur selten als endgültiges Zahlungsmittel.[45] Seit Mitte des 17. Jahrhunderts mit einem Mangel an Münzen konfrontiert, produzierten Hersteller häufig eigene Geldstücke – meist in kleinen Stückelungen wie dem Half Pence –, um Löhne zu zahlen und die lokalen Märkte in Gang zu halten. Auch Stadtverwaltungen wurden aktiv, um die Wirtschaftstätigkeit anzukurbeln. Die Geldstücke ähnelten Münzen insofern, als sie in der Regel rund waren, konnten aber aus allen möglichen Materialien hergestellt werden, von Leder und Kupfer bis hin zu Zinn und Blei. In den 1660er-Jahren sollen allein in London 3500 Hersteller solcher Wertmarken tätig gewesen sein.[46]

Es handelte sich um ein fragiles Geldsystem, das aus einem Geflecht von Krediten, Wechseln und Banknoten ohne gesetzlichen Status sowie aus einer Vielzahl lokaler Wertmarken zusammengesetzt war. In guten

42 Craig Muldrew: »Hard Food for Midas«. Cash and Its Social Value in Early-Modern England, in: Past and Present, 2/2001, S. 170–228.

43 Vgl. meine Diskussion dieser Autoren in: Political Economy and the Rise of Capitalism, S. 29–35.

44 Eric Kerridge: Trade and Banking in Early Modern England, Manchester 1988, S. 99.

45 J. Keith Horsefield: The Beginnings of Paper Money in England, in: Journal of European Economic History, 1/1977, S. 117–132.

46 Deborah Valenze: The Social Life of Money in the English Past, Cambridge 2006, S. 37.

Zeiten mochte es einigermaßen funktionieren. Doch es war anfällig für Erschütterungen. Und nichts schüttelt die Welt so durch wie der Krieg.

Die Versorgung der Armeen im Ausland erforderte, wie Hobbes schreibt, Zahlungen in einer akzeptierten Form des Weltgeldes. Im späten 17. Jahrhundert bestand dies aus Gold- und Silberbarren oder aus Münzen, die mit diesen Metallen geprägt wurden. Als sich der Krieg mit Frankreich ab 1689 ausweitete, wuchsen auch Englands Armee und Marine. Da sie in fremden Ländern und Gewässern kämpften, musste das Geld über die Grenzen hinweg transferiert werden. Die massive Unterstützung Englands an seine Verbündeten – eine Art Söldnerlohn – machte weitere grenzüberschreitende Überweisungen erforderlich. Da die Staatsausgaben innerhalb von nur drei Jahren (1691/1692 bis 1694/1695) um 50 Prozent stiegen, wuchsen auch die Abflüsse von Silber und Gold. Während Edelmetalle ins Ausland exportiert wurden, ging der *Zufluss* stark zurück, da der Krieg die Handelsbeziehungen erschütterte und die britischen Exporteinnahmen schrumpften. Auf diese Weise entstand eine wachsende Kluft zwischen den kriegsbedingten Abflüssen der Edelmetalle und den aufgrund der Handelsverwerfungen zurückgehenden Zuflüssen. Erschwerend kam hinzu, dass Englands Silbermünzen im Laufe der Jahrzehnte erheblich an Wert verloren hatten, da kleine Metallmengen abgeschnitten und die verkleinerten Münzen anschließend wieder in Umlauf gebracht wurden. In den frühen 1690er-Jahren enthielten die Münzen etwa 20 Prozent weniger Silber, als offiziell vorgeschrieben war. Infolgedessen wurden sie auf ausländischen Märkten mit einem Abschlag von 15 bis 20 Prozent auf den Nennwert gehandelt. Dies bedeutete jedoch, dass noch mehr Silber und Gold – 15 bis 20 Prozent mehr – zur Finanzierung des Kriegs verschifft werden musste.

Ein weiterer Aspekt in diesem Zusammenhang ist, dass die englische Münzanstalt aus Gründen, die ich hier nicht näher erläutern möchte, das Silber unter dem Marktpreis bewertete. Damit entfiel jeder finanzielle Anreiz für Einzelpersonen, das Metall, mit dem sich anderswo ein höherer Preis erzielen ließ, zur Prägung zur Verfügung zu stellen. Für englische Silberbesitzer war es lukrativer, das Metall ins Ausland zu verschiffen, dort zu verkaufen und/oder gegen Gold einzutauschen. Dadurch geriet das Geldsystem in eine fatale Abwärtsspirale. Da der Silberexport die Geldknappheit noch verschärfte, gab es einen weiteren Anreiz, die Silbermünzen zu beschneiden und das Material für die Ausfuhr einzuschmelzen, was relativ unkompliziert war, bevor Münzen mit gefrästen Rändern eingeführt wurden. Londoner Goldschmiede schätzten 1690, dass monatlich fast 50 000 Unzen Silber aus London an Metallhändler in Holland und Frankreich geliefert wurden.[47] Schlimmer noch: Je

47 Ming-Hsun Li: The Great Recoinage of 1696 to 1699, London 1963, S. 53.

mehr Silber eine Münze enthielt, desto wahrscheinlicher war es, dass sie gehortet und/oder für den Export eingeschmolzen wurde, denn auch Münzen mit niedrigem Silbergehalt wurden im Alltag problemlos als Tausch- und Zahlungsmittel akzeptiert. Auf diese Weise wurden die Menschen ermutigt, Münzen mit höherem Silbergehalt zurückzuhalten. Im Umlauf blieben nur alte, stark abgenutzte Münzen. Bis 1695 hatten viele englische Münzen durch die Praxis des Abschneidens und durch langfristige Abnutzung bis zu 50 Prozent ihres Silbergehalts verloren.[48] Da Ausfuhr und das Beschneiden des Silbers die gravierende Münzknappheit verschärften und die Wirtschaft durch den Krieg ohnehin belastet war, stiegen unweigerlich die Preise. Am Ende befand sich das englische Währungssystem aufgrund der Kriegsfinanzierung, der explodierenden Überweisungen ins Ausland und der steten Münzverschlechterung am Rande des Zusammenbruchs. Dies war der Anlass für die große Geldkrise von 1696.

* * *

Seit 1691 untersuchte und diskutierte das Parlament den Zustand des Münzwesens. Viele Kommentatoren, darunter auch der langjährige Finanzminister William Lowndes, sprachen sich für eine Abwertung der englischen Münzen aus, mit der dem verringerten Silbergehalt Rechnung getragen worden wäre, ohne den Nennwert verändern zu müssen. Die Entwertung hätte bedeutet, dass das britische Pfund etwa ein Fünftel weniger Silber repräsentierte. Bei dieser auch über Streitschriften ausgetragenen Debatte profilierte sich Locke als Kritiker dieses Ansatzes. Er plädierte stattdessen für eine Neuprägung des Silbers auf dem bestehenden gesetzlichen Niveau, also für die Wiederherstellung des ursprünglichen Metallgehalts. Anfang 1696 stimmte das Parlament für das Vorhaben der »Locke-Partei«: Nach und nach sollten alle englischen Münzen eingezogen und neu geprägt werden, um den gesetzlich festgelegten Metallgehalt auf diese Weise wiederherzustellen. Bevor ich die theoretischen Argumente von Locke gegen die Entwertung erörtere, will ich jedoch zunächst die Rolle von Lockes Freund Isaac Newton bei der Reform des englischen Geldsystems betrachten.[49]

In der Anfangsphase der Geldkrise und inmitten des parlamentarischen Aufruhrs über Münzverschlechterung und -fälschung sorgte Locke dafür, dass Newton zum Aufseher der Londoner Münzanstalt ernannt wurde. Drei Jahre später wurde er zum Münzmeister befördert – ein

48 Li: Great Recoinage, S. 51; J. Keith Horsefield: British Monetary Experiments, 1650–1710, Cambridge 1960, S. 26.

49 Die folgenden Seiten stützen sich auf Argumente, die ich ursprünglich entwickelt habe in: The Blood of the Commonwealth: War, the State, and the Making of World Money, in: Historical Materialism, 2/2014, S. 17–22.

Posten, den er bis zu seinem Tod im Jahr 1727 innehatte und der ihn zu einem wohlhabenden Mann machte. Obwohl es sich bei derartigen Posten meist um eine Art Schirmherrschaft mit wenig realem Arbeitsaufwand handelte, nahm Newton seine Berufung und vor allem die Aufgabe begeistert an, Münzfälscher und -verschlechterer aufzuspüren und zu verfolgen. Ausgerüstet mit der Todesstrafe, die auf Münzmanipulationen ausgesetzt war, startete der große Physiker eine obsessive Kampagne gegen Geldschneider und -fälscher. Er organisierte ein Spionagenetz und reiste persönlich und oft verkleidet in Gasthäuser, Schenken und Gefängnisse, um Fälscher ausfindig zu machen. Und er ließ nicht locker, wenn er sie geschnappt hatte. Wie ein Wissenschaftler bedauernd einräumte, war Newton »der Gnade gegenüber abgeneigt«.[50] In der Tat. In den ersten drei Jahren seiner Tätigkeit bei der Münzanstalt verhaftete Newton mehr als hundert vermeintliche Münzschneider und Fälscher. Und allein im ersten Jahr wurden in London mindestens 15 Menschen wegen Münzvergehen hingerichtet.[51] Wenn der Staatsterror ausreichend gewesen wäre, das Münzwesen zu reformieren, hätte Newton es möglicherweise im Alleingang geschafft. Doch leider war mehr erforderlich, nämlich unter anderem eine Revolution der Prägetechnik, dank der sich Reinheit und Einheitlichkeit der Münzen steigern ließen. Auch auf diesem Feld erwies sich Newton als eifriger und inbrünstiger Münzmeister.

Auch Locke war ein Verfechter der Thanatokratie, um den Begriff zu verwenden, mit dem der radikale Historiker Peter Linebaugh den mithilfe der Todesstrafe herrschenden Staat charakterisiert.[52] Locke teilte Newtons tödliche Abneigung gegen die Münzschneider und erklärte – während englische Soldaten und Seeleute im Krieg durch französische Hand starben –, sie hätten England mehr Schaden zugefügt »als alle Truppen unserer Feinde«.[53] Zu dieser Abneigung kam die grausame Entschlossenheit, das Gesetz der kapitalistischen Märkte den Körpern der Armen einzuschreiben. So befürwortete er die Hinrichtung von Münzschneidern genauso wie das Auspeitschen und Verschleppen von Kindern verarmter Eltern. Der Bericht über das Armengesetz, den der Philosoph 1697 für die Handels- und Plantagenkommission abfasste, ist ein typisches Beispiel. Der politische Theoretiker Neal Wood hat treffend angemerkt,

50 John Craig: Isaac Newton and the Counterfeiters, in: Notes and Records of the Royal Society of London, 2/1963, S. 129. Vgl. James Gleick: Isaac Newton. Die Geburt des modernen Denkens (aus dem Amerikanischen von Angelika Beck), Düsseldorf/Zürich 2004, S. 167–172; und Thomas Levenson: Newton and the Counterfeiter. The Unknown Detective Career of the World's Greatest Scientist, Boston 2009.

51 Wennerlind: Casualties of Credit, S. 147. Newton war von der Todesstrafe als geldpolitischer Maßnahme so überzeugt, dass er sich zum Friedensrichter ernennen ließ, um die Strafverfolgung persönlich zu überwachen.

52 Peter Linebaugh: The London Hanged: Crime and Civil Society in the Eighteenth Century, London/New York 2003, S. 50.

53 John Locke: The Works of John Locke [1696], 4 Bde, London 1824, S. 198. [Die Locke-Zitate hier und auf den folgenden Seiten wurden aus dem englischen Original übersetzt. Anm. d. Ü.]

dass »in diesem ungewöhnlich scharfen Dokument wenig von christlicher Nächstenliebe oder Mitgefühl für die weniger Glücklichen zu finden ist«.[54] Stattdessen schlug Locke vor, dass Kinder, die ohne Ausweis und außerhalb ihrer Gemeinde beim Betteln erwischt wurden, ergriffen und in Arbeitshaus-»Schulen« untergebracht werden sollten, wo sie »gründlich ausgepeitscht und bis zum Abend zur Arbeit angehalten« werden sollten. Kinder zwischen drei und 14 Jahren, deren Eltern Armenunterstützung erhielten, sollten in Arbeitshäuser gebracht werden. Personen, die beim Betteln außerhalb der Gemeinde mit einem gefälschten Ausweis erwischt wurden, sollten beim ersten Vergehen ihre Ohren verlieren, beim zweiten Mal in die Kolonien verbannt werden. Locke beschimpft die Armen in seinem Text unter anderem als »bettelnde Drohnen« und »müßige Vagabunden«.[55] Wie in seiner politischen Philosophie gilt der Staat, der die Freiheit des Eigentums schützt – Lockes Hauptanliegen –, als doppelt bedroht. Von unten droht Gefahr durch den Pöbel, in diesem Fall durch Münzschneider und -fälscher. Von oben ist er anfällig für die Machenschaften der Regierungsbeamten, die zu Währungsmanipulationen neigen. So wie Newton eine Strategie entwickelt hatte, um die Bedrohung von unten zu unterdrücken, richtete sich Lockes Intervention in der Debatte um die Neuprägung gegen die Bedrohung von oben.

Häufig wird behauptet, Lockes Kampagne zur Wiederherstellung des vollen Silbergehalts der Münzen sei einer Art Edelmetallfetischismus geschuldet gewesen. Manchmal wird daran anknüpfend vertreten, dies habe den Philosophen zu verstehen gehindert, dass der Nennwert eines englischen Shillings nicht unbedingt mit einer bestimmten Menge Silber übereinstimmen muss.[56] Damit jedoch wird die *gesellschaftliche* Grundlage von Lockes Argument missverstanden, das von der Notwendigkeit ausgeht, dass alle ökonomischen Transaktionen und Verträge durch einen stabilen Wertmaßstab untermauert werden müssen. Jeder, der einen Vertrag abschließe – unabhängig davon, ob es sich um einen wohlhabenden Grundbesitzer oder einen Tagelöhner handele –, tue dies in der Annahme, dass die vereinbarte Geldmenge von der Regierung nicht willkürlich verändert werden kann. Eine Änderung des Münzwerts, wie

54 Neal Wood: John Locke and Agrarian Capitalism, Berkeley 1984, S. 106f.

55 Vgl. John Locke: Draft of a Representation Containing a Scheme of Methods for the Employment of the Poor, in: Political Writings of John Locke, hrsg. von Wootton, David, New York 1993, S. 449, 453, 450, 448.

56 Moderne Ökonomen lehnen Lockes Argumentation entschieden ab, vor allem seine Vorstellung, der Nominalwert einer Münze müsse ihrem »intrinsischen Wert« entsprechen. Stattdessen sind sie auf dogmatische Weise dem Konzept des subjektiven Nutzens verhaftet, das der neoklassischen Ökonomie zugrunde liegt, und vertreten die Position des Immobilienhändlers und Finanzspekulanten Nicholas Barbon, der folgender Ansicht war: »Die Dinge haben keinen Wert an sich, es sind Meinung und Mode, die ihnen einen Wert verleihen.« In: Discourse Concerning Coining the New Money Lighter, London 1696. Zur Unterstützung von Barbons Ansichten durch Wirtschaftswissenschaftler, vgl. beispielsweise Joyce Appleby: Economic Thought and Ideology in Seventeenth-Century England, Princeton 1978, S. 222–239; und Li: Great Recoinage, S. 106f.

sie der Finanzminister vorschlug, als er die Verringerung des Silbergehalts der englischen Münzen um 20 Prozent empfahl, bedeutete in den Augen Lockes dasselbe, als würde »die Münzanstalt geschnittenes Geld prägen«.[57] Jede derartige Veränderung des Münzwertes – ob durch staatliche Maßnahmen oder das illegale Beschneiden der Münzen – sei ein eklatanter »Betrug« und sorge durch die Störung des Wertverhältnisses für »Verwirrung« auf dem Markt. Wie das einseitige Zahlungsmoratorium von Charles II. verletzt die Geldentwertung das stillschweigende, den Verträgen zugrunde liegende Einverständnis und stellt somit eine »Beschädigung des öffentlichen Glaubens« dar, das heißt des Vertrauens der Marktteilnehmer in die Verlässlichkeit der Geldwerte – von Waren- und Immobilienpreisen bis hin zu Vertragssummen.[58] Locke erachtet den öffentlichen »Glauben« an bzw. das Vertrauen in vertragliche Verpflichtungen also als entscheidend. Es stimme, räumt er bereitwillig ein, dass die tatsächliche Silbermenge, die mit dem Wort Pfund oder Shilling bezeichnet wird, eine gesellschaftliche Übereinkunft und keineswegs naturgegeben ist. Aber wenn dieser »imaginäre Wert« einmal »durch allgemeine Zustimmung« festgelegt ist, dann ist das Vertrauen in ihn »das große Band der Gesellschaft«.[59] Einen einvernehmlich festgelegten Wert willkürlich zu verändern bedeutet, den Gesellschaftsvertrag zu brechen, der die Menschen zur politischen Gemeinschaft zusammenführt.

Lockes Widerstand gegen eine Revision des Metallgehalts des Geldes hatte also wenig damit zu tun, dass er vom »intrinsischen Wert« der Edelmetalle an sich geblendet gewesen wäre. Er wusste um die Konventionalität festgelegter Geldwerte. Was er ablehnte, war die Vorstellung, dass irgendein ökonomischer Akteur, egal ob Staat oder Münzschneider, sich einseitig das Recht herausnehmen dürfe, etablierte ökonomische Tauschverhältnisse zu ändern. Für Locke war das, als würde eine Vertragspartei versuchen, nach der Vereinbarung von Pacht, Preis oder Zinsen die Vertragsbindungen zu modifizieren. Durch die Verteidigung des Metallanteils der Münzen bekennt sich die Regierung öffentlich dazu, dass einvernehmlich festgelegte Werte von den Launen der Monarchen und Staatsmänner unabhängig sind und von den subjektlosen Kräften des Marktes bestimmt werden sollten. Zweifelsohne begünstigte diese Position die Interessen von Landbesitzern und Geldverleihern (deren Pachtzinsen bzw. Zinssätze in der Regel in langfristigen Verträgen festgelegt sind). Und dementsprechend benachteiligte sie Mieter und Kreditnehmer, für

57 John Locke: Some Considerations of the Consequences of the Lowering of Interest and Raising the Value of Money [1691], in Kelly: Locke on Money, Bd. 1, S. 307. Auch nachlesbar in: Locke: Works, S. 84. Man beachte, dass Locke diese Schrift noch vor der Debatte über die Neuprägung 1694–1696 verfasste.

58 John Locke: Further Considerations Concerning Raising the Value of Money [1696], in: Kelly: Locke on Money, Bd. 2, S. 465f., 430, 415.

59 Locke: Some Considerations, S. 223, 213.

die eine Geldabwertung bedeuten würde, dass sie zur Erfüllung ihrer Verträge weniger Edelmetall zurückzahlen müssten (obwohl der nominale Geldbetrag unverändert blieb). Doch auch wenn es bestimmten Interessen entgegenkam, war Lockes Argument allgemeiner Natur. Er versuchte, Eigentum, Geld und Marktbeziehungen zu schützen, indem er sie aus sozialen Beziehungen herleitete, die *vor* der Regierung und der politischen Gesellschaft entstanden waren. Für ihn ist der Staat dazu da, diese vorpolitischen Beziehungen zu schützen – und nicht, sie zu verändern.

Locke drehte noch eine weitere argumentative Schleife, als er bekräftigte, die subjektlose Macht des Marktes komme auf globaler Ebene am stärksten zur Geltung. Gewiss könne auch beschnittenes oder entwertetes Geld innerhalb eines Landes seine Funktion erfüllen, wenn der König es für Steuern oder der Grundbesitzer für die Pacht akzeptiert. In einer geschlossenen, autarken Wirtschaft sei der Nominalismus – der dem Begriff Shilling oder Pfund eine beliebige Menge Silber zuordnet – eine mögliche Option: »Und dies wäre vielleicht gut genug, wenn unser Geld und Handel nur unter uns zirkulieren würden und wir keine Geschäfte mit dem Rest der Welt trieben.«[60] Doch man dürfe nicht glauben, so Locke, dass Wirtschaftsakteure auf ausländischen Märkten von den Engländern weniger Silber für ihr »Salz, ihren Wein, ihr Öl, ihre Seide« und so weiter akzeptieren würden, nur weil die Engländer ihren Münzen einen höheren Nennwert als in der Vergangenheit geben.[61] Für jede Wirtschaft, »die offenen Handel mit dem Rest der Welt treibt«, wird der Geldwert vom »universellen Welthandel« bestimmt.[62] Mit der These, dass die Weltmarktbeziehungen wichtiger seien als die Nationalstaaten, räumte Locke dem Weltgeld Priorität ein, eine Priorität, die sich praktisch in der Verwendung hochwertiger Edelmetalle als internationale Zahlungsmittel bewies.[63] Die zugrunde liegende Annahme Lockes bestand darin, dass Regierungen ebenso wenig das Recht haben, in die Naturgesetze des Geldes einzugreifen wie in das damit zusammenhängende Eigentumsrecht. In seinen politisch-ökonomischen Schriften der 1690er-Jahre habe Locke, so der politische Theoretiker George Caffentzis, die »Universalität des Geldes (und nicht die Ansprüche einheimischer ›Planer‹ oder ›göttlicher Monarchen‹)« als »treibende logische und gesellschaftliche Kraft seiner Zeit« verortet.[64]

Indem er der Universalität des Geldes, die von Marx als Weltgeld bezeichnet werden sollte, größere Bedeutung beimaß als dem Staat,

60 Locke: Further Considerations, S. 469.

61 Ebd., S. 442.

62 Locke: Some Considerations, S. 265, 267.

63 Siehe Vilar: Gold und Geld, S. 205.

64 Constantine George Caffentzis: Clipped Coins, Abused Words, and Civil Government, New York 1989, S. 119 – ein Buch, dem in den Debatten zu Locke, der klassischen politischen Ökonomie und dem Aufstieg des Kapitalismus viel größere Beachtung geschenkt werden sollte.

bestimmte Locke den kapitalistischen Weltmarkt implizit als Eckpfeiler der Moderne. Damit löste er sich von der begrifflichen Charakterisierung des Geldes als einer Erfindung des Nationalstaates und bekräftigte, dass das Geld durch »den universellen Welthandel« bestimmt ist. Statt als Blut des Gemeinwesens versteht Locke das Geld als *Blut des Welthandels*. Damit nahm er die These vorweg, dass die bürgerliche Gesellschaft als globale Totalität verstanden werden muss und am konkretesten, universellsten von Weltgeld und Weltmarkt verkörpert wird.

Diese Einsicht charakterisierte die »Locke-Partei« der 1690er-Jahre, zu der auch Isaac Newton gehörte, der unmittelbar nach der Glorreichen Revolution von 1688/89 Vertreter der Whigs im Parlament wurde.[65] Natürlich war der Kosmopolitismus der Whigs rein bürgerlicher Art. Er beruhte auf einem entschlossenen Bekenntnis zu Kolonialismus und Sklaverei. So gehörte der junge Locke zu den ersten Anlegern der ersten britischen Sklavenhandelsgesellschaft, der Royal Adventurers into Africa, die das Monopol für den englischen Sklavenhandel erhielt. Nachdem die Adventurers 1672 von der Royal African Company abgelöst wurden, kaufte Locke 1674 400 Pfund ihrer Aktien und erhöhte die Investition ein Jahr später um weitere 200 Pfund.[66] Newton, der durch seine Zeit in der Münzanstalt reich geworden war, folgte dem Beispiel seines Freundes und wurde zu einem bedeutenden Kapitalanleger in der South Sea Company, die mit dem *asiento* [Abkommen, Anm. d. Ü.] das berüchtigte Monopol auf den Verkauf und den Transport versklavter Afrikaner in die spanischen Kolonien der Neuen Welt erwarb.

Wie sich an der Berufung Lockes 1696 ins neu gegründete Board of Trade and Plantations ablesen lässt (wo er schnell zur treibenden Kraft wurde), hatten die großen englischen Liberalen mit dem Kolonialismus genauso wenig ein Problem wie mit der Sklaverei.[67] Zum Entsetzen eines seiner Biografen verteidigte Locke die koloniale Herrschaft Englands in den amerikanischen Kolonien und in Irland und sprach sich entschieden gegen das Recht auf Selbstbestimmung aus.[68] Sein Engagement für Kolonialismus und Sklaverei reicht übrigens mindestens bis ins Jahr 1669 zurück, als er als Sekretär der Lords Proprietors of Carolina diente und in dieser Funktion der neuen Kolonie leidenschaftlich den Einsatz der Skla-

65 Gleick: Isaac Newton, S. 142–145. [Die Whigs waren bis Mitte des 19. Jahrhunderts eine der beiden großen Parteien in England. Während die Tories Parteigänger des Hofs waren, repräsentierten die Whigs (auch »Landpartei«) tendenziell jene gesellschaftlichen Gruppen, die vom Freihandelsliberalismus profitierten. Anm. d. Ü.]

66 Hugh Thomas: The Slave Trade: The Story of the Atlantic Slave Trade, 1440–1870, New York 1997, S. 199f.; Maurice Cranston: John Locke: A Biography, London 1957, S. 115.

67 Der korrekte Titel des Gremiums lautete »His Majesty's Commissioners for Promoting the Trade of this Kingdom, and for Inspecting and Improving His Plantations in America and Elsewhere«.

68 Siehe Peter Laslett: John Locke, the Great Recoinage, and the Origins of the Board of Trade: 1695–1698, in: William and Mary Quarterly, 3/1957, S. 371. Laslett bezeichnet Lockes Kolonialismus als »ein auffälliges Paradox«.

verei empfahl – was angesichts seiner persönlichen Investitionen in den Handel mit versklavten Afrikanern nicht weiter überraschen darf. Mitglieder der »Locke-Partei« gehörten auch zu den eifrigsten Befürwortern von Englands Kriegen um imperiale Vorherrschaft, deren Finanzierung der eigentliche Daseinsgrund der Bank von England war – faktisch handelte es sich um eine Institution der Whigs, und auch hier gehörte Locke zu den frühen Investoren.[69] An dieser Stelle haben wir es erneut mit der untrennbaren Verbindung von Geld und Blut zu tun. Wenn das Kapital tatsächlich »vor Blut und Schmutz triefend« in die Welt kommt, wie es bei Marx heißt, dann trifft diese Aussage auch auf seinen intellektuellen Wegbegleiter, den Liberalismus und seinen berühmtesten englischen Repräsentanten zu. Der lockesche Nexus Geld-Sklaverei-Kolonialismus war das Herzstück der liberalen politischen Philosophie in England.

Geld, Macht und versklavte Menschen: Locke über Personen als Gegenstände

Mit der These, dass dieser Nexus im Zentrum von Lockes politischer Philosophie steht, beziehe ich mich nicht nur auf Aspekte seiner Biografie. Es geht mir auch um zentrale Argumente, die er sowohl in seiner politischen Ökonomie wie in seiner politischen Theorie entwickelt hat. Im Besonderen behaupte ich, dass es dem klassischen Liberalismus weniger um allgemeine Rechte als um die Verteidigung von *Eigentumsrechten*, einschließlich des Eigentums an Menschen, ging.

Ohne jeden Zweifel besaß Locke biografische Motive, die Sklaverei zu befürworten. Von seinen Investitionen in die Sklaverei war bereits die Rede. Auch die erste englische Kolonie in Carolina – die von Lockes Gönner, dem First Earl of Shaftesbury gegründet wurde – war nicht nur in Kämpfe mit den Indigenen verwickelt, sondern versklavte diese auch. Der Historiker Robert Weir behauptet gar, dass die Kolonisten von South Carolina »*die* indianischen Sklavenhändler Nordamerikas« gewesen seien.[70] Shaftesbury, dem ein großer Einfluss auf Lockes politische Entwicklung nachgesagt wird, investierte schnell in das Geschäft mit versklavten Indigenen. Besonders aufschlussreich ist, dass die Kolonisten Mitte der 1670er-Jahre »ihre Sklaven als in gerechten Kriegen gemachte Gefangene« bezeichneten.[71] Bei dieser Erklärung handelte es sich um Kolonialapologetik, mit der das Projekt der gewaltsamen Vertreibung indigener

69 Zum Whiggismus der Bank of England und ihren Verbindungen zum »Republikanismus« siehe Clapham: Bank of England, S. 10; Peter G. M. Dickson: The Financial Revolution in England, London 1967, S. 55f.; Brewer: Sinews of Power, S. 153, 207; und David Stasavage: Partisan Politics and Public Debt: The Importance of the »Whig Supremacy« for Britain's Financial Revolution, in: European Review of Economic History, 1/2007, S. 123–153. Zu Lockes Investition in die Bank of England siehe Laslett: John Locke, S. 395, FN 64.

70 Robert Weir: Colonial South Carolina: A History, Columbia 1983, S. 26.

71 Brad Hinshelwood: »The Carolinian Context of John Locke's Theory of Slavery«, in: Political Theory, 4/2013, S. 570.

Völker verschleiert werden sollte. Schließlich mahnte die klassische Theorie des »gerechten Krieges«, dass nur Kriege zur Selbstverteidigung moralisch legitim seien. Es war offenkundig unaufrichtig zu behaupten, die Kolonisten der Neuen Welt hätten ohne böse Absicht Menschen versklavt, als sie sich gegen unbegründete Angriffe zur Wehr setzten. Doch es gab durchaus Kriege zwischen Kolonisatoren und indigenen Völkern, auf die die Siedler verweisen konnten – an denen allerdings nichts »gerecht« war. Was die Versklavung von Afrikanern betrifft, war das Argument des gerechten Krieges hingegen völlig absurd. Schließlich befanden sich die Afrikaner, mit der die Royal African Company handelte – ein Geschäft, an dem, wie erwähnt, sowohl Locke als auch Shaftesbury beteiligt waren –, nicht im Krieg mit den Engländern. Dies hinderte Locke jedoch nicht daran, bei der Ausarbeitung einer Verfassung für Shaftesburys neue Kolonie zu empfehlen, die Sklavenhalter von Carolina sollten »absolute Macht und Autorität« über ihre versklavten Afrikaner ausüben.[72] Wie rechtfertigte Locke diesen Standpunkt?

Beginnen wir mit Lockes berühmten Widerstand gegen eine »patriarchale« Herleitung der Regierung, also das Argument, wonach die irdische Macht aus der Autorität herrührt, die Adam als erstem Mann von Gott verliehen wurde. Diese Argumentation, die Robert Filmer (1588–1653) geltend machte, diente als Verteidigung des monarchischen Absolutismus. Gott habe Adam, dem ersten Patriarchen, die souveräne Macht auf Erden geschenkt, und alle königliche Macht leite sich von dieser göttlichen Gabe her, betonte Filmer.[73] Als Gegner des Absolutismus, also als Denker, der die Eigentumsrechte vor einer willkürlichen Autorität schützen wollte, brauchte Locke eine andere Herleitung von Eigentum und Macht. Schließlich schien das Eingeständnis, alle politische Autorität auf Erden gehe darauf zurück, dass Gott Adam königliche Macht verliehen hatte, jeden Widerstand gegen einen Monarchen zur Sünde zu machen. Wenn die Macht jedoch nicht via Adam von Gott stammte, ergab sich daraus die subversive Betrachtung, dass alle Menschen vor Gott gleich waren, Gott ursprünglich also keine Unterschiede zwischen den Menschen geschaffen hatte. Locke aber war alles andere als ein Egalitarist.[74] Er brauchte daher eine alternative Erklärung für legitime Macht und die Ungleichheit unter den Menschen. Der Versuch, den er in seiner »Ersten Abhandlung über die Regierung« (aus dem Jahr 1681) unternimmt, ist faszinierend, da Locke der Herleitung von Adam einen »neuen Weg« zur Macht entgegensetzt, der seinen Ursprung im Geld hat. Die gesellschaftliche Macht,

72 John Locke: The Fundamental Constitution of Carolina [1696], in: Political Writings, S. 230. Zur Rolle von Locke bei der Abfassung dieses Dokuments siehe Cranston: Biography, Oxford 1957, S. 119; und Kenneth H. D. Haley: The First Earl of Shaftesbury, Oxford 1968, S. 242.

73 Robert Filmer: Patriarcha, or the Natural Power of Kings, London 1680.

74 Erörtert habe ich diesen Punkt in: Locke, Levellers, and Liberty: Property and Democracy in the Thought of the First Whigs, in: History of Political Thought, 1/1989, S. 17–40.

so Locke, liege bei jenen, die über große Mengen Geld verfügen. Dies ist so sehr der Fall, dass ein Plantagenbesitzer auf den Westindischen Inseln »318 Mann in seinem Hausstand« haben kann, »ohne Erbe von Adam zu sein«. Einige dieser Menschen mögen Söhne und Freunde sein, so Locke, aber bei den meisten werde es sich um gekaufte »männliche und weibliche Sklaven« oder »bezahlte Soldaten« handeln. Es gibt also eine Quelle der irdischen Macht – das Geld –, die nicht auf Gottes Schöpfung zurückgeht. Mit Geld (das er in seiner »Zweiten Abhandlung« auf innovative Weise mit Arbeit und Eigentum verknüpft) können Menschen die Dienste anderer erkaufen. Geld kauft Menschen also ebenso, wie es Waren kauft, und Locke hat keine Bedenken hinsichtlich der Herrschaft über diese Personen. Er belehrt uns, dass »der Rechtsanspruch auf die Gewalt, die der Herr in beiden Fällen hatte, gleichviel ob über Sklaven oder Pferde, allein aus seinem Kauf entstanden« sei.[75]

»Allein aus seinem Kauf«: Das ist der Schlüssel zu Lockes Denken und politischer Ökonomie. Mit dem offensichtlichen Widerspruch konfrontiert, dass ein liberaler Individualist die Sklaverei gutheißt, meinte ein Kritiker einmal, Locke habe, was die amerikanische Sklaverei anging, »einen Knoten im Kopf gehabt«.[76] Das ist wahr. Aber dieser Knoten folgt einer systematischen Logik: Es ist die *Vernunft* der monetären Abstraktion, eine Logik, die alles, was gekauft werden kann, auf Eigentumsobjekte reduziert. Es ist die warenwirtschaftliche Logik des aufstrebenden Kapitalismus, die sich über alle Bereiche hinweg erstreckt. Geld löst Güter, einschließlich *Menschen*, von konkreten Empfindungen und individuellen Bedeutungsketten, indem sie sie in ein Netz der Abstraktionen und quantitativen Äquivalenzen integriert. Gegenstände mit monetärem Wert verlieren ihre qualitative Existenz, um nur noch als bloße Tauschwertmenge zu erscheinen. Locke war den Eigentumsrechten, die durch Geld erworben wurden, so verpflichtet, dass er die Waren- und Verdinglichungslogik problemlos auf Personen ausdehnen konnte, die sich dadurch tatsächlich in Gegenstände verwandelten. Wie sonst ließe sich die offenkundige ontologische Verwirrung in seiner Schrift »Über die Regierung« erklären, in der er den »Torf, den mein Knecht gestochen hat« als das Produkt »*meiner* Arbeit« bezeichnet (Hervorh. D.M.)?[77] Sobald ich einen Knecht (als Sklaven) oder die Arbeitskraft eines Lohnabhängigen gekauft habe, gehört ihre Arbeit und deren Produkte mir, dem Käufer. Da Geld eine Erweiterung meines Körpers darstellt, umfasst es alles, was ich erwerbe, und macht mich zum Herrn darüber. Sogar *Personen* werden, dauerhaft oder vorübergehend, zu meinem Eigentum. Durch die Magie des Geldes erstrecken

75 John Locke: Zwei Abhandlungen über Regierung (übersetzt von Hilmar Wilmanns), Halle 1906, § 130.

76 James Farr: Locke, Natural Law, and New World Slavery, in: Political Theory, 4/2008, S. 495, 516.

77 John Locke: Über die Regierung (übersetzt von Dorothee Tidow), Stuttgart 2017, S. 23.

sich meine körperlichen Kräfte nun auch auf die Körper der anderen und ermöglichen es mir, »mit den Füßen anderer zu gehen«.

Locke mag ein Besitzindividualist gewesen sein, wie Crawford B. Macpherson es formuliert hat. Zweifelsohne war er aber auch ein Theoretiker des Besitzes an Individuen.[78] Der Umstand, dass das Geld dämonische Eigenschaften angenommen hatte – »neue Wege« zur Macht –, die ihm die Kontrolle über Personen, ja sogar das Eigentum an Personen ermöglichte, bereitete Locke keine Sorgen.[79] Wie sonst lassen sich seine Investitionen in den Handel mit versklavten Afrikanern erklären? In den 1680er-Jahren hatte die entfremdete Logik der monetären Abstraktion, die dem Denken des Philosophen zugrunde lag, die englische Gesellschaft durchdrungen. Wir können sie in John Bunyans einflussreichem allegorischen Werk »Die Pilgerreise« (1678) und seiner Schilderung von Vanity Fair ausmachen, einem Ort, wo mit alles gekauft werden kann: »Häuser, Ländereien, Gewerbe, Ämter, Würden, Beförderungen, Titel, Landschaften, Königreiche, Lustbarkeiten, Vergnügungen und Genüsse aller Art, wie Huren, Weiber, Gatten, Kinder, Herrschaften, Dienstboten, Leben, Blut, Leiber und Seelen, Silber, Gold, Perlen, Edelsteine und wer weiß was noch alles!«[80]

Locke akzeptierte diese Macht des Geldes nicht nur, sondern befürwortete sie. Dies erlaubte ihm, die kommerzielle Sklaverei zu rechtfertigen, obwohl diese den an anderer Stelle von ihm vertretenen Prinzipien der natürlichen Freiheit grundsätzlich widersprach. Es ist gut vorstellbar, dass Locke der Macht des Geldes so zugetan war, dass er einfach nicht in der Lage war zu erkennen, wie durch die Ausdehnung der Macht über Personen ein Zustand der Sklaverei herbeigeführt wurde, der radikal gegen seine liberalen Grundsätze der »natürlichen Freiheit« verstieß. Das jedoch bedeutet nichts anderes, als dass Eigentumsrechte und die Macht des Geldes Grundlage seiner liberalen Überzeugungen waren und alle anderen Überlegungen in den Hintergrund rücken ließen. Lockes Argumentation zielt also darauf ab, eine neue, moderne Legitimation der Sklaverei zu entwickeln, die in der Macht des Geldes begründet ist und nicht bloß in der Lehre des gerechten Krieges, auf die er sich auf sehr inkohärente Weise berief. In der Logik von Lockes »Zwei Abhandlungen über die Regierung« war es völlig rational, »Diener, Leben, Blut, Körper, Seelen« auf die gleiche Weise zu kaufen und zu verkaufen wie Häuser oder Perlen. Und das wurde in immer größerem Ausmaß auch getan, als sich die monetäre Macht über die Ozeane ausbreitete und Millionen Afrikaner in ihren Strudel zog.

78 Valenze (Social Life of Money, S. 27, 202) hat in diesem Zusammenhang von einer Theorie der *»possessed individuals«* gesprochen.

79 Mit den dämonischen Kräften des Geldes habe ich mich in »Monsters of the Market« beschäftigt.

80 John Bunyan: Die Pilgerreise (bearbeitet von Joachim Martin unter Verwendung der älteren Übersetzungen von 1713, 1858 und 1869), Zürich 1988, S. 95.

»Händler in Menschenblut«: Atlantische Sklaverei und englischer Liberalismus

»Aber ist es nicht in der ganzen Welt bekannt, dass das Geschäft der Plantagen in unseren britischen wie auch den französischen Kolonien durch die Arbeit von aus Afrika importierten Negern betrieben wird? Sind wir diesem wertvollen Volk, den Afrikanern, nicht für unseren Zucker, Tabak, Reis, Rum und alle anderen Plantagenerzeugnisse zu Dank verpflichtet? Und je größer die Zahl der aus Afrika in unsere Kolonien importierten Neger ist, wird dann nicht auch die Ausfuhr britischer Waren zu den Afrikanern proportional steigen, da sie doch ausschließlich mit solchen Waren bezahlt werden?«

Malachy Postlethwayte, 1745[81]

Hätten sie ein oder zwei Jahrhunderte später zurückblicken können, wären die meisten frühen englischen Kolonisatoren vom Kolonialreich des 18. Jahrhunderts überrascht gewesen, das »einem prächtigen Überbau amerikanischer Handels- und Seemacht *auf einem afrikanischen Fundament*« glich, wie der Ökonom Postlethwayte es an einer anderen Stelle des oben zitierten Textes ausdrückt.[82] Sicherlich hatten die meisten von ihnen keinerlei Bedenken hinsichtlich des *Handels* mit gefangenen Afrikanern. Aber nur wenige dieser frühen »Abenteurer« hatten Kolonien vor Augen, die auf der *Arbeit* versklavter Afrikaner beruhten. Doch genau dies war die Logik des Tuns der Käufer; schließlich verkauften sie Träger menschlicher Arbeitskraft. Wenn wir ausschließlich auf den Dreieckshandel blicken – britische Güter nach Afrika, versklavte Afrikaner in die Neue Welt, Güter der Neuen Welt nach Großbritannien –, tendieren wir möglicherweise dazu, uns allein in der abstrakten Tauschsphäre zu bewegen. Doch die Waren der Neuen Welt mussten erst einmal produziert werden. Und dies geschah zunehmend mithilfe der Arbeit von versklavten Afrikanern. Wenn wir uns mit der Arbeit versklavter Afrikaner in der Neuen Welt befassen, gelangen wir auch zu den von ihnen produzierten Waren und dem Reichtum, den sie für ihre Besitzer generierten.

Wie erwähnt, plünderten die Europäer der frühen Neuzeit Afrika und den amerikanischen Kontinent zunächst hauptsächlich wegen des Goldes. Versklavte Menschen spielten lange Zeit eine untergeordnete Rolle. In der Charta der Company of Royal Adventurers von 1660, die das Monopol für den Handel in Afrika besaß, hieß es, dass sich in ihr Unternehmer »zur Entdeckung von Goldminen und zur Errichtung von Plantagen« zusammengetan hätten.[83] 60 Jahre später waren Vertreter der Royal

81 Malachy Postlethwayte: The African Trade, the Great Pillar, and Support of the British Plantation Trade in America, in: David B. Horn/Mary Ransome (Hrsg.): English Historical Documents, Bd. 10, 1714–1783, New York 1969, S. 825.

82 Ebd., S. 824.

83 Zitiert nach Eltis: Rise of African Slavery, S. 141.

African Company immer noch auf Gold aus, versklavte Menschen waren jedoch zu einer entscheidenden Ware zur Beschaffung des Metalls geworden. Erst im 18. Jahrhundert überstieg der Wert der aus Afrika exportierten Versklavten den des Goldes. Doch selbst dann waren versklavte Afrikaner für die Verkäufer in erster Linie ein *Mittel* zur Geldbeschaffung. Humphrey Morice, Englands größter Sklavenhändler der 1720er-Jahre, wies seine Sklavenkapitäne regelmäßig an, ihre »Fracht aus Gütern und Negern« so schnell wie möglich »in Gold« umzuwandeln.[84] Wir werden auf Morice in seiner Eigenschaft als Gouverneur der Bank von England noch einmal zu sprechen kommen.

Für die Kolonisierung brauchte man Siedler. Es war unmöglich, Außenposten, Forts, Handelsstationen, Minen und Plantagen ohne Kolonisten vor Ort zu errichten. Selbst wenn die Eingeborenen als Zwangsarbeiter mobilisiert wurden – und die Siedler versuchten dies in viel größerem Umfang, als Historiker dies oft zur Kenntnis genommen haben[85] –, wurden Europäer weiterhin als Soldaten, Aufseher, Handwerker und Ähnliches benötigt. Tatsächlich brauchten die Siedler der Neuen Welt die Europäer auch noch für andere Zwecke: als billige Arbeitskräfte, als importierte Arbeitssklaven, die unter dem Deckmantel des Vertragsdienstes in die Neue Welt gelangten. Diese »weißen« Bediensteten stammten aus den unterschiedlichsten Gruppen – arme Kinder, die ihren Eltern weggenommen worden waren, Sträflinge, besiegte irische Rebellen, entführte Jugendliche und Arme, die bereit waren, im Austausch gegen Lebensmittel und die Überfahrt nach Amerika Verträge als Schuldknechte *(indentured servants)* zu unterzeichnen. In den ersten ein oder zwei Generationen der Kolonisierung waren die europäischen Schuldknechte die größte Quelle für die Immigration von Arbeitskräften auf dem amerikanischen Kontinent und in der Karibik. So machten versklavte Afrikaner um 1650 immer noch bloß ein Drittel der Einwanderung in den englischen Teil Amerikas aus. In einigen Gebieten sollte die Abhängigkeit von der europäischen Vertragsknechtschaft noch wesentlich länger andauern. Im gesamten 18. Jahrhundert waren bis zu zwei Drittel der Einwanderer Pennsylvania weiße Schuldknechte.[86] Eric Williams hatte also durchaus recht, als er behauptete: »Die unfreien Arbeitskräfte in der Neuen Welt waren braun, weiß, schwarz und gelb; katholisch, protestantisch und heidnisch.«[87] Doch das begann sich ab

84 Humphrey Morice an Captain Weedon, 25. März 1725, zitiert nach James A. Rawley: London, Metropolis of the Slave Trade, Columbia 2003, S. 50.

85 Reséndez: The Other Slavery.

86 Abbot E. Smith: Colonists in Bondage: White Servitude and Convict Labor in America, 1607–1776, Chapel Hill 1947; Hilary M. Beckles: White Servitude and Black Slavery in Barbados, 1627–1715, Knoxville 1989; Mannix: Black Cargoes, S. 56–59; Eric Williams: Capitalism and Slavery, London 1964, S. 10; Eltis: Rise of African Slavery, S. 49.

87 Williams: Capitalism and Slavery, S. 7. Wie Reséndez zeigt, hätte Williams noch »rot«, d. h. indigen, hinzufügen können.

etwa 1660 zu ändern, und zwar rasch. Von nun an sollten die unfreien Arbeitskräfte in Amerika überwiegend aus Afrikanern bestehen.

Es gibt mehrere Gründe für die Verlagerung auf den Kauf versklavter Afrikaner. Ein entscheidender Punkt war, dass die britischen Löhne in der zweiten Hälfte des 17. Jahrhunderts offenbar stiegen, weshalb die Armen weniger Anreize zur Auswanderung hatten und die Anwerbung von Vertragsknechten teurer wurde.[88] Es gibt auch Anhaltspunkte dafür, dass etwa zur gleichen Zeit die Sterblichkeitsrate der in der Neuen Welt eintreffenden Menschen zu sinken begann, was versklavte Menschen für die Plantagenbesitzer ökonomisch interessanter machte, da nun eine längere Lebensdauer der »Investitionsrenditen« zu erwarten war.[89] Mit der Gründung der Royal African Company im Jahr 1672 wuchs zudem auch der Nachschub an versklavten Menschen in den britischen Kolonien. Abgesehen von rein wirtschaftlichen Erwägungen gibt es auch Indizien dafür, dass die Plantagenbesitzer das Bedürfnis hatten, zwischen (weißen) Bediensteten und (schwarzen) Sklaven zu unterscheiden, um gemeinsamen Widerstand zu verhindern. Die rassistische Abgrenzung der afrikanischen Zwangsarbeit verstärkte die soziale Kontrolle spürbar; nicht zuletzt, weil sie eine Kluft zwischen den verschiedenen Gruppen armer Arbeitskräfte schuf und dadurch deren Solidarität untergrub.[90] In dem Maße, wie sich die Plantage als zentrales ökonomisches Produktionssystem der Kolonie etablierte, kam es auch zur Afrikanisierung und rassischen Ausdifferenzierung der Arbeitskraft. Ab den 1660er-Jahren beginnt eine neue Ära der europäischen Kolonisierung Amerikas, die nicht nur auf dem zunehmenden Erwerb versklavter Afrikaner, sondern auch auf deren systematischer Rassifizierung beruht.

Wie kaum anders zu erwarten, verlieh die Glorious Revolution dem britischen Sklavenhandel einen kräftigen Impuls. Auch diesmal hatte das mit Kriegen zu tun. Nach jedem Krieg zwischen 1688 und 1763 wuchs der Anteil Großbritanniens am atlantischen Sklavenhandel parallel zu den Kolonial- und Handelsaktivitäten. Obwohl der atlantische Sklavenhandel vier Jahrhunderte andauerte – von den 1440er-Jahren bis in die 1830er-Jahre – wurden zwei Drittel der in die Neue Welt verschifften Afrikaner zwischen 1698 und 1807 verschleppt.[91] Und während dieses Zeitraums

88 Siehe Russell R. Menard: The Africanization of the Workforce in English America, in: Gwyn Campbell/Alessandro Stanziani (Hrsg.): Debt and Slavery in the Mediterranean and Atlantic Worlds, London 2013, S. 93–103.

89 Edmund S. Morgan: American Slavery, American Freedom. The Ordeal of Colonial Virginia, New York 1975, S. 297–299.

90 Dunn: Sugar and Slaves, S. 70–73; Amussen: Caribbean Exchanges, S. 129–138.

91 Ich datiere die Anfänge des atlantischen Sklavenhandels auf die portugiesische Einfuhr afrikanischer Zwangsarbeiter nach Madeira 1443–1444. Vgl. Barbara L. Solow: Capitalism and Slavery in the Exceedingly Long Run, in: Barbara L. Solow/Stanley L. Engerman (Hrsg.): British Capitalism and Caribbean Slavery. The Legacy of Eric Williams, Cambridge 1987, S. 58; Thomas: Slave Trade, S. 48–60.

transportierte keine Nation mehr Sklaven als Großbritannien und keine erreichte die Effizienz und Profitabilität des aufstrebenden Empire. Auf der Grundlage von Berechnungen der »totalen Faktorproduktivität« haben Wirtschaftshistoriker nachgewiesen, dass die Händler der Royal African Company um mindestens ein Drittel effizienter waren als jene, die von französischen Sklavenhäfen aus arbeiteten. Vermessung, Effizienz- und Gewinnberechnungen erlaubten es den Händlern der Company, 50 Prozent mehr Versklavte pro Tonne (Schiffsgröße) und doppelt so viele Versklavte pro Besatzungsmitglied wie ihre französischen Konkurrenten zu befördern.[92] Das Effizienzstreben der englischen Kapitalisten zeigte auch beim Verkauf menschlicher Gefangener seine Wirkung.

Damit sind wir wieder bei Locke und Personen, die als Gegenstände betrachtet werden. Im Jahr 1767 konnte man in Whydah in der westafrikanischen Region Dahomey einen Sklaven für 25 Gewehre, 40 Eisenstangen, 16 Anker Branntwein (etwa 620 Liter), 200 Pfund Schießpulver, zehn Bahnen Tuch usw. kaufen.[93] Dies waren Tauschraten für Waren, die vereinfacht werden, sobald Geld gegen jede Ware getauscht werden kann. Dennoch bleibt ein Problem bestehen: Wie sollte man den relativen Wert versklavter Menschen berechnen, die es in verschiedenen Formen, Größen, Altersgruppen und Geschlechtern gab? Hier entwickelten die Sklavenhändler standardisierte Maßstäbe. Die portugiesischen und spanischen Sklavenhändler verwendeten zu diesem Zweck den Begriff »Stück« *(piezas)*. Ein »Stück« bezeichnete einen voll entwickelten, sieben »Handflächen« (etwa 1,50–1,60 Meter) großen, noch relativ jungen und gesunden Mann. Jüngere oder ältere Männer, Frauen und Kinder, solche von weniger kräftiger Statur oder schlechterer Gesundheit wurden als Bruchteile eines vollen »Stücks« bewertet. Dieses abstrakte Maß – »Stück« – machte jede versklavte Person vergleichbar und lieferte ein Einheitsmaß zur Preisbestimmung, der Quantifizierung der Fracht usw. Diese Logik der Verdinglichung zeigt sich auch bei zwei Sklaventransporten der englischen South Sea Company nach Buenos Aires 1725. Das Schiff Syrria lieferte 437 Versklavte mit einem Wert von fast 326 »Stück«. Die Asiento hingegen lieferte 278 Versklavte, die nach offizieller Messung 209 »Stück« entsprachen. Während die beiden Schiffe 645 versklavte Afrikaner verkauften, erhielten die Händler also Geld für etwas weniger als 534 »Stück«. Konkrete Personen waren in abstrakte Einheiten übersetzt worden.[94]

Dieselbe quantifizierende Abstraktion lag dem Verfahren der britischen Sklavenhändler zugrunde, die jeden erworbenen Sklaven mit einer fortlaufenden Nummer in ihre Bücher eintrugen, als hätten sie Einhei-

92 Eltis: Rise of African Slavery, S. 231, 121–123.

93 Thomas: Slave Trade, S. 318.

94 Colin Palmer: Human Cargoes: The British Slave Trade to Spanish America, 1700–1739, Urbana 1981, S. 101–102.

ten desselben Gegenstands gekauft.[95] Im Süden der USA, auf den ich im 5. Kapitel näher eingehen werde, verwendeten die Sklavenhändler eine metrische Skala, die auf einem Sklaven erster Klasse (ähnlich einem vollen »Stück«), einem Sklaven zweiter Klasse und so weiter beruhte. Auf diese Weise konnten »Defekte« wie etwa ein Augenschleier berechnet werden, der den Preis eines versklavten Mädchens nach Einschätzung eines Sklavenhändlers des 19. Jahrhunderts um 25 bis 40 Dollar drückte. Durch diese Verfahren der Standardisierung und Differenzierung »machten die Händler Menschen zu Gegenständen und schließlich zu Geld«.[96]

Wahrscheinlich veranschaulicht nichts die Brutalität der Verdinglichung so dramatisch wie der berüchtigte Fall der Zong.[97] Im September 1781 verließ das Sklavenschiff Zong unter dem Kommando von Kapitän Luke Collingwood die Küste von Guinea mit 440 versklavten Afrikanern und 17 weißen Besatzungsmitgliedern an Bord in Richtung Jamaika. Navigationsfehler und unbeschreibliche Grausamkeit führten dazu, dass unterwegs mehr als 60 Afrikaner und sieben Besatzungsmitglieder bei der Überfahrt ums Leben kamen. Darüber hinaus erkrankten viele weitere Versklavte. Als er erkannte, dass es sich bei letzteren um »beschädigte Ware« handelte, die auf dem jamaikanischen Markt wenig einbringen würden, beschloss Kapitän Collingwood, die Frachtversicherung in Anspruch zu nehmen, durch die jeder Versklavte mit 30 Pfund Sterling versichert war. Er ordnete an, 133 Afrikaner ins Meer zu werfen, und berief sich darauf, dass Krankheit und Wassermangel dies notwendig machten – obwohl es in den beiden Tagen vor der Hinrichtung der letzten 26 Sklaven ununterbrochen geregnet hatte und die Wasservorräte bei voller Ration für elf Tage (bei halber Ration doppelt so viele Tage) ausreichten. Als der Versicherungsanspruch in London eingereicht wurde, verweigerte die Versicherung die Zahlung, sodass es im März 1783 zu einem Gerichtsverfahren in der Guildhall kam. Ohne den Gerichtssaal zur Beratung verlassen zu haben, fällten die Geschworenen ihr Urteil und entschieden, die Versicherer müssten die Eigner des Sklavenschiffs für das auf See verlorene »Eigentum« entschädigen. Die Versicherer legten jedoch am Court of King's Bench gegen dieses Urteil Berufung ein, wo Lord Mansfield ihren Fall verhandelte. Mansfield ordnete ein neues Verfahren an – allerdings nicht wegen des mörderischen Verhaltens von Collingwood und seiner Mannschaft. Stattdessen hinterfragte er, ob die Lage an Bord der Zong eine Notsituation dargestellt habe. Weder stand die Moralität der Handlung

95 Dieudonné Rinchon: La traité et l'esclavage Congolais par les Européens: Histoire de la déportation des 13 millions 250.000 noirs en Amérique, Brüssel 1929, S. 32; Thomas: Slave Trade, S. 110, 318, 395; Vincent Brown: The Reaper's Garden. Death and Power in the World of Atlantic Slavery, Cambridge 2008, S. 28.

96 Walter Johnson: Soul by Soul. Life inside the Antebellum Slave Market, Cambridge 1999, S. 118.

97 Die Geschichte beschreibt Robert Weisbord: The Case of the Slave-Ship »Zong«, 1783, in: History Today, 8.8.1969, S. 561–567. Eine exzellente und ausführliche Abhandlung findet sich bei James Walvin: The Zong: A Massacre, the Law, and the End of Slavery, New Haven 2011.

zur Debatte noch gab es eine Anklage wegen Mordes. Generalstaatsanwalt John Lee, der zugunsten der Schiffseigentümer erschien, erklärte während des Prozesses kühn, dass nach englischem Recht »feststeht, [...] dass ein Teil unserer Mitgeschöpfe zu einer Eigentumsangelegenheit werden können. Es handelte sich also um das Überbordwerfen von *Gütern*.« Mansfield stimmte dem grundsätzlich zu: »Obwohl es einen sehr schockiert, lag der Fall der Sklaven nicht anders, als habe man Pferde über Bord geworfen.«[98]

Klammern wir die grausame Behandlung von Tieren als Frage an dieser Stelle einmal aus, so sticht ins Auge, dass versklavte Afrikaner »Eigentumsangelegenheiten« waren – Besitztümer, Waren. Dies ist das lockesche Prinzip: Ein Eigentümer besitzt »absolute Macht und Autorität« über das, was er mit Geld erworben hat. Wenn es um monetarisierte Güter, einschließlich Personen, geht, haben die Eigentümer Ansprüche auf sie, die mit ihrem Recht auf Leben und Freiheit vergleichbar sind. Durch Geld können »unsere Mitgeschöpfe zu Eigentumsangelegenheiten werden« – oder in weniger juristischen Begriffen ausgedrückt: zu Eigentums*objekten*. Am schockierendsten an den englischen Debatten über den Sklavenhandel des 18. Jahrhunderts ist, dass die vorherrschende liberale Position forderte, den Handel zu *erweitern*, indem man das Monopol der Royal African Company (RAC) beendete und den Handel für alle öffnete. Die Liberalen des 18. Jahrhunderts störten sich nicht an den verletzten Rechten der Versklavten, sondern an der eingeschränkten Freiheit, versklavte Afrikaner kaufen und verkaufen zu dürfen.

Aus Sicht der liberalen Kritiker verbesserte die Revolution von 1689 die Lage. Im selben Jahr verabschiedete das Parlament ein Gesetz, das es auch Geschäftsleuten jenseits der Royal African Company erlaubte, mit versklavten Menschen zu handeln. Illegale Konkurrenz war für die RAC schon immer ein Ärgernis gewesen, aber nun konnten sich andere Unternehmen legal am Geschäft beteiligen, wenn sie zehn Prozent Abgaben auf alle ihre Exporte nach Afrika an die Company entrichteten. Die neuen Marktteilnehmer, die als »Zehnprozenter« bekannt waren, begannen den Handel schnell zu dominieren und verschifften im ersten Jahrzehnt nach der Öffnung des Geschäfts 75 000 versklavte Menschen, mehr als viermal so viele wie die Schiffe der Royal African Company transportierten.[99] Doch die Freihändler waren noch nicht zufrieden. Sie sahen nicht ein, warum sie überhaupt Zahlungen an die Company leisten sollten, und forderten daher die Abschaffung aller Privilegien der RAC. Das Unternehmen reagierte darauf, indem es den Ökonomen Charles Davenant und den Schriftsteller Daniel Defoe anheuerte, um für es zu werben. Doch die gesellschaftliche Stimmung kippte zugunsten der Freihändler. Und völlig ironiefrei wurde das Monopol der RAC öffentlich mit Sklaverei gleich-

98 Lee/Mansfield, zitiert nach Brown: Reaper's Garden, S. 172. Hervorh. D.M.
99 Thomas: Slave Trade, S. 206.

gesetzt. Die Existenz von Handelsmonopolen sei »Kennzeichen eines sklavischen Volkes«, erklärte der Verfasser einer Streitschrift, während ein Händler aus Bristol verkündete, dass »Handelsmonopole [...] immer schon als Kennzeichen von Sklaverei und Unterdrückung angesehen wurden«.[100] Als Sklaverei galt also jede Behinderung des Rechts eines Engländers ... mit Sklaven zu handeln. Einmal mehr waren versklavte Afrikaner Besitzgegenstände, und Besitz hatte im Unterschied zu seinen Besitzern keine Rechte. Unter dem Einfluss dieser liberalen Argumentation wurde der englische Sklavenhandel 1712 dereguliert; 40 Jahre später wurde die Royal African Company aufgelöst. Durch die »Befreiung« des Handels erhöhten die neuen Marktakteure auch die Zahl der in die Sklaverei verkauften Afrikaner drastisch. Zwischen 1700 und 1807 exportierten britische Händler rund 2,5 Millionen Afrikaner in die Sklaverei der Neuen Welt.[101] Der Sieg der liberalen Freihändler bedeutete für die Afrikaner dramatisch mehr Gefangennahme, Traumatisierung, Versklavung und Tod – eine entsetzliche Steigerung von Blut für Geld.

Unter den liberalen Sklavenhaltern, die diesen »Sieg« errungen hatten, waren zwei wohlhabende und einflussreiche Parteigänger der Whigs mit Verbindungen zur Bank of England: Gilbert Heathcote und Humphrey Morice. Heathcote, der 40 Jahre lang Direktor der Bank, fünf Jahre lang ihr Gouverneur und fast drei Jahrzehnte lang Mitglied des britischen Parlaments war, galt bei seinem Tod im Jahre 1733 mit einem geschätzten Vermögen von 700 000 Pfund als reichster Bürger Englands. Gemeinsam mit seinen Brüdern war Heathcote stark in den Kolonialhandel mit Jamaika (und später mit Ostindien) involviert, setzte sich für den Freihandel mit afrikanischen Sklaven ein und war in bescheidenem Umfang selbst Sklavenhändler.[102] Weitaus stärker involviert war Humphrey Morice, »der bedeutendste Londoner Sklavenhändler seiner Zeit«, der 1716 einen Führungsposten in der Bank erhielt und ihr 1727/1728 als Gouverneur vorstand. Auch Sklavenhändler Morice war Mitglied des Parlaments und von 1713 bis 1731 Abgeordneter. Morices Sklavenschiffe machten fast zehn Prozent des Londoner Sklavenhandels aus und transportierten etwa 20 000 Afrikaner in die Neue Welt.[103]

100 Zitiert nach William A. Pettigrew: Freedom's Debt: The Royal African Company and the Politics of the Atlantic Slave Trade, 1672-1752, Chapel Hill 2013, S. 104f.

101 Philip D. Curtin: The Atlantic Slave Trade. A Census, Madison 1969, Tabelle 41, S. 142. Verschiedene Forscher haben Curtins Zahlen hinterfragt. Für eine Zusammenfassung verschiedener Schätzungen vgl. Paul E. Lovejoy: The Volume of the Atlantic Slave Trade: A Synthesis, in: Journal of African History, 4/1982, S. 473–501. Lovejoys Zahlen kommen den Schätzungen Curtins recht nahe. Er kalkuliert, dass allein Großbritannien im 18. Jahrhundert etwas mehr als 2,5 Millionen Sklaven exportierte (Tabelle 4, S. 483). Detaillierte Zahlen für verschiedenen Zeiträume finden sich unter http://www.slavevoyages.org/.

102 Jacob Price: Heathcote, Sir Gilbert, first baronet (1652–1733), in: Oxford Dictionary of National Biography, Oxford 2004; Pettigrew: Freedom's Debt, S. 139, 158.

103 Rawley: London, S. 40–44; Marcus Rediker: The Slave Ship: A Human History, New York 2007, S. 33–35.

Wir werden die Beziehung zwischen Sklaverei und englischem Bankwesen gleich noch untersuchen. Doch zuvor sollten wir noch einmal auf den Fall der Zong zurückkommen. Da die versklavten Afrikaner auf dem Schiff als Waren versichert wurden, handele es sich, so die These des Literaturwissenschaftlers Ian Baucom, um Waren mit *imaginärem Wert*. Bei Versicherungen, so Baucom, ist die bloße Vorstellung des Tauschgeschäfts gleichbedeutend damit, »Wert geschaffen zu haben«. Mit anderen Worten: Der Wert wurde geschaffen, sobald man sich versklavte Menschen als *verkäuflich* vorstellte. Im Rahmen eines Versicherungsvertrags konstituiere sich der wirtschaftliche Wert der versklavten Menschen also nicht durch das Tauschgeschäft, sondern bereits durch die (imaginäre) Möglichkeit eines solchen. Daraus folgere, so Baucom, dass der Wert, den man im Gerichtsverfahren über die Zong erörterte, im Kreislauf »Geld – Imagination – Geld« entstanden sei (und nicht wie in der marxschen Formel postuliert im Kreislauf Geld – Ware – Geld). Die Versicherung habe der kapitalistischen Warenform eine »neuartige Epistemologie« bereitgestellt, die es der Imagination ermöglichte, »eine neue Welt der Objekte und Werte zu schaffen«. Sobald diese Epistemologie etabliert ist und sich das gesellschaftliche Imaginäre verfestigt hat, »ist ein realer, echter Austausch nicht mehr notwendig«.[104] Die These weist zahlreiche Probleme auf. Zunächst einmal werden auch nach dem Entstehen des modernen Versicherungswesens täglich weiterhin Milliarden realer Tauschvorgänge vollzogen. Wenn Wert zu seiner Realisierung nur imaginiert werden muss, ist nicht zu erklären, warum es diese Tauschakte gibt. Außerdem ist das Phänomen nicht auf die Versicherung beschränkt, da Waren auch in Geschäften, auf Speisekarten oder im Internet Preise zugewiesen werden – bevor sie verkauft werden. Auch ohne Versicherung erhalten sie also in der Imagination einen Wert. Am wichtigsten ist jedoch, dass in Baucoms Darstellung die grundlegende Rolle, die die Plantagenarbeit im Handel mit versklavten Menschen spielt, völlig unterschlagen wird. Die Fixierung auf den imaginären Wert blendet die Tatsache aus, dass der Marktwert versklavter Menschen dem Wert der von ihnen produzierten Waren folgte. Die Investition in eine versklavte Person richtete sich (in Marktbegriffen) nach den Werten – Zucker, Baumwolle, Reis, Kaffee, Tabak usw. –, die ein »Stück« im Laufe eines normalen produktiven Lebens mit *seiner Arbeit* produzieren konnte.

Der Wert der versklavten Afrikaner war also nicht imaginär, sondern beruhte materiell auf der allgemeinen Sklavenarbeit, also auf der Leistung, die von einem durchschnittlichen Versklavten bei einer durchschnittlichen Produktivität über ein durchschnittliches Arbeitsleben hinweg erwartet werden konnte (wobei die Preise nach Größe, Alter, Kraft usw. entsprechend angepasst wurden). Wenn versklavte Menschen

104 Ian Baucom: Specters of the Atlantic. Finance Capital, Slavery, and the Philosophy of History, Durham 2005, S. 96, 67, 94.

als Absicherung für Schulden eingesetzt wurden – was unvorstellbar häufig geschah –, setzte der Kreditnehmer die Arbeit oder, genauer gesagt, die zukünftige Arbeit als »Sicherheit« ein.[105] Der Kreditgeber akzeptierte diese Sicherheit deshalb, weil eine versklavte Person *Arbeitskraft*, also potenzielle Arbeit, repräsentierte. Dieser Aspekt beim Kauf einer versklavten Person war immer auch mit Risiko behaftet (die versklavte Person konnte jung sterben, die Produkte ihrer Arbeit keinen angemessenen Preis erzielen usw.), doch solche Risiken sind für jede kapitalistische Investition charakteristisch. Hingegen waren die Arbeit der versklavten Menschen auf dem Feld, die zur Disziplinierung und Intensivierung der Arbeit eingesetzte Gewalt sowie die Waren, die die Sklavenarbeit für die Weltmärkte bereitstellte, alles andere als imaginär. Wie Postlethwayte in der oben zitierten Passage feststellt, wird das »Geschäft der Plantagen in unseren britischen wie auch den französischen Kolonien durch die Arbeit von aus Afrika importierten Negern betrieben«. Der »prächtige« Überbau amerikanischer Handels- und Seemacht« wurde also »auf einem afrikanischen Fundament« errichtet, was zweifellos eine von den Kategorien »Rasse« und Empire geprägte gesellschaftliche Vorstellungswelt *(social imaginary)* schuf. Doch diese Vorstellungswelt beruhte auf Plantagenarbeit und war auf globale Warenproduktion ausgerichtet.

Koloniale Sklaverei und britischer Kapitalismus

Im 18. Jahrhundert waren viele der wichtigsten Wirtschaftsunternehmen der Welt auf Plantagen in der Karibik tätig. 1775 arbeiteten die meisten Versklavten auf den Westindischen Inseln und zwar in Gruppen von mehr als 200 Personen in »Fabriken auf dem Feld«, bei denen landwirtschaftliche und industrielle Aufgaben miteinander verschränkt wurden, um Tabak, Zucker, Baumwolle, Kaffee und andere für die Exportmärkte bestimmte Waren zu produzieren. Im Vergleich dazu beschäftigte eine durchschnittliche Baumwollspinnerei in Großbritannien selbst 60 Jahre später nur etwa 175 Personen. Die größten Zuckerplantagen wurden von mehr als 500 versklavten Arbeitern betrieben und verfügten in der Regel über Siedehäuser, Destillerien, Reifungshäuser und große Lagerhallen. In finanziellen Größen ausgedrückt, erforderte eine Zuckerrohrplantage im späten 18. Jahrhundert eine Kapitalinvestition von mehr als 30 000 Pfund – manche sogar mehr als das Doppelte –, während eine wasserbetriebene Baumwollspinnerei höchstens 5000 Pfund kostete und selbst für eine mehrstöckige, mit Dampf betriebene Spinnerei nur 10 000 bis 20 000 Pfund aufgebracht werden musste.[106] Die Plantagen in der Neuen

105 Zum Phänomen der Kreditsicherung durch Arbeit (collateralized labor) vgl. Miller: The Problem of Slavery, S. 142.

106 Richard Sheridan: Sugar and Slavery. An Economic History of the British West Indies, 1623–1775, Kingston 1974, S. 219; Roger Lloyd-Jones/A. A. Le Roux: The Size of Firms in the Cotton Industry. Manchester 1815–41, in: Economic History Review, 1/1980, S. 72–81; Robin Blackburn: The

Welt des 18. Jahrhunderts implizierten also eine groß angelegte Mobilisierung von Arbeit und Kapital zur Produktion von Weltmarktwaren. C. L. R. James brachte es auf den Punkt, als er in einem Anhang zu seinem Meisterwerk »Die schwarzen Jakobiner« schrieb:

> »Als die Sklaven vor drei Jahrhunderten auf die Westindischen Inseln kamen, wurden sie direkt in das Großunternehmen der Zuckerplantage eingegliedert, bei dem es sich um ein modernes System handelte. Notwendig war außerdem, dass sie in einer sozialen Beziehung zusammenlebten, die viel enger war als die des Proletariats jener Zeit. Das geerntete Zuckerrohr musste schnell auf letztlich industrielle Weise verarbeitet werden. Das Produkt wurde zum Verkauf ins Ausland verschifft. Selbst die Kleidung, die die Sklaven trugen, und die Lebensmittel, die sie aßen, waren importiert.
>
> Die Schwarzen führten von Anfang an ein Leben, bei dem es sich im Wesentlichen um ein modernes Leben handelte.«[107]

Ungeachtet dessen halten viele Wissenschaftler an der Ansicht fest, dass die Plantagensklaverei auf dem amerikanischen Kontinent nicht kapitalistisch gewesen sei. So hat beispielsweise der Historiker Peter Kolchin in Anlehnung an die Analyse von Eugene Genovese argumentiert, die Plantagensklaverei könne nicht als kapitalistische Formation betrachtet werden, weil im Unterschied zu den Beziehungen zwischen Kapitalisten und Lohnarbeitern der Markt im Verhältnis zwischen Herren und Versklavten »offenkundig abwesend« gewesen sei.[108] Diese Argumentation wirft viele Fragen auf; anstelle einer ausführlichen Kritik beschränke ich mich jedoch auf zwei Punkte von großer theoretischer Bedeutung.[109]

Betrachten wir zunächst das in den 1970er-Jahren vom Wirtschaftshistoriker Jairus Banaji vorgebrachte Argument, wonach Marx den Begriff

---

Making of New World Slavery. From the Baroque to the Modern, London/New York 1997, S. 410, 415; Maxine Berg: The Age of Manufactures, 1700–1820, London 1985, S. 230f.; Dunn: Sugar and Slaves, S. 189–196.

107 Cyril L. R. James: The Black Jacobins: Toussaint L'Ouverture and the San Domingo Revolution, New York 1963, S. 392. [Das Nachwort, aus dem diese Passage stammt, ist in der deutschen Übersetzung »Die Schwarzen Jakobiner« von Günter Löffler und Jen Theodor (Berlin 2021) nicht enthalten]. James schildert hier den Fall einer französischen (nicht einer englischen) Sklavenkolonie. Doch auch wenn Frankreich in der kapitalistischen Entwicklung hinter England hinterherhinkte, waren die Kolonien doch ein Ort, an dem sich der Plantagen-Kapitalismus leichter durchsetzen ließen, weil hier keine festgefügten feudalen Verhältnisse überwunden werden mussten.

108 Peter Kolchin: American Slavery, New York 2003, S. 172. Blackburn: New World Slavery, S. 374–376, vertritt eine ähnliche Position. Ein klassisches Beispiel für diesen Ansatz ist Eugene Genovese: The Political Economy of Slavery. Studies in the Economy and Society of the Slave South, New York 1967. Eine theoretisch differenziertere (wenn auch meines Erachtens immer noch falsche) Variante dieser Position findet sich bei Elizabeth Fox-Genovese/Eugene Genovese: Fruits of Merchant Capital. Slavery and Bourgeois Property in the Rise and Expansion of Capitalism, New York 1983, Kap. 2.

109 In einem kommenden Buch werde ich zeigen, dass die Beziehung zwischen Herren und Plantagensklaven in der Neuen Welt tatsächlich durch den Markt vermittelt war – obgleich die Märkte die Arbeitskraft der Sklaven anders als die der Lohnarbeiter allozierten.

der »Produktionsweise« in zweierlei Hinsicht verwendet habe – zum einen in Bezug auf den unmittelbaren Arbeitsprozess und zum anderen zur Beschreibung historischer *Systeme* bzw. gesellschaftlicher Produktionsformen. Letzteres, so betont Banaji zu Recht, sei das komplexere und entwickeltere Konzept, da es die »Bewegungsgesetze« oder gesellschaftlichen Prozesse erfassen soll, durch die eine bestimmte Produktionsweise über einen historischen Zeitraum hinweg reproduziert wird. Entscheidend für den Kapitalismus ist, dass die einzelnen Kapitaleinheiten sich selbst reproduzieren, indem sie sich den Mehrwert mithilfe der Warenproduktion (und anderer für diese Produktion notwendiger Arbeitstätigkeiten) in der Marktkonkurrenz aneignen. Dies setzt voraus, dass die Einheiten die in den Marktpreisen ausgedrückten durchschnittlichen Produktionskosten und -zeiten nicht überschreiten. Auch wenn der Kapitalismus eine historische Tendenz zur Lohnarbeit als vorherrschendes unmittelbares Produktionsverhältnis aufweist, muss dies nicht die einzige Form der Warenproduktion und zur Aneignung des Mehrwerts sein. Deshalb, schrieb Marx, gelte die Plantagensklaverei im Süden der USA »der Produktion des Mehrwerts selbst«, und daher sprachen kreative Marxisten wie Rosa Luxemburg von der »kapitalistischen Akkumulation mit Ausbeutungsformen der Sklaverei oder Leibeigenschaft«. Kapitalistische Produktion wird hier nicht formal mit Lohnarbeit gleichgesetzt, sondern als komplexes und dynamisches System verstanden, in dem das Kapital sich selbst reproduziert, indem es sich den Mehrwert ganz unterschiedlicher warenproduzierender Arbeiter aneignet.[110]

Hier ist eine zweite theoretische Anmerkung angebracht. Die sogenannten politischen Marxisten, die aus einer ganz anderen Tradition als Banaji kommen, betrachten die *Marktabhängigkeit* als Definitionsmerkmal des Kapitalismus.[111] Damit meinen sie, dass in der kapitalistischen Produktionsweise das Überleben sowohl der Produzenten (Arbeiter) als auch der Aneigner (Kapitalisten) vom Markt abhängig sind. Die Arbeiter sind auf den Markt angewiesen, um einen Abnehmer für ihre Arbeitskraft zu finden und mit dem (im Tausch gegen letztere erzielten) Lohn Lebensmittel kaufen zu können; die Kapitalisten hingegen müssen die für die Produktion erforderlichen Produktions- und Arbeitsmittel – Rohstoffe, Maschinen, Arbeitskraft – erwerben und ihre fertigen Güter oder

110 Jairus Banaji: Modes of Production in a Materialist Conception of History, in: Capital and Class, 3/1977, S. 1–44, nachgedruckt als Kapitel 2 in Banaji: Theory as History: Essays on Modes of Production and Exploitation, Leiden 2010; Marx: Kapital, Bd. 1, MEW, Bd. 23, S. 250; Rosa Luxemburg: Die Akkumulation des Kapitals oder Was die Epigonen aus der Marxschen Theorie gemacht haben. Eine Antikritik [1921], in: Gesammelte Werke, Bd. 5, Berlin 1990, S. 425. Man beachte auch die Bemerkung von Marx, der zufolge man »Plantagenbesitzer in Amerika nicht nur Kapitalisten nennen [kann], sondern dass sie es sind.« (Marx: Grundrisse, MEW, Bd. 42, S. 420.)

111 Dieser Ansatz steht im Zusammenhang mit der historischen Arbeit von Robert Brenner, die ich oben besprochen habe. Die klarste zusammenfassende Darstellung dieser Position ist Meiksins Wood: Ursprung des Kapitalismus.

Dienstleistungen auf dem Markt wieder verkaufen, um diese Kosten zu decken (und einen Gewinn zu erzielen). Die Angehörigen beider Gruppen sind also auf den Markt angewiesen, um sich ökonomisch selbst zu reproduzieren. Außerdem sorgt der Wettbewerb dafür, dass Waren und Dienstleistungen in der Regel nur zu konkurrenzfähigen Marktpreisen oder darunter verkauft werden können. Dies zwingt die Kapitalisten dazu, sich auf der Höhe oder unterhalb der durchschnittlichen Produktionszeiten und -kosten zu bewegen, wenn sie zu den bestehenden Preisen einen Gewinn erzielen wollen. Ausgehend von dieser Beschreibung des Kapitalismus als systemische Marktabhängigkeit ist John Clegg zu der Schlussfolgerung gelangt, dass die »Plantagen in der Zeit vor dem amerikanischen Bürgerkrieg kapitalistisch waren [... und zwar] aus dem einfachen Grund, dass Land und Sklaven nur auf dem Markt und gewöhnlich mit Kredit erworben werden konnten. Nur eine profitable Plantage konnte sich diese Produktions- und Arbeitsmittel leisten, und einem Plantagenbesitzer, der seine Baumwolle nicht zu konkurrenzfähigen Preise produzierte, drohte die Zwangsvollstreckung.«[112]

Mit diesen Anmerkungen im Hinterkopf wollen wir zur Produktionsstätte zurückkehren. Die auf Kolonnen-Arbeit beruhende, integrierte Großplantage war das Herzstück der kolonialen Sklavenproduktion. Der Begriff »integriert« bezieht sich auf die Koordination segmentierter landwirtschaftlicher und industrieller Aufgaben innerhalb eines einheitlichen Prozesses zur Herstellung von Endprodukten. Dieses Plantagenmodell entwickelte sich in den 1650er-Jahren zunächst auf Barbados und breitete sich dann in den frühen 1700er-Jahren auf Jamaika und in der Chesapeake-Region der Vereinigten Staaten aus. Bis Mitte des 18. Jahrhunderts sollten diese Einheiten der Plantagenproduktion sich zum Dreh- und Angelpunkt in der atlantischen Wirtschaft entwickeln. Bevor die integrierte Plantage jedoch Wurzeln schlagen konnte, musste zunächst das Problem der Arbeitsdisziplin gelöst werden. Hundert oder mehr versklavte Menschen zu beaufsichtigen stellte hinsichtlich Koordination und Kontrolle eine enorme Herausforderung war. Die schwierigste Aufgabe war die Beherrschung der Versklavten, denn hierzu war eine Schicht weißer »Aufseher« nötig, die, wie es der Historiker Trevor Burnard ausgedrückt hat, bereit war, »das Problem der Disziplinierung durch die Anwendung von Terror zu lösen«. Hierzu habe man Männer mit militärischer Erfahrung, die selbst mit aller Härte diszipliniert und, beispielsweise mit der Peitsche, körperlich gezüchtigt worden waren, zu Verwaltern der Plantagengewalt machen müssen.[113]

112 John Clegg: Capitalism and Slavery, in: Critical Historical Studies, 2/2015, S. 299. Interessanterweise verweist Brenner in »Merchants and Revolution« (S. 159), auf den »westindischen Zuckerkapitalismus« der 1640er-Jahre.

113 Trevor Burnard: Planters, Merchants, and Slaves. Plantation Societies in British North America, 1650–1820, Chicago 2015, S. 27, 33, 38, 54, 78–89. Auch Edward E. Baptist betont die Bedeutung

Die brutale Industriedespotie der integrierten Plantage war von Anfang an rassifiziert. Tatsächlich gab es keine gesellschaftlichen Mechanismen, um europäische Arbeiter einem vergleichbaren Ausmaß systematischer Gewalt am Arbeitsplatz zu unterwerfen. In ihrer Geschichte der Tabakproduktion in Chesapeake zeigt Lorena Walsh, dass das von den Plantagenbesitzern eingeführte Arbeitsregime mit den Gewohnheiten englischer Arbeiter in Bezug auf Urlaub, Ernährung und Arbeitsrhythmus kollidierte. Die Plantagenbesitzer begriffen, dass ihnen der Einsatz versklavter Afrikaner mehr Spielraum gewährte, um die Zahl der Arbeitstage zu erhöhen, Nachtarbeit einzuführen, Frauen auf den Feldern einzusetzen und das Arbeitstempo zu steigern.[114] Viele der Maßnahmen betrafen eher die Verlängerung der Arbeitszeit – eine quantitative Erhöhung der Arbeitsstunden, die Marx als Erhöhung des *absoluten Mehrwerts* bezeichnet hat – als die Steigerung der Produktivität pro Arbeitsstunde.[115] Die Plantagenbesitzer waren bei der Durchsetzung dieses Systems so erfolgreich, dass das Plantagenmanagement in Großbritannien und Nordamerika auch als Vorbild für Fabrikorganisation und Industriedisziplin diente.[116] Gerade weil dieses System gegen die herkömmlichen Erwartungen der (relativ) freieren Arbeitsmigranten aus Europa verstieß, tendierten die Disziplinartechnologien der Plantage dazu, Europäer und Afrikaner hinsichtlich ihrer Arbeits- und Lebensbedingungen voneinander zu trennen. So ist es vielleicht nicht weiter überraschend, dass den weißen Aufsehern nicht nur neue Aufgaben der Überwachung und gewaltsamen Disziplinierung der versklavten Menschen übertragen wurden, sondern dass sie auch in die lokalen Milizen zum Schutz vor militärischen Invasionen und Sklavenaufständen aufgenommen wurden.[117]

---

des Terrors als Organisationsprinzip der Plantagensklaverei im Süden der USA. Er bezeichnet die »Folter« als »Produktionsfaktor« (ich würde eher von »Produktionskraft« sprechen). Vgl. Baptist: The Half Has Never Been Told, S. 141. Dies ist eine wichtige Erkenntnis, die aber nicht notwendigerweise zu Baptists Schlussfolgerung führt, wonach alle Produktivitätssteigerungen auf die Intensivierung der Folter zurückzuführen sind. Despotische oder offen terroristische Arbeitsdisziplin dient teilweise dazu, den Arbeitern andere Maßnahmen zur Innovation der Produktion aufzuzwingen; unabhängig davon, was diese für Tempo und Qualität der Arbeit bedeuten. Nicht alle derartigen Produktivitätssteigerungen sind auf Terror (oder Folter) zurückzuführen.

114 Lorena S. Walsh: Slave Life, Slave Society, and Tobacco Production in the Tidewater Chesapeake, 1620–1820, in: Ira Berlin/Philip D. Morgan (Hrsg.): Cultivation and Culture: Labor and the Shaping of Slave Life in the Americas, Charlottesville 1993, S. 170–199.

115 Marx: Kapital, MEW, Bd. 1, Kap. 16.

116 Bill Cooke: The Denial of Slavery in Management Studies, in: Journal of Management Studies, 8/2003, S. 1895–1918; R. Keith Aufhauser: Slavery and Scientific Management, in: Journal of Economic History, 4/1973, S. 811–824; Amussen: Caribbean Exchanges, S. 229; Burnard: Planters, Merchants, and Slaves, S. 114; David Roediger/Elizabeth Esch: »One Symptom of Originality«. Race and the Management of Labor in US History, in: David Roediger (Hrsg.): Race, Class and Marxism, London/New York 2017, S. 115–156. Vgl. auch James Oakes: The Ruling Race. A History of American Slaveholders, New York 1982, Kap. 6. Die systematischste Untersuchung dieser Trends findet sich bei Caitlin Rosenthal: Accounting for Slavery. Masters and Management, Cambridge 2018.

117 Zur rechtlichen Unterscheidung zwischen europäischen Dienern und afrikanischen Sklaven im Barbados des 17. Jahrhunderts siehe Amussen: Caribbean Exchanges, S. 90, 121–135; und Burnard: Planters, Merchants, and Slaves, S. 139–141.

Historisch betrachtet waren industrielle Organisation und Arbeitsdisziplin für die kapitalistische Produktion und Produktivität von zentraler Bedeutung. Im Falle des englischen Fabriksystems musste zunächst eine despotische Kontrolle über die Arbeit errichtet werden, bevor Produktion und Produktivität systematisch gesteigert werden konnten.[118] Und so verhielt es sich auch auf den Sklavenplantagen. Als das neue, auf Kolonnenarbeit beruhende Regime einmal etabliert war – oder sich wie beim Tabakanbau in hybriden Kombinationen von Kolonnen- und Akkordarbeit entwickelt hatte[119] –, stieg die Produktivität der Sklavenarbeit spürbar an. Im Zeitraum zwischen 1674 und 1790 verdoppelte sich beispielsweise die Produktivität der Plantagen auf Barbados, wobei ein Großteil des Anstiegs in den ersten 30 Jahren des 18. Jahrhunderts zu verzeichnen war, als das System der Kolonnenarbeit perfektioniert wurde. Im Vergleich mit der auf »freier Arbeit« basierenden nordamerikanischen Agrarproduktion kommen drei Historiker zu dem Schluss, dass die Sklavenplantage »einen dynamischen und eigenen Weg zur Erhöhung der Pro-Kopf-Produktion« darstellte, auch wenn dies wesentlich mit der Anhebung der pro Jahr geleisteten Arbeitsstunden zu tun gehabt haben mag.[120] Doch neben dem Anstieg der geleisteten Arbeitsstunden pro Versklavtem gab es auch einen starken Trend zur Produktivitätssteigerung pro versklavter Person (d. h. pro geleisteter Arbeitsstunde). Im Süden der USA beispielsweise vervierfachte sich die durchschnittliche tägliche Baumwollernte pro versklavter Person zwischen 1801 und 1862, was einer jährlichen Produktionssteigerung von etwa 2,3 Prozent pro versklavter Person entspricht.[121] Diese Produktivitätssprünge bei der Sklavenarbeit waren nicht allein in den Vereinigten Staaten zu beobachten. Im 19. Jahrhundert nahm die Produktivität der Sklaven in Kuba, Brasilien und im Süden der USA spürbar zu. In dieser Ära der »zweiten Sklaverei« fanden Dampfkraft, Vakuumkessel, mechanische Zuckermühlen, die Engreniermaschine (zum Entkörnen der Baumwolle) und revolutionäre neue Transportmittel, vor allem Dampfboot und

118 Siehe Stephen A. Marglin: What Do Bosses Do? The Origins and Function of Hierarchy in Capitalist Production, in: Review of Radical Political Economics, 2/1974, S. 60–112. Interessant sind in diesem Zusammenhang auch Sidney Pollard: Factory Discipline in the Industrial Revolution, in: Economic History Review, 2/1963, S. 254–271; Edward P. Thompson: Zeit, Arbeitsdisziplin und Industriekapitalismus, in: Plebeische Kultur und moralische Ökonomie. Aufsätze zur englischen Sozialgeschichte des 18. und 19. Jahrhunderts, Frankfurt a. M./Berlin/Wien und Neil McKendrick: Josiah Wedgwood and Factory Discipline, in: Historical Journal, 1/1961, S. 30–55.

119 Gavin Wright: Slavery and American Economic Development, Baton Rouge 2006, S. 95.

120 David Eltis/Frank D. Lewis/David Richardson: Slave Prices, the Africa Slave Trade, and Productivity in the Caribbean, 1674–1807, in: Economic History Review, 4/2005, S. 693, 698. Wie Gavin Wright hervorhebt, besteht in diesen Darstellungen eine gewisse Verwirrung zwischen der Steigerung des Arbeitsinputs und der Arbeitsproduktivität – oder zwischen dem, was bei Marx als absoluter und relativer Mehrwert bezeichnet wird. Vgl. Wright: Slavery, S. 24-26.

121 Alan L. Olmstead/Paul W. Rhode: Biological Innovation and Productivity Growth in the Antebellum Cotton Economy, in: Journal of Economic History, 4/2008, S. 1123–1171. Wie bereits erwähnt, bin ich der Ansicht, dass diese Produktivitätssteigerungen mit einer Reihe technologischer »Verbesserungen«, unter anderem der Verwendung neuer Saatgutsorten, und mit Veränderungen im Arbeitsmanagement zusammenhängen.

Eisenbahn, systematische Verbreitung, was zu einem kräftigen Wachstum der Zucker- und Kaffeeproduktion auf den Plantagen beitrug.[122] Die von Sklaven betriebene Plantagenproduktion war auch durchwegs rentabel: Eine gut dokumentierte Studie geht für die britischen Karibikinseln von einer durchschnittlichen Profitrate von zehn Prozent zwischen 1749 und 1834 aus.[123] Es mag eine Übertreibung sein, wenn ein Historiker die Ansicht äußert: »Keine Wirtschaftstätigkeit der Alten Welt konnte es hinsichtlich der Produktivität mit den Plantagen der Neuen Welt aufnehmen.«[124] Aber es kann auch kein Zweifel daran bestehen, dass die Sklaverei der Neuen Welt in marxschen Begriffen einen dynamischen, Mehrwert produzierenden Aspekt der globalen kapitalistischen Akkumulation darstellte.

Doch auch wenn die Plantagensklaverei ein wichtiger Bestandteil der kapitalistischen Weltwirtschaft war, stützt dies nicht unbedingt die These von Eric Williams in »Capitalism and Slavery« (1944). Obwohl es sich dabei um ein bahnbrechendes Buch handelt, hat Williams den Zusammenhang zwischen Plantagengewinnen und industrieller Revolution in England überschätzt. Und er argumentierte auch allzu deterministisch, als er behauptete, die britische Abschaffung des Sklavenhandels 1807 (und der Sklaverei 1833) sei auf die sinkende wirtschaftliche Konkurrenzfähigkeit des Plantagensystems im Kontext eines aufstrebenden Industriekapitalismus zurückzuführen gewesen. Doch die Verschiebung des britischen Kapitalismus in Richtung verarbeitender Industrie (und die damit verbundenen Veränderungen der Handelsstrukturen) dürfte die Abschaffung des Sklavenhandels und später auch der Sklaverei im britischen Empire durchaus begünstigt haben.[125] Darüber hinaus warf Williams wichtige Fragen zu Sklaverei, Kolonialismus und Aufstieg des Kapitalismus auf, die allzu oft ausgeblendet oder komplett verworfen wurden, und seine Beobachtung, dass der moderne Rassismus seine Wurzeln in der Sklaverei habe, nahm den Verlauf späterer Debatten vorweg.[126] Neuere Forschungen, die von Williams inspiriert sind, haben auch plausibel nachgezeichnet, dass die Plantagensklaverei »die industrielle Revolution (zwar) nicht verursacht hat«, aber »eine aktive Rolle in ihrem Verlauf und ihrer zeitlichen Entwicklung« spielte.[127]

Zu den unstrittigen Fragen unter Historikern gehört, dass die industrielle Revolution in Großbritannien im Zeitraum zwischen 1760 und

122 Dale W. Tomich: Through the Prism of Slavery. Labor, Capital, and World Economy, Lanham 2004, Kap. 3.

123 John R. Ward: The Profitability of Sugar Planting in the British West Indies, 1650-1834, in: Economic History Review, 2/1978, S. 197–213.

124 Eltis: Rise of African Slavery, S. 220.

125 Siehe Wright: Slavery, S. 36–40.

126 Williams: Capitalism and Slavery.

127 Solow: Capitalism and Slavery, S. 72. Wie es bei Wright heißt: »Die Indizien deuten darauf hin, dass an Williams' These mehr als nur ein Körnchen Wahrheit ist« (Slavery, S. 17).

1820 Fahrt aufnahm.[128] Obwohl das Wachstum des heimischen Marktes als zentraler Motor dieses Prozesses angesehen werden muss, bestehen kaum Zweifel daran, dass letzterer durch Exporte in die Kolonien spürbar beschleunigt wurde. In den letzten beiden Jahrzehnten des 18. Jahrhunderts – einem entscheidenden Moment in der industriellen Entwicklung Großbritanniens – wurden fast 60 Prozent der gestiegenen Industrieproduktion exportiert.[129] Die Ausfuhr nach Afrika und Amerika spielte eine führende Rolle. Zu Beginn des Jahrhunderts, als gerade die großen integrierten Plantagen entstanden, gingen nur zehn Prozent der britischen Exporte in diese Regionen; am Ende des Jahrhunderts waren es 40 Prozent. Im kritischen dritten Viertel des Jahrhunderts (1750–1775) waren fast zwei Drittel der britischen Exportsteigerung auf den gewachsenen Absatz in Afrika und Amerika zurückzuführen.[130] Vor allem die verarbeitende Industrie war Nutznießerin des Exportwachstums, denn in den ersten 75 Jahren des Jahrhunderts ging ein Drittel der britischen Industrieproduktion ins Ausland, wobei auch hier Afrika und Amerika an erster Stelle standen.[131] In einer Schlüsselindustrie wie der Eisenproduktion waren in den 1760er-Jahren 40 Prozent des Produktionswachstums auf den Export zurückzuführen.[132] Eine Schätzung legt nahe, dass zwischen 1775 und 1815 ein Viertel oder mehr des in Großbritannien gebildeten fixen Kapitals aus der inländischen Reinvestition von Gewinnen aus dem Dreieckshandel stammte.[133] Auch wenn Williams den Beitrag des Dreieckshandels zur britischen Industrialisierung überbewertet hat, spricht doch vieles für seine These hinsichtlich der zentralen Verbindung von Sklaverei, Kolonialhandel und Industriekapitalismus in Großbritannien.

Diese Verbindungen hatten natürlich alle mit Geld und Finanzen zu tun. Sowohl der Sklavenhandel als auch die Investitionen in die Planta-

128 In der Hochzeit des neoliberalen Einflusses auf die Geschichtswissenschaften war es eine Mode (manchmal in Verbindung mit einer idealistischen Obsession für »Diskursivität«) zu hinterfragen, ob es überhaupt so etwas wie eine industrielle Revolution gegeben habe. Die seriöse Geschichtswissenschaft hat jedoch durchweg anerkannt, dass ein umfassender gesellschaftlicher Wandel in Richtung einer mechanisierten und dampfbetriebenen Produktion die Produktionskräfte im Großbritannien des späten 18. und frühen 19. Jahrhunderts revolutionierte. Für allgemeine Darstellungen, vgl. Thomas S. Ashton: The Industrial Revolution, 1760–1830, London 1948; Paul Mantoux: The Industrial Revolution in the Eighteenth Century, New York 1962; Peter Mathias: The First Industrial Nation. An Economic History of Britain 1700–1914, New York 1969; Phyllis Deane: The First Industrial Revolution, Cambridge 1979; Berg: Age of Manufactures, und Zmolek: Rethinking the Industrial Revolution.

129 Nicholas F. R. Crafts: British Economic Growth, in: Economic History Review, 2/1983, S. 177–199.

130 David Richardson: The Slave Trade, Sugar, and British Economic Growth, 1748–1776, in: Solow, Barbara L./Engerman, Stanley L. (Hrsg.): British Capitalism and Caribbean Slavery. The Legacy of Eric Williams, Cambridge 1987, S. 124f. Siehe auch Joseph E. Inikori: Slavery and the Development of Industrial Capitalism in England, in Solow, Barbara L./Engerman, Stanley L. (Hrsg.): British Capitalism and Caribbean Slavery. The Legacy of Eric Williams, Cambridge 1987, S. 79–101.

131 Ralph Davis: English Foreign Trade, 1700–1774, in: Economic History Review, 2/1962, S. 302f.

132 Paul Bairoch: Commerce international et genèse de la revolution industrielle anglaise, in: Annales, 27/1973, S. 561.

133 Blackburn: New World Slavery, S. 541f., unter Verwendung von Daten aus Charles H. Feinstein: Capital Expenditure in Great Britain, in: Cambridge Economic History of Europe, Cambridge 1978, S. 74.

genwirtschaft waren von den expandierenden transatlantischen Kreditnetzwerken abhängig.[134] Zunächst wurde die Schiffsfracht – versklavte Menschen – an Handelsvertreter in Städten wie dem jamaikanischen Kingston übergeben. Der Handelsvertreter, der sogenannte *factor*, war in den seltensten Fällen in der Lage, die Versklavten zum vollen Preis zu verkaufen. Stattdessen leisteten die Plantagenbesitzer in der Regel eine Baranzahlung und stellten über den fehlenden Betrag Wechsel (Zahlungsversprechen) aus, die an Terminen in der Zukunft fällig werden sollten. Der *factor* nahm seinen Anteil (teilweise in Form von Schuldscheinen) und sandte dann einen verzinslichen Wechsel an den Sklavenhändler in Liverpool, Bristol, London oder einem anderen Sklavenhafen.[135]

Im späten 16. Jahrhundert entstanden Auslandswechsel, durch die Kaufleute in einem Land Zahlungen in der Landeswährung eines anderen Landes leisten konnten. Im Wesentlichen erlaubten diese Wechsel den Kaufleuten, auf einem Markt Kredite auf Liquidität aufzunehmen, die sie auf einem anderen Markt hielten. So konnte ein in London ansässiger Händler auf der Grundlage seiner Barreserven in Pfund in London in Paris eine Zahlung in Francs tätigen. Dazu nötig war nur die Bereitschaft eines anderen Händlers, ihm einige Pfund zu leihen. Die Handelswechsel trugen somit zum Entstehen ausgeklügelter globaler Kreditnetzwerke bei. Sie ermöglichten Handel und Zahlungsverkehr in Situationen, in denen Kaufleute keinen unmittelbaren Zugang zu den von ihnen benötigten Währungen hatten. Indem sie unserem Londoner Händler erlaubten, in Frankreich eine Zahlung auf der Grundlage eines Schecks zu leisten, der in einer Londoner Bank auf Pfund gezogen worden war, trugen die Wechsel dort zum Handel bei, wo lokale Währung nicht verfügbar war. Darüber hinaus wurden solche Wechsel bald übertragbar, sodass ein Zahlungsversprechen über eine lange Kette von Transaktionen als Zahlungsmittel weitergegeben werden konnte, bevor es schließlich eingelöst wurde. So konnte beispielsweise ein Schuldschein, den Händler A (möglicherweise ein in London ansässiger Sklavenhändler) von Händler B (z. B. einem Sklavenhändler in Jamaika) erhalten hatte, an einen Weinhändler in Portugal transferiert werden, der ihn zur Begleichung einer Schuld in Amsterdam einsetzte -- und so weiter. Auf diese Weise wurde der Wechsel zu einem entpersonalisierten Finanzinstrument: Er war nicht länger vom persönlichen Kredit eines Händlers bei einem anderen abhängig, sondern bewegte sich durch ein weitgehend abstraktes inter-

134 Der Kredit im Dreieckshandel hatte seine Wurzeln natürlich in Afrika, wo Sklaven häufig zur Begleichung von Schulden bei europäischen Händlern eingesetzt wurden. Dies ist ein Bindeglied in der Struktur der transatlantischen Schuldenbeziehungen, das ich hier nicht angemessen untersuchen kann. Siehe Joseph C. Miller: Way of Death. Merchant Capitalism and the Angolan Slave Trade, 1730–1830, Madison 1988, S. 98f., 105–139.

135 Thomas: Slave Trade, S. 441; Eltis: Rise of African Slavery, S. 217; Baucom: Specters of the Atlantic, S. 61.

nationales Kreditsystem. Im atlantischen Sklavenhandel wurden die Körper der versklavten Afrikaner somit zur materiellen Grundlage eines globalen Kreditsystems. In diesen transatlantischen Wechseln gerannen Blut und Schweiß der Sklaven in der Neuen Welt. Aber auch das Blut des Krieges erstarrte in diesem System. So führte der Dreißigjährige Krieg (1618–1648) zu einer ersten großen Explosion des Wechselvolumens, da Wechsel Kaufleuten ermöglichten, im Namen einer Regierung Proviant für eine in fremden Ländern kämpfende Armee zu kaufen.[136] Doch es war der massive Anstieg des transatlantischen Sklavenhandels, der die globalen Kredittransaktionen unmittelbar nach diesen Kriegsjahrzehnten auf ein höheres Niveau trieb, was wieder einmal auf den komplexen Zusammenhang von Krieg, Sklaverei und globalen Finanzen verweist.

In diesem Zusammenhang sollten Williams' Erkenntnisse über die Verbindungen großer britischer Bankhäuser, insbesondere Barclays and Baring Brothers, mit dem Sklavenhandel und westindischen Plantagen noch einmal ausdrücklich erwähnt werden. Zwei Angehörige der Familie Barclay waren am Sklavenhandel aktiv beteiligt, einer von ihnen war Eigentümer einer großen jamaikanischen Plantage.[137] Darüber hinaus war Baring Brothers nicht nur im transatlantischen Sklavenhandel zu Hause, sondern fungierte im frühen 19. Jahrhundert auch als Auslandsbank der US-Regierung und verkaufte Anleihen der Consolidated Association of Planters of Louisiana auf internationalen Märkten. Durch den Verkauf dieser Anleihen, die durch Ländereien der Plantagenbesitzer und der von ihnen versklavten Menschen abgesichert waren, transformierte Baring Brothers »Ländereien und Sklaven in Papiere, die leicht in Gold umgewandelt werden konnten«, wie der Historiker Calvin Schermerhorn es ausgedrückt hat.[138] Die Metamorphose von Blut in Geld war zu einer Säule des globalen Finanzwesens geworden.

Finanzrevolution, sprechende Münzen und bürgerliche Selbstbeherrschung

Die Zeit, in der die Bank of England gegründet wurde, ist häufig als Ära einer »Finanzrevolution« bezeichnet worden. Man könnte sie, was materielle Transaktionen und gesellschaftliche Bilder angeht, auch als Ausgangspunkt der Finanzialisierung beschreiben. Mit der zunehmenden Verbreitung von Banknoten und der Expansion der Aktienmärkte eroberten neue Finanzinstrumente die Köpf der Menschen. Ein Beobachter äußerte 1694 seine Besorgnis darüber, dass sich Händler immer stär-

136 Larry Neal: The Rise of Financial Capitalism. International Markets in the Age of Reason, Cambridge 1990, S. 12.

137 Williams: Capitalism and Slavery, S. 43, 101.

138 Calvin Schermerhorn: The Business of Slavery and the Rise of American Capitalism, 1815–1860, New Haven 2015, S. 105.

ker mit Finanz- als mit konventionellen Geschäften auseinandersetzten: »Jetzt drehen sich ihre Gespräche fast nur noch um Lotterielose, Annuitäten, Bankwechsel und darum, wie sie ihr Geld aus dem Handel ziehen können, um es in irgendeinen dieser neuen Fonds zu stecken.«[139] Allzu oft wird diese Art von Finanzialisierung als eine rein kulturelle Transformation betrachtet, als das Produkt neuer Imaginarien und Epistemologien.[140] Doch wie ein Wirtschaftshistoriker angemerkt hat, waren die »übertragbaren und verkäuflichen Ansprüche«, die von den Aktien der frühen Handelsgesellschaften (wie der East India Company und der Royal African Company) repräsentiert wurden, Ansprüche auf »das Anlagekapital, das sich aus Tausenden von Hochseeschiffen zusammensetzte«, und »das Bestandskapital, das in ihren Frachträumen transportiert wurde«.[141] Doch selbst das ist eine Mystifizierung. Denn der Begriff des *Bestandskapitals* soll verschleiern, unsichtbar machen, dass in den Laderäumen der Schiffe *menschliche* Fracht zusammengepfercht war. Sicherlich war Imagination stark daran beteiligt, dass Aktienzertifikate von Handelsgesellschaften als finanzielle Waren verstanden werden konnten, mit denen sich Mehl oder Bier kaufen ließ. Doch diese symbolische Magie stützte sich auf reale soziomaterielle Transaktionen, auf Kreisläufe von Kapital, Arbeit und menschlichen Körpern.

Man könnte meinen, dass sich die Dinge änderten, als die Kommodifizierung der Staatsschulden die Finanzmärkte zu dominieren begann. Schließlich war der nüchterne und scheinbar geordnete Londoner Aktienmarkt, wo in erster Linie eine Handvoll großer Aktiengesellschaften, unter anderem die Bank of England, die New East India Company und ab 1711 die South Sea Company, gehandelt wurden, das Herzstück der Finanzrevolution des Jahrhunderts seit 1694. Alle diese Unternehmen engagierten sich stark in der Kreditvergabe an die Regierung, und ihr Kapital bestand größtenteils aus Anteilen an der Staatsschuld, die die Anleger beim Kauf der Unternehmensaktien faktisch erwarben. Doch wie erwähnt sind Anteile an der Staatsschuld kein Beleg dafür, dass Eigentum »imaginär« geworden wäre. Die Märkte für Staatsschulden stützten sich auf eine sehr reale politische Ökonomie der Steuererhebung, mithin

139 John Briscoe: A Discourse on the Late Funds of the Million-Act, and Bank of England, London 1694. Zu Briscoe, über den nur wenig bekannt ist, siehe Kleer: »Fictitious Cash«, S. 85–92. [Lotterien waren im 17. Jahrhundert ein nicht zu unterschätzendes Finanzierungs- und Investitionsinstrument. So griffen Regierungen, aber auch Einzelpersonen auf Lotterien zurück, um Kapital für größere Vorhaben einzusammeln. Anm. d. Ü.]

140 Für ein Beispiel siehe Marieke de Goede: Virtue, Fortune, and Faith: A Genealogy of Finance, Minneapolis 2005, die argumentiert, dass »Wissens- und Interpretationsprozesse [...] die Art und Weise sind, in der sich ›Finanzen‹ materialisieren« (S. 7, Hervorh. im Original). Gewiss sind Wissen und Interpretation Teil des praktischen Ensembles, durch das soziomaterielle Finanzbeziehungen gelebt werden. Aber sie sind nicht »die Art und Weise«, in der sich Finanzbeziehungen – vom Verkauf eines Sklaven bis zum Kauf einer Aktie – materialisieren. Eine Kritik der theoretischen Verwirrungen auf diesem Feld findet sich in McNally: Bodies of Meaning.

141 Neal: Financial Capitalism, S. 4.

auf Abzüge von jenem Reichtum, der mit Warenproduktion und Handel erzeugt wird. Tatsächlich stiegen die englischen Steuereinnahmen während des gesamten Jahrhunderts der Finanzrevolution sehr viel schneller als das Nationaleinkommen – und dies war es schließlich, was die Schuldenfinanzierung ermöglichte.[142]

Natürlich expandierten die Finanzmärkte, was nicht zuletzt der wachsenden Liquidität von Aktien zu verdanken war, durch die sichergestellt wurde, dass kein Anleger Unternehmensaktien oder Zertifikate von Staatsschulden halten musste, wenn er sie in Geld verwandeln wollte. Zu Beginn des 18. Jahrhunderts fand sich auf dem Londoner Aktienmarkt immer ein Käufer. So schätzt man, dass 1694 etwa 5000 Personen Staatspapiere besaßen; bis 1709 hatte sich diese Zahl verdoppelt und in den darauffolgenden zehn Jahren bis 1719 auf 40 000 Personen erneut vervierfacht.[143] Zu diesem Zeitpunkt waren Staatsschulden völlig entpersonalisiert; sie waren eher allgemein als spezifisch, ihr Preis beruhte nicht mehr auf persönlichen Beziehungen zwischen dem Monarchen und den Goldschmiede-Bankiers, sondern auf Preisen, die von Tausenden von Marktteilnehmern festgelegt wurden. Dies war ein Segen für den Staat, denn ein Massenmarkt für seine Schulden bedeutete erheblich niedrigere Zinssätze.

Mit diesen neuen Finanzinstrumenten und -praktiken entstanden neue Verhaltensweisen, Ängste und Empfindungen, darunter auch ästhetische und kulturelle Ausprägungen. Erinnern wir uns daran, dass Ansprüche auf einen Anteil am künftigen Unternehmensgewinn oder noch nicht eingezogenen Steuern in die Zukunft verweisen – sie stellen *fiktive* Vermögenswerte dar, Werte, die erst noch geschaffen werden müssen und möglicherweise nicht zustande kommen werden. Da die Anleger ihre Investitionen auf der Grundlage von Einschätzungen *möglicher* Werte und Gewinne kalkulieren mussten, begleitete die englische Finanzrevolution eine Kultur von Spekulation und Risiko. Das weckte alte Befürchtungen hinsichtlich der Gefahren eines »imaginären Reichtums« und die Sorge, dass die Gesellschaft nicht mehr auf einem stabilen Fundament stehe.[144] Ein Großteil dieses Unsicherheitsgefühls wurde beim Tausch von Informationen und der Abwicklung von Geschäften in Kaffeehäusern, bei der Verbreitung von Finanzinformationen in Zeitungen und bei der Erörterung neuer und zunehmend instabiler Identitäten in Romanen, Zeitschriften usw. verhandelt. Die neue bürgerliche Öffentlichkeit, die durch das Kaffeehaus, die Zeitung und den Roman repräsentiert wurde, war eine durch und durch finanzialisierte Sphäre.

142 Patrick K. O'Brien: Mercantilist Institutions for the Pursuit of Power with Profit. The Management of Britain's National Debt, 1756–1815, in: Working Paper Nr. 95/06, Department of Economic History, London School of Economics (Oktober 2006), S. 3.

143 Dickson: Financial Revolution, S. 254, 260, 273.

144 Siehe Wennerlind: Casualties of Credit, S. 175–177.

Was in den Kaffeehäusern und an der Börse geschah, war eine Sache und sicherlich von Interesse. Doch die parallel stattfindenden Kommodifizierungs- und Monetarisierungsprozesse, wie sie die Armen betrafen, wurden auf ganz andere Weise erlebt. Wie bereits geschildert, waren seit dem 16. Jahrhundert Millionen von Menschen durch Einfriedung und Enteignung von ihrem Land vertrieben worden, und viele von ihnen zogen nun auf der Suche nach Almosen und Lohn von Gemeinde zu Gemeinde. Es wurden regelmäßig drakonische Gesetze erlassen, um »Landstreicher«, »Schurken« und »Arbeitsvieh« zu kontrollieren, zu überwachen und zu bestrafen.[145] Wenn sie stahlen, um zu überleben, wurden ihre Körper erneut dem monetären Kalkül unterworfen – ihre Bestrafung richtete sich nach dem »Wert« des Verbrechens. Der Historiker Peter Linebaugh schreibt auf der Grundlage von Gerichtsakten des Londoner Old Bailey aus dem Jahre 1715: »Wir beobachten eine Beziehung zwischen 10 Pence und einer Auspeitschung, zwischen 4 Shilling 10 Pence und einer gebrandmarkten Hand und zwischen großen Geldsummen und dem Hängen.«[146]

Im 18. Jahrhundert wurde Geld auch zunehmend als Anreiz eingesetzt, um vermeintliche Landstreicher festzunehmen. Ein Gesetz aus dem Jahr 1713 bot den Constables zwei Shilling für jede an einen Friedensrichter übergebene Person, und ein neuer Erlass aus dem Jahre 1744 erhöhte diesen Betrag auf fünf Shilling. Das Gesetz von 1744 verdoppelte auch die Belohnung für die Ergreifung von »Schurken und Vagabunden« (auf zehn Shilling).[147] Damit wurden Geldwerte direkt mit den Körpern der Armen verknüpft. Auf ihren Kopf war nun, wenn auch nicht auf so dramatische Weise wie bei Sträflingen und Vertragsknechten, die – ebenso wie Ehefrauen ab etwa 1740 – routinemäßig ge- und verkauft wurden, ein Preis ausgesetzt. Bei der Analyse des Verkaufs von Ehefrauen wies der Sozialhistoriker Edward P. Thompson darauf hin, dass seine »Zeichensprache vom Markt hergeleitet wurde«, und stellte fest, dass diese soziale Transaktion »ihre Form dem Malz-, Käse- oder Buttermarkt und später [...] dem Vieh- oder Pferdemarkt entlehnte«.[148] Was den Verkauf von Sträflingen und Knechten nach Amerika betrifft, so ist bemerkenswert, dass der für die Meeresüberquerung zuständige erste Vertragspartner der englischen Regierung »im Management menschlicher Fracht sehr erfahren« war, da er zuvor Erfahrungen im Sklavenhandel gesammelt hatte.[149] Wie bereits

145 Siehe Marx: Kapital, Bd. 1, MEW, Bd. 23, Kap. 28. Für das 18. Jahrhundert siehe die ausgezeichneten Aufsätze von Douglas Hay und anderen in: Douglas Hay/Peter Linebaugh/John G. Rule/Edward P. Thompson/Cal Winslow (Hrsg.): Albion's Fatal Tree. Crime and Society in Eighteenth-Century England, New York 1975.

146 Linebaugh: The London Hanged, S. 82.

147 Valenze: Social Life of Money, S. 198.

148 Edward P. Thompson: The Sale of Wives, in: Customs in Common: Studies in Traditional Popular Culture, New York 1991, S. 442. Siehe auch Valenze: Social Life of Money, S. 246–252.

149 Peter Wilson Coldham: Emigrants in Chains. A Social History of Forced Emigration to the Americas, 1607–1776, Baltimore 1992, S. 61.

gezeigt, erlebten die Armen das sich ausbreitende Regime der Lohnarbeit als ein dämonisches System, in dem ihre Körper und ihre Bewegungsfreiheit regelmäßig für Geld abgetreten wurden.[150] Von Belohnungen für die Ergreifung von Landstreichern über den Verkauf von Ehefrauen und Sträflingen bis hin zum Lohnsystem – »die Methoden, mit denen die Bewegungen der umherziehenden Armen beherrscht werden sollten, waren stets mit monetären Transaktionen verbunden«.[151]

Betrachten wir noch einmal die Verdinglichung, die dem Markt der menschlichen Arbeitskraft zugrunde liegt. Es waren nicht nur Bußgelder und Strafen, mit denen sich die Macht des Geldes in die Körper der Armen einschrieb. Die Lohnarbeit selbst tat dies. Schließlich hängt das Überleben eines Lohnarbeiters davon ab, seinen Körper und seine Seele an einen Lohnherren verkaufen zu können – immer und immer wieder. Der Arbeiter, schreibt Marx, »versteigert 8, 10, 12, 15 Stunden seines Lebens, einen Tag wie den andern, an den Meistbietenden [...] an den Kapitalisten«. Dadurch wird die Lebensenergie zu einer Ware, die der Arbeiter »an einen Dritten zugeschlagen hat«.[152] Der Lohnempfänger ist also gezwungen, sich selbst (oder zumindest seine Arbeitskraft) wie einen Gegenstand, wie eine Ware zu behandeln, um jene andere Sache – das Geld – zu verdienen, die das Leben in einer kapitalistischen Gesellschaft erst ermöglicht.

Es ist daher wenig überraschend, dass das gesellschaftliche Imaginäre von Bildern überquillt, die Personen als Dinge und Geld erscheinen lassen – und umgekehrt Dinge und Geld als Personen. Im Ersten Band des »Kapitals« fordert uns Marx auf, uns Waren als sprechende Personen vorzustellen. Mindestens 60 im 18. Jahrhundert in England veröffentlichte literarische Texte taten genau dies.[153] In Werken wie »The Adventures of a Pin«, »The Adventures of a Cork-Screw«, »The Adventures of a Black Coat« und Dutzend anderen Texten berichteten Waren über ihr Leben. Der Hunger der Leserschaft nach solchen Erzählungen war unstillbar: »Andere sprechende Gegenstände«, schreibt Christopher Flint, »sind eine Couch, ein Sofa, ein Bettgestell, ein Pult, ein Schreibtisch, ein alter Schuh, ein Kittel, eine Weste, eine Perücke, eine Uhr, ein Ring, ein Regenschirm, ein Gehstock mit goldenem Kopf, eine Sänfte, ein Nadelkissen, ein Fingerhut, ein Kreisel, eine Schreibfeder, eine alte Taschenbibel und eine Postkutsche.« Besonders faszinierend sind die Geschichten vom sprechenden Geld, darunter Guineas, Shillings, Banknoten, Rupien, Sovereigns und Pence.[154] Sie alle sind Fabeln, die von Reisen, Abenteuern,

150 McNally: Monsters of the Market, Kap. 1.

151 Valenze: Social Life of Money, S. 7.

152 Karl Marx: Lohnarbeit und Kapital [1849], in: MEW, Bd. 6, S. 401, 400.

153 Richard K. Meeker: Bank note, Corkscrew, Flea and Sedan. A Checklist of Eighteenth-Century Fiction, in: Library Chronicle, 1-2/1969, S. 52-57.

154 Christopher Flint: Speaking Objects. The Circulation of Stories in Eighteenth-Century Prose Fiction, in: Publications of the Modern Languages Association, 2/1998, S. 215, 219.

Unglück und Unsicherheit erzählen. Selbstverständlich war dies auch die Geschichte von Millionen von Arbeitern in einem Zeitalter, das von Vertreibungen, Migration und der Angst vor Schicksalsschlägen geprägt war. Ob sie nun für den Dienst als Knecht umherzogen, auf der Suche nach Arbeit nach London gingen oder als Vertragsknechte nach Amerika auswanderten – die Armen waren in Bewegung wie nie zuvor. Die willkürliche, unbestimmte und manchmal gefährliche Zirkulation einer Münze oder eines Geldscheins spiegelte also die prekäre Lage der Arbeiter wider. Menschen, die sich *auf der Suche* nach Geld in Bewegung setzten, konnten sich leicht mit dem Geld identifizieren, jenem Gegenstand, dem sie folgten. Von dort ist es nur ein kleiner Schritt bis zur Vorstellung des sprechenden Geldes. Bei der Identifikation mit Geld ging es um mehr als um den Umstand, dass auf die Köpfe der Armen Geldbeträge ausgesetzt wurden – obwohl auch dies definitiv zu diesem Zusammenhang gehört. Es ging auch um Leben, die sich so unsicher und gefährlich anfühlten wie das einer Münze, die aus einer Tasche zum Portemonnaie, vom Schiffsraum in die Geldtruhe wandert.

1710 veröffentlichte Joseph Addison die erste Geschichte über sprechendes Geld, die von den Abenteuern eines Shillings mit der »wunderbaren Neigung zum Umherschweifen« erzählt. Im Laufe seiner Eskapaden wird die Münze gegen Fleisch, Brot, ein Buch mit Theaterstücken, Sex und Branntwein getauscht und als Sold an einen Soldaten gegeben. Schließlich fällt sie in die Hände eines Geldschneiders, um schließlich, vermutlich im Rahmen der großen Münzprägung von 1696, eingeschmolzen und neu geprägt zu werden.[155] Aber kein Roman über eine sprechende Münze war so erfolgreich wie Charles Johnstones »Chrysal: Or the Adventures of a Guinea« (1760), der innerhalb von zwei Jahren in die dritte Auflage ging und 1765 auf ein vierbändiges Werk (von zuvor zwei) erweitert wurde. »Ich kann eure Gedanken lesen«, spricht die Goldmünze zu ihren Lesern und verkündet, dass sie auch »die Macht hat, in die Herzen der Besitzer unserer Körper einzudringen«. Hier haben wir es mit einer klassischen dialektischen Umkehrung zu tun: Der Besitzer der Münze entpuppt sich als *von ihr* besessen. Auch wenn man den Körper einer Münze zu beherrschen scheint, so ist es doch in Wirklichkeit sie, die unsere Seelen ergreift. »Wenn der mächtige Geist einer großen Menge Gold von den Kräften des menschlichen Herzens Besitz ergreift, beeinflusst er alle seine Handlungen«, erklärt die Münze.[156]

Nur wenige Schriftsteller beschäftigten sich so intensiv mit Geld, Kommodifizierung und Menschen im Besitz anderer wie Daniel Defoe, der vor allem durch seinen Roman »Robinson Crusoe« bekannt wurde. Wie alle von Defoes größeren Schriften anonym veröffentlicht, erlebte

155 Joseph Addison: The Tatler, Nr. 249, 11.11.1710.

156 Charles Johnstone: Chrysal: Or the Adventures of a Guinea, London 1769, Bd. 1, S. 4, 6, 7.

»Robinson Crusoe« allein im Jahr 1719 vier Auflagen und verkaufte sich über das ganze Jahrhundert hinweg. Er wurde von Jean-Jacques Rousseau in seinem »Émile« (1762) gelobt und entwickelte sich in überarbeiteten Fassungen zu »einem der beliebtesten Kinderbücher, die je geschrieben wurden«.[157] Ein Großteil des Textes dreht sich, wie die meisten Romane Defoes, um Migration und Reisen. Der Protagonist (und das gilt auch für »Moll Flanders and Colonel Jack«) schweift auf der Suche nach Geld und Reichtum, aber auch nach sich selbst durch die Welt – insbesondere sucht er nach einem Selbst, das in einer vom Geldnexus beherrschten Welt prosperieren kann. Doch das Streben nach Geld – das für die Unglücklichen oft Diebstahl, Prostitution, Lüge und Betrug impliziert – ist allzu oft selbstzerstörerisch. Defoe folgt den Spuren von Besessenen, die sich so zufällig durch die Welt bewegen wie die Münze, die sich mal in einer Tasche, der Hand eines Metzgers oder der Truhe eines Schiffskapitäns wiederfindet. In seinen Schriften manifestiert sich die Angst, zu einem Gefangenen von Geld und Markt zu werden. So beklagt Defoe häufig, dass das Streben nach Geld uns verändert und deformiert – er bezeichnet es sogar als »Droge«. Und Crusoe, der auf seiner Insel ausgesetzt ist, fragt eine Truhe voller Münzen: »Wozu bist du gut?«[158] Selbstverständlich weiß er sehr genau, dass Geld in unserer Gesellschaft die Spielregeln festlegt. Und Defoe, der selbst einen Bankrott erlitten hatte und einmal im Gefängnis von Newgate in London inhaftiert war, war wie die Hauptfiguren seiner Romane darauf bedacht, seine bürgerliche Ehrbarkeit zu wahren. Obwohl sie mit Hunger, Obdachlosigkeit und Verbrechen zu kämpfen haben und mit dem Gesetz in Konflikt geraten, zeigt Defoe Momente auf, in denen seine Protagonisten ein neues Leben beginnen und ihr Geld ehrlich einsetzen können. Und genau das ist die Aufgabe, vor der seine Figuren stehen: sich in einer von Geld beherrschten Welt eine ehrbare Unabhängigkeit erarbeiten. Nachdem sie Sklaven des Geldes waren, müssen sie in der Marktgesellschaft die Selbstbeherrschung erlernen.

Die defoesche Selbstbeherrschung in der Welt des Geldes hat eine eindeutig geschlechtsspezifische Dimension. Zunächst einmal stellt er das Geld selbst typischerweise als weiblich dar. In seiner »Review of the State of the English Nation« stellt er die »jüngere Schwester« des Geldes, »Lady Credit«, als »schüchternes Mädchen« vor, dessen Geheimnisse ergründet werden müssen, wenn der Mann mit seiner »Werbung« erfolgreich sein will. Lady Credit ist unverzichtbar für den Wohlstand der Nation, aber gleichzeitig auch gefährlich für diejenigen, »die ihre Gunst verlieren«. Das Paradoxe an Credit ist jedoch, dass sie diejenigen umwirbt, die sie nicht benötigen. Durch »pünktliches, ehrenhaftes Handeln« bleibt man

157 John Richetti: Introduction, in: Daniel Defoe: Robinson Crusoe, Harmondsworth 2001 [1719], S. xviii.

158 Defoe: Robinson Crusoe, S. 47.

immer in ihrer Gunst, teilweise auch, weil man weniger abhängig von ihr ist.[159] Das Ziel ist also, männliche Autonomie zu wahren und – in der Welt des Geldes – Lady Money und Lady Credit durch die Zähmung der eigenen Leidenschaften und Launen (und insbesondere des Wunschs »umherzuschweifen«) im Zaum zu halten.[160] Wenn Unabhängigkeit für Defoe eine durch und durch männliche Tugend ist, dann ist die Abhängigkeit vom Geld weiblich. Sie bedeutet, Disziplin und Selbstbeherrschung zu verlieren und den eigenen Leidenschaften ausgeliefert zu sein. Auf diese Weise wird man vom Geld nicht nur beherrscht, sondern darauf reduziert. Wie Defoe in »Moll Flanders« schreibt, ist eine auf sich allein gestellte Frau »wie ein Geldbeutel oder ein Juwel, das auf der Landstraße verloren wurde und nun von dem ersten besten, der vorüberkommt, mitgenommen wird«.[161] Kein Geld zu haben und damit den Launen des Marktes ausgeliefert zu sein bedeutet, abhängig, verweiblicht und versklavt zu sein.

Entscheidend – und dieser Punkt ist in der Literatur nicht ausreichend beachtet worden – ist allerdings, dass die Selbstbeherrschung bei Defoe häufig erreicht wird, indem man *Herr über andere* wird. Dadurch, dass sie die Versklavung durch die eigenen Leidenschaften und durch die Schwestern Money und Credit überwinden, verwandeln sich Defoes Figuren oft selbst in Sklavenhalter. Die Selbstbeherrschung hat für Defoe also einen dialektischen Zwilling, der in der Herrschaft über Unfreie besteht. Die inneren Ketten werden durch äußere beseitigt – indem andere buchstäblich in Fesseln gelegt werden. Bekanntlich war Robinson Crusoe selbst versklavt worden. Trotzdem zögert er nicht, einen Menschen zu verkaufen, der sich mit ihm angefreundet und ihm zur Flucht verholfen hat; einen anderen (dem er den Namen »Freitag« gibt) auf seiner Insel zu versklaven; europäische Schuldknechte und versklavte Afrikaner für seine Plantagen in der Neuen Welt zu kaufen und sich auf seinem Weg zu persönlicher Freiheit und Prosperität dem Geschäft des Sklavenhandels zu widmen. Crusoes Fehler, so lehrt uns Defoe, besteht darin, dass er das umherstreifende Leben eines Sklavenhändlers der sesshaften Existenz eines Plantagenbesitzers vorzog, der die versklavten Menschen produktiv einsetzt, anstatt sich auf riskante Sklavenexpeditionen einzulassen.[162]

Eine ähnliche Argumentationslinie lässt sich auch in »Colonel Jack« beobachten, den Defoe 1722, drei Jahre nach »Robinson Crusoe«,

159 Daniel Defoe: Review of the State of the English Nation, 12. Januar 1706, in: Defoe's Review. In 22 Facsimile Books, New York 1938, S. 21f.

160 Einige Autoren erkennen in Daniel Defoes »Glück und Unglück der berühmten Moll Flanders« [1722] (übersetzt von Hedda und Arthur Möller-Bruck, München 1903) echte Sympathie für Frauen. Ein hilfreicher Ausgangspunkt für diese Debatte ist Lois A. Chaber: »Matriarchal Mirror. Women and Capital in Moll Flanders«, in: Roger D. Lund (Hrsg.): Critical Essays on Daniel Defoe, New York 1997, S. 181–201.

161 Defoe: Moll Flanders, S. 156.

162 Defoe: Robinson Crusoe, S. 17, 28-33, 157-61, 154.

veröffentlichte. In diesem Roman wird ein junges Straßenkind, das sich mit Diebstahl und Gaunereien über Wasser hält, entführt und in die Knechtschaft im kolonialen Virginia verkauft. Die Sklaverei stellt jedoch nur eine Art Übergangsritus dar, und der Junge wird schließlich zum Aufseher einer Plantage befördert. In dieser Funktion erwirbt er sich nicht nur den Respekt seines Herrn, sondern schließlich auch ein eigenes Anwesen, auf dem die Arbeit von europäischen Bediensteten und versklavten Afrikanern übernommen wird. Beim Übergang von der Sklaverei zur Herrschaft wird er »zum Mann gemacht« und zwar vor allem, indem er lernt, die Peitsche gegen die versklavten Menschen auf den Plantagen einzusetzen, die »mit einem eisernen Stab regiert, mit Skorpionen geschlagen« werden müssen, aber gelegentlich auch Gnade erfahren.[163] Im Gegensatz zu Hegels Dialektik, bei der der Versklavte durch Arbeit geistig wächst und Selbstbeherrschung erlangt, vollzieht sich die dialektische Transformation bei Defoe aufseiten des Herren und *durch die Ausübung* von Herrschaft über die Versklavten.

Die Sympathien, die Defoe in seinen Romanen für die Sklaverei bekundet, waren nicht einfach literarischer Natur. Auch er war als Investor an der Royal African Company beteiligt, für die sein erster Gönner, Sir Dalby Thomas, als Generalagent tätig war. In einer Reihe von Pamphleten, darunter »An Essay upon the Trade to Africa« (1711), »A Brief Account of the State of the African Trade« (1713) und »A Plan of the English Commerce« (1728), verteidigte er den Handel mit unfreien Menschen inbrünstig. Und seine »Review of the State of the English Nation« nutzte er jahrelang, um sich für den Handel und insbesondere den Sklavenhandel der South Sea Company einzusetzen.[164] Letztgenannter Fall ist besonders interessant, da er uns zur Entstehung des modernen Gelds und der Bank of England zurückführt.

Sklaverei, die Südseeblase und die Bank of England

Die South Sea Company wurde 1711 als ein weiteres Instrument zur Finanzierung der Kriegsschulden der Regierung gegründet. Sie entstand auf Wunsch des neuen Tory-Premierministers Robert Harley, der die große Summe kurzfristiger Schulden (neun Millionen Pfund) tilgen wollte, die sich während des Spanischen Erbfolgekriegs (1701–1714) angehäuft hatten. Aus politischen Gründen misstraute Harley den Whig-Direktoren der Bank und bemühte sich, ein Konkurrenzunternehmen zu gründen und dabei gleichzeitig ein finanzielles Problem aus dem Weg zu räumen. Er ahnte nicht, dass sein neues Unternehmen schon bald einen Finanz-

163 Daniel Defoe: Colonel Jack, in: Defoe's Works, Bd. 1, London 1882, S. 401, 377.

164 Für einen aufschlussreichen Überblick siehe Patrick J. Keane: Slavery and the Slave Trade: Crusoe as Defoe's Representative, in: Roger D. Lund (Hrsg.): Critical Essays on Daniel Defoe, New York 1997, S. 97–120.

sturm auslösen würde. Nach den Bestimmungen des South Sea Act konnten diejenigen, die diese neun Millionen Pfund Staatsschulden besaßen, ihren Anteil gegen Aktien der neu gegründeten South Sea Company eintauschen, die das Monopol für den britischen Südseehandel zugesprochen bekam. Dieser Tausch von Schulden gegen Aktien war bereits 1697 von der Bank of England vorgenommen worden, als sie 800 000 Pfund an kurzfristigen Staatsanleihen gegen Bankaktien eintauschte.

Kurz nach der Gründung der South Sea Company spielte der Krieg gegen Spanien den Briten auch das *asiento* in die Hände, mit dem die spanische Regierung Kaufleuten das exklusive Recht eingeräumt hatte, die spanischen Kolonien auf dem amerikanischen Kontinent mit versklavten Menschen zu versorgen. Nun kontrollierte die britische Regierung dieses Privileg. Die Tory-Regierung übertrug es kurzerhand der South Sea Company. Im Rahmen des Abkommens wurde die Gesellschaft verpflichtet, über einen Zeitraum von 30 Jahren jährlich bis zu 4800 »Stück« nach Spanisch-Amerika zu liefern. Angelockt durch die im Sklavenhandel zu erzielenden Gewinne, strömten nun englische Investoren ins Unternehmen. Die Aktien der Gesellschaft, die im Jahr 1712 zwischen 70 und 80 Pfund gekostet hatten, verzeichneten einen steten Anstieg und erreichten im Juni des darauffolgenden Jahres einen Kurs von 97 Pfund.

Mit diesen Entwicklungen war die englische Staatsverschuldung direkter als je zuvor mit dem Sklavenhandel verschränkt. Im Jahr 1714, dem ersten vollen Jahr ihrer Geschäftstätigkeit im Sklavenhandel, transportierte die South Sea Company 22 Prozent aller auf englischen Schiffen beförderten Versklavten und hielt diesen Marktanteil über mehrere Jahre hinweg. Mit der Verschiffung und dem Verkauf unfreier Afrikaner erzielte sie einen hübschen Gewinn. Das Unternehmen fand neue Anleger, die Gewinne waren hoch, und der Aktienkurs lag im Mai 1715 bei 100 Pfund, im Jahre 1718 bei 115 Pfund.[165] In Erwartung der im Sklavenhandel zu erzielenden Profite zeichneten sämtliche Mitglieder der königlichen Familie, der Lordkanzler sowie der Sprecher des Parlaments Aktien der Company. Auch Defoe erkannte das Geschäftspotenzial und pries die Aktivitäten der Gesellschaft als einen Segen für die Royal African Company, da sie »eine Gelegenheit« eröffneten, »eine große Anzahl von Negern an die Spanier zu verkaufen«.[166] Neben der Bank of England und der East India Company war die South Sea Company zu einer Säule der englischen Finanzmärkte geworden. Doch es war Kriegsglück, das diese Gewinne aus dem Sklavenhandel ermöglicht hatte. Und Niederlagen im Krieg konnten diese auch wieder zunichtemachen. 1718 setzte Spanien nach einem Zusammenstoß mit der königlichen Marine dem Handel der Company mit seinen Kolo-

165 Wennerlind: Casualties of Credit, S. 221–223.

166 Daniel Defoe: A True Account of the Design, and Advantages of the South-Sea Trade, London 1711, S. 20.

nien ein Ende. Es war der Wendepunkt, der Beginn des Niedergangs des Unternehmens. Viele historische Darstellungen, die ausblenden, dass der Aufstieg der South Sea Company auf dem Rücken versklavter Afrikaner erfolgte, spielen den Verlust des *asiento* bei der Erklärung der Unternehmenskrise herunter.[167] Stattdessen konzentrieren sie sich auf die finanziellen Machenschaften der Jahre 1719/1720 (auf die ich gleich eingehen werde). Doch in eine finanzielle Schieflage geriet die Company erst, als ihr Kerngeschäft – der Sklavenhandel – zu schrumpfen begann. Wie der Wirtschaftshistoriker Carl Wennerlind zu Recht feststellt, »war es erst gegen Ende des Jahres 1718, als die Company ihren Zugang zum Sklavenhandel verlor [...], dass das Unternehmen sich an den Finanzakrobaten John Law in Paris wandte, um Ideen zu entwickeln, wie sich die Unternehmensaktien ohne eine zugrunde liegende Einnahmequelle aufwerten ließen.«[168]

Die nächste Phase – die der Finanzmanipulation – begann mit dem Plan, alle öffentlichen Schulden zu übernehmen, die nicht von der Bank of England oder der East India Company gehalten wurden. Erneut sollte das Unternehmen für die Übernahme von Staatsschulden Zahlungen erhalten und im Gegenzug Unternehmensaktien an die Inhaber der Schulden ausgeben. Nun musste das Unternehmen nur noch einen Finanzplan zur Steigerung des Aktienkurses entwickeln, der tatsächlich im April innerhalb von nur zwei Wochen von 288 Pfund auf 335 Pfund kletterte. Die steigenden Aktienkurse veranlassten viele Anleger, ihre Staatsschulden in Unternehmensaktien zu tauschen. Ermutigt durch den steigenden Aktienkurs bot das Unternehmen daraufhin eine neue Runde der Umwandlung von Staatsschulden an, wobei die Käufer dieses Mal lediglich eine Anzahlung von zehn bis 20 Prozent des vollen Aktienpreises erbringen mussten. Nun setzte eine fieberhafte, häufig mit Krediten finanzierte Kaufwelle ein, und die Aktie erreichte Anfang Juli den Kurs von 950 Pfund. Eine echte Manie war im Gange und griff auf den gesamten Markt über. Im Klima der Finanzeuphorie wurden neue Unternehmen aus dem Boden gestampft und ihre Aktien »an allen Ecken der Exchange Alley verhökert«[169], obwohl es sich bei vielen von ihnen um »unverhohlenen Schwindel« handelte.[170] Zu diesem Zeitpunkt wurde die Blase auch von ausländischer Spekulation befeuert, die durch die Mississippi-Blase auf den französischen Märkten

167 Neal, der den Sklavenhandel des Unternehmens auf extreme Weise herunterspielt (Financial Capitalism, S. 52f.), ist ein Paradebeispiel. Er beschreibt das Unternehmen in erster Linie als »eine Organisation zur Umwandlung von Staatsschulden« (S. 94). Dies war zwar tatsächlich sein Ursprung, doch was das Unternehmen in die erste Reihe der englischen Aktiengesellschaften katapultierte, war die Verschiffung Tausender von Sklaven in die Neue Welt. In »Financial Revolution« spielt auch Dickson die Bedeutung des Sklavenhandels für die Company herunter. Zum Ausmaß der Geschäftsaktivitäten der South Sea Company in diesem Bereich siehe Palmer: Human Cargoes.

168 Wennerlind: Casualties of Credit, S. 199.

169 Die Exchange Alley ist eine Gasse der Londoner Innenstadt, in der im 18. Jahrhundert Finanzgeschäfte abgewickelt wurden. [Anm. d. Ü.]

170 Dickson: Financial Revolution, S. 145.

enorm stimuliert worden war.[171] Als dieses Stadium erst einmal erreicht war, kaufte die South Sea Company wahrscheinlich ihre eigenen Aktien, um die Welle am Laufen zu halten. Zum Platzen brachte sie die Blase, indem sie Kredit auf Aktien aufnahm, sich also Geld für weitere Aktienkäufe lieh und bestehende Aktien (oder bloße *Versprechen*, diese Aktien zu kaufen) als Sicherheit hinterlegte. Im Grunde war das, als würde man Leuten einen Kredit gewähren, deren einzige »Sicherheit« der Schuldschein ist, den sie einem als Kreditgeber bereits überlassen haben. Oder mit anderen Worten: Als würde man jemandem Kredit gewähren, weil er einem bereits Geld schuldet. In diesem Spiegelkabinett stützten lächerlich überbewertete Aktien den Kauf weiterer überhöhter Aktien. Bis Anfang August 1720 hatte sich das Unternehmen mehr als elf Millionen Pfund geliehen und als Sicherheit die eigenen Aktien oder die Zusage hinterlegt, diese zu kaufen.[172]

Alle Blasen platzen irgendwann, und auch in diesem Fall war es nur eine Frage des Zeitpunkts. Ende August geriet der Aktienkurs unter Druck. Dann brach die Hauptbank des Unternehmens, die Hollow Sword Blade Company, zusammen, als ihre Gläubiger echtes Geld und keine Schuldscheine verlangt. Eine Massenpanik brach aus. Im Monat bis zum 24. September stürzten die South-Sea-Aktien von 820 Pfund auf 370 Pfund ab. Anfang Dezember lagen sie bei 191 Pfund und hatten damit in nur drei Monaten 80 Prozent ihres Marktwerts verloren. Reichtum wurde vernichtet, Vermögen ging verloren – darunter auch die aufsehenerregenden 20 000 Pfund des »der Gnade gegenüber abgeneigten« Münzmeisters Isaac Newton.[173] Selbst der finanzbegeisterte Defoe begann an der um »Lady Credit« entstandenen neuen Kultur zu zweifeln.[174]

Am Horizont tauchte jedoch eine potenzielle Retterin auf – die Bank of England –, die alle entscheidenden Mittel in der Hand hielt. Im Oktober 1722 erklärte die Bank sich nach zähen Verhandlungen bereit, Aktien der South Sea Company im Wert von 4,2 Millionen Pfund zu erwerben und im Gegenzug 200 000 Pfund jährlich in Form von Annuitäten zu beziehen. Mit anderen Worten: Im Tausch für regelmäßige Zahlungen übernahm die Bank den Großteil der South-Sea-Aktien und versorgte die Aktieninhaber mit Bargeld, was den Markt beruhigte und den Aktionären der Gesellschaft eine Rendite bescherte. Dies war eine spektakuläre Rettungsaktion durch die Bank, die die Lage stabilisierte und ihre Kapitalbasis erweiterte, während sie die der Company um vier Millionen Pfund reduzierte.[175] Die South Sea Company blieb bestehen und handelte noch

171 Siehe Neal: Financial Capitalism, Kap. 4–5.
172 Dickson: Financial Revolution, S. 143.
173 Thomas: Slave Trade, S. 241.
174 Wennerlind: Casualties of Credit, S. 237.
175 Dickson: Financial Revolution, S. 179; Neal: Financial Capitalism, S. 112–117.

ein Jahrzehnt lang mit versklavten Menschen, aber die Bank of England besaß von nun an keinen ernsthaften Konkurrenten mehr. Sie war zum unangefochtenen Dreh- und Angelpunkt des englischen Finanzsystems geworden. Als 20 Jahre später erneut Krieg mit Frankreich ausbrach, brauchte die Regierung wieder eine Notfinanzierung. Einmal mehr war die Bank, und nur sie allein, das entscheidende Instrument der Kriegsfinanzierung.

Im Jahr 1742 gewährte die Bank ein zinsloses Darlehen in Höhe von 1,6 Millionen Pfund zur Finanzierung des jüngsten Krieges; im Gegenzug wurde ihr Sonderstatus, der in der Royal Charter festgehalten war, um 21 Jahre verlängert. Vier Jahre später erklärte sie sich bereit, fast eine Million Pfund an Schatzwechseln zu finanzieren und dem Staat als Gegenleistung für die Land- und Malzsteuer eine weitere Million Pfund zu leihen. Im Jahr 1749 wurden weitere drei Millionen Pfund an Schulden der Ministerien finanziert. Im Laufe des Jahrzehnts kauften die Finanzmärkte in aller Ruhe zusätzliche 25 Millionen Pfund an Staatsschulden auf, die fast vollständig von der Bank verwaltet wurden.[176] Grundlage für all dies war der Umlauf von Banknoten, die der Markt lange vor dem Staat als den Goldmünzen (Guineas) ebenbürtige Geldform anerkannt hatte. Die rechtliche Anerkennung hierfür erfolgte erst 1758, als Lord Mansfield feststellte, dass Banknoten »genauso Geld sind wie Guineas selbst«.[177] Doch hier erkannten die Gerichte nur mehr an, was private Marktteilnehmer schon viele Jahre zuvor bekräftigt hatten.

Geld war nun ein privat geschaffenes Kreditmedium, das auf Staatsschulden beruhte, aber von den Finanzmärkten validiert wurde. Der Wirtschaftswissenschaftler Glyn Davies stellt fest: »Zum ersten Mal in der Geschichte wurde Geld in größerem Umfang nicht auf ostentative und sichtbare Weise durch den Souverän, sondern ganz weltlich durch Marktkräfte geschaffen.«[178] Außerdem war der Struktur des Geldes, wie erwähnt, nun eine Wette auf die Zukunft eingebaut – es beruhte nicht mehr in erster Linie auf bereits geleisteter Arbeit (die sich in Gold oder Silber materialisierte), sondern auf einem künftigen Reichtum in Gestalt noch nicht erhobener Steuereinnahmen, die in der Zukunft zur Zahlung von Zinsen auf Staatsschulden verwendet werden würden. Selbstverständlich teilte das Geld diese Ausrichtung auf die Zukunft mit allen auf dem Markt gehandelten Papieren. Ein Aktienkauf ist letztlich nichts Anderes als eine Wette darauf, dass das investierte Geld dem Inhaber einen Anteil an den künftigen Unternehmensgewinnen verschaffen

176 Dickson: Financial Revolution, S. 216–128.

177 Miller v. Race: Court of King's Bench, 1 Burrows 457, 97 Eng. Rep. 398, King's Bench 1758. Für eine Diskussion dieses Urteils siehe Benjamin Geva: The Payment Order of Antiquity and the Middle Ages. A Legal History, Oxford 2011, S. 518.

178 Davies: History of Money, S. 282.

wird (was wir heute als Dividende bezeichnen). Das ist auch der Grund, warum Finanzblasen, wie die um die South-Sea-Aktien, ein endemisches Merkmal der auf Zukunft ausgerichteten kapitalistischen Kreditmärkte sind. Ungeachtet der Bemühungen von Marktanalysten, Vorhersagen zu treffen, ist die Zukunft von Natur aus ungewiss und unwägbar, weshalb kapitalistische Märkte regelmäßig über das Ziel hinausschießen – vor allem, wenn sie durch Finanzinstitute, Spekulationsfieber, die Politik der Zentralbanken usw. dazu ermutigt werden.

Um die Ängste hinsichtlich der Volatilität und Instabilität von Bankgeld und Kreditinstrumenten zu lindern, bestand die Regierung darauf, dass Banknoten, wenn auch nur in geringem Umfang, an das Gold gebunden blieben. Aus den bereits genannten Gründen war diese Bindung für das globale Finanzwesen, wo Weltgeld für die Abwicklung des internationalen Handels- und Zahlungsverkehrs benötigt wird, besonders wichtig. Doch Edelmetalle spielten auch als Anker des heimischen Geldsystems eine bedeutende Rolle. Einer der Gründe, warum das Parlament 1696 beschloss, die Münzen, wie von John Locke empfohlen, zu den bestehenden Gewichten und Werten neu zu prägen, dürfte darin bestanden haben, das Papiergeld zu stützen. Auf diese Weise versicherte man den Empfängern der Banknoten (die mit der Staatsschuld verbunden waren), dass sie diese jederzeit gegen Münzen mit einer unveränderlichen Menge Silber oder Gold eintauschen konnten. Aus Sicht der Empfänger bot die Bindung des Bankgeldes an feste Mengen Edelmetall also einen Schutz vor Entwertung.[179]

Das war im Wesentlichen die innenpolitische Begründung für den sogenannten Goldstandard in Großbritannien. Das Münzgeld war nicht die Grundlage des Finanzsystems, auch wenn die meisten armen Menschen eher Münzen als Geldscheine verwendeten. Stattdessen kreiste das Finanzsystem (bestehend aus Märkten für Staatsschulden, Aktien und andere Papierinstrumente) um Banknoten und Kreditgeld, die von Regionalbanken ausgegeben wurden, sowie um privates Kreditgeld (z. B. in Form von Wechseln, die von Unternehmen in Umlauf gebracht wurden). Zu Beginn des 18. Jahrhunderts belief sich der Wert der in Umlauf befindlichen Banknoten auf ein bis zwei Millionen Pfund. Gegen Ende des Jahrhunderts waren Banknoten der Bank of England im Wert von 15 Millionen Pfund im Umlauf, hinzu kamen weitere zehn Millionen Pfund, die von lokal operierenden Regionalbanken ausgegeben worden waren.[180] Als das Geldsystem zu diesem modernen Kreditgeld überging, dienten Münzen zunehmend als »Legitimationsinstrument« und nicht mehr als Tausch- und Zahlungsmittel.[181] Die Goldreserven vermittelten das Bild eines Sys-

179 Desan: Making Money, S. 374.

180 Rondo Cameron: England 1750–1844, in: Rondo Cameron u. a.: Banking in the Early Stages of Industrialization, Oxford 1967, S. 42.

181 Desan: Making Money, S. 318.

tems, das auf dem soliden Fundament des Edelmetalls ruhte, auch wenn sich das Gravitationszentrum in Wirklichkeit anderswo befand. Natürlich hielt die Bank of England erhebliche Bestände an Gold- und Silbermünzen als Reserve für den Fall vor, dass die Öffentlichkeit das Vertrauen in die Banknoten verlor. Doch in Kriegszeiten und bei finanziellen Engpässen wurde die Konvertibilität der Banknoten in Bargeld häufig ausgesetzt. Als 1797 der Krieg mit Frankreich ausbrach, wurde die Konvertibilität für fast ein Vierteljahrhundert außer Kraft gesetzt (1797–1821). Dennoch schlug sich das Geld auf der Grundlage des Papier-Pfundes wacker. Als die Konvertibilität wieder eingeführt wurde, akzeptierte die Regierung auch, was die Märkte schon lange beschlossen hatten, dass nämlich Gold und nicht Silber die metallische Grundlage des Pfunds bildete.[182]

Dieser »Goldstandard« sollte auch eine disziplinierende Funktion ausüben, indem er die Schöpfung von Kreditgeld an einen physischen Goldbestand koppelte. Auf diese Weise, so wurde argumentiert, würde die Produktion von Bankgeld beschränkt, weil die Inhaber von Banknoten die Möglichkeit erhielten, diese gegen Gold einzutauschen, wenn das Angebot an Banknoten zu groß wurde. Diese Argumentation findet sich auch im parlamentarischen »Bullion Report« von 1810, der empfiehlt, Banknoten sollten in Gold konvertierbar sein. Besorgt über das Anwachsen der Papiergeldsumme, die zur Deckung von Kriegskosten zwischen 1798 und 1809 um 45 Prozent erweitert wurde, argumentierten sie: »Es gibt keine sichere, zuverlässige und stets angemessene Maßnahme gegen einen Papiergeldüberschuss [...] außer der Konvertibilität all dieser Banknoten in Gold«.[183] Es sollte noch ein weiteres Jahrzehnt dauern, bis der Staat die wichtigste Empfehlung des Berichts annahm, die er im Bank Charter Act von 1844 erneut bekräftigte. Die Funktionsweise des behaupteten Goldstandards, der während seiner Blütezeit (1821–1914) internationalen Charakter erlangte, war jedoch viel komplizierter, als die Theorie vermuten lässt. Es handelte sich weniger um einen mehr oder weniger automatischen Marktmechanismus als um eine Regelung, für die ein koordiniertes Vorgehen der Zentralbanken (wenn auch nicht im heutigen Ausmaß) notwendig war. So sorgten die Zentralbanken unter Führung der Bank of England für eine Art gesteuerten Goldstandard, bei dem Zinssätze, Kreditvergabe und Geldangebot bewusst manipuliert wurden.[184] Dabei blieb

182 Seit der Umprägung von 1696 hatte die Regierung versucht, die Verbindung zwischen Silber und Pfund aufrechtzuerhalten. In der Praxis waren Goldguineas im britischen Währungssystem nämlich immer wichtiger geworden. Die Realität wurde in der offiziellen Politik jedoch erst anerkannt, als sie sich in der Praxis längst durchgesetzt hatte. Siehe Davies: History of Money, S. 284–304.

183 Select Committee on the High Price of Gold Bullion, House of Commons: Report, London 1810, S. 73.

184 Barry Eichengreen: Vom Goldstandard zum Euro. Die Geschichte des internationalen Währungssystems (aus dem Amerikanischen von Udo Rennert und Wolfgang Rhiel), Berlin 2000, S. 54–59. Zum »gesteuerten Goldstandard« siehe Michael D. Bordo: The Gold Standard: The Traditional Approach, in: Michael D. Bordo/Anna J. Schwartz (Hrsg.): A Retrospective on the Classical Gold Standard, 1821–1931, Chicago 1984, S. 45.

die Bindung an das Gold bestehen und schränkte die Handlungsmöglichkeiten der Zentralbanken ein (außer im Krieg, wo die Konvertibilität des Goldes häufig ausgesetzt wurde). Die gesetzliche Bindung an Gold diente nicht nur zur Durchsetzung einer deflationären Finanzdisziplin, wenn zu viel Kreditgeld in die Welt gesetzt worden war. Sie erzwang auch eine *Lohndeflation* während der regelmäßigen Depressionen und sorgte so für eine Disziplinierung der Arbeit. Durch die Beschränkung der Kreditaufnahme sorgten höhere Zinssätze dafür, dass Käufe und Investitionen in der gesamten Wirtschaft zurückgingen, was sich in steigender Arbeitslosigkeit und einem Druck auf die Löhne niederschlug. Die Beibehaltung des Goldstandards zwang der Arbeiterschaft also eine monetäre Disziplin auf und stärkte auf diese Weise die Macht der Unternehmer über die Arbeiterklasse. Das Absenken der Löhne würde, so hoffte man, letztlich die Rentabilität wiederherstellen und neue Investitionen ermöglichen, da einige Kapitalisten bei niedrigeren Löhnen die Produktion wieder aufnehmen und neue Geschäftsausgaben tätigen würden. In diesem Sinne steuerte der Goldstandard zwar nicht die Geldproduktion, diente aber als wirksames Instrument des Klassenkampfes gegen die Arbeiterschaft.

Die widersprüchlichen Imperative, die charakteristisch für die zweite Modalurform des Geldes waren, kamen in der hybriden Kombination von Metall- und Kreditgeld zum Ausdruck, die dauerhaft Konflikte nach sich zog. Wie Marx angemerkt hat, musste die Bank of England zwei Herren dienen: dem kapitalistischen *Kreditsystem* mit seinen unterschiedlichen Papiergeldern, die als Schmiermittel der Wirtschaft dienten und die Akkumulation beschleunigten, und dem auf Gold basierenden *Geldsystem*, das die Konvertibilität von Kreditgeld in Münzen und Goldbarren gewährleisten musste und die Wirtschaft in einer Panik zum Kollaps bringen konnte. Eine Kredit- und Bankenkrise, in der die Menschen versuchen, sämtliche Banknoten in die sicherste Form des Geldes – Gold – umzutauschen, musste unweigerlich die Reserven der Bank of England erschöpfen. Die Bank würde darauf mit einer Anhebung der Zinssätze reagieren, um das Gold wieder in ihre Umlaufbahn zu ziehen (indem man entweder direkte Goldeinlagen oder aber Bargeld anlockt, das zum Kauf von Gold verwendet werden kann). Der Rückfluss von Gold in die Bank würde die Geldkrise letztendlich beenden und den Arbeitern Lohndisziplin auferlegen, wodurch allerdings die Wirtschaftskrise verschärft würde, da höhere Zinssätze die Aufnahme von Krediten für Konsum und Investitionen bremsen. Letztere jedoch sind genau das, was eine kapitalistische Wirtschaft benötigt, um aus einer Flaute herauszukommen. Unter dem klassischen Goldstandard, schreibt Marx, soll nun, »sobald der Kredit erschüttert wird [...] aller reale Reichtum wirklich und plötzlich in Geld verwandelt werden, in Gold und Silber, eine verrückte Forderung, die aber notwendig aus dem System selbst hervorwächst.« Der Goldstandard erlegte dem Fortschritt der kapitalistischen Wirtschaft also »eine metallne Schranke« auf – eine Verrücktheit, die ihren Ursprung in der zweiten Modularform des Geldes hatte.[185]

Dies war jedoch eine ausgesprochen bürgerliche Form des Verrücktseins, da das Festhalten am Goldstandard die Arbeiterklasse auf die oben beschriebene Art und Weise sozial disziplinierte. Dies ist ein wesentlicher Grund, warum die kapitalistischen Großmächte in der Anfangsphase der Großen Depression der 1930er-Jahre am Gold festhielten – wobei der zweite Hauptgrund darin bestand, dass Gold als Weltgeld fungierte. Schließlich sahen sich alle gezwungen, die »goldenen Fesseln« abzuwerfen, doch dieser Verzicht kam zu spät und widerwillig.[186]

Erst in den letzten Jahrzehnten des 20. Jahrhunderts überwand der Kapitalismus diese metallene Schranke vollständig. Etwa ein Jahrhundert lang nach 1870 kreiste der globale Kapitalismus um einen Goldstandard bzw. einen Goldaustauschstandard, der mit Kreditgeld verbunden war. Doch in seiner ersten Phase erlaubte der klassische Goldstandard dem britischen Pfund auch, als Repräsentant des Goldes aufzutreten, was ihm eine einzigartige Funktion als Weltgeld verlieh und der Bank of England eine zentrale Rolle im internationalen Finanzwesen zuteilwerden ließ.[187]

Die führende Rolle der Bank of England ergab sich natürlich aus der imperialen, im Verlauf des »Zweiten Hundertjährigen Krieges« (1689–1815) etablierten Vormachtstellung. Die globale Dominanz des britischen Empires ermöglichte es dem Pfund, fast 200 Jahre lang als Weltgeld zu fungieren. Doch so wie das Pfund seinen Aufstieg dem Krieg verdankt, so sollte auch sein Niedergang eine Folge des Kriegs sein. Diesmal bedurfte es eines weiteren Dreißigjährigen Krieges – dem Zeitraum der beiden Weltkriege 1914 bis 1945 –, um das System des Weltgelds neu zu ordnen.

185 Karl Marx: Das Kapital. Kritik der politischen Ökonomie. Dritter Band. Buch III: Der Gesamtprozeß der kapitalistischen Produktion. Herausgegeben von Friedrich Engels. Hamburg 1894, in: MEW, Bd. 25, S. 588f.

186 Eine aufschlussreiche Diskussion darüber findet sich bei Matt Hampton: Hegemony, Class Struggle, and the Radical Historiography of Global Monetary Standards, in: Capital and Class 89/2006, S. 145–147. Ein Einwand gegen diesen wichtigen Aufsatz könnte lauten, dass er die komplexe Vermittlung zwischen den miteinander verknüpften Mechanismen zur Disziplinierung der Lohnarbeit und zur Organisation des Weltgeldes (mit dem das Wertgesetz des Kapitals auf globaler Ebene zum Ausdruck gebracht wird) nicht herausarbeitet. Zu den historischen Erfahrungen siehe Barry Eichengreen: Golden Fetters: The Gold Standard and the Great Depression, 1919–1939, New York 1995.

187 William M. Scammell: The Working of the Gold Standard, in: Barry Eichengreen (Hrsg.): The Gold Standard in Theory and History, New York 1985, S. 103–119.

5 —— Imperialer Krieg, imperiales Geld: Der Aufstieg des Dollars zur globalen Vorherrschaft

»Der Dollar ist unsere Währung, aber er ist euer Problem.«

US-Finanzminister John Connally, 1971

Es gibt den berühmten Satz, wonach »eines der Dinge, die eine Nation zu einer Nation machen, ihre Währung ist«.[1] Betrachten wir in diesem Zusammenhang zwei der frühesten Geldformen in den Vereinigten Staaten: Virginias sogenannte Tobacco Notes und Geldscheine, die auf Boden-Hypotheken beruhten. Die Tabakgeld wurde 1642 zum gesetzlichen Zahlungsmittel und existierte fast 200 Jahre lang. Das zweite, von Hypothekenbanken ausgegebene Geld entstand 1712 in South Carolina und wurde bald in acht weiteren amerikanischen Kolonien eingeführt. Bei der ersten Währung handelt es sich um eine Quittung für das Produkt von Sklavenarbeit (einen Anteil der Tabakernte), die zweite ist durch Land gedeckt, das man Ureinwohnern geraubt hat. In beiden Geldern finden sich also Spuren der verborgenen Fundamente des amerikanischen Kapitalismus: Sklaverei und Siedlerkolonialismus.

In der Regel wird die Geschichte des Geldes in den Vereinigten Staaten mithilfe binärer Gegensätze untersucht: Papiergeld versus Metallmünzen; Schuldner versus Gläubiger; Staatsbanken versus Zentralbanken. Zweifelsohne sind alle diese Gegensätze bedeutsam. Aber als Erklärungsansätze lassen sie alle das grundlegende Thema von Gewalt, Enteignung, Herrschaft und Arbeit außer Acht. Sie trennen das Blut vom Geld. In diesem Kapitel wird die Geschichte der US-Währungen neu beleuchtet, indem ihren Ursprüngen in Krieg und Unterwerfung nachgegangen wird.

Geprägtes Blut: Kopfgeld und die gewalttätige Ökonomie der Vertreibung von Indigenen

»Ihr Weißen setzt euch zusammen, vermesst die Erde und teilt sie dann auf.«[2]

Too-schul-hul-sote, indigener »Träumer«

Land ist selbstverständlich überall Voraussetzung des Kapitalismus. Die ursprüngliche Akkumulation beruht auf Diebstahl, Einfriedung und der Parzellierung des Bodens. Aber auf dem amerikanischen Kontinent

1 Robert E. Wright: Origins of Commercial Banking in America, 1750–1800, Lanham 2001, S. 195.
2 Zitiert nach Gary Clayton Anderson: Ethnic Cleansing and the Indian. Norman 2014, S. 315.

wurde die Metamorphose des Landes vom Gemeinschafts- in Privateigentum mithilfe jahrhundertelanger Kriege vollzogen. Plündern, Skalpieren, Vergewaltigen, Brandschatzen, Erschießen und das Niederbrennen von Dörfern – all diese Techniken des organisierten Gemetzels begünstigten den Siedlerkolonialismus. Die Verbindung von Krieg und Wirtschaft wurde in der Neuen Welt durch Vertreibung und Auslöschung der Indigenen vollzogen. »Territorialität ist das spezifische, irreduzible Merkmal des Siedlerkolonialismus«, heißt es beim Anthropologen Patrick Wolfe. »Der Siedlerkolonialismus zerstört, um zu ersetzen«; sein Ziel ist die Zerstörung der indigenen Gesellschaft und ihre Ersetzung durch Siedlerkolonien.[3] Land als Sicherheit für Kreditgeld zu verwenden, wie es South Carolina, Pennsylvania, New York und andere Staaten taten, bedeutete, es auf einem Boden zu verankern, der mit dem Blut indigener Völker getränkt war.

Als Benjamin Franklin über Banken sprach, die auf Grund und Boden beruhen, bezeichnete er ihre Währungen als »gemünztes Land«.[4] Doch bevor es gemünzt – also in eine Form von Geld verwandelt – werden konnte, musste das Land zunächst privatisiert und zu einer Ware gemacht werden. Und dies geschah auf eine Weise, die der Militärhistoriker John Grenier als Ausrottungskrieg *(extirpative war)* bezeichnet hat. Dem »Oxford English Dictionary« zufolge bedeutet das Verb *extirpate* »ausrotten oder vollständig zerstören«. Das Wort geht zurück auf das lateinische *exstirpare*, in der Medizin wird es bei der vollständigen Entfernung eines Organs verwendet. Genau dies war das Wesen der »Indianerkriege«, auf denen Staat und Ökonomie der USA begründet sind. Die Gründungsgewalt wurde meistens von militärisch organisierten Siedlern, marodierenden Banden landhungriger Europäer, ausgeübt. Dadurch wurde die Gewalt eher noch verstärkt, da die »Ranger« und bewaffneten Siedler sich nicht an die Regeln hielten, mit denen Angriffsziele und Taktiken der militärischen Gewalt eingehegt werden sollten. Greniers Beschreibung der Indianerkriege von 1607–1814 ist treffend: »In den ersten 200 Jahren unseres militärischen Erbes verließen sich die Amerikaner also auf Kriegstaktiken, die Berufssoldaten heute angeblich verabscheuen: das Schleifen und Zerstören feindlicher Dörfer und Felder, das Töten feindlicher Frauen und Kinder, das Durchsuchen von Siedlungen nach Gefangenen, die Einschüchterung von und die Gewaltanwendung gegen feindliche Zivilisten und das Ermorden feindlicher Anführer.«[5]

3 Patrick Wolfe: Settler Colonialism and the Elimination of the Native, in: Journal of Genocide Research, 4/2006, S. 388.

4 Benjamin Franklin: A Modest Enquiry into the Nature and Necessity of a Paper-Currency, Philadelphia 1729.

5 John Grenier: The First Way of War. American War Making on the Frontier, 1607–1814, New York 2005, S. 5. Zum »Ausrottungskrieg«, siehe S. 21–23.

Ein Wendepunkt trat mit den Franzosen- und Indianerkriegen ein (1755–1764), die Teil des Siebenjährigen Krieges zwischen Großbritannien und Frankreich waren. Dieser Konflikt katapultierte Großbritannien nicht nur in eine unangefochtene globale Vormachtstellung, sondern festigte unter den Amerikanern, die an der Seite der Briten kämpften, auch einen unerbittlichen Hass auf die Indigenen. Der Krieg gegen sie wurde nun systematisch geführt – und zwar genau zu dem Zeitpunkt, als die unabhängige warenproduzierende Gesellschaft des Nordostens der USA einer agrarkapitalistischen Entwicklung unterworfen wurde. Der Siedlerkolonialismus konsolidierte sich in Form eines *Siedlerkapitalismus*. Jede »ursprüngliche« Kapitalakkumulation basiert, wie Marx schreibt, auf der gewaltsamen Vertreibung von Menschen von ihrem Land.[6] In den Vereinigten Staaten erfolgte diese Art der ursprünglichen Akkumulation mithilfe der militärischen Enteignung der indigenen Bevölkerung und wurde nach den Franzosen- und Indianerkriegen noch intensiver, umfangreicher und systematischer.[7] In dieser Zeit machte sich Virginia daran, das Land bis zum Mississippi zu erobern, indem es die indigenen Nationen ins Innere der USA verdrängte, und die Carolinas gingen etwa gleichzeitig zu einer wesentlich aggressiveren Expansionsstrategie über. Im Rahmen dieser Entwicklungen brachen amerikanische Truppen die Macht der Cherokee-Nation mit einem auf wahllosem Gemetzel beruhenden Feldzug.[8] Die amerikanische Rebellion gegen Großbritannien 1776 verstärkte diese Tendenzen noch.

Während der Amerikanischen Revolution und danach traten die föderalen Streitkräfte bei der »Indianervertreibung« in den Vordergrund und übernahmen die Rolle, die zuvor bewaffnete Siedlergruppen innegehabt hatten. 1779 befahl George Washington seinen Truppen, die »vollständige Zerstörung und Verwüstung« der Irokesen-Konföderation.[9] Zwangsumsiedlungen, Bestechung, das Instrumentalisieren von Schulden und Stammesfeindschaften – all das waren Mittel, die Präsident Jefferson in einer Kampagne ethnischer Säuberungen zu Beginn des 19. Jahrhunderts einsetzte.[10] Auf den Kauf von Louisiana (1803) folgten monströse Verbrechen. Der Krieg gegen Großbritannien 1812 hob die militärische Enteignung auf ein noch höheres Niveau und schuf die Voraussetzungen für General Andrew Jacksons mörderische Raubzüge in Georgia, Alabama und Florida (1812–1825), die Eroberung von Texas ab 1825 sowie

6 Marx: Kapital, Bd. 1, MEW, Bd. 23, Kap. 24 und 25.

7 Zur zeitlichen Einordnung der kapitalistischen Entwicklung im Nordosten der USA siehe Charles Post: The American Road to Capitalism, Leiden/Boston 2011, Kap. 2, Pkt. iii.

8 Fred Anderson/Andrew Cayton: The Dominion of War. Empire and Liberty in North America, 1500–2000, New York 2005, S. 169–171.

9 George Washington: Instructions to Major General John Sullivan, 31. Mai 1779, in: The Writings of George Washington, Bd. 15, (herausgegeben von John C. Fitzpatrick), Washington 1936, S. 189.

10 Anderson: Ethnic Cleansing, S. 102, 104, 109, 113, 125f.

die von New Mexico, Arizona, Kalifornien, Nevada, Colorado und Utah in den 1840er-Jahren. Nach dem Bürgerkrieg kam es zur systematischen »Säuberung« des Westens.[11] Bis 1887 wurden den indigenen Völkern in den USA in einem der größten und rücksichtslosesten Prozesse ursprünglicher Akkumulation der Geschichte etwa drei Milliarden Morgen Land geraubt, fast die gesamte Fläche der kontinentalen USA.[12]

Die Kommodifizierung des Landes wurde mit Gewalt gegen indigene Körper besiegelt. Und diese Gewalt wurde in Form von Kopfgeldzahlungen materiell und symbolisch monetarisiert. Ab den 1670er-Jahren tauchen Belohnungen für indianische Skalpe in den amerikanischen Kolonialgesetzen auf. Massachusetts und South Carolina gehörten zu den aggressivsten Förderern dieser Politik, wobei Massachusetts zehn Pfund Sterling für einen Skalp auslobte, etwa das Zehnfache des maximalen Tageslohns eines Arbeiters. Sogar das »friedliche« Pennsylvania spielte mit und erhöhte in den darauffolgenden Jahren die Prämien auf Skalpe regelmäßig.[13] Dieses »elende Geschäft« zeichnete sich durch eine Praxis aus, die die Sklaverei etabliert hatte: die Reduktion von Menschen auf Geldbeträge. Die Prämien für Skalpe waren Ausdruck einer *Leichen-Ökonomie* der Neuen Welt, ein morbider Tausch von Geld gegen abgetrennte Körperteile – Skalpe.[14] Tatsächlich wurden die von den kolonialen Grundstücksbanken ausgegebenen Währungen buchstäblich durch *Rothäute* gesichert, wie die amerikanischen Siedler die blutigen Leichen nannten, die sie nach dem Abschneiden der Skalpe verrotten ließen. Bei den Währungen der Grundstücksbanken handelte es sich also nicht nur um gemünztes Land, sondern auch um gemünztes Blut. Und das Gleiche galt auch für die meisten anderen der von den Kolonien ausgegebenen Währungen. Ein großer Teil ihrer Währungen waren Schuldscheine, die zur Kriegsfinanzierung ausgegeben worden waren. Diese Schulden wurden, nachdem die indigene Bevölkerung aus ihrem Lebensraum vertrieben worden war, mit Landverkäufen beglichen. »Letztendlich«, kommentiert ein Beobachter, »sahen die meisten Amerikaner die Währung als das, was sie war: ein Maß für den Wert von Land [...], das von den Staaten verkauft wurde, sobald die Schüsse verstummten.«[15]

11 Siehe Roxanne Dunbar-Ortiz: An Indigenous Peoples' History of the United States, Boston 2014; und Reséndez: Other Slavery. Zu der These, dass diese Prozesse auf ein System zur ethnischen Säuberung hinauslaufen, vgl. Anderson: Ethnic Cleansing und Anderson/Cayton: Dominion, S. 170.

12 Anderson: Ethnic Cleansing, S. 335. (Offenbar sind hier Mehrfachvertreibungen erfasst, denn die Gesamtfläche der kontinentalen USA – ohne Alaska – beträgt nur etwa 800 Millionen Hektar, d. h. zwei Milliarden Acres/Morgen. [Anm. d. Ü])

13 Grenier: First Way of War, S. 39–47; Henry J. Young: A Note on Scalp Bounties in Pennsylvania, in: Pennsylvania History, 3/1957, S. 207–218.

14 Zur Leichen-Ökonomie der »Alten Welt« siehe McNally: Monsters of the Market, Kap. 1. Zum »elenden Geschäft« (grim commerce) siehe Margaret Haig Roosevelt Sewall Ball: Grim Commerce. Scalps, Bounties, and the Transformation of Trophy-Taking in the Early American Northwest, 1450–1770 (Dissertation an der University of Colorado), Boulder 2013.

15 Scott Reynolds Nelson: A Nation of Deadbeats. An Uncommon History of America's Financial Disasters, New York 2012, S. 7.

Bemerkenswerterweise wurde der erste große Finanzkrach in Amerika im Jahr 1792 durch die Niederlage der US-Armee gegen Little Turtle und die Indianer der Western Confederacy im Nordwesten des heutigen Ohio ausgelöst. Da die militärische Niederlage bedeutete, dass es keine neuen Ländereien – und damit auch keine Landverkäufe zur Begleichung der Kriegsschulden – geben würde, löste sie sofort eine wirtschaftliche Panik aus.[16]

Diese tiefen Verbindungen zwischen Indianerkriegen, Sklaverei und dem frühen amerikanischen Bankensystem manifestieren sich auch in der Lebensgeschichte des ersten US-Präsidenten George Washington und seines Freundes Thomas Willing, des wahrscheinlich reichsten Mannes in Philadelphia zwischen Mitte der 1790er-Jahre und dem Krieg von 1812. Die beiden Männer waren nicht nur raubgierige Individuen, sondern auch »Personifikationen der ökonomischen Verhältnisse«, um einen Begriff von Marx zu gebrauchen – Individuen, die die sozialen Prozesse und Verhaltensnormen des entstehenden Kapitalismus verkörperten.

Ende 1755 schrieb Willing aus Pennsylvania an seinen Cousin in London, um sich über eine Investition von 2000 Pfund in Aktien der Bank of England zu informieren. Willing, der oft als der erste Bankier Amerikas bezeichnet wird, war den Mangel an Entschlossenheit leid, mit dem die Führer seiner Kolonie den Krieg gegen die indigene Bevölkerung führten. In Ermangelung einer aggressiveren Militärstrategie richtete er sein Augenmerk auf Englands Bank für Kriegsfinanzen. Nur vier Monate zuvor hatte der künftige Präsident der Bank of North America (1781–1791) und später der Bank of the United States (1791–1807) »ein Paket geeigneter junger und erwachsener Knechte« zum Verkauf angeboten – dabei handelte es sich unfreie Arbeiter aus Irland, Deutschland, Wales und England. Es sollte nicht lange dauern, bis aus Westindien importierte versklavte Afrikaner in seinen Verkaufskatalog aufgenommen wurden.[17]

Biografien verdichten den Lauf der Geschichte nur selten mit solcher Klarheit. Doch in Willings Fall verschmolzen Bankgeschäft, militärische Missionen, Sklaverei und die Unterstützung der Kriege gegen Indigene zu einem persönlichen Lebenslauf, der den Weg der kapitalistischen Entwicklung im kolonialen Amerika vorzeichnete. Bei der Hochzeit von Willings Tochter im Jahre 1795 waren alle wichtigen Vertreter der amerikanischen Elite anwesend, darunter auch der amtierende Präsident George Washington. Wenn der erste Präsident der USA auf dem Schlachtfeld Ruhm erlangt hatte, dann verdankte er es zu einem beträchtlichen Anteil dem Schießpulver, den Kanonen und Tausenden von Waffen, die Willing den von Washington kommandierten Truppen beschafft hatte.[18]

16 Anderson: Ethnic Cleansing, S. 102–104; Nelson: Nation of Deadbeats, S. 27–30.

17 Robert E. Wright: Thomas Willing (1731–1821). Philadelphia Financier and Forgotten Founding Father, in: Pennsylvania History, 4/1996, S. 527–529, 533.

18 Wright: Thomas Willing, S. 526, 543.

Die Freundschaft zwischen diesen mächtigen Männern veranschaulicht auch die soziale Verbindung zwischen den Bankiers aus Philadelphia und den Plantagenbesitzern aus Virginia, die dem frühen amerikanischen Kapitalismus zugrunde lag – eine Verbindung, die durch Krieg und Kriegsfinanzierung immer enger wurde. Und im Fall Washingtons persönlich war es der Krieg, der ihm überhaupt erst den Erwerb von Land und den Einstieg in die Welt der Plantagenproduktion ermöglichte.

Es scheint angemessen, dass der künftige Präsident ursprünglich als Landvermesser arbeitete, denn die militärische Vertreibung der Indigenen generierte eine große Nachfrage nach der Vermessung des expropriierten Landes. Wie viele andere seiner Zunft fand auch Washington die Zeit, um Grundstücke zu Spekulationszwecken zu erwerben. 1750 erwarb er 1000 Morgen Land (etwa 400 Hektar) im Shenandoah Valley. Noch vor Ende des Jahrzehnts wurde er durch die Heirat mit Martha Custis zu einem der größten Großgrundbesitzer im Norden Virginias. Zu diesen Ländereien kamen weitere 25 000 Morgen hinzu, die er als Belohnung für seine Militärdienste erhielt, vor allem im Kampf gegen Indigene während der Franzosen- und Indianerkriege. Andere Kriegsdienste brachten ihm 1773 weitere 45 000 Morgen ein. Doch keine dieser Ländereien war ohne Arbeit viel wert. Und auf den großen Ländereien in Virginia wurde die Arbeit von versklavten Menschen afrikanischer Herkunft verrichtet. Immer schon ein sozialer Aufsteiger, gehörte Washington nicht zu denjenigen, die mit der Praxis seiner Klasse brachen. Bei seinem Tod besaß der erste Präsident der Vereinigten Staaten 277 Leibeigene.[19]

Washington tat sich in zwei Praktiken hervor, die Grundlage des Plantagen-Kapitalismus waren: der Vertreibung von Indigenen und der Versklavung von Afrikanern. Seine Präsidialanweisung von 1779, der zufolge sich die US-Armee gegen die Irokesen in Bewegung setzen sollte, um »die vollständige Zerstörung und Verwüstung ihrer Siedlungen« herbeizuführen, ist bereits erwähnt worden. Washingtons Offiziere kamen dem Befehl nach und zerstörten mindestens 40 Irokesenstädte.[20] Etwas mehr als 20 Jahre später gründete der Kongress das US Land Office, das den Erwerb von Grundstücken finanzierte. Gemessen an den vergebenen Krediten sollte das Land Office bald die größte Bank der Welt sein.[21] Als die Indianerkriege und die Vertreibung der Indigenen kontinentale Ausmaße erlangten, flogen die USA »wie ein Komet durch den unendlichen Weltraum«, wie es ein föderaler Kritiker ausdrückte.[22] Land wurde nun in einem Ausmaß gemünzt, wie es für Benjamin Franklin unvorstellbar

19 Anderson/Cayton: Dominion, S. 107f., 111, 113, 134, 145, 148; Morgan: American Slavery, S. 4. Zum sozioökonomischen Kontext vgl. die Aufsätze in Warren Hofstra (Hrsg.): George Washington and the Virginia Backcountry, Madison 1998.

20 Anderson/Cayton: Dominion, S. 174f.

21 Nelson: Nation of Deadbeats, S. 41.

22 Fisher Ames, zitiert nach Nelson: Nation of Deadbeats, S. 42.

gewesen wäre. Doch das eigentliche Geheimnis des gemünzten Landes und des Höhenflugs des US-Kapitalismus war, die auf Skalpe ausgelobten Kopfgelder erinnern daran, *gemünztes Blut.*

Revolution, Kriegsfinanzierung, Kapitalisten und Hochstapler

Der Dreh- und Angelpunkt des Krieges sind die Finanzen. Und er bringt auch neue Finanzformen hervor. Der amerikanische Unabhängigkeitskrieg gegen Großbritannien stellt in dieser Hinsicht keine Ausnahme dar. Die Quartiermeister, Obersten und Schatzmeister der Revolutionäre in den Kolonien benötigten Waffen, Proviant, Pferde und Grundgüter in enormem Umfang. Im Winter 1777/1778 verbrauchten die amerikanischen Soldaten fast 2,3 Millionen Pfund Mehl und fast ebenso viel Rindfleisch. Allein im Monat Mai 1778 fraßen die Pferde der Armee 2,5 Millionen Tonnen Heu und eine Viertelmillion Scheffel Getreide.[23] Die Logistik der Kriegsökonomie zu organisieren war das Gebot der Stunde.

Unweigerlich rückte der öffentliche Kredit damit in den Mittelpunkt, denn der Nachschub für den Krieg wurde benötigt, *bevor* er bezahlt werden konnte. Bei der Beschaffung von Waffen, Lebensmitteln, Munition und Vorräten gaben die Anführer der Kolonien fieberhaft Zahlungsversprechen ab, die zu einem späteren Zeitpunkt eingelöst werden sollten. Diese Zusagen wurden, wie erwähnt, letztlich mit Land abgesichert, das beschlagnahmt werden sollte, »sobald die Kämpfe beendet waren«.[24] Doch viele Rechnungen wurden lange vorher fällig. Um dies zu bewältigen, wurden zwei Drittel der Kosten des Revolutionskriegs durch die Verwendung von Kreditwechseln finanziert.[25] Zum Glück für die Amerikaner entwickelte sich unter Investoren in Paris und Amsterdam, die bereit waren, auf einen Sieg der Kolonialrebellen (und auf die damit einhergehende Landnahme) zu wetten, ein Markt für diese Schuldscheine. Auf die Weise erhielt die amerikanische Regierung im Tausch gegen Schuldscheine Bargeld.

Massachusetts gab im Mai 1775 seine ersten Kriegsanleihen aus. Im darauffolgenden Monat begann der Continental Congress mit dem Druck einer eigenen Papierwährung, den sogenannten Continentals. Finanzminister Alexander Hamilton brachte bald darauf eine Nationalbank ins Gespräch, die befugt sein sollte, Banknoten zu drucken, Geld zu prägen, Einlagen entgegenzunehmen und private und öffentliche Kredite zu vergeben. Ein Jahrzehnt später, im Jahr 1791, sollte dieser Vorschlag mit der Gründung der First Bank of the United States in die Tat umgesetzt werden. Aber auch ohne eine Nationalbank fanden die Amerikaner in Gestalt einer »Papiergeldflut«, wie es der spätere Präsident John Adams

23 Wright: Origins of Commercial Banking, S. 62.
24 Nelson: Nation of Deadbeats, S. 7.
25 Wright: Origins, S. 64.

ausdrücken sollte, Mittel zur Finanzierung des Krieges.[26] Als die Waffen schwiegen, hatte der Kongress 226 Millionen Dollar in Form von Banknoten ausgegeben, und weitere 100 Millionen Dollar waren in Form von Papiergeld aus den Bundesstaaten zugeschossen worden.

Die Amerikaner hatten bereits eine besondere Vorliebe für Papiergeld an den Tag gelegt – sehr zum Missfallen des Empires, das die Papiere mehrmals verboten hatte (in Gesetzen von 1720, 1741 und 1751).[27] Doch mit der Revolution wurde ein neuer Höhepunkt erreicht. In den darauffolgenden 50 Jahren sollte das Papiergeld, ungeachtet des weitverbreiteten Fetischismus für Edelmetalle als das »einzig wahre« Geld, den Sieg davontragen. Mit der Verbreitung des Papiergeldes gingen eine intensivierte Monetarisierung und eine frühzeitige Finanzialisierung einher. Wie in der griechisch-römischen Welt der Antike erwies sich der Krieg als Medium zur Monetarisierung des gesellschaftlichen Lebens – erstens durch die große Nachfrage nach *Markt*gütern wie Proviant und Waffen und zweitens durch den Sold, der an die Milizionäre gezahlt wurde, von denen viele auf weitgehend autarken Bauernhöfen rekrutiert worden waren. Es kam zu einem Rückkoppelungseffekt: Die Regierung kaufte Nahrungsmittel für Soldaten und Pferde, junge Männer gaben ihren Sold aus und Bauern, die Landkredite tilgen mussten oder mehr Land erwerben wollten, warfen Nahrungsmittel auf den Markt. Gleichzeitig stiegen wegen der rasant wachsenden Nachfrage nach landwirtschaftlichen Gütern die Kriegspreise und aufgrund des Arbeitskräftemangels infolge der Rekrutierung von Bauernjungen die Löhne. Monetäre Transaktionen expandierten ebenso wie die Finanzinstitute. Die USA verfügten 1794, als es auf den Britischen Inseln vier konzessionierte Banken gab, bereits 18 derartige Banken. 1825 besaßen die Vereinigten Staaten fast zweieinhalb Mal so viel Bankkapital wie England und Wales. Im Zuge dieser frühzeitigen Finanzialisierung stieg der Anteil des Bankvermögens am Gesamteinkommen der USA seit 1785 stetig an und erreichte in den 1820er-Jahren ein Niveau, das in vielen anderen Ländern erst in den 1990er-Jahren erreicht werden sollte.[28]

Dieser postrevolutionäre Aufschwung von Banken und Papiergeld war der perfekte Nährboden für Betrüger und Hochstapler, wie sie später in Herman Melvilles Novelle »The Confidence Man« (1857, dt. »Maskeraden oder Vertrauen gegen Vertrauen«) beschrieben wurden. Als Experten in der Errichtung von »Pfandhäusern für Versprechen« zockten die

26 John Adams an James Warren (Philadelphia), 23. Juli 1775, in: Letters of Delegates to Congress, 1774–1789, 26 Bände. Herausgegeben von Paul H. Smith, Washington/DC 1976–2000, Bd. 1, S. 650.

27 Bray Hammond: Banks and Politics in America from the Revolution to the Civil War, Princeton 1957, S. 25–27.

28 Wright: Origins, S. 62f.; Hammond: Banks and Politics, S. 6; Robert E. Wright: Hamilton Unbound. Finance and the Creation of the American Republic, Westport 2002, S. 119, 117.

Betrüger mit den unterschiedlichsten Schneeballsystemen regelmäßig Kleinanleger ab.[29] Auf diese Weise beförderten sie das Misstrauen gegenüber dem Papiergeld, das in der amerikanischen Finanzgeschichte so ausgeprägt war. Einer der ausgefuchstesten Vertreter des Betrugswesens im frühen 19. Jahrhundert war Andrew Dexter Jr. aus Boston, der 1804 seine Papiergeldmaschine zu bauen begann. Dexter wählte Rhode Island, das Mekka des Papiergeldes, für die Gründung seiner harmlos klingenden Farmers Exchange Bank. Dort produzierte er Zehntausende von Geldscheinen, die er so weit wie möglich vom Herstellungsort entfernt in Umlauf brachte, um ihre Einlösung gegen Bargeld zu verzögern oder ganz zu verhindern.[30] Auf der Route gründete er mehrere weitere Banken, darunter eine in Detroit und eine weitere in Pittsfield/Massachusetts, die sich allesamt der Produktion nicht abgesicherter Banknoten widmeten. Erstaunlicherweise florierte Dexters Schneeballsystem fünf Jahre lang, bevor es zusammenbrach. Zu diesem Zeitpunkt, im Jahr 1809, hatte die Farmers Exchange Banknoten im Wert von mehr als 760 000 Dollar ausgegeben, die mit lediglich 86 Dollar in Metall gedeckt waren.[31]

Die Panik, die auf den Zusammenbruch von Dexter folgte, war ein Glied in einer größeren Kette von Ereignissen, die sich gegen Papiergeld und landesweite Banken richtete. Zu Beginn des 19. Jahrhunderts war die Ablehnung des Papiergelds so verbreitet, dass sie auch die First Bank of the United States (BUS) zu Fall brachte, der viele Marktakteure von Anfang an feindlich gesinnt gewesen waren. Die 1791 in Philadelphia gegründete BUS, die zu Alexander Hamiltons Programm zur staatlichen Förderung der kapitalistischen Entwicklung gehörte, war der Bank of England nachempfunden.[32] Von Anfang an widersetzten sich die mächtigen Tabakplantagenbesitzer Virginias Hamiltons Nationalbank. Sie waren in eine Ökonomie eingebunden, in der sie sowohl die Finanzen als auch die Herstellung eines Weltmarktprodukts (nämlich des Tabaks) kontrollierten, und misstrauten daher jeder Verlagerung der Finanzmacht aus dem Alten Süden. Republikaner wie Thomas Jefferson brachten diese Opposition in einer antizentralistischen Rhetorik zum Ausdruck und schufen 1801 das US Land Office als Alternative. Als Folge von Finanzbetrug und -panik formierte sich eine skurrile, von der Feindschaft gegen die Bank und die Idee des Zentralbankwesens zusammengehaltene Koalition aus Agrarpopulisten, Finanzkapitalisten außerhalb der Chestnut Street von Philadelphia und Radikalen aus der Arbeiterklasse. 1811 fand die First Bank of the United States im Senat nicht genügend Unterstützung, um ihre Konzession

29 Die Metapher »Pfandhäuser für Versprechen« *(pawnshops for promises)* geht auf Thomas Paine zurück. Siehe dazu Nelson: Nation of Deadbeats, S. 13.

30 Um Banknoten gegen Gold oder Silber einzutauschen, musste der Inhaber persönlich in einer Filiale der Bank erscheinen, die das Geld ausgegeben hatte.

31 Jane Kamensky: The Exchange Artist, New York 2008, S. 158–160.

32 Ebd., S. 114–131.

erneuern zu können. Durch die Abschaffung der Kontrollrechte der BUS konnten sich neue Banken nun wie Unkraut vermehren.

Mit einem einzigen Gesetz schuf Pennsylvania im Jahr 1814 41 neue Banken. Drei Jahre später wurden in Kentucky 40 Banken mit einem Nominalkapital von zehn Millionen Dollar ins Leben gerufen – obwohl diese Finanzinstitute in Wirklichkeit keine einzige Münze in ihren Kassen hatten. Sie wurden bald als »Raupen-Banken« bezeichnet, da sie angeblich alles fraßen, was ihnen in die Quere kam. 1811 hatte es im Land 114 Banken gegeben, fünf Jahre später waren es 256. Trotz der offiziell geltenden Edelmetallbindung waren die Vereinigten Staaten offenkundig ein Land ungebundener Papierwährungen, ein Mekka des leichten Geldes. Die mehr als 200 Banken, die es 1815 gab, wiesen ein Kapital von insgesamt 82 Millionen Dollar auf, von denen nur ein Fünftel durch Silber und Gold gedeckt waren.[33] Zu dieser Zeit gaben auch Kanalgesellschaften, Eisenbahnunternehmen, Schmiede und verschiedene Hochschulen ein schillerndes Spektrum von Banknoten aus, die als Geld zirkulierten. Der amerikanische Kapitalismus hatte sich für ein fragmentiertes Finanzsystem entschieden. Doch auf dem eingeschlagenen Weg gab es Schlaglöcher – Finanzbetrügereien und Paniken, die regelmäßig für bankenfeindliche Stimmung und einen Edelmetall-Fetisch sorgten.

Indianerjagd, Marktpopulismus und der Aufstieg der Wall Street

Die First Bank war kaum von der Bildfläche verschwunden, als erneut Rufe nach einer starken Zentralbank ertönten. Auslöser war das Trauma des Krieges von 1812, als die Briten das Weiße Haus niederbrannten und eine Finanzpanik auslösten, in deren Verlauf die Banken den Umtausch von Banknoten in Bargeld aussetzten. Da die öffentlichen Ausgaben zwei- bis dreimal so hoch waren wie die Staatseinnahmen, mussten zur Finanzierung des Krieges große Mengen zinstragender Schatzanlagen verkauft werden. Als gesetzliches Zahlungsmittel für alle staatlichen Transaktionen einschließlich der Steuern akzeptiert, wurden diese Banknoten zu einem wichtigen Bestandteil der Geldmenge.[34] 1816, kurz nach Kriegsende, genehmigte der Kongress die Gründung der Second Bank of the United States, die jedoch kaum mehr als ein Anhängsel des Treasury, der eigentlichen Zentralbank, war. Doch schon bald verfügte die Second Bank über die Hälfte aller von Banken gehaltenen Münzgelder und begann viele der koordinierenden und regulierenden Funktionen einer modernen Zentralbank zu übernehmen. Dennoch war ihre Geschichte von Krisen, Skandalen und wachsendem politischen Widerstand gezeichnet. Vor allem während der Amtszeit von Nicholas Biddle als BUS-Präsident

33 Nelson: Nation of Deadbeats, S. 55f.; Hammond: Banks and Politics, S. 188.

34 Siehe Richard H. Timberlake Jr.: The Origins of Central Banking in the United States, Cambridge 1978, S. 13–17, 22.

(1823–1836), als die Vereinigten Staaten eine beschleunigte kapitalistische Umwälzung erlebten, wurde die Bank zu einem Blitzableiter für soziale Proteste gegen Geldforderungen und die Regierung in Washington. Der gefeierte Indianermörder Andrew Jackson machte sich diese Gefühle bei seiner Präsidentschaftskandidatur geschickt zunutze und heizte einen *Marktpopulismus* an, der den wirtschaftlichen Individualismus pries und gleichzeitig monströse Banker und Bürokraten attackierte. Die dynamische kapitalistische Entwicklung in den Vereinigten Staaten verband sich auf diese Weise mit einem fragmentierten, dezentralisierten und weitgehend unregulierten Bankensystem.

An dieser Stelle muss betont werden, dass die Fragmentierung des Geldsystems die kapitalistische Akkumulation in den Vereinigten Staaten nicht wesentlich behinderte. Insbesondere seit Beginn der globalen Finanzialisierung in den 1970er-Jahren gibt es die allgemeine Tendenz, das Finanzwesen für den wichtigsten Treiber der kapitalistischen Entwicklung zu halten; eine Sichtweise, die sich nur allzu leicht mit neoklassischen Vorstellungen vom Kapitalismus als einer von individuellen Eigentumsrechten angetriebenen »Geldwirtschaft« in Einklang bringen lässt.[35] Diese Darstellung blendet jedoch die wesentlichen Quellen des kapitalistischen Wachstums aus: Arbeit, Ausbeutung und die Akkumulation von Produktionsmitteln. Denn der Aufstieg der US-Wirtschaft in den Jahrzehnten nach 1800 war ihrer Struktur als kraftvolle Maschinerie zur Erschließung menschlicher Arbeit geschuldet und nicht dem stark fragmentierten Finanzsystem.

Neuere Forschungen haben gezeigt, dass diese Phase kräftigen kapitalistischen Wachstums im Wesentlichen agrarische Wurzeln hatte. Es war keineswegs so, dass »revolutionäre« Marktkräfte eine »konservative«, auf Grund und Boden beruhende Wirtschaft und Kultur umgestürzt hätten. Vielmehr entwickelte sich der amerikanische Kapitalismus[36] auf Grundlage der Grundbesitzer-Ökonomie. Dort, wo die Enteignung der Indigenen weitgehend abgeschlossen war, vollzog sich der Übergang von der unabhängigen Landwirtschaft zum Agrarkapitalismus größtenteils *durch* die Produktion in den Haushalten und nicht durch deren Verdrängung, wie es in Großbritannien bei der Enteignung der Kleinpächter der Fall gewesen war. In den USA wurden die Familienbetriebe durch Boden-

35 Siehe z. B. die extrem individualistische Vorstellung von der »Verbindung zwischen Finanzen und Wachstum«, wie sie Wright in »Hamilton Unbound« (S. 123f.) formuliert und in seinem Buch »The Wealth of Nations Rediscovered Integration and Expansion in American Financial Markets, 1750–1850« (Cambridge 2002) zu einem »finanz-fokussierten Erklärungsansatz« des Wachstums ausbaut (ebd., S. 4). Wie ich bereits in »Global Slump: The Economics and Politics of Crisis and Resistance« (Oakland 2012, Kap. 3) argumentiert habe, hat sich der Weltkapitalismus seit den 1970er-Jahren stärker finanzialisiert, aber dabei handelt es sich nicht um eine Art Putsch oder eine Usurpation unter Führung von Bankern, wie allzu oft behauptet wird, sondern um strukturelle Veränderungen, die mit der rechtlichen Abkopplung des US-Dollars vom Gold verbunden sind.

36 Eine Gegenposition, die Charles Sellers in seinem ansonsten wichtigen und aufschlussreichen Buch »The Market Revolution. Jacksonian America, 1815–1846« (New York 1991, S. 4–6) vertritt.

preise, Hypotheken und den Druck des Marktes marktabhängig gemacht. Die Landwirte waren zunehmend gezwungen, monetär verwertbare Nutzpflanzen anzubauen, um Schulden aufnehmen, Hypothekenzahlungen an Staat und Banken leisten und landwirtschaftliche Geräte und Haushaltswaren kaufen zu können. All diese kapitalistischen Beziehungen unterwarfen die kleinen Warenproduzenten den Gesetzen des Marktes. In den 1830er-Jahren erhoben sich verschuldete Bauern im Ohio-Tal gegen Banken im Allgemeinen und die Second Bank of the United States im Besonderen.[37] Wenn die Behauptung des Historikers Jonathan Levy für Kansas, Minnesota, Wisconsin, Nebraska und die Dakotas richtig ist, wonach »die Hypothekenverschuldung die Landwirte nach 1870 dazu zwang, das Produkt anzubauen, das am meisten Geld einbrachte«, dann trifft das auch auf Ohio und Gebiete des Nordostens zu, wo dieser Wandel schon Jahrzehnte früher eingesetzt hatte.[38]

Lange vor dem Ausbruch des Bürgerkriegs herrschte in den wichtigsten Regionen der US-Ökonomie eine marktintegrierte, warenproduzierende Landwirtschaft vor, die für monetäre Überschüsse und eine steigende Nachfrage nach Industriegütern sorgte.[39] Dies wiederum stimulierte die industrielle Herstellung von Schuhen und Textilien (vor allem in Massachusetts), die Entwicklung von wassergetriebenen Mühlen und Baumwollspinnereien, die Konzentration der städtischen Bevölkerung und den Ausbau von Wegen, Straßen und Kanälen, denen Dampfschiffe und Eisenbahnen folgten.[40] Diese Entwicklungen wurden durch mächtige Veränderungen im Inneren der USA vorangetrieben, doch auch die europäischen Kriege – in diesem Fall die Konflikte 1793 bis 1815 im Gefolge der Französischen Revolution – spielten eine Rolle, da sie den Aufstieg der US-Schifffahrt zum wichtigsten Transporteur von Weltmarkgütern ermöglichten und europäische Investoren zurück auf die amerikanischen Märkte lockten.[41] Das amerikanische Wirtschaftswachstum machte das

37 Hammond: Banks and Politics, S. 279f.

38 Jonathan Levy: The Mortgage Worked the Hardest. The Fate of Landed Independence in Nineteenth-Century America, in: Michael Zakim/Gary J. Kornblith (Hrsg.): Capitalism Takes Command. The Social Transformation of Nineteenth-Century America, Chicago 2012, S. 58. Zum früheren Übergang im Nordosten und der kapitalistischen Dynamik der kleinen Warenproduktion siehe Post: American Road, Kap. 2.

39 Vgl. z. B. Stephen Hahn/Jonathan Prude: The Countryside in the Age of Capitalist Transformation, Chapel Hill 1985; Christopher Clark: The Roots of Rural Capitalism. Western Massachusetts, 1780–1860, Ithaca 1990; Allan Kulikoff: The Agrarian Origins of American Capitalism, Charlottesville 1992; Post: American Road; und Christopher Clark: The Agrarian Context of American Capitalist Development, in: Zakim/Kornblith: Capitalism Takes Command, S. 13–38. Das Buch von Post ist besonders wichtig für die Entwicklung der These, dass die Abhängigkeit vom Markt die Grundlage des Agrarkapitalismus ist. Im Unterschied zu Post bin ich allerdings der Ansicht, dass es sich beim sklavenbasierten Plantagensystem des US-Südens um eine Form des Agrarkapitalismus gehandelt hat.

40 Alan Dawley: Class and Community. The Industrial Revolution in Lynn, Cambridge 1976; Mary H. Blewett: Men, Women, and Work. Class, Gender, and Protest in the New England Shoe Industry, 1780–1910, Urbana 1988; Jonathan Prude: The Coming of Industrial Order. Town and Factory Life in Rural Massachusetts, 1810–1860, New York 1983.

41 Nelson: Nation of Deadbeats, S. 38, 35.

Land für Einwanderer noch attraktiver, sodass die Bevölkerungszahl von 3,9 Millionen im Jahr 1790 auf 9,6 Millionen 20 Jahre später stieg. Gleichzeitig ließ die kapitalistische Industrialisierung die Anzahl der Baumwollspinnereien innerhalb von vier Jahren von 15 auf 87 ansteigen, während sich gleichzeitig die Zahl der Spindeln verzehnfachte. Ab den 1790er-Jahren entstand die Aktiengesellschaft als Organisationsform und setzte sich bald durch. Bis 1861 waren in den amerikanischen Bundesstaaten mehr als 22 000 Aktiengesellschaften gegründet worden, was die Vereinigten Staaten zur eigentlichen »Unternehmensnation« machte.[42] Der frühe Aufstieg der Aktiengesellschaften heizte auch das Wachstum der Finanzmärkte an, da die Unternehmen Kredite aufnahmen und Anteile, Anleihen und andere Wertpapiere ausgaben. Dies löste eine Gründungswelle bei Banken aus, deren Zahl von vier im Jahr 1791 auf 250 im Jahr 1816 anstieg.[43] Das US-Bankwesen war somit einer der Hauptnutznießer der fieberhaften gesellschaftlichen und geografischen Expansion von Warenproduktion und -handel sowie des Siegeszugs der Aktiengesellschaften. Keiner dieser Prozesse wurde durch die Fragmentierung des US-Finanzsystems übermäßig behindert.

Es scheint plausibel, den Lokalismus der US-Banken auf die besondere Form des Finanzwesens in den südlichen Sklavenstaaten zurückzuführen. Doch auch wenn der Markt für versklavte Menschen dem Finanzwesen des Südens besondere Eigenschaften verlieh, waren die dortigen Banken doch eng mit den Handelsgruppen im Norden und in Großbritannien verflochten. Da Baumwolle in den 1830er-Jahren die weltweit wichtigste Handelsware war, trug das Bankwesen im Süden in Wirklichkeit zur finanziellen Integration und nicht zur Fragmentierung bei. Das Gleiche galt auch für den Handel mit versklavten Menschen.

Die Versklavten waren die größte Kapitalanlage in der Wirtschaft der Südstaaten, und der Handel mit ihnen ein auf brutale Weise rationalisiertes Geschäft. Unfreie Menschen wurden im großen Stil zur Absicherung von Krediten verwendet – unabhängig davon, ob es um den Kauf von Anteilen von Banken in Louisiana oder die Aufnahme einer Hypothek ging. In der Gemeinde East Feliciana in Louisiana waren in der Zeit vor dem Bürgerkrieg 80 Prozent der Hypotheken mit Versklavten abgesichert.[44] Letztere dienten nicht nur als Sicherheit für Investitionen, sondern waren auch eine der am häufigsten gehandelten Waren im Süden, und die Banken zeigten großes Interesse daran, Unternehmen, die sich

42 Robert E. Wright: Capitalism and the Rise of the Corporation Nation, in: Zakim/Kornblith: Capitalism Takes Command, S. 148f.

43 Hammond: Banks and Politics, S. 148f., 145.

44 Johnson: Soul by Soul, S. 26. Zur Rolle der Sklavenhändler als rationalisierende Geschäftsleute, die »moderne Buchführungspraktiken« einsetzten, vgl. Steven Deyle: Rethinking the Slave Trade. Slave Traders and the Market Revolution in the South, in: L. Diane Barnes/Brian Schoen/Frank Towers (Hrsg.): The Old South's Modern Worlds. Slavery, Region, and Nation in the Age of Progress, New York 2011, S. 104–119.

Kauf und Verkauf von Versklavten widmeten, mit Geld zu versorgen. Im Fall der Bank of North Carolina wurden geschätzt zwei Drittel der Kredite an Sklavenhändler vergeben.[45] Bezeichnenderweise waren die Bundesstaaten des tiefen Südens, die die meisten Sklaven importierten – und damit auch die aktivsten Märkte für unfreie Menschen besaßen –, auch am umfassendsten monetarisiert. Die Sklavenmärkte förderten das Bankwesen so sehr, dass um 1840 in Louisiana, Mississippi, Alabama und Florida pro Kopf mehr Bankgeld in der Bevölkerung zirkulierte als in allen anderen US-Bundesstaaten.[46] In dieser und in vielen anderen Hinsichten hatte die Wirtschaft der Südstaaten nichts Vormodernes an sich.[47]

Wie bereits angedeutet, war das auf Sklavenhaltung basierende Bankwesen der Südstaaten eng in die Finanzmärkte im Osten der USA sowie in den globalen Markt in London eingebunden. Die führende Handelsbank von Baltimore, Alexander Brown & Sons, die schließlich zur zweitgrößten Handelsbörse der Nation aufstieg, brachte Investoren in Liverpool, London, Südamerika, Afrika und darüber hinaus über den Handel von Baumwolle und versklavten Menschen zusammen.[48] Die Kreditvergabe im Baumwollgürtel des Mississippi wurde von der Second Bank of the United States beherrscht, wodurch die Sklaverei- und Baumwollfinanzen in den Geldkreislauf der faktischen US-Zentralbank eingebunden wurden.[49] Viele Banken aus dem Süden gaben wie etwa die Consolidated Association of Planters of Louisiana Kredite aus, bei denen Versklavte als Sicherheiten fungierten (die Kredite wurden durch den Verkauf von Anleihen an Baring Brothers in London finanziert).[50] Der von New Orleans aus operierende Sklavenhändler Jean Baptiste Moussier tat sich mit einer Bank in Virginia zusammen, um ein ganzes Netzwerk des Sklavenhandels mit Niederlassungen in New York, London, Le Havre und New Orleans aufzubauen.[51] Das Bankwesen im amerikanischen Süden war somit integraler Bestandteil der internationalen Kapitalströme, die mit (durch versklavte Körper besicherten) Finanzinstrumenten handelten.

Ungeachtet der regionalen Besonderheiten war das Finanzwesen des Südens also nicht die Ursache für die einzigartige Fragmentierung des US-Bankwesens. Von größerer Bedeutung war die Art und Weise, wie sich

45 Michael Tadman: Speculators and Slaves. Masters, Traders, and Slaves in the Old South, Madison 1989, S. 54.

46 Schermerhorn: Business of Slavery, S. 120.

47 Ich stimme in dieser Hinsicht überhaupt nicht mit Marc Egnals These überein, die in Begrifflichkeiten eines statischen Weberianismus daherkommt. Siehe: Marc Egnals: Counterpoint. What If Genovese Is Right? The Premodern Outlook of Southern Planters, in: Barnes/Schoen/Towers: The Old South's Modern Worlds.

48 Schermerhorn: Business of Slavery, S. 43.

49 Diese enge Verbindung mit der Baumwolle trug nach 1836 zum Niedergang des Second BUS bei. Siehe Hammond: Banks and Politics, Kap. 15 und 16.

50 Edward E. Baptist: Toxic Debt, Liar Loans, Collateralized and Securitized Human Beings, and the Panic of 1837, in: Zakim/Kornblith: Capitalism Takes Command, S. 80–82.

51 Schermerhorn: Business of Slavery, S. 53.

Regionalkonflikte innerhalb der Eliten mit Protesten der Bevölkerung gegen die »Marktrevolution« verschränkten. Letztere äußerten sich in einem Marktpopulismus, der den Protest der Subalternen zugunsten der Bewegung von Andrew Jackson kanalisierte.

Da Bankiers aus Philadelphia sowohl die First als auch die Second Bank of the United States kontrollierten, wetterten Finanziers in Städten wie New York, Baltimore, Boston, Richmond und New Orleans häufig gegen die Privilegien, die ihren Konkurrenten in der City of Brotherly Love, der Stadt der brüderlichen Liebe, gewährt wurden. Sie stimmten eifrig in den Chor ein, der die Monopolstellung der Bankiers in Philadelphia anprangerte: Aufgrund der zunehmenden sozialen Spannungen, die die »Marktrevolution« des frühen 19. Jahrhunderts begleiteten und ihre Wurzeln in der Ungleichheit von Geschlechtern, »Rassen« und Klassen hatten, wurde dieser Widerstand immer lauter.[52]

Andrew Jackson war der eigentliche Nutznießer der elitenfeindlichen Stimmung dieser Zeit. Jackson, der erste Präsidentschaftskandidat ohne adeligen Familienhintergrund, war Spross einer draufgängerischen schottisch-irischen Einwandererfamilie, die im Hinterland Carolinas lebte. Ihre Kultur war von Patriarchat und Rassismus geprägt, und Jackson selbst besaß im Alter von 30 Jahren 15 versklavte Bedienstete. Nachdem er als Plantagenbesitzer, Händler und Bodenspekulant versagt hatte, fand der gewalttätige und jähzornige Jackson seine Berufung als Mörder von Indigenen. Der Krieg von 1812 stellte einen Wendepunkt für den Indianerjäger dar, denn danach entwickelten die Vereinigten Staaten eine koordiniertere Politik der Eroberung, Expansion und ethnischen Säuberung. Jackson spielte dabei eine entscheidende Rolle, indem er indigene Völker massakrierte und ein Fünftel Georgias und drei Fünftel Alabamas eroberte – insgesamt 23 Millionen Morgen Land.[53] Die Präsidenten Monroe und Adams machten Vertreibung, Enteignung und Umsiedlung der Indianer zu einer systematischen Staatspolitik.[54] Jacksons Eroberung Floridas (1813–1818) – das er Creeks, Seminolen und aufsässigen Afroamerikanern (sowie den imperialen Ansprüchen Spaniens) in einem Blutrausch entriss – trieb die gewaltsame Vertreibung auf die Spitze und festigte den politischen Ruf Jacksons. Als sich eine Gruppe führender Kongressabgeordneter gegen ihn wandte, weil er Spanien eigenmächtig den Krieg erklärt hatte, ritt Jackson nach Washington und rief seine Anhänger dazu auf, Resolutionen zu verhindern, die ihn verurteilten. Damit schuf er die Grundlage für jene Bewegung, die ihn bei den Wahlen

52 Diese sozialen Spannungen werden von Sellers (Market Revolution) scharfsinnig erörtert. Ich würde es allerdings vorziehen, von dieser Zeit als einer »kapitalistischen Transformation« und nicht als »Marktrevolution« zu sprechen.

53 Anderson/Cayton: Dominion, S. 222–233. Zu Jacksons Hintergrund siehe Sellers: Market Revolution, S. 174–178.

54 Sellers: Market Revolution, S. 91–100.

1828 ins Weiße Haus bringen sollte. Unverhohlene Aggressionen gegen Indianer und kriegerische Kontinentalexpansion standen nun auf der politischen Tagesordnung, was sich auch in der Entscheidung des neuen, auf dem angestammten Land der Choctaws gegründeten Bundesstaats Mississippi niederschlug, seine Hauptstadt »Jackson« zu taufen.

Jacksons gewalttätig anti-indigene Stimmungsmache entbehrte jeder Originalität. Wenig erfinderisch war auch sein Ansatz, kriegerischen Expansionismus mit einem elitenfeindlichen Diskurs zu verbinden, der sich gegen die Second Bank of United States richtete. Schließlich stand die Feindseligkeit gegenüber Banken in den ersten Jahrzehnten des 19. Jahrhunderts emblematisch für demokratische Politik. Landwirte, denen die Hypotheken zu schaffen machten, Radikale aus der Arbeiterklasse, die gegen die Ausbeutung von Arbeitskräften protestierten, und Jeffersons Republikaner, die ihre Bedenken gegenüber der Sklaverei beiseiteschoben – diese und andere Gruppen richteten ihre Unzufriedenheit gegen die Banken. Die sechs neuen Staaten, die zwischen 1816 und 1820 der Union beitraten – Indiana, Maine, Illinois, Mississippi, Alabama und Missouri – gaben sich alle vergleichsweise demokratische Verfassungen (mit den vorhersehbaren Ausnahmen rassistischer und geschlechtsspezifischer Ausschlüsse). Zudem schränkten sie alle das Bankwesen merklich ein.[55] Zweifellos war Jacksons Feindseligkeit gegenüber den Bankern echt. Aber sie war auch eine geschickte Politik, da sie es ihm erlaubte, die Unzufriedenheit von Bauern und Arbeitern – die unter Druck der kapitalistischen Transformation gerieten – in ein expansionistisches Programm zur Verdrängung der Indigenen umzulenken, bei dem die Tugenden weißer männlicher Yeoman-Farmer und Handwerker verherrlicht wurden. Auf diese Weise konnten Klassengegensätze gegen das Privileg der Banker von Philadelphia und die von ihnen kontrollierte Second Bank of the United States mobilisiert werden, während man gleichzeitig einen Marktindividualismus idealisierte, der den weißen männlichen Produzenten in den Mittelpunkt stellte. Die heftige Kampagne, die Jackson während seiner zweiten Amtszeit (1833–1837) gegen die Second Bank of the United States führte und die im Abzug aller Bundeseinlagen 1833 mündete, zerstörte die Institution faktisch, deren Konzession 1836 nicht verlängert wurde. Doch so sehr dies auch als Sieg des einfachen Volks erschien, war die Zerstörung der Bank in Wirklichkeit doch vor allem »ein Angriff auf eine ältere Gruppe Kapitalisten durch eine neuere, größere Gruppe [...] Die Zerstörung der Bank setzte der bundesstaatlichen Regulation der Bankkredite ein Ende und verlagerte das monetäre Zentrum des Landes von der Chestnut Street in die Wall Street.«[56]

Neben der Verschiebung der finanziellen Macht sorgte der Untergang der Zweiten Bank wie der ihrer Vorgängerin dafür, dass alle Hindernisse

55 Ebd., S. 108.

56 Hammond: Banks and Politics, S. 329.

für die Gründung neuer Banken und Papierwährungen beseitigt wurden. Dies entbehrte nicht einer gewissen Komik, denn Jackson war ein Mann des »harten Geldes«, was sich auch in dem von ihm und seinem Finanzminister 1836 beschlossenen »Specie Circular« zeigte, das die Landvermittler des Bundes anwies, nur noch Silber und Gold als Zahlungsmittel für größere Parzellen des öffentlichen Landes zu akzeptieren. Der expandierende US-Kapitalismus konnte jedoch auf der Grundlage begrenzter Geldressourcen in Gestalt von Gold- und Silberbarren bzw. -münzen nicht funktionieren. Auf diese Weise sorgte der Hartgeldpräsident, nachdem er die faktische US-Zentralbank zerschlagen hatte, ungewollt für eine hemmungslose Vermehrung des Papiergelds, das zum großen Teil von sogenannten Wildcat-Banken produziert wurde, die über so gut wie kein Kapital verfügten und leichte Beute für Fälscher waren (wenn sie nicht gerade selbst Falschgeld in Umlauf brachten).

Bis zu Jacksons konzertiertem Vorgehen gegen die Second Bank 1832 hatten insgesamt 379 Banken Papiergeld hergestellt. Die Zahl stieg bis 1836, als die Konzession der Second Bank nicht verlängert wurde, auf 596 und bis 1840 auf 711.[57] So waren im Jahr 1860 in den Vereinigten Staaten etwa 7000 verschiedene, von 1600 Regionalbanken ausgegebene Banknoten im Umlauf. Daneben gab es bis zu 4000 gefälschte Notenausgaben.[58] Es mag eine literarische Übertreibung sein, wenn man die USA – wie Stephen Mihm in seinem Buch – als eine »Nation der Fälscher« bezeichnet. Aber unzweifelhaft richtig ist, dass Betrug, Wildcat-Banken und die schwindelerregende Vermehrung des Papiergeldes große Ängste schürten. Anstatt als ein vertrauenswürdiges Tausch- und Interaktionsmittel zu dienen, förderte das Geld dauerhaft das Misstrauen gegenüber Finanzinstitutionen, Bankern, Politikern, dem Verkäufer im Laden sowie dem Medizinmann und seinem Elixier. Eine Gesellschaft, in der es von Menschen (und Geld), die vorgaben, etwas anderes zu sein, als sie in Wirklichkeit waren, nur so wimmelte, nährte den epistemologischen Zweifel. Wie in Herman Melvilles »The Confidence Man« wurde die Identität jedes Einzelnen angezweifelt – ganz zu schweigen von seinen Geschichten oder den von ihm gehandelten Waren. Systematisches Misstrauen schien eine völlig rationale Haltung zu sein.

Es ist jedoch allzu bequem, daraus zu schließen, der Markt habe in diesem Finanzchaos auf magische Weise für Ordnung gesorgt. In Wirklichkeit war es der US-amerikanische Staat der Vorkriegszeit, der eine finanzielle Ordnung herstellte, indem er für mehr geldpolitische

57 Stephen Mihm: A Nation of Counterfeiters. Capitalists, Con-Men, and the Making of the United States, Cambridge 2007, S. 180.

58 A. Barton Hepburn: A History of Currency in the United States, New York 1915, S. 180. Hepburns Zahl der Fälschungen mag hoch sein, da sie eine über mehrere Jahrzehnte kumulierte Summe darstellt. Aber gleichzeitig konnte eine Fälschung natürlich auch noch eine ganze Weile in Umlauf bleiben, nachdem ihr Aussteller verschwunden war.

Regulierung sorgte, als Historiker gemeinhin zur Kenntnis nehmen. Es stimmt, dass der amerikanische Kapitalismus zu dieser Zeit keine klassische Zentralbank besaß. Aber das Treasury, das staatliche Schatzamt, erfüllte viele ihrer Funktionen. Wir haben bereits auf die entscheidende Rolle der Schatzanweisungen während des Kriegs von 1812 hingewiesen. Diese wurden auch in der Panik von 1837 in großem Stil eingesetzt, um die Wirtschaft anzukurbeln, und etwas später, um die während des Mexikanisch-Amerikanischen Krieges (1847) aufgelaufenen Defizite zu decken. Bei der Bereitstellung von monetären Impulsen während der Panik und bei der Finanzierung der Kriegsdefizite nahm das Treasury wichtige Zentralbankfunktionen wahr. Der Kongress genehmigte diese Praktiken sowohl 1840 als auch 1846, als er als Alternative zur Billigung einer Zentralbank die Independent Treasury Acts verabschiedete.[59]

Trotz der regulierenden Rolle des Schatzamtes hatte die Zersplitterung des Finanzsystems mehr als einen Makel. Es war nicht bloß kompliziert, den relativen Wert Hunderter verschiedener Banknoten zu kalkulieren, sondern die Vielzahl weitgehend unregulierter Banken begünstigte auch Betrug und Schwindel. Letztere sorgten für Spekulationsblasen und Paniken wie dem Börsenkrach von 1837 und der Krise 20 Jahre später.[60] Darüber hinaus war die ablehnende Haltung des Marktpopulismus gegenüber dem Zentralbankwesen und der kapitalistischen Entwicklungspolitik – die staatlich geförderte Infrastruktur wie Straßen, Kanäle und Eisenbahnen förderte – alles andere als optimal für die gemeinsamen Interessen des Kapitals. Ein bürokratisch zentralisierter Staat, der militärische Verteidigung und Expansion organisiert, Wirtschaftskrisen bewältigt, Verkehrsinfrastrukturen errichtet und die Arbeiterklasse und andere subalterne Gruppen in Schach hält, ist durchaus im allgemeinen Interesse des Kapitals, solange seine Eingriffe die Eigentumsrechte und »Freiheiten« der Unternehmen nicht beeinträchtigen. Ein solcher Staat ist integraler Bestandteil des Kapitalverhältnisses, weil er die der kapitalistischen Gesellschaft eigenen Formen der Entfremdung und die von ihr erzeugten Konflikte mithilfe Institutionen subjektloser Macht ordnet und verwaltet. Eine übermäßige Zersplitterung der Staatsgewalt ist für ein derartiges Vorhaben grundsätzlich suboptimal und birgt die Gefahr, dass Konflikte zwischen regionalisierten Teilsouveränen militärisch ausgetragen werden.[61] So erging es den Vereinigten Staaten in den 1850er- und 1860er-Jahren, als der aggressive Expansionismus der Sklavenhalter-

59 Timberlake: Origins of Central Banking, S. 64f., 72f., 77–79.

60 Siehe Jessica M. Lepler: The Many Panics of 1837. People, Politics, and the Creation of a Trans-Atlantic Financial Crisis, Cambridge 2013.

61 Gewiss werden Einzelkapitale die Fragmentierung und Regionalisierung der Macht oft zur Erweiterung von Märkten und Profiten zu nutzen wissen. Beispiele dafür habe ich in »Monsters of the Market« (S. 221f.) erörtert. Aber lokalisierte Machtkonflikte, die oft in Bürgerkriege münden, sind für die allgemeinen Interessen des Kapitals alles andere als optimal.

Eliten einen bewaffneten Konflikt vom Zaum brach. Und aus diesem Konflikt ging eine neue Zentralisierung von Geld und Macht hervor.

Blut auf den Feldern: Der Bürgerkrieg und die Entstehung des amerikanischen Geldes

»Die erfolgreiche Niederschlagung der Rebellion und Verteidigung der Union ist viel eher eine finanzielle als eine militärische Frage.«

John Sherman (Senator von Ohio), 1863[62]

Krieg erschafft Staaten ebenso wie Geld. Im amerikanischen Fall war es der Bürgerkrieg (1861–1865), der die Institutionen und das Bankensystem »verstaatlichte« – eine Metamorphose, die, wie unschwer zu erraten, mit der Finanzierung des Krieges einsetzte.[63]

Am 13. April 1861 wurde Fort Sumter von konföderierten Soldaten aus South Carolina besetzt, die die Herrschaft der Sklavenhalterklasse verteidigten. Ein offener Krieg war nun unvermeidlich. Innerhalb weniger Wochen mobilisierte Präsident Lincoln 83 000 Soldaten für Armee und Marine – eine Zahl, die schon bald nur mehr wie ein Tropfen auf einem heißen, blutigen Stein wirken würde. Als der Kongress im Juli zusammentrat, forderte der Präsident »mindestens 400 000 Mann und 400 Millionen Dollar«.[64] Keine US-Regierung hatte jemals in einer vergleichbaren Größenordnung gedacht, geschweige denn etwas Vergleichbares in Angriff genommen. Als Fort Sumter fiel, befehligte Lincoln 16 000 Soldaten. Nun wollte er 25-mal so viele, und noch vor Ende des Jahres 1861 sollten ihm 600 000 Soldaten in Uniform unterstehen. Weitere sechs Monate später waren es noch einmal halb so viele – und hinzu kamen schließlich noch einmal fast 200 000 Afroamerikaner, die sich aus freien Stücken der Unionsarmee anschlossen.[65] Mit der Aufstockung der Truppenstärke explodierten auch die Kriegskosten. In Lincolns erstem Haushaltsjahr, das am 30. Juni 1861 endete, beliefen sich die Ausgaben der US-Regierung auf insgesamt 67 Millionen Dollar. Ein Jahr später waren sie auf 475 Millionen Dollar angestiegen und erreichten 1865 einen Höchststand von 1,3 Milliarden Dollar – ein Niveau, das sie in den darauffolgenden 50 Jahre nicht wieder erreichen sollten.[66]

Obwohl es der Unionsregierung gelang, die Steuererhebung zu systematisieren und die Einnahmen zu erhöhen, konnten die Steuern doch

62 John Sherman, New York Times, 16.1.1863.

63 Mit Verstaatlichung ist hier der Umstand gemeint, dass institutionelle Befugnisse der souveränen Autorität eines Nationalstaates unterstellt werden.

64 Abraham Lincoln: Message to Congress in Special Session, 4. Juli 1861, in: Ball, Terrence (Hrsg.): Lincoln. Political Writings and Speeches, Cambridge 2013, S. 131.

65 Siehe Joseph T. Glatthaar: Forged in Battle. The Civil War Alliance of Black Soldiers and White Officers, New York 1990.

66 Galbraith: Geld, S. 98.

unmöglich mit den ausufernden Kriegskosten Schritt halten. Lincolns Steuereinnahmen machten nur etwa ein Viertel der Ausgaben seiner Regierung aus. Der Rest musste durch Kredite (Verkauf von Anleihen) oder durch das Drucken von Geld und die Festsetzung der Noten als gesetzliches Zahlungsmittel gedeckt werden. Und selbst hierfür waren erhebliche Steuererhöhungen erforderlich, da die Anleihen nur Käufer fanden, wenn die Gläubiger davon überzeugt waren, dass die Regierung ihren Zinsverpflichtungen auch würde nachkommen können. Doch der Krieg hätte ohne innovative Schuldtitel und neue Formen des Geldes nicht geführt, geschweige denn gewonnen werden können. Und dieses Geld wurde durch eine enorme Ausweitung staatlicher Befugnisse abgesichert.

Es wurde zu Recht festgestellt, dass zwei Gesetze von 1862 »die Befugnisse der Bundesregierung weit darüber hinaus ausdehnten, als man ihr zuvor zugestanden hatte«.[67] Das erste Gesetz ist der Revenue Act vom Juli 1862, der Steuerbefugnisse des Bundes verankerte, die Grundlage für die Einkommenssteuer schuf und die Befugnisse der Bundesregierung radikal erweiterte – all dies entscheidend für die Aufrechterhaltung des staatlichen Kredits auf den Geldmärkten. Doch es war ein zuvor erlassenes Gesetz, nämlich der Legal Tender Act vom Februar 1862, der unbeabsichtigt eine Revolution im Geld- und Finanzwesen in Gang setzte.

Seit den ersten Tagen des Bürgerkriegs hatte die Union Schatzanweisungen als Mittel zur Geldbeschaffung ausgegeben. Eine Variante dieser Banknoten, die sogenannten *demand notes*, war zinslos und wurde gemeinhin als Zahlungsmittel für den täglichen Bedarf verwendet. Doch Finanzminister Samuel Chase (ebenfalls ein Gold- und Silberfan) wehrte sich dagegen, diese Scheine als gesetzliches Zahlungsmittel zu etablieren. Damit hätte man das Papier dem Edelmetall gleichgestellt und für alle Geldtransaktionen verwenden können, womit sich viele Probleme der Kriegsfinanzierung in Luft aufgelöst hätten. Nicht gewillt, diesen Weg einzuschlagen (der sich schließlich allerdings als alternativlos erweisen sollte), klammerte sich Chase stattdessen an die Idee vom Gold als echtem Geld. Beim Verkauf der Schatzanweisungen bestand er darauf, dass die Banken diese mit Münzgeld kauften. Dies bedeutete jedoch keine Ausweitung der gesetzlichen Geldmenge. Es bedeutete lediglich, dass das Gold von den Banken zum Staat gelangte und diese im Gegenzug Schatzanweisungen erhielten. Da die Regierung ihre Banknoten nicht zum gesetzlichen Zahlungsmittel machte, sorgte sie auch nicht dafür, die Menge der Zirkulationsmittel durch die Zufuhr staatlichen Kreditgelds zu erhöhen. Das Ergebnis war vorhersehbar: Nach wenigen Monaten Krieg hatte der Kauf von Schatzanweisungen durch Geschäftsbanken deren Goldvorräte erschöpft. Da kein Gold mehr vorhanden war, blieben die Lieferanten der

67 Bray Hammond: Sovereignty and an Empty Purse. Banks and Politics in the Civil War, Princeton 1970, S. 227.

Regierung unbezahlt, und die Schatzanweisungen wurden auf den Geldmärkten stark abgewertet (da die Verkäufer aufgrund der Goldknappheit viel geringere Mengen des Edelmetalls akzeptierten als auf den Noten als Nennwert notiert war). Irgendetwas musste passieren.

Einmal mehr bot der Krieg Anlass für monetäre Innovation. Um ihn fortzusetzen zu können, musste der heilige Status des Edelmetalls geopfert und Papier so gut wie Gold gemacht werden – einfach durch staatliche Anordnung.[68] So sehr dies vielen Politikern widerstreben mochte, es gab nur diese eine Option: entweder die Umwandlung des Geldsystems oder der Zusammenbruch der Kriegsfinanzierung. Als der Abgeordnete E. G. Spaulding am 28. Januar 1862 die Debatte über den Legal Tender Act einleitete, erklärte er das Gesetz zur »Kriegsmaßnahme« und fuhr fort: »Bei der Fortführung des bestehenden Krieges [...] ist es notwendig, die gesamte Hoheitsgewalt der Regierung auszuüben, um diese zu aufrechtzuerhalten.«[69] Anders als bei Jefferson und der republikanischen Tradition bedeutete dies das verfassungsmäßige Recht der Bundesregierung, Fiatgeld zu schaffen. In noch größerem Widerspruch zu Jeffersons Vorstellungen stand, dass der Krieg eine nie da gewesene Erweiterung der Macht der Union nach sich zog. Der radikale Republikaner Thaddeus Stevens, der das Legal Tender Gesetz unterstützte, erklärte: »Wenn es kein anderes Mittel gäbe, um die Republik vor der Zerstörung zu bewahren, glaube ich, dass wir *nach der Verfassung und gemäß ihrer ausdrücklichen Bestimmung* die Macht haben, einen Diktator zu ernennen.«[70] Wenn der Kongress das Recht hatte, in Zeiten des nationalen Notstands einen Diktator zu ernennen, dann hatte er ganz sicher auch die Befugnis, eine nationale Währung zu schaffen. Und so kamen die berühmten Geldscheine in die Welt, die als Greenbacks bekannt sind und durch nichts anderes als das Zahlungsversprechen des Staates gedeckt sind – aber per Regierungsbeschluss als gesetzliches Zahlungsmittel etabliert sind.

Lincoln unterzeichnete den Legal Tender Act am 25. Februar 1862. Alle Privatpersonen waren verpflichtet, sowohl die grünen Scheine im Wert von 100 Millionen Dollar, die die Regierung in der Folgezeit eilig druckte, als auch die bereits vorhandenen 50 Millionen Dollar an Schuldscheinen zu akzeptieren. Obwohl die Greenbacks einen Vorgänger in Form von Schatzanweisungen hatten, hatten sie allein aufgrund ihrer Menge doch eine unvergleichlich größere Wirkung. Die Schatzanweisungen waren von geringer Bedeutung gewesen und ihr Volumen schwankte zwischen

68 Fiatgeld besteht klassischerweise aus einem Wertzeichen mit geringem Eigenwert (beispielsweise eine Note), das aber einen vom Staat festgelegten Wert repräsentiert. Es unterscheidet sich vom fiduziären Geld (fiduciary money) dadurch, dass letzteres zwar ebenfalls aus einem nahezu wertlosen Material besteht, aber den Umtausch in Edelmetall zu einem festgelegten Kurs garantiert.

69 Zitiert von Hammond: Sovereignty, S. 179, 181.

70 Thaddeus Stevens: The Selected Papers of Thaddeus Stevens, Bd. 1, April 1865–August 1868, Pittsburgh 1997, S. 247.

drei und 20 Millionen Dollar. Von den Greenbacks hingegen waren, noch bevor der Bürgerkrieg beendet war, Scheine im Wert von mehr als 450 Millionen Dollar im Umlauf. Hinzu kamen 300 Millionen Dollar in nationalen Banknoten, die durch US-Staatsanleihen gedeckt waren. In gewisser Weise verfügte die US-Regierung nun über etwas, das der von der Bank of England ausgegebenen Währung entsprach – ein gesetzliches Zahlungsmittel, das durch die Kreditwürdigkeit des Staates abgesichert war. Doch während die Pfundnoten per Gesetz in Gold konvertiert werden konnten, ging Lincolns Regierung in Anlehnung an die britische Kriegspraxis noch einen Schritt weiter und untersagte den Umtausch von Greenbacks in Münzgeld – eine Maßnahme, die 17 Jahre lang, also noch lange über das Ende des Bürgerkriegs hinaus, Bestand haben sollte. Die Vereinigten Staaten operierten also schlicht und einfach mit Fiatgeld. Dennoch wurden die Greenbacks, wie die *New York Times* am 14. April 1862 berichtete, sofort mit »allgemeinen Vertrauen« angenommen und »in jeder Hinsicht als gleichwertig mit Gold angesehen«. Vier Wochen später verkündete die Zeitung, dass sich die neuen gesetzlichen Zahlungsmittel als »Universalwährung« durchgesetzt hätten.[71]

Viele Zeitgenossen waren verwundert darüber, dass dies möglich war. Im Mai erklärte der *Economist*, der Erfolg der Greenbacks sei unverständlich. Doch Karl Marx, der die Situation von London aus beobachtete, war kein bisschen überrascht. »Was den Yankees ihre Papieroperationen außerordentlich erleichterte«, schrieb er, seien vor allem drei Faktoren gewesen: das Vertrauen in Lincolns Regierung und ihre Sache, der enorme Bedarf an Geld im amerikanischen Westen und die Handelsbilanzüberschüsse der Union.[72] Er hätte noch hinzufügen können, dass letztere – ein Effekt der größeren Konkurrenzfähigkeit des Nordens im internationalen Handel – der Vitalität des Agrar- und Industriekapitalismus geschuldet waren. So waren 1860 im Norden 110 000 verarbeitende Unternehmen tätig, im Süden dagegen nur 18 000. Während der Süden über keine Maschinenwerkstätten verfügte, die Schiffsmotoren für seine Marine bauen konnten, produzierte die Union während des Krieges 671 Kriegsschiffe, davon 236 mit Dampfantrieb. Seine industrielle Basis erlaubte es dem Norden, 1,7 Millionen Gewehre herzustellen, während der Süden praktisch keine produzierte. Auch wurde die Ökonomie des Nordens durch den Bürgerkrieg nicht ins Chaos gestürzt, sondern erlebte eher einen industriellen Aufschwung, da der Kongress umfangreiche Landzuweisungen für die Projekte der Union Pacific- und Central Pacific-Eisenbahnen bereitstellte. Der Ausbau der Eisenbahnen förderte die heimische Stahlproduktion, und 1864 wurde der erste kommerzielle Stahl nach dem neuen Bessemer-Verfahren hergestellt. Die Produktion

71 New York Times vom 14.4. und 12.5.1862, zitiert nach Hammond: Sovereignty, S. 245f.

72 Marx an Engels, 27. Mai 1862, in: MEW, Bd. 30, S. 243.

von Eisenerz, Werkzeugmaschinen, Wolle und Bauholz wuchs zwischen 1861 und 1865 um das Zwei- bis Dreifache. Und während die Wirtschaft im Süden ins Stottern geriet, stieg die Produktivität im Norden sowohl in der Landwirtschaft als auch in der verarbeitenden Industrie, weshalb »die Soldaten des Nordens wahrscheinlich besser ernährt und ausgerüstet als irgendeine andere Armee in der Geschichte« waren.[73]

Eine expandierende Wirtschaft sicherte die Versorgung der Armee *und* stützte die Kriegsfinanzen durch Steuern und sichere Kredite. Tatsächlich war es also seine Industrie- und Handelsmacht (und seine Fähigkeit, Steuern zu erheben), die es dem Norden erlaubte, den Krieg mit Fiatgeld zu finanzieren. Selbst eine Verdreifachung der Geldmenge zwischen 1860 und 1865 führte nicht zu monetärer Instabilität. In der Konföderation hingegen verloren die mehr als 1,5 Milliarden Dollar, die in Scheinen (»Greybacks«) in Umlauf gebracht wurden, schnell an Wert – nicht nur, weil sie kein gesetzliches Zahlungsmittel waren, sondern auch aufgrund wirtschaftlicher Verwerfungen und finanzieller Unordnung. 1864 berichtete ein Offizier der Konföderation, dass die Graybacks »nicht einmal mehr einen Nennwert« hätten.[74] Am Ende war dem Norden der Sieg wegen der Fabriken und Farmen, Eisenbahnlinien und Stahlwerken nicht zu nehmen. Trotz stümperhafter strategischer Fehler und politischen Zögerns aufseiten der Union konnte der Norden dank seiner ökonomischen Ressourcen den Krieg so lange führen, wie es notwendig war. Wie der Finanzwissenschaftler Bray Hammond feststellt: »Im Norden stellte ein Industriesystem den notwendigen Nachschub sicher und machte in erster Linie eine Reform des Zahlungssystems notwendig. Im Süden würde eine Reform des Zahlungsverkehrs nichts bewirkt haben, da die Produktionsmittel fehlten.«[75] Das Industriesystem war die wirtschaftliche Grundlage für den Sieg des Nordens. In politisch-militärischer Hinsicht hingegen waren die selbstemanzipatorischen Aktivitäten der Afroamerikaner entscheidend, darunter der »Generalstreik der Sklaven« und der Eintritt von 200 000 schwarzen Soldaten in die Unionsarmee.[76] Doch während der Widerstand der Schwarzen in der sogenannten Reconstruction Era nach dem Bürgerkrieg gebrochen wurde, blieben die wichtigsten monetären Veränderungen der Kriegszeit, die den militärischen Erfolg ermöglicht hatten, in der kapitalistischen Expansionsphase nach dem Sieg der Union – manchmal etwas modifiziert – bestehen.

73 Paul Kennedy: Aufstieg und Fall der großen Mächte. Ökonomischer Wandel und militärischer Konflikt von 1500 bis 2000, Frankfurt a. M. 1992, S. 283. Das Zitat bezieht sich natürlich auf die Geschichte vor dem Bürgerkrieg.

74 Mihm: Nation of Counterfeiters, S. 321, 329f.

75 Hammond: Sovereignty, S. 257.

76 Zu den vielfältigen Formen schwarzen Widerstands während des Bürgerkriegs siehe David Williams: I Freed Myself. African American Self-Emcipation in the Civil War Era, New York 2014. Siehe auch Harding: There Is a River, Kap. 11. Zum Generalstreik der Sklaven siehe William E. B. Du Bois: Black Reconstruction in America, 1860–1880 [1935], New York 1992.

Diese Transformationen machten es jedoch erforderlich, dass das Bankensystem »verstaatlicht« und die Regionalbanken in die Schranken gewiesen wurden. Die Bundesregierung musste also die Regulation des amerikanischen Finanzsystems übernehmen. Lincoln trieb diesen Prozess in einem Schreiben vom 19. Januar 1863 voran, in dem er sich für eine »einheitliche Währung« aussprach, die von einem neuen System bundesweit konzessionierter Banken bereitgestellt werden und der Kakofonie von Hunderten konkurrierender Banknoten ein Ende bereiten sollte. Interessanterweise war dieser Brief eine Antwort an die »Arbeitenden von Manchester«, denen gegenüber der Präsident die Entschlossenheit der Regierung bekräftigte, die für den Sieg im Bürgerkrieg erforderlichen staatlichen Befugnisse zu entwickeln.[77] Die eigentliche Arbeit an der Bankenfront leistete jedoch John Sherman, Senator von Ohio.

Nichts forciert staatliche Zentralisierung so sehr wie der Krieg, und es dauerte nicht lange, bis Sherman ein Programm zur Verstaatlichung und Zentralisierung der Regierungsgewalt vorlegte. Der Republikaner aus Ohio brachte ein Gesetz durch den Senat, das ein System bundesweiter Banken vorsah, und verkündete: »Die Politik dieses Landes sollte darin bestehen, alles so national wie möglich zu machen, unser Land zu nationalisieren.«[78] Die Mobilisierung gegen die Konföderation ließ politische und wirtschaftliche Fragmentation nicht länger hinnehmbar erscheinen. Und Sherman übernahm gerne die Führung unter den Zentralisierern. Als viele Regionalbanken weiterhin eigene Banknoten druckten, anstatt auf Greenbacks umzusteigen, startete Sherman eine Steueroffensive gegen sie. Als eine Zwei-Prozent-Steuer die Regionalbanken nicht disziplinieren konnte, setzte er ein Gesetz durch, das die Steuer auf zehn Prozent erhöhte. Die Regierung legte nun fest, was als Geld gelten sollte und was nicht. Entschlossen, die von den Regionalbanken ausgegebenen Noten zu vernichten, berief sich Sherman auf verfassungsmäßige Befugnisse. »Es war die Absicht der Schöpfer der Verfassung«, bekräftigte er, »alles Papiergeld zu vernichten, außer jenem, das die Vereinigten Staaten ausgegeben haben.«[79] Anfang des nächsten Jahres, als die zehnprozentige Steuer auf währungsausgebende Regionalbanken in Kraft trat, suchten viele dieser Banken um eine Bundeskonzession nach, gaben ihre eigenen Währungen auf und stimmten der ausschließlichen Verwendung von Greenbacks und nationalen Banknoten zu.[80] Das amerikanische Finanzwesen kreist von nun an um zwei nationale

77 Abraham Lincoln: Speeches and Writings, 1859–1865, Bd. 1, hrsg. von Don E. Fehrenbacher, Boone 1989, S. 431.

78 In einer Rede vom 10.2.1863, zitiert nach Hammond: Sovereignty, S. 326.

79 Appendix to the Congressional Globe, 37th Congress, 3rd Session, 8. Januar 1863, S. 50.

80 Diese nationalen Banknoten waren im Rahmen des Nationalbankgesetzes von 1863 geschaffen worden und durch ein gleichnamiges Gesetz im Juni 1864 bestätigt worden. Die Gesetze ermächtigten Geschäftsbanken, Banknoten in Umlauf zu bringen, die durch Einlagen von US-Staatsanleihen beim Finanzministerium gedeckt waren.

Währungen, die beide von der Regierung ausgegeben wurden – die Greenbacks und nationale Noten, die an Staatsanleihen gebunden waren. Das amerikanische Geld war nun wirklich das Produkt des Nationalstaates.[81]

Noch kein Weltgeld: Der Dollar, Gold und die Gründung der Federal Reserve

Auch wenn das amerikanische Geld nun national war, war es noch weit davon entfernt, *global* zu sein. Damit der Dollar zur Hauptwährung der internationalen Wirtschaft werden konnte, waren zahlreiche Veränderungen erforderlich – wirtschaftlicher, politischer und institutioneller Natur. In dem halben Jahrhundert nach dem Bürgerkrieg sollten alle diese Veränderungen vollzogen werden. Doch die Veränderungsprozesse blieben gewöhnlich Stückwerk und chaotisch, manchmal waren sie geradezu lächerlich. Nachdem die amerikanischen Gesetzgeber ein nationales Fiatgeld geschaffen hatten, versuchten sie es nun durch die Wiederherstellung der Konvertibilität von Banknoten in Gold wieder abzuschaffen. Die Bemühungen waren jedoch so ungeschickt, dass man fast 15 Jahre brauchte, um dies zu bewerkstelligen.

Unmittelbar nach dem Bürgerkrieg begann die Regierung just in dem Augenblick mit der Einziehung und Vernichtung von Greenbacks, als sich das Wirtschaftswachstum beschleunigte und die Staatseinnahmen sprunghaft anstiegen. Die Geldmenge schrumpfte also, während die Nachfrage nach Geld als Reaktion auf das steigende Transaktionsvolumen zunahm. Das Ergebnis war vorhersehbar: Da die Geldmenge um etwa sieben Prozent jährlich zurückging, fielen die Preise zwischen 1866 und 1868 um acht Prozent pro Jahr.[82] Sinkende Preise wirken sich im Kapitalismus fast immer katastrophal aus, da Investoren und Einzelpersonen Käufe und Investitionen aufschieben, um von den niedrigeren Preisen zu profitieren, die in der nächsten Woche, im nächsten Monat oder im nächsten Jahr erwartet werden. Am schlimmsten waren die ökonomischen Effekte im Süden und Westen der Vereinigten Staaten, wo man schon lange vor dem Ende der Feindseligkeiten zwischen Union und Konföderation unter Geldknappheit litt. Diese Regionen wehrten sich vehement gegen die Wiedereinführung der Dollar-Gold-Konvertibilität und sprachen sich häufig dafür aus, Silber zu einem zusätzlichen (oder manchmal auch zum wichtigsten) Bestandteil der Geldversorgung zu machen. Trotz der allgemeinen Unzufriedenheit setzten sich die Anhänger der Konvertibilität schließlich durch, es dauerte allerdings noch bis 1879, bis die Dollars auch tatsächlich wieder in Gold umgetauscht wurden.

Das Drängen der herrschenden Klasse auf Wiedereinführung der Konvertibilität war der Sorge geschuldet, dass das staatliche Fiatgeld außer

81 Hammond: Banks and Politics, S. 731–734.

82 Timberlake: Origins of Central Banking, S. 90.

Kontrolle geraten und die Inflation befeuern könnte. Doch die weitsichtigsten Kapitalisten hatten noch andere Befürchtungen. Sie wussten, dass ein Staat innerhalb seiner Grenzen zwar praktisch alles als gesetzliches Zahlungsmittel definieren kann, auf dem Weltmarkt hingegen über keine derartige Autorität verfügt. Kurz gesagt, sie verstanden, um es in Hobbes' Worten auszudrücken, dass es immer einen »Wertmaßstab aller übrigen Dinge zwischen den Nationen« bedarf.[83] Daraus folgte, dass die USA, wenn sie eine führende Rolle auf dem Weltmarkt spielen wollten, eine Währung mit globaler Legitimität benötigten, eine Währung, die sich in ein anerkanntes Instrument der globalen Finanzwelt verwandeln könnte.

Wir leben in einer von den Finanzen geblendeten Zeit. Deshalb ist wichtig, daran zu erinnern, dass es die dynamische Kapitalakkumulation in Industrie, Landwirtschaft und Transport war, die zur Internationalisierung des Dollars führte. Die Expansion der Landwirtschaft blieb auch nach dem Bürgerkrieg für die Entwicklung der USA von entscheidender Bedeutung, doch sie war nun zunehmend mit dem Finanzsektor und der aufstrebenden Industrie verschränkt. In den 1870er-Jahren wuchs die landwirtschaftliche Anbaufläche um 44 Prozent. Dieses extensive Wachstum ging mit einer Steigerung der landwirtschaftlichen Arbeitsproduktivität einher und führte zu einem oft atemberaubenden Anstieg der Produktion. »Zwischen 1866 und 1886 stieg die Maiserzeugung in Kansas von 30 Millionen auf 750 Millionen Scheffel. Im Jahr 1880 betrug die Weizenernte in North Dakota nicht ganz drei Millionen Scheffel, 1887 überstieg sie 60 Millionen. Dieser Anstieg war historisch einzigartig.«[84] Zwischen dem Ende des Bürgerkriegs 1865 und dem Spanisch-Amerikanischen Krieg von 1898 stieg die Weizenproduktion in den USA um mehr als 250 Prozent, die Maisproduktion um über 220 Prozent.[85] All dies stand natürlich im Zusammenhang mit dem industriellen Umbau von Transportwegen und Infrastrukturen: Kanäle, Wasserstraßen, Dampfschiffe, Telegrafennetze und – besonders einschneidend – die Eisenbahn. Im Laufe der 1850er-Jahre verdreifachte sich die Reichweite des nationalen Eisenbahnnetzes von 9000 auf 30 000 Meilen. Und keine Stadt profitierte davon mehr als Chicago, das zu dieser Zeit ein Drehkreuz für Eisenbahnen, Getreidehandel, Fleischverarbeitung und Finanzen war.[86]

Auch beim Aufstieg Chicagos spielte die Enteignung indigenen Landes eine zentrale Rolle. Auf die Vertreibung folgte ab den 1830er-Jahren ein halbes Jahrhundert wirklich bemerkenswerten Wachstums, bei dem militärische Konflikte erneut als Motor wirkten. Während des Krimkriegs (1853–1856) schossen die Weizenexporte der USA nach Europa in

83 Hobbes: Leviathan, Kap. 24, S. 194.

84 Levy: Mortgage Worked the Hardest, S. 45.

85 Kennedy: Great Powers, S. 312.

86 William Cronon: Nature's Metropolis. Chicago and the Great West, New York 1991, S. 68.

die Höhe; die Weizenlieferungen Chicagos verdreifachten sich. Die Handelskammer der Stadt war 1848 gegründet worden, im selben Jahr, als die Telegrafen die Stadt erreichten und damit eine schnelle Verbreitung von Preisinformationen und eine engere finanzielle Verflechtung mit New York, dem wichtigsten Wirtschaftszentrum der USA, ermöglichten. Die Entwicklung der Stadt zu einem Eisenbahnknotenpunkt erweiterte alle Industrie- und Handelsnetzwerke, und 1852 verbanden zwei Eisenbahnlinien Chicago mit New York. Dann setzte der Bürgerkrieg neue ökonomische Veränderungen in Gang. Der unstillbare Hunger der Unionsarmee nach Hafer und Schweinefleisch sorgte für einen rasanten Anstieg von Produktion und Handel dieser Güter. Da die Nachfrage explodierte, schlossen sich die neun größten Eisenbahngesellschaften Chicagos mit der Pork Packers' Association der Stadt zusammen, um ein gigantisches Fleischunternehmen, die Union Stock Yard and Transit Company, zu gründen. Das Konsortium baute Entwässerungskanäle mit einer Länge von 30 Meilen, entnahm täglich eine halbe Million Gallonen Frischwasser und betrieb Futtertröge mit einer Länge von insgesamt 10 Meilen. Dieses industrielle System breitete sich innerhalb von Chicago auf einer Fläche von 24 Hektar aus und versorgte täglich 500 Ställe mit 100 Tonnen Heu (und Mais). Diese gigantischen Zuwächse bei Produktion und Handel mit Getreide, Tieren und verpacktem Fleisch lösten auch einen Boom bei Spekulationsgeschäften aus, da Investoren auf Preisentwicklungen wetteten. Dies war der Ursprung der Terminbörse: Das Chicago Board of Trade etablierte Märkte für finanzielle Pseudowaren, die auf Wetten über zukünftige Preise basierten (eine Entwicklung, auf die wir noch zurückkommen werden). Passenderweise führte die Terminbörse von Chicago im Jahr 1865, als der Bürgerkrieg endete, auch standardisierte Regeln für den Handel mit Terminkontrakten (Futures) ein. [87]

Komplexe Finanzmärkte entwickelten sich parallel zum sogenannten *financial banking*, das es Unternehmen ermöglichte, Kredite aufzunehmen, die durch Wertpapiere – vor allem Aktien – gesichert waren und nicht wie Schuldscheine oder Unternehmensanleihen auf bloßen Rückzahlungsversprechen beruhten. Im Jahrzehnt nach 1896 wuchs das Volumen der durch Aktien besicherten Kredite von New Yorker Banken und Treuhandgesellschaften um über 200 Prozent, dreimal so schnell wie jenes normaler Unternehmensanleihen. Innerhalb weniger Jahre waren rund 60 Prozent der von New Yorker Banken vergebenen Kredite durch handelbare Wertpapiere besichert.[88] Wie erwähnt, erlebte der US-Kapitalismus nicht nur die Durchsetzung der Aktiengesellschaft als Unternehmensform, sondern entwickelte auch einige der am komplexesten strukturierten Finanzmärkte der Welt.

87 Ebd., S. 26–28, 70, 124f., 210.

88 James Livingston: Origins of the Federal Reserve. Money, Class, and Corporate Capitalism, 1890–1913, Ithaca 1986, S. 138.

In den Vereinigten Staaten entwickelte sich, wie das Beispiel Chicago zeigt, eine dynamische Symbiose von Landwirtschaft und Industrie, in der das Finanzwesen als Schmiermittel fungierte. Zwischen 1869 und 1883 wuchs die US-Wirtschaft mit einer Rate von etwa neun Prozent jährlich schneller als je zuvor. Die Eisenbahnen waren mit mehr als 162 000 Meilen zwischen 1860 und 1900 verlegter Gleise das Herzstück dieses Booms.[89] 1890 – also 25 Jahre nach Ende des Bürgerkriegs – produzierte der amerikanische Kapitalismus mehr Stahl als Großbritannien. Und ein Jahrzehnt später hatte auch die *Gesamtproduktion des verarbeitenden Gewerbes* diejenige Großbritanniens überholt. Parallel dazu erlebte die amerikanische Wirtschaft einen rasanten Prozess der Kapitalkonzentration. Es entstanden gewaltige Konglomerate, wie der Standard Oil Trust (1892), die US Steel Company (1901) und General Motors (1908). Im Jahr 1902 gab es fast 100 Industrieunternehmen mit einem Kapital von mehr als zehn Millionen Dollar – nur ein Jahrzehnt zuvor war diese Größe außergewöhnlich selten gewesen. Die Macht der Großkonzerne war so gewaltig, dass 1909 fast zwei Drittel aller Arbeiter im verarbeitenden Gewerbe für weniger als fünf Prozent aller Industrieunternehmen arbeiteten.[90]

Die kapitalistische Dynamik nach dem Bürgerkrieg und die wachsende Komplexität des Finanzwesens versetzten die US-Wirtschaft in eine Position, von der aus sie einen Weltmachtstatus erlangen konnte. Die boomenden Exporte von industriellen und halbindustriellen Gütern sorgten ab 1873 praktisch jedes Jahr für eine positive Handelsbilanz. Dieser Aufstieg warf jedoch auch Fragen bezüglich des US-Währungssystems auf. Globale Macht wirkt in der kapitalistischen Gesellschaft unter anderem über das *Weltgeld*. Der Kapitalismus impliziert eine Hierarchie des Geldes – von Geld, das nur sehr beschränkt austauschbar ist (z. B. Wertmarken, die nur in einem bestimmten Geschäft akzeptiert werden) bis hin zu universellen Tauschmitteln –, wobei begrenzte Währungen weniger gesellschaftliche Macht besitzen als allgemein gültiges Geld. Im Großbritannien des Goldstandards beispielsweise gaben Regionalbanken ihre eigenen Währungen aus, die durch die privaten Noten Londoner Banken und der Bank of England gedeckt waren, während man gleichzeitig Goldreserven als Reservewährung verwendete. Die Londoner Banken wiederum hielten eine Kombination aus Noten der Bank of England und Gold, während die offiziellen Reserven der Bank of England ausschließlich aus Gold bestanden. Gold stand somit in Großbritannien an der Spitze der Währungspyramide; und als der Weltkapitalismus zum Goldstandard überging, wurde das gelbe Metall zum ultimativen Ausdruck des Weltgeldes. Das bedeutet nicht, dass Gold das Medium des täglichen Handels

89 William Greenleaf: Introduction, in: William Greenleaf (Hrsg.): American Economic Development Since 1860, New York 1968, S. 27, 10.

90 Ebd., S. 56.

gewesen wäre; diese Rolle spielten in der Regel Banknoten und Münzen. Vielmehr war Gold globaler Wertmaßstab und Verkörperung des Werts (als Speicher des globalen Wertes). Es war das Instrument, um nationale Preise und Erträge zu vergleichen und auf diese Weise global zu messen, was ein Nationalstaat einem anderen im Rahmen des Welthandels und der Investitionsströme schuldete (was über die Zahlungsbilanzen zwischen den Staaten erfasst wurde). Großbritannien hatte den Preis für eine Unze Gold auf 4,247 Pfund festgelegt, die US-Regierung auf 20,671 Dollar. Dadurch war auf Grundlage des Goldwertes ein Wechselkurs zwischen Dollar und Pfund fixiert. Jede wichtige Währung hatte einen Goldwert, der einen einfachen Umtausch von einer Währung in eine andere durch das Medium Gold ermöglichte. »Es war fast, als ob die Welt mit dem Goldstandard ein einziges internationales Geld besäße«, schreibt ein Historiker.[91] Tatsächlich ist das »als ob« an dieser Stelle überflüssig. Gold *war* das ultimative Zahlungsmittel bei internationalen Transaktionen – das einzige absolut universale Geld.[92] Hinsichtlich der Rolle des Goldes heißt es 1870 im Mehrheitsbericht eines US-Kongressausschusses: »Für alle Zwecke des Binnenhandels ist Gold kein Geld [...] aber für alle Zwecke des Außenhandels ist es unsere einzige Währung.«[93]

Nichtsdestotrotz hatten die Vereinigten Staaten am Ende des Bürgerkriegs keinen Goldstandard, sondern bis 1879 reines Fiatgeld.[94] Und selbst nach der Rückkehr zum Goldstandard drängten starke Kräfte immer wieder auf einen Silber- oder Bimetall-Standard (Gold und Silber). Tatsächlich wurde mit dem Silver Purchase Act von 1890 das Silber wieder als Geld in Umlauf gebracht, was die Regierung zum regelmäßigen Erwerb des Metalls zwang, um auf diese Weise die Geldmenge erhöhen zu können. Bimetall-Standards sind jedoch von Natur aus problematisch, da sich die relativen Wertverhältnisse zwischen den Metallen durch Entwicklungen auf den Märkten regelmäßig von den offiziell festgelegten staatlichen Kursen entfernen. Dies führt unweigerlich zur Knappheit des einen Metalls auf Kosten des anderen, da Spekulanten Abweichungen der Marktpreise der Metalle vom (oft gesetzlich festgelegten) offiziellen Umtauschkurs ausnutzen. Wenn der Marktpreis für Silber beispielsweise fünf Prozent unter dem staatlichen Kurs liegt, tauschen Investoren – auch ausländische – Silber zu staatlichen Kursen gegen Gold (und stecken die zusätzlichen fünf Prozent in Gold ein). In den 1890er-Jahren hätte dies

91 Ian M. Drummond: The Gold Standard and the International Monetary System, London 1987, S. 12.

92 Das britische Pfund Sterling war häufig mit Gold konvertibel. Aber es wurde auch häufig gegen Gold eingelöst, da letzteres universeller war.

93 US Congress, 41st Congress, 2nd session: The Gold Panic Investigation, House Report Nr. 31/1870, S. 19.

94 Einige Beobachter sind der Ansicht, dass die USA 1873 zum Goldstandard übergingen, als sie die Prägung von Silbermünzen einstellten. Allerdings kehrte das Land zu diesem Zeitpunkt nicht zur Konvertibilität zurück, sodass der »Goldstandard« rein nominal war.

einen anhaltenden Abfluss von Gold aus den USA bedeutet, sodass das Land aufgrund abnehmender Goldreserven für seine Währung früher oder später zu einem Silberstandard hätte übergehen müssen. Diejenigen Teile der amerikanischen Wirtschaft, die mit einer globalen Führungsposition liebäugelten, wussten jedoch, dass ihr Projekt einen ausschließlich am Gold gebundenen Dollar erforderlich machte.

Die Dringlichkeit, den Dollar an Gold zu binden, wurde 1871 noch größer, als der internationale Goldstandard an Bedeutung gewann. Nachdem Frankreich militärisch besiegt worden war, führte der deutsche Kanzler Otto von Bismarck seinen neu geeinten Staat zum Gold. Dies zwang auch Frankreich bald, sich dem Goldstandard anzuschließen. In kurzer Zeit wechselten vier weitere europäische Länder zum Goldstandard. Japan, Indien, Russland und Argentinien folgten in den 1890er-Jahren, Österreich-Ungarn, Mexiko, Brasilien und Thailand im nächsten Jahrzehnt. Als der Goldstandard wirklich international wurde, verwandelte sich Großbritannien als dessen Begründer in das Zentrum der Weltfinanz. In der Tat vertrauten Regierungen und Investoren in der ganzen Welt der Konvertierbarkeit des Pfunds in Gold mehr als der jeder anderen Währung – ein Vertrauen, das angesichts der führenden Position Großbritanniens in der Weltwirtschaft äußerst praktisch war.

Schon früh hatte der britische Kapitalismus Überschüsse erwirtschaftet, die über den einheimischen Investitionsbedarf hinausgingen, und ein Großteil davon konnte gewinnbringend an internationale Kreditnehmer verliehen werden. Darüber hinaus verfügte das Land über ein Empire, in dem die Währung zirkulierte, und über Herrschaftsgebiete, die bei Bedarf zur Stützung des Pfund Sterling gezwungen werden konnten. Wenn London das Zentrum des globalen Finanzwesens war, bedeutete dies auch, dass sein Goldstandard de facto die Grundlage des Weltgeldes darstellte – und damit, was entscheidend ist, dass Gold nun auch die Grundlage der Kriegsfinanzen war. Für jede Regierung, die im späten 19. Jahrhundert ein Imperium gründen oder ihre Streitkräfte auch nur zur Verteidigung gegen einen äußeren Aggressor ausrüsten wollte, war Gold als Zahlungsmittel für Waffen, Schiffe, gepanzerte Fahrzeuge, Flugzeuge, Proviant, Uniformtextilien und Eisen – das zunehmend zum wichtigsten Industrierohstoff der Welt wurde – unverzichtbar. Es ist daher kein Zufall, dass die Internationalisierung des Goldstandards in den Jahrzehnten vor dem Ersten Weltkrieg stattfand, als die Militärbudgets aufgrund des Kampfs um die Kolonien in die Höhe schnellten. Die Militärausgaben Großbritanniens, Deutschlands, Russlands, Österreich-Ungarns, Frankreichs und Italiens verdreifachten sich zwischen 1880 und 1914, als die Imperialmächte auf einen Krieg zusteuerten. Während sein eigenes Land eine rasante militärische Aufrüstung betrieb, schrieb ein scharfsinniger japanischer Beobachter über diese Entwicklung: »Bismarck sagte, es gebe nur zwei Dinge: Eisen und Blut. Ich hingegen glaube, dass es nur Eisen und Gold gibt.«[95]

Diese Substitution von Blut mit Gold trifft natürlich den Kern meiner in diesem Buch verfolgten Argumentation. Als Blut des modernen Staates war Gold das Medium des imperialen Lebens. Es stützte das Hexenwerk des lebendigen-Todes – die Nekropolitik –, wie es von Staaten als Kriegsmaschinen praktiziert wurde.[96] Gold, das Mittel der Kriegsfinanzierung, war zum Schaltkreis der Weltmacht geworden. Als Lebenselixier des militärischen Gemeinwesens war es das Instrument, das echtes Blut über die Weltmeere und Schlachtfelder fließen lassen konnte.

In diesem Bewusstsein warnte US-Präsident Grover Cleveland 1893 den Kongress, ein auf Silber beruhendes Währungssystem werde dafür sorgen, dass die Vereinigten Staaten »nicht länger einen Platz unter den ersten Nationen beanspruchen können«.[97] Der Kongressabgeordnete Josiah Patterson aus Tennessee brachte denselben Gedanken mit der üblichen Bigotterie der herrschenden Klasse zum Ausdruck: Nach dem Übergang zu einem Silberstandard würden die Vereinigten Staaten nicht mehr zu den »aufgeklärten Nationen der Christenheit« gehören, »sondern an der Seite Chinas, der Republik Mexiko, der Länder Mittel- und Südamerikas und jedes anderen halbzivilisierten Landes auf dem Globus« stehen.[98] Der Goldstandard wurde zum Maß aller Dinge – Zivilisation, Weltgeltung, Krieg und Imperium.

Natürlich erfüllte der Goldstandard wichtige innenpolitische Funktionen. Unter anderem schränkte er die Zentralbanken bei der Expansion der Geldmenge ein, da die Vorschrift, Banknoten auf Verlangen in Gold zu konvertieren, reale oder imaginäre Verschwendung einschränkte. (Beispielsweise konnte eine übermäßige Expansion der Geldmenge einen Banken-Run auslösen und die Goldreserven erschöpfen). Vor allem aber hatte sich der globale Kapitalismus mit der Einführung des internationalen Goldstandards zwischen 1873 und 1890 eine einzigartige Form des Weltgeldes geschaffen – und die amerikanischen Kapitalisten wünschten, dass ihr System um dieses Geld kreiste. Nach der Verabschiedung des Silver Purchase Act von 1890, der Amerika vom Gold abzubringen drohte, organisierten amerikanische Wirtschaftsführer eine Kampagne zur Sicherung der Vorherrschaft des gelben Metalls. Dabei beriefen sie sich nicht nur auf innenpolitische Gründe, sondern wiesen auch auf die Rolle des Goldes für die Kriegsfinanzierung hin. Amerikas globale Investitionen, erklärte Finanzminister Lyman Gage, machten »eine gut gefüllte

95 Zitiert Nach Steven Bryan: The Gold Standard at the Turn of the Twentieth Century. Rising Powers, Global Money, and the Age of Empire, New York 2010, S. 57.

96 Achille Mbembe: Nekropolitik, in: Marianne Pieper/Thomas Atzert/ Serhat Karakayalı/ Vassilis Tsianos (Hrsg.): Biopolitik – in der Debatte, Köln 2011.

97 Congressional Record, 53rd Congress, 1st session, S. 205.

98 Congressional Record, 53rd Congress, 1st session, S. 310.

Kriegskasse mit einem unangreifbaren Kredit« erforderlich – und ein unangreifbarer Kredit bedeutete, dass ein Dollar so gut wie Gold sein musste.[99]

Tatsächlich erwies sich der Krieg erneut als Wendepunkt. 1898 richtete das US-Kapital sein Augenmerk auf Spanien, eine im Niedergang befindliche Kolonialmacht. Spanien leistete den amerikanischen Angriffen kaum Widerstand, bevor es seine Kolonien auf den Philippinen, Guam und Puerto Rico an die USA abtrat und Kuba zum US-Protektorat werden ließ.[100] Der amerikanische Kapitalismus beanspruchte nun eine Rolle als aufstrebende Imperialmacht seiner Zeit. Doch zuvor musste er sich noch zum Schwergewicht bei Welthandel, Investitionen und Finanzen aufschwingen. 1900, nur 24 Monate nach dem Sieg über Spanien, wurde der Goldstandard per Gesetz etabliert. Der Dollar war nun offiziell an Gold gebunden und durch eine Goldreserve von 150 Millionen Dollar im Schatzamt gedeckt.[101] Die expansionistischen Träume hatten sich durchgesetzt. Aber damit hatte man noch lange nicht genug.

Genauso wichtig wie der Goldstandard für die außenpolitische Machtprojektion waren die institutionellen Kapazitäten zur Bewältigung von Krisen und Paniken. Mit Blick auf Letzteres hatte sich das Amerika der Konzerne seit den frühen 1890er-Jahren für eine US-Zentralbank eingesetzt, da der Übergang zu Großunternehmen die Tendenz zur Überproduktion verschärfte. Der steigende Güterausstoß, der von riesigen Unternehmen und vom Einsatz neuer produktivitätssteigernder Technologien getragen wurde, drückte auf die Preise. Zwischen 1875 und 1896 beispielsweise fielen diese in den USA um durchschnittlich 1,7 Prozent jährlich.[102] Hinzu kamen Finanzkrisen wie die von 1893, bei der 400 Banken kollabierten, was die Forderung der Großunternehmen nach einer Zentralbank mit antizyklischem Krisenmanagement noch verstärkte.[103] Doch die Entwicklung Richtung Zentralbank kam nur langsam voran – nicht zuletzt deshalb, weil einige Kapitalfraktionen jeder staatlichen Initiative misstrauten, die allzu leicht vom Volk beeinflusst werden konnte. Dann jedoch brach die

99 United States. Department of the Treasury: Annual Report of the Secretary of the Treasury, 1897, S. xxiv.

100 George C. Herring: From Colony to Superpower. US Foreign Relations since 1777, New York 2008, Kap. 8.

101 Der offizielle Titel des Gesetzes war Currency Standard Act (1900).

102 Bryan: Gold Standard, S. 20. Kommentatoren wie Bryan führen die Abwärtsentwicklung bei den Preisen in erster Linie auf eine Verlangsamung der weltweiten Goldproduktion zurück. Dabei wird u. a. die Möglichkeit ausgeblendet, die Geldmenge durch die Ausgabe von Kredit- und Notengeld zu erweitern oder Umlaufgeschwindigkeit des Geldes zu erhöhen. Einfach ausgedrückt: Preisbewegungen sind komplexe Phänomene. Darüber hinaus führen technologischer Wandel und der daraus resultierende Rückgang der gesellschaftlich notwendigen Arbeitszeit tendenziell zu fallenden Preisen.

103 James Livingston liefert den mit Abstand besten Bericht über diese Unternehmenskampagne. Siehe Livingston: Origins of the Federal Reserve System. Timberlake (Origins of Central Banking, Kap. 13) liefert Einzelheiten über die gesetzgeberischen Aspekte bei der Gründung der Federal Reserve Bank, bietet aber keine sozialgeschichtliche Analyse.

Panik von 1907 aus, die die Märkte erschütterte und den internationalen Ruf des amerikanischen Finanzsystems schwer beschädigte.

Die Krise nahm ihren Anfang mit einem Ansturm auf die Knickerbocker Trust Company im Oktober 1907, die daraufhin alle Auszahlungen (ob in Geld oder Gold) einstellte. Als sich die Panik ausbreitete, taten dies innerhalb weniger Tage auch die großen Banken in New York und Chicago. Über Nacht konnten die Unternehmen Löhne und Gehälter nicht mehr zahlen, und Kredite für Unternehmen und Privatpersonen versiegten. Bargeld war sehr teuer, einige Händler kassierten einen Aufschlag von bis zu vier Prozent auf jeden Dollar, den sie anboten.[104] Da Privatpersonen und Finanzinstitute Bargeld horteten, stiegen die Zinssätze für kurzfristige Darlehen – die in der Regel über Aktien abgesichert wurden – auf bis zu 70 Prozent. In der Hoffnung, die Panik zu lindern, pumpte Finanzminister George Courtelyou 25 Millionen Dollar in die New Yorker Banken. Er hätte genauso gut versuchen können, einen Waldbrand mit einer Wasserpistole zu löschen. Erst als die Aktienkurse ausreichend gefallen waren, wurde der Abschwung durch den Zustrom von Gold europäischer Anleger gestoppt (die von den fallenden Aktienkursen profitieren wollten). Sechs Monate später ermächtigte der Kongress das Finanzministerium, bei künftigen Paniken bis zu 500 Millionen Dollar in den Markt zu pumpen.[105] Doch der Prozess in Richtung einer Zentralbank blieb erratisch. Und als 1913 endlich der Federal Reserve Act verabschiedet wurde, war es zu spät, um das traumatische Erlebnis zu verhindern, das die globalen Finanzmärkte mit dem Ausbruch des Ersten Weltkriegs im August 1914 erschüttern sollte.

Globales Gemetzel, der zweite Dreißigjährige Krieg und der Triumph des Dollars

»In Europa mobilisiert man Armeen und Flotten. In Amerika mobilisieren wir Bankreserven.«

Knute Nelson (Senator von Minnesota), August 1914[106]

Als der Krieg ausbrach, war die US-Wirtschaft die größte der Welt und für ein Drittel der weltweiten Industrieproduktion verantwortlich – fast so viel wie Großbritannien, Frankreich und Deutschland zusammen produzierten. Doch trotz seiner industriellen Bedeutung war Amerika auf den Weltfinanzmärkten ein Leichtgewicht. Dort herrschte Großbritannien. Wenn Länder sich Geld beschaffen mussten, suchten sie das britische Pfund, das praktisch ebenso gut wie Gold war. Selbst die deutsche Mark

104 J. Lawrence Broz: Origins of the Federal Reserve System: International Incentives and the Domestic Free Rider Problem, in: International Organisation, 1/1999, S. 44.

105 Das Gesetz wurde als Aldrich-Vreeland-Act von 1908 bekannt.

106 Washington Post, 1.8.1914, zitiert nach Silber: Wall Street, S. 24.

und der französische Franc fanden als internationales Zahlungsmittel häufiger Verwendung als der Dollar. Zwar zapften einige Länder auf der Suche nach Krediten die US-Märkte an, doch da die US-Währung keine globale Reichweite besaß, waren die in New York ausgegebenen Anleihen nur selten in Dollar denominiert.[107] Dieser Widerspruch zwischen Industrie- und Finanzmacht sollte nicht von Dauer sein. Der Wendepunkt war wieder einmal der Krieg – und die Kriegsfinanzierung.

Tatsächlich dauerte der Aufstieg Amerikas zur finanziellen Vormachtstellung nur sechs Kriegsmonate. Und dieses Mal wirkte das Gold zu Amerikas Gunsten.

Die Krieg führenden Staaten sahen sich 1914 einer nach dem anderen gezwungen, die Goldkonvertibilität auszusetzen, da die Kriegsfinanzierung ihre Reserven erschöpft hatte. Frankreich, Deutschland und Russland taten dies im August, dem ersten Monat des Konflikts. Der Grund dafür war einfach: Gold war das universalste Zahlungsmittel für Waffen, Rohstoffe und Nahrungsmittel, also die Güter, die für die Versorgung der Streitkräfte unerlässlich waren. Die Krieg führenden Staaten gaben das Edelmetall nur noch für den Kauf von Kriegsmaterial aus der Hand. Jeder Soldat und Matrose musste ausgebildet, ausgerüstet, eingekleidet, verpflegt und zu Stützpunkten und Fronten transportiert werden. Sie benötigten die Unterstützung durch gepanzerte Fahrzeuge, Schiffe und Flugzeuge. Sobald die Kämpfe ausbrachen, benötigte Frankreich beispielsweise täglich bis zu 200 000 Granaten, fast das 17-fache der Vorkriegsmenge.[108] Die sich über fast fünf Jahre hinziehende Mobilisierung war so groß, dass die wichtigsten Kriegsländer nach Bargeld hungerten, während Amerika, das erst nach drei Jahre in den Krieg eintrat, über reichlich Kreditmittel verfügte. Aus diesem Grund konnte Knute Nelson, der Senator von Minnesota, erklären: »In Europa mobilisiert man Armeen und Flotten. In Amerika mobilisieren wir Bankreserven.« Und dieses Mal weigerte sich die nach einem Weltmachtstatus strebend amerikanische Führung, den Goldstandard aufzugeben. Das sollte den Unterschied machen.

Das Festhalten am Gold war alles andere als einfach. Als Europa Ende Juli 1914 in den Krieg zog, horteten die Regierungen fieberhaft Goldbarren. Dafür verkauften sie ihre amerikanischen Finanzanlagen wie Aktien und Anleihen und tauschten die erhaltenen Dollar gegen US-Gold, das sofort über den Ozean (oder im Falle Großbritanniens manchmal auch nach Kanada) verschifft wurde. In der letzten Juliwoche wurden auf diese Weise 25 Millionen Dollar an Gold aus amerikanischen Reserven abge-

107 William L. Silber: When Washington Shut Down Wall Street. The Great Financial Crisis of 1914 and the Origins of America's Financial Supremacy, Princeton 2007, S. 151–154.

108 Eric Hobsbawm: Das Zeitalter der Extreme. Weltgeschichte des 20. Jahrhunderts (aus dem Englischen von Yvonnne Badal), München 1998, S. 67.

zogen. Das schien schlimm genug. Doch der Abfluss hatte schon früher begonnen, nämlich mit Goldexporten in Höhe von neun Millionen Dollar im Mai, die einen Monat später auf 44 Millionen Dollar anstiegen. Insgesamt war US-Gold im Wert von 83 Millionen Dollar nach Europa abgezogen worden, noch *bevor* der erste Schuss gefallen war. Schlimmer noch: 1914 besaßen europäische Investoren allein US-Eisenbahn-Aktien im Wert von vier Milliarden Dollar, die alle liquidiert und zu gegebener Zeit in Gold umgewandelt werden konnten.[109] Natürlich konnte die amerikanische Regierung den Dollar für die Dauer des Krieges vom Gold abkoppeln, aber das warf zwei Probleme auf. Erstens befanden sich die USA nicht im Krieg (und würde sich noch drei Jahre aus den Kämpfen heraushalten), und der Krieg war der einzige akzeptierte Grund für die Aussetzung der Dollar-Gold-Konvertibilität. Zweitens war Großbritannien trotz seines Kriegseintritts entschlossen, den Goldstandard beizubehalten, um auf diese Weise die Sonderstellung des Pfunds als Weltwährung und Londons als Zentrum der Weltfinanz aufrechtzuerhalten. Würden die Vereinigten Staaten das Goldfenster schließen, wäre dies ein Eingeständnis, dass sie mit dem Pfund als Weltwährung nicht konkurrieren konnten, und das wiederum würde den Aufstieg New Yorks als ein Weltfinanzzentrum unterminieren. All dies zwang die amerikanische Führung, sich ans Gold zu klammern. Einen wachsenden bürgerlichen Konsens artikulierend, verkündete Benjamin Strong, der erste Präsident der Federal Reserve Bank of New York, dass man den Dollar »zu einer internationalen Währung« machen werde, indem man für »Vertrauen in die jederzeitige Einlösbarkeit des Dollars in Gold« sorge.[110] Dies implizierte unter anderem eine wachsende globale Rolle der amerikanischen Banken, weshalb der Federal Reserve Act nationalen US-Banken mit mindestens einer Million Dollar Kapital erlaubte, ausländische Zweigstellen zu errichten – ein Privileg, von dem die größten Banken schnell Gebrauch machten.[111] Doch die globale Expansion der amerikanischen Banken hing von der Stabilität des Dollars ab. Und da Gold in Rekordmengen aus den USA abfloss, schien diese Stabilität gefährdet.

Finanzminister William McAdoo hatte jedoch einen Plan. Bevor den Vereinigten Staaten ihr Gold ausging, schloss er lieber die Wall Street. Damit war der Weg versperrt, auf dem die meisten europäischen Anleger ihre amerikanischen Aktienbestände gegen Gold verkauften. Wenn europäische Anleger ihre US-Finanzanlagen nirgendwo verkaufen konn-

109 Silber: Wall Street, S. 15, 41, 10.

110 Zitiert nach Lester V. Chandler: Benjamin Strong, Central Banker, Washington 1958, S. 84. Broz (Federal Reserve System, S. 45–55) ist sich über die internationale Bedeutung völlig im Klaren, die das Festhalten der US-Regierung an der Geldbindung hatte. Er beruft sich dabei aber auf politikwissenschaftliche Modelle, deren Wert ich grundsätzlich infrage stellen würde.

111 Barry Eichengreen: Exorbitant Privilege. The Rise and Fall of the Dollar and the Future of the International Monetary System, Oxford 2011, S. 26f.

ten, würden auch die Ausfuhren von US-Gold erheblich eingeschränkt werden. So veranlasste er, dass die New Yorker Börse am 31. Juli 1914 ihre Pforten schloss. Und so blieb es in den darauffolgenden vier Monaten auch.[112] Gleichzeitig wusste McAdoo, dass er mit dem Aussetzen des Börsenhandels lediglich Zeit gewann. Irgendwann würde der Markt wieder geöffnet werden müssen. Der Schlüssel bestand darin, Exporte, insbesondere von Getreide und Baumwolle, nach Europa zu pumpen, wo man sich verzweifelt darum bemühte, Truppen zu ernähren und einzukleiden. Auf diese Weise würde der Goldabfluss gestoppt, da die Kriegsparteien das Edelmetall einsetzen würden, um für amerikanische Waren zu zahlen. Im Herbst boomten die US-Exporte, der Wert des Dollars stieg, und die europäischen Staaten drängten nach New York, um sich Geld zu leihen. Das Gold floss nicht länger ab, stattdessen strömte ausländisches Geld herein. Als die Vereinigten Staaten 1917 in den Weltenbrand eintraten, hatten ausländische Regierungen mit dem Verkauf von *auf Dollar denominierten* Schuldpapieren in New York mehr als 2,5 Milliarden Dollar zur Finanzierung des Kriegs aufgebracht.[113] Der Dollar hatte das Pfund Sterling als bevorzugte Weltwährung abgelöst. Anfang der 1920er-Jahre waren die Zinssätze in New York niedriger als in London, was Regierungen und Investoren motivierte, ihre Geschäfte nach Übersee zu verlagern. Endlich beherrschte der amerikanische Kapitalismus die zweite Modularform des Geldes – eine durch Staatsschulden gedeckte Zentralbankwährung, die in Gold ausgezahlt werden konnte.

* * *

Den meisten Maßstäben zufolge war Amerika bereits 1915 zur führenden kapitalistischen Wirtschaft in der Welt geworden. Doch sein formaler Aufstieg zum *imperialen Hegemon*, zur die globale Politik und Wirtschaft beherrschenden Macht sollte erst 30 Jahre später erfolgen. Dies erinnert uns daran, dass die Organisation hegemonialer Macht auf komplexen sozialen Prozessen beruht. Zwischen den konkreten Ereignissen und der sich über Jahrhunderte hinziehenden *longue durée* gibt es, wie der französische Historiker Fernand Braudel geschrieben hat, Zyklen oder Konjunkturen, die über ein Jahrzehnt oder ein Vierteljahrhundert wirken.[114]

112 Tatsächlich wurde der Handel in geringem Umfang fortgesetzt, doch geschah dies unter Ausschluss der Öffentlichkeit.

113 Silber: Wall Street, S. 2.

114 Fernand Braudel: »Geschichte und Sozialwissenschaften. Die longue durée«, in: Marc Bloch/Claudia Honegger (Hrsg.): Schrift und Materie der Geschichte. Vorschläge zur systematischen Aneignung historischer Prozesse, Frankfurt a. M. 1987, S. 47–85. Für eine wertschätzende, aber kritische Diskussion Braudels in dieser Hinsicht siehe: Ulysses Santamaria/Anne M. Bailey: A Note on Braudel's Structure as Duration, in: History and Theory, 1/1984, S. 78–83. Eine wichtige Kritik an Braudels Tendenz, das menschliche Handeln zu vernachlässigen, formuliert Abulafia in seiner Einleitung zu »Das Mittelmeer«.

Die 30-jährige Periode der beiden Weltkriege (1914–1919 und 1939–1945), in deren Interregnum es zu einer globalen Depression kam, kann als eine solche Konjunktur betrachtet werden. Nur aus dem Getümmel der Schützengräben, der blutgetränkten Schlachtfelder, der Revolutionen und Bürgerkriege, des Faschismus und der Atombombe konnte eine neue globale Hierarchie entstehen, die auf der amerikanischen Macht – und dem US-Dollar – basierte.[115]

Es ist unvermeidbar, zu den *totalen Kriegen* der ersten Hälfte des 20. Jahrhunderts einige Sätze zu sagen. Bei diesen Kriegen handelte es sich um Konflikte, die durch die Industrialisierung des Tötens und den Einsatz von Maschinentechnologie zur Ermordung und Zerstörung – Panzer, moderne Schlachtschiffe, Bombenflugzeuge, chemische Waffen und die Atombombe – gekennzeichnet waren. In Anlehnung an Walter Benjamin könnten wir vom *Tod im Zeitalter seiner mechanischen Reproduzierbarkeit* sprechen.[116] Mehr als 16 Millionen Menschen kamen wahrscheinlich in der ersten globalen Feuersbrunst ums Leben und bestätigten Rosa Luxemburgs Urteil: »Geschändet, entehrt, im Blute watend, von Schmutz triefend – so steht die bürgerliche Gesellschaft da, so ist sie.«[117] Als Benjamin ein Jahrzehnt später über »Vernichtungsnächte des letzten Krieges« sinnierte, blickte er auf die unheilvolle Mobilisierung von Zerstörungsmitteln, die der Erde eine andere Gestalt gaben: »Menschenmassen, Gase, elektrische Kräfte wurden ins freie Feld geworfen, Hochfrequenzströme durchfuhren die Landschaft, neue Gestirne gingen am Himmel auf, Luftraum und Meerestiefen brausten von Propellern, und allenthalben grub man Opferschächte in die Muttererde.«[118]

Der Schock über die Brutalität des totalen Krieges verunsicherte und traumatisierte sowohl ihre Kombattanten als auch die Opfer. Selbst ein überzeugter Imperialist wie Winston Churchill konstatierte in einer Rede nach dem Ersten Weltkrieg die schrecklichen Eigenschaften des Krieges: »Der Große Krieg, der hinter uns liegt, unterschied sich von allen früheren Kriegen durch die ungeheure Stärke der Gegner und ihre schrecklichen Zerstörungsmittel«, erklärte er und fuhr fort: »Ganze Völker, ohne Rücksicht auf Alter und Geschlecht, ließ man verhungern [...] Bomben warf man wahllos herab. Giftige Gase in allen möglichen Formen erstickten oder verbrannten die Kämpfer. Flüssiges Feuer schleuderte man sich entgegen. Menschen stürzten brennend aus der Luft herab oder starben,

115 Eine unverzichtbare Quelle für das Verständnis dieser 30-jährigen Periode ist Enzo Traverso: Im Bann der Gewalt. Der europäische Bürgerkrieg 1914–1945 (aus dem Französischen von Michael Beyer), München 2008.

116 Ebd., S. 185.

117 Rosa Luxemburg: Die Krise der Sozialdemokratie [1916], in: Gesammelte Werke, Bd. 4, Berlin 2000, S. 53.

118 Walter Benjamin: Einbahnstraße [1928], in: Kritische Gesamtausgabe, Bd. 8, Frankfurt a. M. 2009, S. 75f.

langsam erstickend, in dunkler Einsamkeit auf dem Grunde des Meeres [...] Europa und große Teile von Asien und Afrika verwandelten sich in ein einziges wüstes Schlachtfeld.«[119]

20 Jahre später waren Zerstörungswissenschaft und -technologie auf schreckliche Weise noch mächtiger geworden. Der Zweite Weltkrieg löschte mindestens 60 Millionen Menschen aus, drei Prozent der Weltbevölkerung. Und nun kam ein zweites Merkmal des totalen Krieges zur Geltung: die systematische Tötung (Völkermord) und Vertreibung der Zivilbevölkerung, was sich unter anderem in industrialisierten Todeslagern (Auschwitz) und dem Entstehen der neuen Menschenkategorie der Flüchtlinge und Staatenlosen ausdrückte.[120]

Der totale Krieg war »das größte dem Menschen bislang bekannte Unternehmen«, schrieb der marxistische Historiker Eric Hobsbawm.[121] Er erforderte gewaltige Anstrengungen zur Koordination der Nahrungsmittelproduktion und -verteilung, der Rüstungsproduktion, der Rationierung von Gütern, des weltweiten Transports und der Kommunikation, des Finanz-Managements, der Mobilisierung von »Arbeitskraft«, der Überwachung von Meeren und Himmel, der Truppenbewegungen sowie der orchestrierten Zerstörung und des Tötens in planetarischem Ausmaß. In der Zeit zwischen den beiden Hochphasen des globalen Gemetzels erlebte der Kapitalismus seinen verheerendsten Zusammenbruch, die Große Depression der 1930er-Jahre, was erklärt, warum schließlich Millionen Menschen ein System ablehnten, das zu nichts anderem fähig schien als zu Mord und wirtschaftlicher Not.

Die Geschichte der Depression ist schon oft erzählt worden. Die meisten assoziieren das Drama mit dem großen Börsenkrach in New York, der im Oktober 1929 begann.[122] Tatsächlich befand sich »die Wirtschaft aber schon lange vor dem Krach in Schwierigkeiten«.[123] Gewinne und Produktion waren schon vor dem Kollaps an der Wall Street zurückgegangen. Doch der Börsenkrach vernichtete persönliche Vermögen und wurde zum Trauma des Finanzwesens. 4000 Banken brachen in den USA zusammen. Bis 1933 war das Bruttosozialprodukt der USA um fast ein Drittel gesunken und jeder vierte Erwerbstätige arbeitslos. Die amerikanische Wirtschaft wurde von dem Kollaps besonders hart getroffen, war aber alles andere als ein Einzelfall. In 17 weiteren Ländern kam es zu Bankenpaniken und -zusammenbrüchen, und ein Land nach dem anderen

119 Winston Churchill: The World Crisis, 1911–1918, New York 1942, S. 19f., zitiert nach George Lichtheim: Europa im zwanzigsten Jahrhundert. Eine Geistesgeschichte der Gegenwart (aus dem Englischen von Regine Wolfart), München 1973, S. 181–182.

120 Hannah Arendt: Elemente und Ursprünge totaler Herrschaft [1951], München 1986.

121 Hobsbawm: Zeitalter der Extreme, S. 67.

122 Eine erstklassige Darstellung findet sich in John Kenneth Galbraith: Der große Crash 1929. Ursachen, Verlauf, Folgen [1954] (aus dem Englischen von Renate Oettinger), München 2005.

123 Charles P. Kindelberger: The World in Depression, 1929–1939, London 1973, S. 117.

gab den Goldstandard auf. Die Vereinigten Staaten beendeten mit dem Gold Reserve Act von 1934 die Goldkonvertibilität im Inland, behielten das gelbe Metall jedoch für die Abwicklung internationaler Transaktionen bei.[124] Handelsprotektionismus und Währungsabwertungen führten zu einer massiven Kontraktion des Welthandels, der bis 1932 um mehr als ein Drittel schrumpfte. Der drastische Preisverfall, insbesondere bei Rohstoffen und landwirtschaftlichen Produkten, traf Länder wie Kanada, Argentinien und Australien hart. Nach mehr als fünf Jahren des anhaltenden Rückgangs schien die Talsohle erreicht zu sein. Produktion und Investitionen begannen zu wachsen, die Arbeitslosigkeit ging etwas zurück. 1937 kam es zwar zu einem neuerlichen Absturz,[125] doch dieser neue Einbruch sollte sich nicht so lange hinziehen wie der von 1929–1935. Was ihn beendete, war der Krieg – ein totaler Krieg, um genau zu sein, ein Blutbad planetarischen Ausmaßes.

Dass der Kapitalismus durch Zerstörung gedeiht, darf nicht überraschen. Die rasante Produktion von Panzern, Kampfflugzeugen, Jeeps, Schlachtschiffen, Millionen von Gewehren und Uniformen – und dem dafür benötigten Eisen, Stahl, elektronischen Geräten und vielem anderen mehr – katapultierte die Volkswirtschaften aus der Depression heraus. Wie es der Ökonom John Kenneth Galbraith ausgedrückt hat: »Die Große Depression der Dreißigerjahre fand überhaupt kein Ende, sie ging bloß in der großen Mobilisation der Vierzigerjahre unter.«[126] Nicht nur die Truppen, auch das Kapital wurde mobil gemacht. Und wie bei den Truppen kümmerte sich auch hier der Staat um die Mobilisierung. Der Weltkapitalismus erlebte auf dem Rücken einer *staatlich gelenkten* Kriegswirtschaft einen Aufschwung.

Nach dem Jahrzehnt der Depression wuchs das amerikanische Bruttosozialprodukt zwischen 1939 und 1944 um 65 Prozent. Die Industrieproduktion wuchs schneller als in jedem anderen Zeitraum in der Geschichte der USA. Angetrieben wurde all das durch militärische Nachfrage: Der Anteil der Kriegsgüterherstellung am Gesamtprodukt stieg im selben Fünfjahreszeitraum von zwei auf 40 Prozent.[127] 1943 wurden 90 Prozent aller Investitionen von der US-Regierung getätigt, und der Rüstungssektor erwirtschaftete die Hälfte der gesellschaftlichen Gesamtproduktion.[128] Die Fabriken brummten, und die Farmen arbeiteten auf Hochtouren, um den Bedarf der Armee zu decken.

124 Hiermit setzte der Übergang vom Warengeld zum globalen Fiatgeld ein. Solange der Dollar jedoch offiziell in Gold verankert und zu einem festen Kurs getauscht werden konnte – ein Arrangement, das einerseits von Goldreserven, andererseits der Zahlungsbilanz abhing –, funktionierte er noch nicht als reines Fiatgeld. Dieser Übergang sollte erst nach 1973 erfolgen.

125 Anwar Shaikh: Capitalism. Competition, Conflict, Crises, London 2016, Kap. 12.

126 John Kenneth Galbraith: Der amerikanische Kapitalismus im Gleichgewicht der Wirtschaftskräfte (aus dem Englischen), Stuttgart/Wien/Zürich 1956, S. 78.

127 Alan S. S. Milward: War, Economy, and Society, 1939–1945, Berkeley 1977, S. S. 63, 64f., 67.

128 Abraham D. H. Kaplan: The Liquidation of War Production, New York 1944, S. 3.

Doch so sehr der Krieg den globalen Kapitalismus auch wiederbelebte, waren seine Auswirkungen doch sehr ungleichmäßig verteilt. Und es gab keinen größeren Nutznießer dieser Ungleichmäßigkeit als Uncle Sam. Zunächst traten die Vereinigten Staaten erst Ende 1941, mehr als zweieinhalb Jahre nach ihren Verbündeten, in den Krieg ein. Doch während sich die USA aus dem Konflikt heraushielten, profitierten sie von ihm – sie produzierten immer mehr Waren für ihre europäischen Handelspartner und gewährten ihnen Kredite. Selbst als sich die USA dem Gemetzel anschlossen, wurden sie nicht im selben Maß physisch und industriell dezimiert wie andere Staaten.

Japan beispielsweise verlor durch das Blutbad ein Viertel seiner Fabriken und ein Drittel seiner Industrieanlagen. In der italienischen Stahlindustrie wurde ein Viertel der Kapazitäten zerstört, in Deutschland 17 Prozent des Anlagekapitals vernichtet. Frankreich büßte ein Zehntel seiner Industrieanlagen ein.[129] Während diese Volkswirtschaften durch den Krieg verwüstet wurden, erlebten die Vereinigten Staaten einen Boom. Zu Beginn der Feindseligkeiten 1939 war die US-Wirtschaft etwa halb so groß wie die europäische, japanische und sowjetische zusammen. Als der Krieg sechs Jahre später endlich zu Ende war, war sie größer als die Ökonomien dieser Länder zusammen. Nun verfügten die Vereinigten Staaten über die Hälfte der weltweiten Industrieproduktion und besaßen fast drei Viertel der weltweiten Goldreserven. Durch ein Meer von Blut nach oben gespült, beherrschten die Vereinigten Staaten die Weltwirtschaft. Und der Dollar war ihr unangefochtenes Weltgeld.

Der große Boom, die Bedeutung Vietnams und das globale Fiatgeld

Nachdem der Bombenhagel aufgehört hatte, die Länder der Verlierer besetzt waren und die Eroberungslust der Sieger (vorübergehend) gestillt war, erlebte der Weltkapitalismus ein Vierteljahrhundert anhaltender Expansion (1948–1973). Der Kontrast zur vorangegangenen Periode – drei Jahrzehnte des Krieges und der Weltwirtschaftskrise – hätte kaum drastischer ausfallen können. Zwar gab es auch während des Großen Booms Konjunkturschwankungen und Rezessionen im Inland. Aber im Weltmaßstab erlebte der Kapitalismus eine Phase hoher Wachstumsraten, robuster Gewinne und Investitionen, niedriger Arbeitslosigkeit, eines wachsenden Welthandels und allgemein steigenden Lebensstandards. Dieses »goldene Zeitalter« der westlichen Volkswirtschaften hatte selbstverständlich auch seine brutalen Seiten: imperiale Interventionen, rassistische Gewalt, das Wettrüsten im Kalten Krieg, die intensivierte Regulation von Geschlecht und Sexualität. Doch die westlichen Volkswirtschaften brummten einfach weiter.

129 Philip Armstrong/Andrew Glyn/John Harrison: Capitalism Since World War II. The Making and Breakup of the Great Boom, London 1984, S. 26.

Die weltweite Industrieproduktion vervierfachte sich zwischen den frühen 1950er- und frühen 1970er-Jahren, der Welthandel mit Industrieerzeugnissen verzehnfachte sich. Der Kapitalstock an Anlagen, Maschinen und Ausrüstung je Beschäftigtem wuchs auf mehr als das Doppelte, was die Arbeitsproduktivität in Rekordgeschwindigkeit vorantrieb. Die Nahrungsmittelproduktion stieg schneller als die Weltbevölkerung, die Getreideerträge verdoppelten sich in einem Zeitraum von 30 Jahren. Das Wirtschaftswachstum erreichte in allen großen kapitalistischen Nationen mit Ausnahme Großbritanniens und den Vereinigten Staaten Rekordhöhen.[130] Da Arbeitskonflikte eingedämmt waren und eine grundsätzliche unternehmerfreundliche Politik verfolgte wurde, schuf das Zeitalter der hohen Profite auch einen Spielraum für Regierungen, Sozialleistungen auszuweiten (der sogenannte Wohlfahrtsstaat), ohne damit die Kapitalakkumulation zu gefährden. Der Mythos der gesellschaftlichen Harmonie setzte sich durch, demzufolge Kapital, Arbeiter und Arbeitslose in einem neuartig verwalteten Kapitalismus gemeinsam prosperieren können. John Kenneth Galbraith, der nicht dafür bekannt ist, abgedroschene Wahrheiten zu wiederholen, vertrat 1958 in seinem Buch »The Affluent Society« (»Gesellschaft im Überfluss«) die Ansicht, die gesellschaftliche Herausforderung bestehe nun, da das Problem der Wohlstandsproduktion gelöst sei, darin, den Überfluss zu verwalten und den Reichtum zu verteilen.[131]

Obwohl der Boom oft als »keynesianisches Zeitalter« bezeichnet wird, hatte er weit weniger mit dem Einfluss des britischen Wirtschaftswissenschaftlers John Maynard Keynes zu tun als gemeinhin angenommen. Nicht geschickte Steuer- und Geldpolitiken, sondern vor allem die hohen Rentabilitätsraten kurbelten die Expansion an. Durch eine komplexe Gleichung – zu deren Variablen die Auswirkungen der kriegsbedingten Kapitalvernichtung, die stimulierenden Effekte hoher Rüstungshaushalte, die Einführung neuer Technologien, die Eindämmung des Arbeiterwiderstands und die Wiederherstellung industrieller Reservearmeen[132] gehörten – schien der Kapitalismus einen neuen Wachstumspfad gefunden zu haben, der Krisen und Depressionen für immer abschaffen würde.

Über dem Boom schwebte, seine Ströme koordinierend, der allmächtige Dollar. Nachdem er während des Ersten Weltkriegs an die Spitze geklettert war, wurde die Vormachtstellung des Greenback nach dem zweiten Weltenbrand unanfechtbar. Die Hegemonie des

130 Hobsbawm: Zeitalter der Extreme, S. 329, 328; Armstrong/Glynn/Harrison: Capitalism Since World War II, S. 168; Angus Maddison: Growth and Slowdown in Advanced Capitalist Economies, in: Journal of Economic Literature, 2/1987, S. 650.

131 John Kenneth Galbraith: Gesellschaft im Überfluss (aus dem Amerikanischen von Rudolf Mühlfenzl), München 1959.

132 Zur Land-Stadt-Migration der Bevölkerung in Japan und Westeuropa siehe Jeffry A. Frieden: Global Capitalism. Its Fall and Rise in the Twentieth Century, New York 2006, S. 282.

Dollars wurde festgeschrieben, als sich die westlichen Staats- und Regierungschefs im Sommer 1944 in Bretton Woods/New Hampshire trafen, um eine neue Währungsordnung auszuarbeiten.[133] Anders als im heute vorherrschenden Mythos dargestellt, war diese Konferenz alles andere als eine harmonische Zusammenkunft verantwortungsvoller, das Gemeinwohl anstrebender Politiker. Bretton Woods war eine weitere Übung in Sachen Großmachtpolitik: Die USA lehnten die Vorschläge des britischen Vertreters Keynes ab, um die Vorherrschaft des Dollars durchzusetzen. Die Weltwirtschaft sollte fortan um den Dollar als wichtigste Reservewährung der Welt kreisen. Alle wichtigen Währungen wurden mit festen Kursen an den Dollar gekoppelt, der wiederum in einem Verhältnis von 35 Dollar pro Unze an das Gold gebunden war. Wie im britischen Währungssystem herrschte also auch hier ein Goldstandard. Der Dollar sollte die Grundlage des Zahlungsverkehrs sein, dies allerdings unter der Vorgabe, dass Zentralbanken ihn gegen Gold eintauschen konnten. Um die globale Struktur zu stabilisieren, sollten die Wechselkurse der anderen Währungen durch Kapitalverkehrskontrollen, mit denen man sogenannte heiße Geldströme verhindern wollte, zum Dollar relativ stabil gehalten werden. Die Großmächte kamen auch überein, mit dem Internationalen Währungsfonds eine neue Institution einzurichten, die im Falle von Währungskrisen Kredite vergeben konnte, falls ein Mitgliedsland in ernste Zahlungsbilanzschwierigkeiten geraten sollte.

Ironischerweise war, wie sich später herausstellen sollte, das größte Problem dieses Arrangements in den ersten Nachkriegsjahren die europäische Dollarknappheit. Mitte 1947 verzeichneten die Vereinigten Staaten einen Exportüberschuss von 20 Milliarden Dollar – Waren, die von Amerikas Handelspartnern nur in Dollar oder Gold bezahlt werden konnten, die beide aufgrund ihrer Konzentration in US-Händen sehr knapp waren. Ohne einen Abfluss von Dollars nach Europa und Japan zur Stützung des internationalen Handels und der Kapitalströme riskierte das auf dem Dollar basierende System zusammenzubrechen. Das Problem wurde zunächst umgangen, als die US-Regierung den Marshall-Plan und ihr Hilfsprogramm für Europa ankündigte. Aber was das Blatt wirklich wendete, war die Entscheidung, Europa wieder aufzurüsten und zu diesem Zweck Militärhilfe zu leisten. Diese strategische Linie kristallisierte sich 1950 heraus, als der Krieg auf der koreanischen Halbinsel ausbrach, und wurde angesichts der Wahl linksgerichteter Regierungen in Frankreich und Italien, von Arbeiterunruhen in Ländern wie Japan und der Befürchtung, dass das Kriegsende eine neue Welle sozialistischer Aufstände auslösen könnte, weiter forciert. Als die Rüstungsausgaben in die Höhe schnellten und der amerikanische

133 Der Hintergrund und die Voraussetzungen des Bretton-Woods-Abkommens sind gut zusammengefasst dargestellt bei Eichengreen: Vom Goldstandard zum Euro, Kap. 4.

Staat im eigenen Land zu einem »Militärkeynesianismus« und international zu dauerhafter Militärhilfe für Verbündete überging, schmierte der Abfluss von Dollars das Getriebe der Weltwirtschaft.[134] Schon bald verstärkten die US-Konzerne diese Abflüsse zusätzlich, indem sie Auslandsinvestitionen tätigten und multinationale Strukturen aufbauten, um auf diese Weise vom Absatz in den sich erholenden europäischen Volkswirtschaften zu profitieren. Der »Lösungsansatz« des Militarismus wurde nun durch die Unternehmensglobalisierung gestützt. Das Ergebnis war die Konsolidierung eines neuen Weltgeldsystems, da ein anhaltendes US-Zahlungsbilanzdefizit (bedingt durch Militärausgaben und internationale Hilfen) zusammen mit Auslandsinvestitionen die für das reibungslose Funktionieren der Weltwirtschaft unerlässliche Dollar-Liquidität erzeugte. Solange die Vereinigten Staaten einen Überschuss im Warenhandel produzierten, waren im Ausland gehaltene Dollars als Zahlungsmittel für US-Waren willkommen.

Doch dieses Gleichgewicht der Nachkriegszeit war nicht von Dauer. Schließlich war es nicht mehr so, dass die Vereinigten Staaten Bankreserven mobilisierten, während andere Länder Armeen aufstellten. Als imperialer Hegemon bezahlte Amerika Truppen, Panzer, Bomben, Flugzeuge und immer teurere ballistische Raketen. Gleichzeitig exportierte man Dollars, um ausländische Stützpunkte zu unterhalten und die Soldaten in Übersee zu ernähren, einzukleiden, unterzubringen und zu entlohnen – alles Kosten, die mit der Eskalation des Krieges in Vietnam anstiegen. 1964 übertrafen die amerikanischen Schulden bei ausländischen Zentralbanken zum ersten Mal in der Nachkriegszeit die Goldreserven, was auf das Zahlungsbilanzdefizit infolge der vietnambedingten Auslandsausgaben zurückzuführen war. Offiziellen Regierungsquellen zufolge beliefen sich die Militärausgaben der USA im Ausland in den folgenden drei Jahren (1965–1967) auf 3,7 Milliarden Dollar. Und bei diesen Zahlen sind die 2,1 Milliarden Dollar, die in dieser Zeit im Rahmen der Militärhilfe abflossen (d. h. militärische Güter und Dienstleistungen, die von der amerikanischen Regierung bezahlt und als Geschenke an die Verbündete geliefert wurden), noch gar nicht mitgerechnet.[135] Diese »Hilfsleistungen« sollten bis 1971, als die Dollarkrise ausbrach, um mehr als eine Milliarde Dollar anwachsen. Zu diesem Zeitpunkt überstiegen die Militärausgaben der USA im Ausland ihre Rüstungsverkäufe um fast drei Milliarden Dollar, und einige Quellen schätzen, dass sich die Auslandskosten des Imperiums auf acht Milliarden Dollar pro Jahr beliefen.[136] Die Dollarabflüsse – und

134 Fred L. Block: The Origins of International Economic Disorder, Berkeley 1977, S. 103–108.

135 Survey of Current Business, Juni 1972, Washington/DC 1972.

136 Joyce Kolko: America and the Crisis of World Capitalism, Boston 1974, S. 73; Paul M. Sweezy/Harry Magdoff: Gold, Dollars, and Empire, in: Monthly Review, Februar 1968, nachgedruckt in: Sweezy/Magdoff: The Dynamics of US Capitalism, New York 1972, S. 160.

die damit einhergehende Schwächung des Greenback – standen also in direktem Zusammenhang mit den Ausgaben für Krieg und Imperium. Zweifelsohne glaubte der US-Staat an die Notwendigkeit dieser imperialen Ausgaben. Aber das Imperium selbst schien zu dieser Zeit im Niedergang begriffen, und zwar nirgendwo so deutlich wie in Vietnam, wo die USA den Krieg trotz militärischer Eskalation verloren. Während der Rest der Welt die Kursschwankungen des Dollars und die Demütigung der amerikanischen Kriegsmaschinerie durch die nationale Befreiungsbewegung Vietnams beobachtete, geriet das US-Imperium in eine Kreditkrise.[137] Ein Vizepräsident der Citibank erklärte 1970 vor einem Kongressausschuss: »Das Problem des Dollars hat mit Hegemonie, nicht mit Liquidität zu tun«.[138] Das war zwar nicht die ganze Geschichte, hatte aber doch entscheidenden Anteil.

Hinter der Hegemoniekrise verbarg sich der relative ökonomische Niedergang des amerikanischen Kapitalismus. Während die US-Regierung extravagante Summen für das Imperium ausgab, entwickelte sich die heimische Wirtschaft viel träger als die Volkswirtschaften, die 1945 so schwach und zerstört gewirkt hatten. Amerikas schwungloser Fortschritt lässt sich an den Wachstumsraten des »Kapitalstocks« im verarbeitenden Gewerbe ablesen – der Summe aus Anlagen, Maschinen und Ausrüstung. Während des kritischen Fünfzehnjahreszeitraums von 1955 bis 1970 wuchs der Kapitalstock in der US-Industrie um 57 Prozent. In Europa war das Wachstum doppelt so schnell (116 Prozent), in Japan sogar neunmal so schnell (500 Prozent). Bis 1972 lag die amerikanische Wirtschaft bei der Reinvestition von Unternehmensgewinnen mehrere Jahre lang am unteren Ende der Rangliste der Industrienationen.[139] Die Vereinigten Staaten gehörten also zu den undynamischsten großen Volkswirtschaften. Als Resultat begann man Märkte, insbesondere für Industriegüter, an aufstrebende Konkurrenten zu verlieren. Zu allem Überfluss ging der sogenannte Große Boom zu Ende, was den Untergang des Bretton-Woods-Systems einleitete.

Das Ende des großen Booms wurde durch die Überakkumulation von Kapital und den Fall der allgemeinen Profitrate ab etwa 1968 verursacht.[140] Doch wie bei allen Konjunkturabschwächungen waren die Fol-

137 Eine erstklassige Einordnung des Krieges und seiner Auswirkungen auf die US-Gesellschaft findet sich bei Robert Buzzanco: Vietnam and the Transformation of American Life, Oxford 1999. Ebenfalls sehr empfehlenswert ist Frances Fitzgerald: Fire in the Lake. The Vietnamese and the Americans in Vietnam (New York 1989). Das Buch wurde ursprünglich 1972 veröffentlicht, als der Krieg noch tobte.

138 US-Congress: Joint Economic Committee, Subcommittee for Economic Policy: Hearings. A Foreign Economic Policy for the 1970s, 91st Congress, 2/1970, part 5, S. 1067.

139 Kolko: Crisis of World Capitalism, S. 60.

140 Ich habe das in »Global Slump«, Kap. 2 erörtert. Weitere Hinweise finden sich bei Armstrong/Glynn/Harrison: Capitalism Since World War II, S. 255–259. Unter Verwendung von Zahlen der US-Regierung datiert Robert Guttman den Gewinnrückgang in den USA auf das Jahr 1966. Siehe How Credit-Money Shapes the Economy. The United States in a Global System (Armonk 1994, S. 120f.).

gen ungleichmäßig verteilt. Dieses Mal musste der amerikanische Kapitalismus, der gegenüber seinen Hauptkonkurrenten an Boden verloren hatte, die schwersten Schläge einstecken, unter anderem eine ausgewachsene Dollarkrise.

Bereits 1960, als sich Europa und Japan erholten, überstiegen die im Ausland gehaltenen Dollarreserven die amerikanischen Goldvorräte. Wären all diese Dollars in das Edelmetall umgetauscht worden, hätten die Vereinigten Staaten den Goldstandard schlagartig aussetzen müssen. Daher beschlossen die US-Regierungen eine Reihe von Übergangsmaßnahmen, von denen einige dem Geist von Bretton Woods widersprachen. Bereits 1961 wurde Amerikanern verboten, Gold außerhalb des Landes zu halten. Dann setzte man europäische Regierungen unter Druck, einen Beitrag zu den Goldreserven zu leisten und auf die Umwandlung von Dollar in Gold zu verzichten. Kurz darauf wurde der Bevölkerung in den USA untersagt, Goldmünzen zu sammeln. Doch keine dieser Ad-hoc-Maßnahmen konnte das strukturelle Problem aus dem Weg räumen: Die Vereinigten Staaten importierten nun mehr Waren, als sie ausführten, und transferierten Milliarden in Form von Militärausgaben nach Übersee, während sie den Fehlbetrag mit einer Währung deckten, in der ihre Handelspartner förmlich ertranken.

Es war eine Sache, dass die USA ein Defizit in ihrer Zahlungsbilanz aufwiesen; doch jetzt kam auch noch ein Defizit in der Handelsbilanz hinzu. 1969 übertrafen die amerikanischen Konsumgüterimporte die entsprechenden Exporte um vier Milliarden Dollar, und zwei Jahre später war die gesamte Handelsbilanz negativ.[141] Die Welt wurde nun mit Milliarden Dollar überschwemmt, die viele ihrer Besitzer schlichtweg nicht benötigten. Solange Amerikas Handelspartner sich dem Druck der USA beugten und kein Gold verlangten, akzeptierten sie nutzlose Schuldscheine im Tausch für reale, in die USA gelieferte Waren und Dienstleistungen. Und durch den Tausch nicht-konvertibler Schuldscheine gegen Waren und Dienstleistungen eigneten sich die USA faktisch, wie es ein Ökonom formuliert hat, »von den Ländern, die Dollar erhielten, einen entsprechenden Betrag ihres Mehrwerts für den eigenen Gebrauch an«.[142] Erschwerend kam hinzu, dass mit der Eskalation des Krieges in Vietnam eine Inflation im Inland einherging. Die reale Kaufkraft des Dollars – also die realen materiellen Güter, die mit einer bestimmten Geldsumme gekauft werden konnten – nahm stetig ab. Das Halten von Dollars lief also auf einen Vermögensverlust hinaus, da mit dem Geld immer weniger erworben werden konnte. Der französische Präsident Georges Pompidou wetterte offen darüber, dass eine nationale Währung, die ständig an Wert

141 Armstrong/Glynn/Harrison: Capitalism Since World War II, S. 219, 232; Lukin Robinson: The Downfall of the Dollar, in: Socialist Register, 10/1973, S. 407.

142 Robinson: Downfall of the Dollar, S. 426.

verlor, als globaler Wertmaßstab verwendet wurde.[143] Der Dollar war nicht mehr Gold wert – aber er konnte von ausländischen Zentralbanken immer noch gegen das Edelmetall eingetauscht werden. Trotz der US-amerikanischen Drohungen beeilten sich ausländische Regierungen und Investoren, genau dies zu tun. Bis 1968 hatten mehr als 40 Prozent der US-Goldreserven das Land verlassen.[144] An einem *einzigen Tag* im März des Jahres wurden etwa 400 Millionen Dollar umgetauscht.[145]

Als das Edelmetall im Verlauf des Jahres 1968 ihre Tresore verließ, stellte die US-Regierung die Abgabe von Gold an *private* Dollarbesitzer zum offiziellen Preis von 35 Dollar pro Unze ein. Doch die eigentliche Bombe wurde erst 1971 gezündet. Am 15. August des Jahres schlug Präsident Richard Nixon die Tür der Goldreserven zu. Das US-Finanzministerium würde nicht länger Goldbarren gegen Dollar bereitstellen, auch nicht an ausländische Zentralbanken. Damit brachen die Grundlagen von Bretton Woods zusammen. Der Schritt löste eine Schockwelle in Regierungs- und Finanzkreisen aus. Als ein Beamter des Finanzministeriums erfuhr, dass Nixon den Ausstieg aus dem Goldstandard in Erwägung zog, »beugte er sich nach vorne, legte sein Gesicht in die Hände und flüsterte: ›Mein Gott!‹«.[146] Doch Finanzminister John Connally war darauf vorbereitet, mit harten Bandagen zu kämpfen. Als Arthur Burns, Präsident der Federal Reserve, ihn warnte, dass andere Länder Vergeltungsmaßnahmen gegen die einseitige Maßnahme der Vereinigten Staaten ergreifen würden, antwortete Connally: »Sollen sie doch. Was können sie schon tun?«[147] Tatsächlich sehr wenig, wie sich herausstellen sollte.

Der Verzicht der USA von der Goldkonvertibilität führte zunächst zu volatilen Währungskursen. Das Bretton-Woods-System fester Wechselkurse brach zusammen, und die Vereinigten Staaten zwangen ihre Handelspartner – insbesondere Deutschland und Japan – zur Aufwertung von Deutschen Mark bzw. Yen. (Die D-Mark stieg um 13,6 Prozent, der Yen um fast 17 Prozent.) Dies war zugleich eine Abwertung des Dollars – die dazu gedacht war, amerikanische Exporte und die Handelsbilanz zu stützen, da Waren aus den USA in Deutschland und Japan nun billiger wurden (für jeden Dollar, für den eine US-Ware verkauft wurde, mussten weniger D-Mark und Yen aufgebracht werden). In den ersten zwei Jahren, nachdem Nixon die Goldoption versperrt hatte, verlor der Dollar

143 Zitiert nach Frieden: Global Capitalism, S. 345.

144 Tatsächlich verlässt das Gold nicht die USA, sondern wandert in die Tresore oder auf die Konten ausländischer Besitzer bei der Federal Reserve Bank of New York. Heute gehören 98 Prozent des gesamten von der Federal Reserve Bank of New York gehaltenen Goldes 36 ausländischen Zentralbanken.

145 Frieden: Global Capitalism, S. 345.

146 William Safire: Before the Fall. A View of the Pre-Watergate White House, Garden City 1975, S. 510.

147 Zitiert nach Safire: Before the Fall, S. 514.

gegenüber Yen, D-Mark, Pfund und Franc 25 Prozent an Wert.[148] Eine Zeit lang bemühte man sich, die Währungen durch neue feste Wechselkurse zu konsolidieren. Doch angesichts der immer größeren globalen Geldströme (insbesondere der außerhalb der USA gehaltenen Dollars, der sogenannten Eurodollars), die sich der Zentralbankkontrolle entzogen, scheiterte jeder Versuch, die Wechselkurse zu fixieren, da Spekulanten gegen Währungen wetteten, die als überbewertet galten, und auf solche setzten, von denen einen Anstieg erwartet wurde.

In früheren Zeiten hätten Regierungen möglicherweise spekulative Finanzströme auf Devisenmärkten mit Kapitalverkehrskontrollen unterbunden. Aber diese Zeiten waren längst vorbei. Das atemberaubende Wachstum des Eurodollar-Marktes (auf den wir gleich zurückkommen werden) bedeutete, dass Milliarden in einem monetären Raum außerhalb staatlicher Regulation bewegt wurden. Der Kauf und Verkauf von Währungen wurde nun zu einer weltweiten Wachstumsindustrie. 1973 belief sich der tägliche Umsatz auf den Devisenmärkten auf 15 Milliarden Dollar; bis 2007 war er um mehr als das 200-fache auf 3,2 Billionen Dollar pro Tag gestiegen. Gleichzeitig explodierte auch der Tagesumsatz an nichttraditionellen Devisenmärkten und erreichte 2007 4,2 Billionen Dollar.[149] Bei Finanzbewegungen in dieser Größenordnung gab es für die Regierungen keine Möglichkeit mehr, den Wert von Währungen festzusetzen. Nachdem der Kapitalismus den Goldanker der Weltwährung aufgegeben hatte, befand er sich nun in einem neuen Zeitalter frei flottierender Wechselkurse, die als Folge massiver Finanzströme auf den globalen Märkten täglich schwankten. Die Geldwerte waren so instabil, dass ein führender Politiker das neue Währungssystem als »ein flottierendes Nicht-System« bezeichnete.[150] Und dieses Nicht-System begünstigte, wie ich an anderer Stelle dargelegt habe, die Verbreitung neuer Finanzinstrumente – insbesondere von Finanzderivaten –, die eigentlich die Risiken des volatilen Geldes begrenzen sollten, in Wirklichkeit aber die Instabilität verschärften, indem sie noch komplexere Spekulationsmöglichkeiten schufen. Die globale Finanzkrise von 2008–2009 war zumindest teilweise eine Folge dieser Volatilität.[151] Hinter der monetären Instabilität verbarg sich der Umstand, dass der Dollar zu einem globalen Fiatgeld geworden war.

An dieser Stelle muss man hervorheben, dass *fiat* sich hier nur auf die Fähigkeit des Staates bezieht, die Annahme seiner Währung zu erzwin-

148 Stephen Schulmeister: Globalization without Global Money. The Double Role of the Dollar as National Currency and World Currency, in: Journal of Post Keynesian Economics, 3/2002, S. 369. Gleichzeitig verteuerte der relative Verfall des Dollars die Auslandsinvestitionen von US-Unternehmen, da ihre Dollars auf ausländischen Märkten im Vergleich weniger wert waren.

149 Zu den Daten siehe McNally: Global Slump, Tabelle 4.1, S. 93.

150 Bundeskanzler Helmut Schmidt, zitiert nach Joel Kurtzman: The Death of Money, Boston 1993, S. 51.

151 Kurtzman: Death of Money, Kap. 4.

gen – nicht aber auf die Festlegung ihres Wertes. Letzterer wird langfristig durch die relative Produktivität des Kapitals innerhalb eines bestimmten Nationalstaates definiert. Und diese wird annäherungsweise durch den Wechselkurs einer nationalen Währung zu anderen Währungen (und zur Warenwelt) bestimmt.

Das inhärente Paradox einer als Weltgeld dienenden Währung besteht darin, dass es sich bei ihr sowohl um ein Kreditgeld handelt, das von einem einzigen Nationalstaat produziert wird, als auch um ein globales Mittel zur Wertbemessung und für internationale Zahlungen. Das System funktioniert am effektivsten, wenn der imperiale Hegemon außerhalb seiner Grenzen in großem Umfang Geld ausgibt – und damit das System mit Liquidität versorgt –, gleichzeitig jedoch entscheidende Vorteile bei der Produktion lebenswichtiger Güter und Dienstleistungen behauptet, sodass die Inhaber des Weltgeldes dieses für laufende Transaktionen nachfragen. Dies war in dem Vierteljahrhundert zwischen 1945 und 1970 beim Dollar der Fall. Doch als die Vereinigten Staaten ihre Vormachtstellung in der Weltproduktion verloren, wurde der Dollar immer mehr zu einem nicht konvertierbaren Schuldschein, der sich in den Händen der wichtigsten Handelspartner akkumulierte. Von nun an wurde der Abfluss von Dollars zur Verteidigung des Weltkapitalismus zu einer wirtschaftlichen Belastung. Dies führte zu einem Ansturm auf die US-Goldreserven – wenn man keine Autos oder Elektronik aus amerikanischer Produktion benötigte, war es letztlich besser, Gold als Dollars zu besitzen. Doch der Ansturm auf US-Gold konnte nur eine Übergangslösung sein. Im Sommer 1971 stieg die Goldausfuhr aus den Vereinigten Staaten auf 35 Milliarden Dollar jährlich. Die amerikanischen Goldreserven würden eher früher als später versiegen. Mit seiner Entscheidung, die Goldoption zu sperren, erkannte Nixon einfach das Unvermeidbare an. Ausländische Regierungen protestierten zwar lautstark gegen Amerikas einseitigen Abschied von der Dollar-Konvertibilität, doch Nixons Finanzminister erwiderte nur: »Es ist unsere Währung, aber euer Problem.«[152] Das war es in der Tat.

Die Wiederherstellung des imperialen Geldes nach dem Gold

In den 1970er-Jahren wurde allgemein davon ausgegangen, dass sich der US-Dollar in einem unwiderruflichen Niedergang befinde. In der Linken verband sich dies im Allgemeinen mit der Einschätzung, dass der Verfall des Dollars das Ende des amerikanischen Imperiums markiere.[153]

Fast ein halbes Jahrhundert später ist deutlich, dass diese Vorhersagen falsch waren. Ja, der Dollar-Gold-Standard kollabierte, und die Welt-

152 Zitiert nach Eichengreen: Globalizing Capital, S. 136.

153 Zwei Beispiele aus ganz unterschiedlichen marxistischen Traditionen sind Paul M. Sweezy/Harry Magdoff: The End of US Hegemony, in: Monthly Review, Oktober 1971, nachgedruckt in: Sweezy/Magdoff: Dynamics of US Capitalism, S. 197–212; und Ernest Mandel: Decline of the Dollar: A Marxist View of the Monetary Crisis, New York 1972.

wirtschaft durchlief ein Jahrzehnt schwerer Turbulenzen. Doch an seiner Stelle entstand etwas Neuartiges, das die Theorie noch nicht wirklich erfasst hat: ein *imperiales Fiatgeld*. Man bedenke nur, dass mehr als vier Jahrzehnte nach Abschaffung des Goldankers der Dollar

— für 85 Prozent aller Devisentransaktionen verwendet wird;
— das Medium ist, in dem die Zentralbanken der Welt fast zwei Drittel ihrer Währungsreserven halten;
— zur Preisbestimmung von mehr als der Hälfte der globalen Exporte eingesetzt wird;
— die Währung ist, auf die etwa zwei Drittel der internationalen Bankkredite lauten.

Kurzum: Trotz seiner Lösung vom Gold sowie Amerikas anhaltender und massiver Zahlungsdefizite dominiert ein gestärkter Dollar die Weltwirtschaft. Und mit dieser Vorherrschaft befinden wir uns im Zeitalter der *dritten* Modalurform des Geldes – bei der ein nationales Fiatgeld, das an keinerlei physische Ware gebunden ist, als Weltgeld fungiert. Ich bezeichne dies als *globales Fiatgeld*.[154]

Diese neue Form ist leicht zu verstehen, wenn wir uns an die Diskussion der Banknoten der Bank of England erinnern. Wie bereits festgestellt, handelte es sich bei ihnen im Wesentlichen um private Geldinstrumente auf der Grundlage von Staatsschulden. Was sie davon abhielt, reines Fiatgeld zu sein, war die Verpflichtung der Bank, sie zu einem garantierten Kurs gegen Gold oder Silber einzulösen. In Kriegszeiten jedoch setzte die Bank of England (genauso wie die Regierung Abraham Lincoln während des amerikanischen Bürgerkriegs) die Konvertibilität aus. In diesen Phasen war das Geld durch nichts anderes als durch Staatsschulden und die Anordnung der Regierung gesichert, dass die Scheine als gesetzliches Zahlungsmittel akzeptiert werden mussten (und dies machte sie zu Fiatgeld).

Die Besonderheit der Zeit nach 1973, als Nixon ankündigte, dass es keine Rückkehr zu einem goldbasierten Dollar geben werde, besteht nun darin, dass das nicht konvertible Fiatgeld zu einer dauerhaften Einrichtung wurde. Die Entwicklung dieser dritten Modalurform ist manchmal als Dekommodifizierung des Geldes bezeichnet worden, was einerseits formal korrekt, inhaltlich aber irreführend ist. Offiziell ist der Dollar nicht mehr zu einem von den USA garantierten, festen Kurs in Gold umtauschbar. In diesem Sinne ist er kein Warengeld mehr. Gleichzeitig jedoch kann der Dollar ohne Weiteres zu den vorherrschenden *Markt*kursen in Gold (oder jede andere Ware) eingetauscht werden. In diesem Sinne ist der Dollar vollständig mit Gold und allen anderen Waren konvertibel. Was als »Dekommodifizierung« des Geldes beschrieben wird, bezieht sich also eigentlich auf seine Abkopplung von einem *festen* Umtauschkurs

154 Auch Anwar Shaikh (Capitalism, S. 193) verwendet diesen Begriff in seinem monumentalen Theoriewerk über den modernen Kapitalismus.

mit Gold. Das Geld ist nicht unkonvertibel, sondern durch ein System schwankender Wechselkurse destabilisiert.

Nichtsdestotrotz war der Übergang zu einem *flottierenden* Weltgeld ein systemverändernder Wandel, der die kritische politische Ökonomie nicht zuletzt deshalb vor große theoretische Herausforderungen stellt, weil die vollständige Entkopplung des Weltgeldes von einer festen Ware historisch kein Vorbild hat. So argumentierte ein Mainstream-Ökonom in den späten 1970er-Jahren, dass »Warengeld die einzige Art von Geld ist, von der man derzeit sagen kann, dass sie den Praxistest in Marktwirtschaften bestanden hat [...] Erst seit 1973 wird behauptet, dass das Fehlen jeglicher Verbindung zur Warenwelt eine normale Eigenschaft des Geldsystems sei. Es wird noch einige Jahrzehnte dauern, bis wir sagen können, ob die westliche Welt tatsächlich, wie so oft verkündet, in eine Ära jenseits des Warengeldes eingetreten ist.«[155] Diese Jahrzehnte sind nun vorbei, und das warenlose Geld regiert die Welt. Die gesamte kritische und radikale Theorie ist gezwungen, diese Metamorphose zu begreifen. Und hier muss man eingestehen, dass viele Versuche, diese Transformation des Weltgelds zu verstehen, ausgesprochen hinderlich waren.

Der vielleicht wichtigste dieser gescheiterten Versuche ist jener äußerst wenig hilfreiche Ansatz, der häufig mit Dekonstruktion und Poststrukturalismus in Verbindung gebracht wird. Kommen wir noch einmal auf die beiden Texte zurück, die ich in den vorangegangenen Kapiteln erörtert habe. In dem einen heißt es, »die ökonomische Basis oder Produktionsweise« der modernen Gesellschaften sei »ein finanzieller Abgrund«. Ein anderer Text bekräftigt, das Finanzwesen sei »eine spezifische Interpretations- und *Text*praxis«.[156] In die gleiche Kerbe schlägt eine neuere Arbeit, in der es heißt, dass »Geld an sich nichts anderes als Repräsentation ist«.[157] Ob bewusst oder nicht, sind alle diese Formulierungen Reaktionen auf das Ende der festen Konvertibilität des Dollars gegen Gold. Scheinbar von jeglicher Referenz (wie auf das Gold) befreit, wird erklärt, Geld sei rein *selbstreferenziell*. Nationalwährung verkörpert nichts, sondern reflektiert nur sich selbst, was uns in ein monetäres Spiegelkabinett führt.

Diese Analysen sind das Ergebnis einer Debattenlinie, die das kritische Denken in der Zeit nach 1973 verwässert haben. Ich beziehe mich insbesondere auf die »ökonomische« Analyse unter dem Banner der postmodernen Kritik, wie sie Jacques Derridas *»Zeit geben«* emblematisch repräsentiert, dessen zentrale Argumente zu Geld und (post-)moderner Ökonomie breit reproduziert worden sind. Derrida teilt uns in diesem Text mit, dass wir heute »im Zeitalter des Wertes als monetäres Zeichen«

155 John Niehans: The Theory of Money, Baltimore 1980, S. 140.

156 Brantlinger: Fictions of State, S. 21; de Goede: Virtue, Fortune, and Faith, S. 5, Hervorh. im Original.

157 Philip Goodchild: Theology of Money, Durham 2009, S. 165.

leben. Er meint dies nicht in dem alltäglichen Sinne, dass Geld – als Münze, Papiergeld oder digitaler Eintrag – stets eine symbolische Form hat. Derrida will uns vielmehr vermitteln, dass das Geld *nichts als sich selbst* repräsentiert, dass es nichts gibt, wodurch es gestützt wird oder worauf es sich bezieht. Daraus folgt, dass sich das Kapital (akkumuliertes Geld und seine Effekte) unendlich selbst reproduziert, weil es »von einem Trugbild, einer Kopie von einer Kopie *(phantasma)*« erzeugt wird.[158] Hier gibt es kein »Reales«, keine Sphäre von Arbeit und Kapital mehr, an die das Geld gebunden ist. Wir befinden uns einfach innerhalb eines Simulakrums, sind in einem Bild gefangen, das sich unendlich ausbreiten kann. Derridas Argument deckt sich mit den Äußerungen des postmodernen Theoretikers Jean Baudrillard, der nicht nur erklärte, der Erste Golfkrieg habe nicht stattgefunden, sondern auch noch behauptete, wir würden in einer »virtuellen Ökonomie, frei von allen realen Ökonomien« leben, die das »Ende der Arbeit« erreicht hat. »Ende der Produktion. Ende der politischen Ökonomie.« In dieser virtuellen Wirtschaft ohne Arbeit und Produktion sei Geld »der einzige, wirklich künstliche Satellit«, der endlos um sich selbst kreist.[159] Auch wenn man versucht ist, über lächerliche Äußerungen dieser Art einfach hinwegzulesen, muss man sich angesichts ihres großen und problematischen Einflusses auf die Debatten kritisch mit ihnen auseinandersetzen. Wären dies nämlich zutreffende Beschreibungen der Welt, dann müssten wir uns über Ausbeutungsbetriebe, prekäre Arbeit oder unfreie migrantische Arbeiter keine Gedanken mehr machen, da es sich bei diesen Phänomenen um Überbleibsel einer obsoleten Welt handeln würde – einer Welt, die mit dem Ende der Arbeit, der Produktion und der politischen Ökonomie untergegangen ist.[160]

Ebenso wenig hilfreich ist die von Lacan inspirierte Behauptung, dass das Geld, auch wenn wir alle von ihm ausgebeutet werden, in Wirklichkeit »nicht existiert«.[161] Seltsamerweise deckt sich dieses Argument mit

158 Derrida: Falschgeld, S. 206, 161f.

159 Jean Baudrillard: Die Transparenz des Bösen. Ein Essay über extreme Phänomene (aus dem Französischen von Michael Ott), Berlin 1992, S. 42; Jean Baudrillard: Der symbolische Tausch und der Tod (aus dem Französischen von Gerd Bergfleth, Gabriele Ricke und Ronald Voullié), Berin 2011, S. 20; Baudrillard: Transparenz des Bösen, S. 41. Ich habe die fetischistische Theorie, die die Analysen Derridas und Baudrillards prägt, in meinem Buch »Bodies of Meaning« (S. 60–66) erörtert.

160 Auch die von Michael Hardt und Antonio Negri vorgeschlagene Theorie der immateriellen Arbeit, wie sie sowohl in »Empire« (Frankfurt a. M. 2002) als auch in »Multitude« (Frankfurt a. M. 2004) vertreten wird, ist in dieser Hinsicht wenig hilfreich. Für eine Kritik siehe David Camfield: The Multitude and the Kangaroo. A Critique of Hardt and Negri's Theory of Immaterial Labour, in: Historical Materialism, 2/2007, S. 21–52.

161 Ole Berg: Making Money. The Philosophy of Crisis Capitalism, London/New York 2014, S. 242. Diese Position stimmt mit der Lacanschen Analyse des »Realen« überein, steht aber auch im Widerspruch zu den interessanteren Teilen von Bergs Text, die sich der Analyse des »Post-Kredit-Geldes« und der »monetären Ausbeutung« widmen. Auch wenn ich mit diesen Analysen nicht einverstanden bin, so bewegen sie sich doch zumindest in einer eher historischen Sprache. Bemerkenswerterweise verwertet Berg, wie ich weiter unten andeute (siehe nächste Anmerkung), auch Argumente rechter Libertärer über »komisches Geld« (funny money) (S. 106f.).

den Angriffen rechter Libertärer auf das moderne »komische Geld« *(funny money)*, das so genannt wird, weil es keine Warenbasis hat. Auf das Versprechen der britischen Fünf-Pfund-Noten, wonach »die Bank of England verspricht, dem Inhaber auf Verlangen die Summe von fünf Pfund auszuzahlen«, fragt ein Experte: »Fünf Pfund wovon?« Die Antwort des Post-Gold-Standards ist völlig zirkulär. Da die Bank of England keinen festen Tausch mit Gold oder einer anderen Ware anbietet, kann sie eigentlich nur eine Fünf-Pfund-Note durch eine andere ersetzen.[162] Natürlich ignoriert dieser Hinweis die Tatsache, dass der Staat gesetzlich definiert hat, die Note sei gegen jede beliebige Ware im Wert von fünf Pfund, auch Gold, eintauschbar. Mit anderen Worten, sie ist in der Welt der Waren *unbegrenzt* konvertibel, was für einen hungrigen Menschen keine Nebensächlichkeit ist.

Ein zentrales Problem solcher Erklärungsansätze besteht darin, dass sie dazu neigen, die Währungsordnung nach 1973 als *Entmaterialisierung* des Geldes zu beschreiben. Diese Tendenzen sind durch die Digitalisierung des Geldes noch verstärkt worden, die seit Anfang der 2000er-Jahre dafür gesorgt hat, dass Bargeld nur noch drei Prozent der gesamten Geldmenge ausmacht.[163] Nichtsdestotrotz hat auch Geld, das nicht angefasst werden kann, immer noch *materielle Macht*. Wer das leugnet, vertritt einen philosophisch naiven Standpunkt, demzufolge etwas greifbar und/oder sichtbar sein muss, um materiell zu sein – mit dieser Betrachtungsweise wäre die Schwerkraft eine immaterielle Macht.[164] Wie ich an anderer Stelle dargelegt habe, sind solche Interpretationen von einer Denkweise durchzogen, die den Fetischcharakter von Waren und Geld unkritisch reproduziert, indem sie die unmittelbare Erscheinungsform eines Phänomens – in diesem Fall das warenlose Geld – zur Grundlage einer Wahrheitsbehauptung macht. Doch in einer entfremdeten gesellschaftlichen Welt erscheinen die Dinge in Formen, die ihren Ursprung in der menschlichen praktischen Tätigkeit systematisch verschleiern. Die Aufgabe kritischer Theorie ist es, der Fetischisierung durch die Entschlüsselung der praktischen Grundlagen mystifizierender sozialer Phänomene, auch von Geld, entgegenzuwirken – nicht zuletzt deshalb, weil dies die Möglichkeit eröffnet, diese Grundlagen durch *gegen die Entfremdung gerichtete* Praxis zu transzendieren.[165]

162 https://www.stephankinsella.com, 21.3.2010. Stephan Kinsellas Blog trägt den Untertitel »Austro-Anarchist Libertarian Legal Theory«, was ihn zu einer merkwürdigen Quelle für Bergs lacansche Interpretation des Geldes macht.

163 Josh Ryan-Collins u. a.: Where Does Money Come From? A Guide to the UK Monetary & Banking System, London 2011, S. 7.

164 Dieselbe naive Haltung zieht sich durch Ansätze, die den marxschen Wertbegriff als metaphysisch behandeln. Ein Beispiel hierfür ist Joan Robinson, die bezüglich des Werts fragt: »Wo ist er zu finden?« Siehe Joan Robinson: Economic Philosophy, Harmondsworth 1964, S. 29 [In der deutschen Ausgabe: Doktrinen der Wirtschaftswissenschaft (aus dem Englischen von Albert Jeck; München 1968, S.36) fehlt die Frage; Anm. d. Ü] Einen ähnlich empirischen Ansatz wählen Jonathan Nitzan/Shimshon Bichler: Capital as Power: A Study of Order and Creorder, London 2009.

165 Siehe McNally: Bodies of Meaning.

Dadurch, dass sie die Welt der (Re-)Produktion unsichtbar machen, verzichten die von mir dargestellten Positionen auf die Arbeit der Kritik und beseitigen jede kohärente Grundlage für eine transformative Politik.[166] Analysen dieser Art, die die Welt der Arbeit ausblenden, verschleiern auch den Umstand, dass die Lohnarbeit im Weltmaßstab in der neoliberalen Periode (seit den späten 1970er-Jahren) enorm zugenommen hat. So hat sich die globale Lohnarbeiterklasse innerhalb eines Vierteljahrhunderts von etwa 1,5 Milliarden auf drei Milliarden verdoppelt.[167] Im Mittelpunkt dieser *großen Verdopplung* (wie Richard Freeman die Entwicklung nennt) stand die Einbeziehung von Hunderten Millionen neu enteigneter Arbeiter in Asien und insbesondere China in die kapitalistische Produktion.[168] Tatsächlich stehen die heute zu beobachtenden neuen Formen des Geldes und des Finanzwesens in engem Zusammenhang mit dieser Expansion von Kapitalakkumulation und Arbeiterklasse im Weltmaßstab. Diese Feststellung ist keine Aufforderung an die radikale Theorie, so zu tun, als habe sich nichts geändert und als könne man einfach an alten Begriffen festhalten. Es gibt bedeutende Probleme, die gelöst werden müssen, wenn wir die veränderte und sich weiter wandelnde Form des Spätkapitalismus theoretisch beschreiben wollen.

Gleichzeitig ist es aber auch nicht hilfreich, diese Veränderungen als einfache Negationen zu behandeln. Besonders hinderlich sind in dieser Hinsicht vermeintlich marxistische Ansätze, die zu dem Schluss kommen, dass die klassischen Bewegungsgesetze des Kapitalismus nach dem Verschwinden des Warengelds nicht mehr gelten. Aus dieser Perspektive betrachtet befindet sich der Kapitalismus im 20. Jahrhundert – und insbesondere seit 1973 – als Folge der Abkopplung des Geldes vom Gold in einem »kontrollierten Niedergang«.[169] Bei diesem Erklärungsversuch wird Transformation mit Niedergang verwechselt. Anstatt die historischen Innovationen des Spätkapitalismus zu entschlüsseln, verwechseln diese Positionen Wandel mit einem *Ausstieg* aus kapitalistischen Bewegungsgesetzen. Anstatt die systemischen Transformationen zu erklären (was bedeuten würde, die Dialektik von Kontinuität und Diskontinuität

166 Zu einer besonders ungeheuerlichen Form der Verantwortungslosigkeit – Baudrillards These, der Golfkrieg 1991 habe nicht stattgefunden – siehe Christopher Norris: Uncritical Theory. Postmodernism, Intellectuals, and the Gulf War, London 1992. Eine überzeugende Kritik vergleichbarer Ansätze unverantwortlicher Gesellschaftstheorie aus ökologischer Perspektive findet sich bei Andreas Malm: The Progress of This Storm. Nature and Society in a Warming World, London/New York 2018.

167 Richard Freeman: The Great Doubling. The Challenge of the New Global Labor Market, August 2006.

168 Siehe McNally: Global Slump, Kap. 4.

169 Siehe z. B. Peter Kennedy: A Marxist Account of the Relationship between Commodity Money and Symbolic Money in the Context of Contemporary Capitalist Development, in: John Smithin (Hrsg.): What Is Money?, London 2000, S. 201. Im selben Band vertritt Steve Fleetwood mit »A Marxist Theory of Commodity Money Revisited« (S. 189) eine ähnliche Position. Ansätze dieser Art werden auch von einigen Anhängern von Kozo Unos Interpretation der marxschen politischen Ökonomie vertreten.

herauszuarbeiten), beschränkt man sich auf die Beobachtung, dass die jüngste Phase nicht mit einem Standbild der früheren Entwicklung übereinstimmt. Damit verzichten solche Analysen auf die dialektische Aufgabe, Phänomene in ihrem *Werden* zu begreifen.[170] Als organisches System befindet sich der Kapitalismus in ständiger Bewegung; er geht dabei unablässig von einer historischen Form zu einer anderen über. Und da dialektische Theorie nicht formale Modelle, sondern das, was *tatsächlich geschehen* ist, zum Ausgangspunkt nehmen muss, besteht unsere Aufgabe darin, die realen sozialgeschichtlichen Prozesse so gut wie möglich zu beleuchten.[171]

Weltfinanzen und imperiale Verschuldung

Untersuchen wir stattdessen, auf welche Weise das globale Fiatgeld eine spezifische Matrix internationaler kapitalistischer Beziehungen zum Ausdruck bringt. In dem von uns entwickelten Analyserahmen müssen wir hierfür die multidimensionale Konfiguration von Klassen, Staaten, Imperium, Kriegführung und globalem Finanzsystem (wie es sich nach dem Vietnamkrieg etabliert hat) nachzeichnen. Wenn der Dollar als eine neue Modalurform des Weltgeldes etabliert wurde, spricht dies für einen dynamischen Nexus kapitalistischer Macht, in dem ein imperiales Fiatgeld als Lenkungsinstrument einer *historisch spezifischen* Anordnung der kapitalistischen Produktionsweise in globalem Rahmen fungieren kann. Natürlich sind derartige Anordnungen notwendigerweise widersprüchlich; sie weisen Brüche und Verwerfungen auf (von denen ich einige weiter unten erörtern werde). Gleichzeitig hat sich das imperiale Fiatgeld als ausreichend funktional erwiesen, um die globale Reproduktion des Kapitals zu regulieren. Kehren wir auf Grundlage dieser Erkenntnis zur historischen Situation nach 1973 zurück.

Der radikale Geograf David Harvey schreibt über den Aufstieg des »reinen Papiergeldes« nach 1973: Wenn die Geldmenge »von jeder physischen Produktionsschranke befreit ist [..., wird] die Macht des Staates viel relevanter, weil die politische und rechtliche Absicherung die vom Warengeld geleistete Absicherung ersetzen muss«.[172] Das ist eine wertvolle Erkenntnis. Schließlich wird der Dollar heute nicht durch Gold, sondern durch Schulden der Regierung (insbesondere US-Schatzbriefe und -anleihen) *und* die Erklärung des Staates gestützt, dass eine bestimmte Währung gesetzliches Zahlungsmittel ist. Das ist selbstverständlich

170 Hegel: Phänomenologie des Geistes, S. 38.

171 Sicherlich könnte der Kapitalismus im Prinzip so mutieren, dass er zu etwas radikal anderem wird. Aber in diesem Fall würden wir vernünftigerweise erwarten, dass seine zentralen Eigenschaften – Kommodifizierung, Regulation durch Märkte und Geld, Mehrwertproduktion, fortgesetzte ursprüngliche Akkumulation – keine systemischen Merkmale unserer Gesellschaft mehr wären.

172 David Harvey: The Limits to Capital, Chicago 1982, S. 244.

kein ganz neues Phänomen. Doch selbst das britische Pfund, das ebenfalls auf staatlichen Verbindlichkeiten beruhte, unterlag – vor allem in seiner Funktion als Weltgeld – der von Marx beschriebenen »metallnen Schranke«. Die Konvertibilität des Pfunds in Gold schränkte die Produktion und den Umlauf von privatem Kreditgeld (von Banknoten der Regionalbanken bis hin zu Schuldscheinen von Unternehmen) ein. Bei einer Krise auf den Kreditmärkten würden die Inhaber von Schuldscheinen und Banknoten sofort versuchen, diese in Gold umzutauschen – die höchste und universellste Form des Geldes. So wie eine Banknote der Bank of England einen Anspruch auf einen Anteil an den *künftigen* staatlichen Steuereinnahmen darstellte, mit denen die Bank ihre Schulden zurückzahlen würde (und somit einen Anker in fiktivem oder zukünftigem Kapital besaß), waren auch diese Banknoten über Goldbarren oder Metallmünzen offiziell mit *bereits geleisteter* Arbeit verbunden. Diese doppelte Temporalität des Geldes verschränkte die auf zukünftigem Reichtum basierenden Banknoten mit Erzeugnissen vergangener Arbeit (Goldbarren und Münzen). In der Geldhierarchie stand das Gold über den Pfundnoten, was jedes Mal deutlich wurde, wenn eine Panik einen Ansturm auf das Edelmetall auslöste. Die Banknoten der Bank of England besaßen daher eine hybride Struktur, die für die zweite Modalurform des Geldes charakteristisch war. Sie stützten sich auf zukünftige Erträge aus Krediten an den Staat, konnten im Allgemeinen aber gegen Gold als Erzeugnis bereits geleisteter Arbeit getauscht werden.

Die Besonderheit des Geldes in seiner dritten Modalurform besteht darin, dass es, losgelöst von seiner formalen Bindung an das Gold, keinem der früheren Herren mehr gehorcht: weder dem Kreditsystem noch dem Edelmetall. Da die durch das Goldsystem auferlegten Beschränkungen nun beseitigt sind, bewegen wir uns in einer Welt des vollwertigen Kreditgeldes. »In den heutigen Volkswirtschaften«, so der Wirtschaftswissenschaftler Duncan Foley, »fungiert nicht mehr eine produzierte Ware, sondern fiktives Kapital, nämlich die Haftung des Staates, als Wertmaßstab.«[173]

Wenn ich einen Dollar erhalte, akzeptiere ich eine Note, die ausschließlich auf zukünftigen Zahlungen aus Staatseinnahmen basiert. Da der Staat diese Banknote zum gesetzlichen Zahlungsmittel erklärt hat, bin ich selbstverständlich wie jeder andere auch verpflichtet, sie innerhalb der Vereinigten Staaten als Zahlungsmittel zu akzeptieren. Dies verleiht dem Dollar universelle Gültigkeit innerhalb der Volkswirtschaft. Aber warum sollten US-Staatsschulden eine funktionale Grundlage des *Welt*gelds sein? Warum, mit anderen Worten, sollten ausländische Zentralbanken und internationale Investoren einen ausschließlich

173 Duncan Foley: Marx's Theory of Money in Historical Perspective, in: Fred Moseley (Hrsg.): Marx's Theory of Money, Houndmills 2005, S. 46.

durch Schulden gedeckten Dollar als Regulations- und Koordinationsinstrument des weltweiten Zahlungsverkehrs und Finanzsystems akzeptieren?

Eine verlockende Antwort lautet, dass die Vereinigten Staaten den Dollar dem Rest der Welt aufgezwungen haben. Und das ist auch nicht ganz von der Hand zu weisen. Schließlich haben die Vereinigten Staaten dadurch einen enormen Vorteil, dass sie in der Lage sind, »dekommodifiziertes« Geld für globale Waren und Dienstleistungen bereitzustellen. Außerhalb der Vereinigten Staaten zirkulieren mehr als 500 Milliarden Dollar, für die das Ausland Äquivalente in Waren und Dienstleistungen abtreten musste. Neben dem Umstand, dass weit mehr als die Hälfte aller Dollars außerhalb der Vereinigten Staaten zirkulieren – die kostenlose Importe in die US-Wirtschaft repräsentieren (es handelt sich um Schuldscheine, die nie eingelöst werden) –, sind seit Ende der 1990er-Jahre jährlich drei Viertel aller neuen Dollars im Ausland geblieben.[174] Ebenso bedeutsam ist, dass bis Anfang 2018 ausländische Regierungen 6,25 Billionen Dollar in US-Schatzpapieren angehäuft haben. Mit anderen Worten: Länder, die Dollars bezogen haben und nicht in der Lage waren, ihre Dollarbestände in eine höhere Geldform – etwa Gold – umzuwandeln, haben diese oft zum Kauf amerikanischer Staatsschulden und anderer US-Vermögenswerte verwendet. Im Grunde haben sie dem US-Staat damit genau jene Dollars geliehen, die die Amerikaner für den Import von Waren und Dienstleistungen oder den Kauf ausländischer Vermögenswerte ausgegeben haben. Als Folge dieses Arrangements sind die Vereinigten Staaten von Beschränkungen ihrer Zahlungsbilanz befreit worden. Sie müssen auf anhaltende Zahlungsbilanzdefizite mit dem Rest der Welt nicht mit einer Exportsteigerung oder einer Drosselung von Importen und Inlandskonsum reagieren, sondern können einfach Schuldscheine ausgeben, die in erster Linie gegen ihre eigenen Staatsschulden eingelöst werden.[175] Dies ist in der Tat ein »enormes Privileg«, wie ein ehemaliger französischer Finanzminister beklagte.[176] Es läuft darauf hinaus, dass die Vereinigten Staaten – und nur sie – Schuldscheine, die im Prinzip nie zurückgezahlt werden müssen, als globales Zahlungsmittel ausgeben dürfen. Eine Führungskraft der französischen Zentralbank beklagte sich in diesem Sinne in den 1960er-Jahren: »Wenn ich mit meinem Schneider eine Vereinbarung hätte, dass er mir alles Geld, das ich ihm zahle, noch

174 Robert Stein: Issues Regarding Dollarization, Staff Report, Subcommittee on Economic Policy, US Senate Committee on Banking, Housing, and Urban Affairs, Juli 1999, S. 7.

175 Hier sind zwei Punkte anzumerken: Erstens sind die USA keine homogene »nationale Wirtschaftseinheit«, das heißt, hauptsächlich profitieren US-Kapital und der Staat von dieser Regelung. Zweitens können ausländische Dollar-Inhaber (letztlich ausländische Zentralbanken) andere auf Dollar lautende Vermögenswerte erwerben, wie es China 2007 tat, als es fast zehn Prozent des amerikanischen Immobilienunternehmens Blackstone kaufte. In der Mehrzahl sind ausländische Regierungen jedoch bei Schatzpapieren geblieben.

176 Zitiert nach Eichengreen: Globalizing Capital, S. 4.

am selben Tag als Kredit zurückgibt, hätte ich überhaupt nichts dagegen, weitere Anzüge bei ihm zu bestellen.«[177]

Aufgrund dieses Arrangements sind die USA seit Mitte der 1980er-Jahre zum größten Kapitalimporteur der Welt geworden und nehmen zwischen zwei Dritteln und drei Vierteln der globalen Investitionsmittel auf. Für die Vereinigten Staaten als nationale Einheit sind die Dollarzuflüsse in Wirklichkeit Rückflüsse von *Dollarabflüssen*, die dazu dienen, das Zahlungsdefizit mit der Welt zu decken. Zahlungsversprechen finanzieren also Amerikas Defizite mit dem Rest der Welt und kehren anschließend zurück, um US-Staatsschulden zu finanzieren (Schatzwechsel und Anleihen). Bevor wir die aktuellen USA jedoch einfach als imperialistisches Schuldnerland charakterisieren, das nur überlebt, weil es enorme Zuflüsse ausländischen Kapitals aufsaugt, sollten wir kurz innehalten. Wenn wir ausschließlich auf die »enormen Privilegien« blicken, die sich aus der Emission von Dollars ergeben, werden wir zu der voreiligen Schlussfolgerung verleitet, im Zeitalter des »Superimperialismus« der USA zu leben.[178]

Diese Art von Analyse scheint vor dem Hintergrund plausibel, dass viele der Staaten, die Dollar in US-Schatzpapiere investieren, von der Militärhilfe und dem Schutz der USA stark abhängig sind – Japan, Südkorea und mehrere Golfstaaten. So bedeutsam diese Vereinbarungen auch sind, ist es doch etwas oberflächlich, wenn wir einen *Teil*, den amerikanischen Staat, für größer (d. h. entscheidender) halten als das *Ganze*, das globale kapitalistische System. Ungeachtet der Macht des US-amerikanischen Staates bleibt dieser letztlich doch von einem Weltsystem bestimmt, dessen integraler Bestandteil er ist.[179] In der kapitalistischen Weltwirtschaft, wie sie aus dem Zusammenbruch von Bretton Woods hervorging, ist die anhaltende Dominanz des Dollars und der US-Finanzmärkte nicht nur eine Konsequenz der Bedürfnisse des amerikanischen Staates, sondern auch der *allgemeinen Bedürfnisse* des globalen Kapitals – egal, wie sehr diese von dynamischen Widersprüchen durchzogen werden. Was das Wirken des Wertgesetzes in globalem Maßstab angeht – des ultimativen Lenkungsmechanismus kapitalistischer Produktion und Rentabilität –, benötigt das System Bezugspunkte, die die Messung von Wert, Risiko und Rentabilität ermöglichen und die Arbeit der monetären Disziplin unter-

177 Jacques Rueff/Fred Hirsch: The Role and the Rule of Gold. An Argument, in: Essays in International Finance, 47/1965, S. 3.

178 Diese Position vertritt Michael Hudson: Finanzimperialismus. Die USA und ihre Strategie des globalen Kapitalismus (aus dem Englischen von Stephan Gebauer und Thorsten Schmidt), Stuttgart 2017. Eine Variante dieser Position, wenn auch mit viel stärkerer Betonung des amerikanischen Staates, wird auch von Leo Panitch/Sam Gindin vertreten (The Making of Global Capitalism: The Political Economy of American Empire, London/New York 2012, insbesondere Kap. 11).

179 Sicherlich können wir hier von einer wechselseitigen Determinierung sprechen, bei der die Teile das Ganze formen, das seinerseits dieses determiniert. Dennoch bleibt richtig, dass »das Wahre das Ganze ist« (Hegel), wenn auch ein Ganzes, das sich in und durch seine Teile konstituiert (und nicht über sie hinweg und gegen sie).

werfen. Der Dollar und die ihm zugrunde liegenden US-Staatsanleihen haben sich in dieser Hinsicht als Schlüsselinstrumente erwiesen.

All dies hat mit zwei bereits erörterten Punkten zu tun: erstens, dass der Niedergang des Bretton-Woods-Systems ein Ergebnis der von multinationalen US-Konzernen vorangetriebenen Internationalisierung von Produktion und Investitionen war (mehr dazu weiter unten); und zweitens, dass diese Entwicklung in Verbindung mit einer erhöhten Kapitalmobilität zu einer geografischen Ausweitung der kapitalistischen Akkumulation und dem Entstehen einer viel globaleren Arbeiterklasse führte. Der Kapitalismus hat keine *globale* Abschwächung von Investitionen und Akkumulation erlebt – ein Missverständnis, das von der Konzentration auf nationale Wirtschaftsdaten des historischen kapitalistischen Zentrums herrührt –, sondern der Schwerpunkt von Investitionen und Akkumulation hat sich geografisch verlagert, wobei die höchsten Zuwachsraten in sogenannten Schwellenländern zu verzeichnen waren. Darüber hinaus sind die Vereinigten Staaten, wenn wir ausländische Direktinvestitionen und die daraus resultierenden Gewinne einbeziehen, auch keineswegs mehr nur ein imperialistisches Schuldnerland.[180] Denn wie Brett Fieberger und Cédric Durand gezeigt haben, überwiegen die Einnahmen der US-Wirtschaft aus ihren Auslandsinvestitionen bei Weitem die Zahlungen, die sie für Defizite an den Rest der Welt leistet – und das Gleiche gilt auch für Deutschland, Frankreich und Japan.[181] Der Mehrwert-Fluss aus Auslandsinvestitionen »gleicht« die Finanzen der wichtigsten imperialistischen Mächte aus. In dieser Hinsicht besteht eine der wichtigsten Aufgaben des Dollars darin, in einem Zeitalter extremer Globalisierung von Produktion, Investitionen und Handel ein hoch liquides Weltgeld zur Verfügung zu stellen. Genau dies hat den Dollar für den Weltkapitalismus ausgesprochen »funktional« gemacht. Nichtsdestotrotz impliziert seine Rolle als weltweiter Wertmaßstab und hoch liquides Zahlungs- und Tauschmittel auch große Widersprüche – und zwar solche, die letztlich genau die globale Struktur ins Wanken bringen können, die er eigentlich stützen soll.

Weltgeld im Zeitalter flottierender Währungen und finanzieller Turbulenzen

Die neue Rolle des Dollars wurde durch das Wachstum der Eurodollar-Märkte in den 1960er-Jahren vorweggenommen. Diese Euromärkte waren Dollar-Räume, die sich der Kontrolle und Regulation der USA oder eines anderen Staates entzogen. Die Greenbacks, die in Übersee, insbesondere

180 Ramaa Vasudevan: From the Gold Standard to the Floating Dollar Standard. An Appraisal in the Light of Marx's Theory of Money, in: Review of Radical Political Economics, 4/2009, S. 473.

181 Brett Fieberger: Rethinking the Financialisation of Non-financial Corporations. A Reappraisal of US Empirical Data, in: Review of Political Economy, 3/2016, S. 354–379; Durand: Fictitious Capital, S. 148–150 – beide sind außerordentlich wichtige Studien, die große Aufmerksamkeit verdienen.

in Banken in der Londoner City, deponiert wurden, entzogen sich der Autorität des amerikanischen Staates und der Regulation durch ausländische Zentralbanken. Ursprünglich waren diese Märkte als Orte gedacht, an denen Regierungen des sozialistischen Lagers Dollars parken konnten. Doch wirklich befeuert wurde der Eurodollar-Markt durch Finanzbedarf und Geschäfte der in den USA ansässigen multinationalen Unternehmen. Diese transnationalen Firmen, die für den Boom ausländischer Direktinvestitionen verantwortlich waren, verzeichneten regelmäßig Einnahmen außerhalb der Vereinigten Staaten und deponierten ihre Gewinne häufig auf Dollar-Konten im Ausland. In den 1960er-Jahren, als sich das industrielle Kapital aus den weitgehend nationalen Formen löste, die es seit der Großen Depression geprägt hatten, folgten die US-Banken ihnen auf diese Offshore-Märkte. Ein Merkmal dieses Globalisierungstrends war das Wachstum des internationalen Handels, der um 40 Prozent schneller wuchs als die Weltproduktion. Ein immer größerer Teil der Waren wurde nicht für den einheimischen, sondern für den Weltmarkt produziert. Noch auffälliger jedoch war die Zunahme ausländischer Direktinvestitionen, die – mit dem Hinauswachsen der Unternehmen über die einheimischen Märkte – doppelt so schnell expandierten wie das Bruttoinlandsprodukt.[182] Doch auch wenn die Auslandsinvestitionen der multinationalen US-Konzerne die neue Ära der Kapitalmobilität einläuteten, waren es letztlich die durch den Vietnamkrieg verursachten Bilanzdefizite der USA, die den Offshore-Dollar-Markt explodieren ließen. Da die US-Leistungsbilanzdefizite in die Höhe schnellten und die amerikanische Wirtschaft gezwungen war, Dollars ins Ausland zu überweisen, stiegen die Gesamteinlagen auf dem Eurodollarmarkt zwischen 1960 und 1970 um mehr als das 50-fache, nämlich von etwa eine Milliarde auf 57 Milliarden Dollar. Nach dem Zusammenbruch des Dollar-Gold-Standards kam es zu einer weiteren Explosion, die die Eurodollar-Bestände bis 1983 auf über eine Billion Dollar katapultierte.[183]

Als das Bretton-Woods-System der Dollar-Gold-Konvertibilität und der festen Wechselkurse nach 1971 zusammenbrach, passte sich das globale Währungssystem im Wesentlichen den deregulierten Normen des Eurodollar-Marktes an. Auf diese Weise holte es die räumlich-strukturellen Veränderungen des Produktivkapitals ein – insbesondere die Herausbildung globaler Lieferketten und der dieses System stützenden ausländischen Direktinvestitionen. Dieser Anpassungsprozess war Stückwerk, verlief zufällig und weitgehend ungeplant. So scheint den Verantwortlichen der US-Regierung nicht klar gewesen zu sein, wie die Neuordnung von Geld und Finanzen die Finanzmacht der USA wiederherstellen

182 Peter Dicken: Global Shift. Reshaping the Global Economic Map in the 21st Century, New York 2003, S. 52. Mit diesen Entwicklungen bildete sich auch eine viel stärker globalisierte Arbeiterklasse heraus.

183 Gary Burn: The Reemergence of Global Finance, Basingstoke 2006, S. 17; Eric Helleiner: States and the Reemergence of Global Finance: From Bretton Woods to the 1990s, Ithaca 1994, S. 135.

könnte.[184] Doch die rechtlichen und institutionellen Anpassungen, die die US-Regierung nach der Bretton-Woods-Ära vornahm, gehorchten einer klaren Logik: Deregulierung und Internationalisierung des Finanzwesens im Einklang mit der neuen Realität globaler Produktionsbeziehungen.[185] Aus einer langfristigeren historischen Perspektive betrachtet, bestand das, was der US-Staat im Jahrzehnt nach 1973 tat, darin, das amerikanische Finanzwesen im Einklang mit der *bereits* multinationalen Konfiguration des industriellen Kapitals neu zu gestalten. Gewiss wurden dabei neue Formen imperialer Hegemonie geschaffen. Aber – und das ist ein Punkt, der von den Anhängern der Theorie des amerikanischen Superimperialismus ausgeblendet wird – die Regierenden in den USA waren vor allem deshalb dazu in der Lage, weil die Richtung der Transformation dem *globalen* Kapital im Allgemeinen förderlich war. Oder, wie der Wirtschaftsgeograf Neil Smith schreibt: »So mächtig das US-Kapital und der amerikanische Staat auch sind [...] Globalisierung ist nicht dasselbe wie Amerikanisierung. Die herrschenden Klassen auf der ganzen Welt haben sich aus Eigeninteresse an der Globalisierung beteiligt.«[186]

War der Aufstieg globaler Produktionsketten das dominierende Merkmal der ökonomischen Entwicklung der 1960er-Jahre, so prägte die finanzielle Globalisierung in den 1970er-Jahren das Bild. Angetrieben wurde dieser Wandel durch eine Explosion des Devisenhandels. Da Währungen nicht mehr an Gold und feste Wechselkurse gebunden waren, mussten neue Risiken und Unsicherheiten in den Finanzrechnungen berücksichtigt werden. So konnten beispielsweise Währungsabwertungen dazu führen, dass sich Gewinne, die ein multinationales Unternehmen in einem Land erwirtschaftet hatte, bei der Überweisung an Banken im Heimatland praktisch in Luft auflösten. Aus diesem Grund versuchten multinationale Unternehmen, darunter auch Banken, ihre Gewinne zu schützen, indem sie ihre Einnahmen aus fallenden Währungen in aufwertende umschichteten (oder versuchten, solche Bewegungen richtig vorher zu sagen). Als die Währungen zu flottieren begannen, führte die monetäre Volatilität zu einem explosionsartigen Anstieg des Devisenhandels, der sich zwischen 1973 und 1985 verzehnfachte (von 15 Milliarden Dollar auf 150 Milliarden Dollar pro Tag). Doch zu diesem Zeitpunkt hatte sich der Devisenhandel auch in ein profitables Geschäft verwandelt, und die verschiedensten Finanzinstitute entwickelten Modelle, um von

184 Siehe Eric Newstadt: Neoliberalism and the Federal Reserve, in: Leo Panitch/Martijn Konings (Hrsg.): American Empire and the Political Economy of Global Finance, Houndmills 2008, S. 99.

185 Eine der vielen Stärken der Arbeit von François Chesnais ist seine Darstellung, wie die globalisierte Produktion die Entwicklung des globalisierten Finanzwesens vorantrieb. Siehe etwa Chesnais: Finance Capital Today, Kap. 2.

186 Neil Smith: The End Game of Globalization, New York 2005, S. 126. Panitch/Gindin (Making of Global Capitalism) betonen zwar zu Recht die Internationalisierung des Staates, doch tendieren sie dazu, den amerikanischen Staat als weitgehend autonomen Akteur zu betrachten. Hudson (Super Imperialism) bietet eine noch extremere Variante der Superimperialismus-These.

den kleinsten Währungsschwankungen zu profitieren. Für die meisten von ihnen wurde der Devisenhandel zu einer Art Glücksspiel, bei dem Währungswetten auf den boomenden Märkten des Casino-Kapitalismus platziert wurden. Wie aus Tabelle 5.1 hervorgeht, wuchs der tägliche Devisenhandel bis 1995 auf 1,2 Billionen Dollar, bis 2007 auf 3,2 Billionen Dollar und überschritt 2016 die Marke von fünf Billionen Dollar pro Tag. Während dieses Anstiegs verdrängten Spekulationsgeschäfte den Währungshandel für den tatsächlichen Geschäftsbedarf völlig.[187] Während 1975 noch 80 Prozent der Devisentransaktionen auf reguläre Geschäftsaktivitäten und nur 20 Prozent auf Spekulation entfielen, machte spekulative Geschäfte Anfang der 1990er-Jahre bereits 97 Prozent der Devisentransaktionen aus – ein Niveau, das seither unverändert geblieben ist.[188]

Tabelle 5.1:
Tägliche Umsätze an den Devisenmärkten (ausgewählte Jahre 1973–2016)

Jahr	Betrag
1973	15 Milliarden Dollar
1980	80 Milliarden Dollar
1985	150 Milliarden Dollar
1995	1,2 Billionen Dollar
2004	1,9 Billionen Dollar
2007	3,2 Billionen Dollar
2016	5,1 Billionen Dollar

Quelle: Bank für Internationalen Zahlungsausgleich, Triennial Central Bank Survey, mehrere Jahre.

Vor dem Hintergrund dieser Entwicklung erkannte eine Regierung nach der anderen die Zeichen der Zeit und schloss sich der sogenannten Finanzrevolution der 1980er- und 1990er-Jahre an. Denn wenn Regierungen versuchten, den nationalstaatlichen Raum zu regulieren, wichen die Unternehmen einfach in »staatenlose« Räume wie den Eurodollar-Markt aus, wo die Kreditaufnahme oft billiger und weniger durch Vorschriften beschränkt war. Um Finanzplätze zu sichern, unterwarfen sich National-

187 Die Daten zum Devisenhandel stammen von der Bank for International Settlements: Triennial Central Bank Survey (verschiedene Jahre).

188 Bernard Lietaer: Global Currency Speculation and Its Implications, in: International Forum on Globalization News 2 (1997).

staaten diesen Spielregeln, ahmten die staatenlosen Räume nach, deregulierten ihr Finanzsystem und schafften Kapitalkontrollen ab. Im Zuge dieser Deregulierung stiegen die Bruttokapitalabflüsse aus den 14 größten Industrieländern von durchschnittlich 65 Milliarden Dollar pro Jahr in den späten 1970er-Jahren auf 460 Milliarden Dollar pro Jahr 1989.[189] Das Kapital floss nun, da sich die globale Investitionstätigkeit multinationaler Unternehmen und die Globalisierung des Finanzwesens gegenseitig ergänzten, so leicht über Landesgrenzen hinweg wie seit der Weltwirtschaftskrise in den 1930er-Jahren nicht mehr. Davon profitierte vor allem die amerikanische Binnenwirtschaft. Nach der Umstrukturierung der amerikanischen Wirtschaft in den 1980er-Jahren wuchsen die Kapitalströme in die Vereinigten Staaten, insbesondere für den Kauf von US-Anleihen und -Aktien, real um das 20-fache.[190] Hatten in den 1950er- und 1960er-Jahren die Kapitalabflüsse multinationaler US-Konzerne die wirtschaftliche Globalisierung vorangetrieben, so gesellten sich zu den anhaltenden Abflüssen nun Kapitalzuflüsse, die Ergebnis der komplexen Finanzarchitektur des auf dem Dollar basierenden globalen Fiatgeldsystems waren.

Es war aber nicht nur so, dass das Kapital leichter um den Globus floss. Auch der Anteil des Finanzvermögens am Welt-Bruttoinlandsprodukt war gestiegen. Wie das McKinsey Global Institute gezeigt hat, begann der weltweite Bestand an Finanzvermögen im Verhältnis zum weltweiten BIP in den 1990er-Jahren stetig zu steigen. Lag der Anteil 1995 bei 15 Prozent des weltweiten Bruttoinlandsprodukts, so stieg er bis 2007 auf 103 Prozent des weltweiten BIP.[191] Das ist nur ein Aspekt des oft als Finanzialisierung beschriebenen Phänomens. Doch wir müssen uns vergegenwärtigen, dass ein guter Teil dieser internationalen Finanzströme für produktive Investitionen in den globalen Süden floss und nicht einfach nur spekulative Zwecke erfüllte.[192]

Nichtsdestotrotz haben auch die spekulativen Kapitalbewegungen zugenommen. Allzu oft wird allerdings aus den Augen verloren, wie sehr dies durch das stete Wachstum der Geldmenge nach der Abkopplung des Dollars vom Gold angeheizt wurde. Abbildung 5.1 veranschaulicht das Wachstum der Basisgeldmenge (auch als MZM, *money of zero maturity,* bekannt) in den Vereinigten Staaten seit den späten 1950er-Jahren. Besonders deutlich wird die gewaltige Ausweitung der US-Geldmenge nach 1980, als sich die amerikanische Wirtschaft nach den »Dollarkrisen« von 1968–1973 und dem inflationären Jahrzehnt der 1970er-Jahre stabilisierte.

189 Philip Turner: Capital Flows in the 1980s. A Survey of Major Trends, in: BIS Economic Papers, 30/1991, S. 12.

190 Robert Solomon: Money on the Move. The Revolution in International Finance since 1980, Princeton 1999, S. 110.

191 McKinsey Global Institute: The New Dynamics of Financial Globalization (August 2017), Schaubild E4, S. 7.

192 Durand: Fictitious Capital, S. 145.

Abbildung 5.1: MZM-Geldmenge

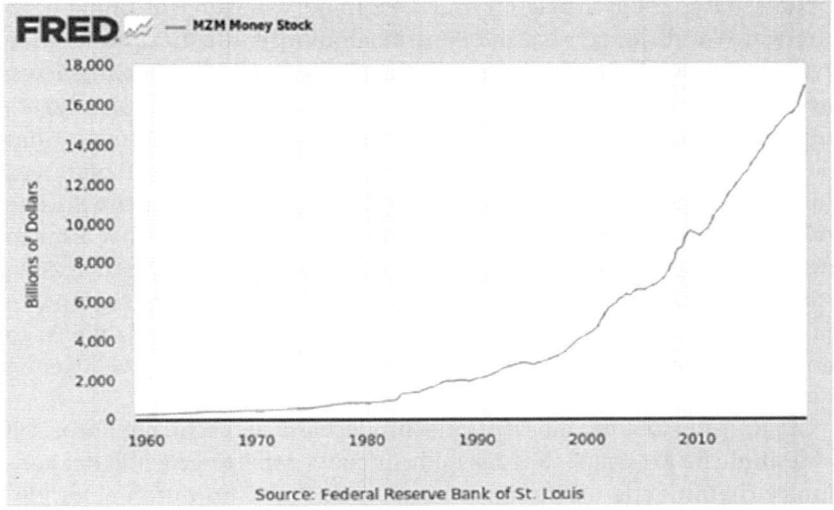

Befreit von der »metallnen Schranke« konnte die Geldmenge nun ohne die restriktiven Folgen eines festen Wechselkurses zum Gold wachsen. Ein derartiges Geldmengenwachstum förderte auch eine neue Preisbildungsdynamik: Da die Preise nicht mehr an den Marktwert des Goldes gebunden waren, reagierten sie viel stärker auf die Geldmenge und die Umlaufgeschwindigkeit des Geldes.[193] Dies führt unter der dritten Modularform des Geldes, zumindest in Zeiten der Expansion, tendenziell zu einer permanenten Preisinflation und war ein Grund, warum die Zentralbanken in der Hoffnung, vorhersehbare, aber moderate Preissteigerungen zu bewirken, »Inflationsziele« zu definieren begannen.[194]

Regierungen und Großunternehmen wollen nicht nur eine übermäßige Volatilität vermeiden, die die Preisbildung und Investitionen völlig unberechenbar machen kann. Sie wollen auch Streikwellen verhindern, wie sie zwischen 1965 und 1976 als Reaktion auf wachsende Inflationsraten und Reallohnverluste auftraten. Unter dem Goldstandard konnte die Arbeit diszipliniert werden, wenn die Zentralbank angesichts von Währungsverfall und Flucht ins Gold die Zinssätze anhob, um das Gold wieder in die eigenen Bestände zu holen. Steigende Zinssätze führten in einer Finanzkrise in der Regel zu tiefen Rezessionen, die Hunderttau-

193 Shaikh: Capitalism, Kap. 15; Costas Lapavitsas: Money and the Analysis of Capitalism: The Significance of Commodity Money, in: Lapavitsas: Marxist Monetary Theory, S. 112. Während die Vertreter der Quantitätstheorie des Geldes die Preisbildung in kapitalistischen Gesellschaften völlig missverstehen (insbesondere bei Warengeld), folgt die Dynamik des letzteren innerhalb eines Regimes von Fiatgeld einigen der von der QTM beschriebenen Muster.

194 An dieser Stelle muss betont werden, dass Zentralbanken nicht in der Lage sind, die Makrodynamiken des Kapitalismus zu kontrollieren (was Krisen wie die von 2007 bis 2009 nach sich zieht).

sende in die Arbeitslosigkeit trieben und so die Löhne und die Kampfbereitschaft der Beschäftigten drückten. In der Währungsordnung nach Bretton Woods jedoch hat die Zentralbankpolitik die disziplinierende Wirkung des Goldstandards ersetzt. Durch die Kontrolle des Zinssatzes, der den Geschäftsbanken in Rechnung gestellt wird (der Diskontsatz), übernehmen die Zentralbanker die Disziplinarfunktion, die zuvor das Schatzamt mit seiner Verpflichtung zur Umwandlung von Banknoten in Gold innehatte. Eine dramatische Form nahm dieser gezielte Einsatz rekordhoher Zinssätze durch die Federal Reserve unter Paul Volcker in den späten 1970er- und frühen 1980er-Jahren an. Die drakonischen Zinssätze drückten die jährliche Inflationsrate in den Vereinigten Staaten von 14 auf drei Prozent und stellten das Vertrauen der weltweiten Anleger in den Dollar wieder her – dies alles um den Preis einer schweren weltweiten Rezession.[195]

In jüngster Zeit hat die Deutsche Bundesbank versucht, der Eurozone eine ähnliche Art von Finanzdisziplin aufzuerlegen – ungeachtet der konjunkturhemmenden Wirkung einer solchen Politik inmitten einer globalen Krise.[196] Absurderweise waren die Zentralbanken seit dem Beginn des Abschwungs 2007 eigentlich darum bemüht, eine *Deflation* zu vermeiden, wie sie Japan seit den 1990er-Jahren plagte und die dort zu chronischer Stagnation geführt hat. In einer Zeit des Abschwungs wäre es das Gebot der Stunde, die Inflation anzuheizen, anstatt sie zu dämpfen. Die von den deutschen Regierungen an den Tag gelegte Obsession mit Gelddisziplin zielt unter diesen Voraussetzungen nicht auf die Bekämpfung der Inflation ab. Vielmehr geht es um die Ausübung von Klassendisziplin über die Arbeit – die Verwendung von Austeritätsmaßnahmen, um im Interesse der Rentabilität Druck auf die Löhne auszuüben.[197]

Ungeachtet der Verpflichtung der Zentralbanken zu maßvoller Inflation und wirtschaftlicher Disziplin ist die internationale Geldmenge seit dem Ende des Goldstandards explodiert (siehe Abbildung 5.1), was eine der Ursachen für die anhaltenden Finanzturbulenzen ist. Dahinter verbirgt sich die Unfähigkeit der Zentralbanken, die Geldproduktion zu kontrollieren. Diese Tatsache offenbart, wie sehr sich der Monetarismus getäuscht hat, was die Kontrolle der Geldmenge angeht. Denn Tatsache ist, dass Privatbanken heute etwa 95 Prozent des gesamten Geldes schaffen, während Zentralbanken lediglich fünf Prozent emittieren.[198]

195 Siehe meine Diskussion in: Global Slump, S. 33–36.

196 Überzeugend dargelegt ist dieser Zusammenhang bei Adam Tooze: Crashed. Wie zehn Jahre Finanzkrise die Welt verändert haben (aus dem Englischen von Norbert Juraschitz, Karsten Petersen und Thorsten Schmidt), München 2018, 3. Teil, S.373–517.

197 Siehe Charles Umney/Ian Greer/Graham Symon: The State and Class Discipline. European Labour Market Policy after the Financial Crisis, in: Capital and Class, 2/2018, S. 333–351.

198 Sir Mervyn King: Lunch with the FT, in: Financial Times, 14.6.2013. King ist ein ehemaliger Gouverneur der Bank of England.

Im Widerspruch zu den meisten Wirtschaftstheorien entsteht der Großteil des Geldes als Bankkredit in Form von Darlehen an Kreditnehmer (für Investitionen, Hypotheken, Kreditkartenzahlungen, Studienkredite usw.). Wenn meine örtliche Bank mir einen Kredit oder eine Hypothek in Höhe von 100 000 Dollar gewährt, zieht sie nicht los, um irgendwo bereits vorhandenes Geld aufzuspüren, das sie mir leihen kann. Stattdessen *erschafft* sie das Geld *ex nihilo*. Sie verbucht diesen Betrag einfach digital auf einem Konto, das auf meinen Namen lautet. Nun kann ich dieses Geld ausgeben, indem ich verspreche, Zahlungen aus künftigen Einnahmen zu leisten. Das bedeutet, dass meine Bank meine Schulden als vollwertiges Geld *vorvalidiert* hat.[199] Mit anderen Worten, sie hat mit dem Drücken einiger Tasten die Geldmenge um 100 000 Dollar erhöht – ein Betrag, dessen Rückzahlung ich lediglich versprochen habe. Und selbstverständlich sind meine Hypothek oder mein Kreditrahmen nur Peanuts im Vergleich zu den Milliarden, die jeden Tag geschaffen werden, um den Kreditbedarf von Firmen (Finanz- und Nicht-Finanzunternehmen), Investoren und Regierungen zu decken.

Diese private Kreditgeldschöpfung verläuft in der Regel reibungslos, bis ein Konjunkturabschwung oder ein finanzieller Schock eine Kreditkrise auslöst. In diesem Moment wird deutlich, dass ein Großteil des von den Banken geschaffenen Kreditgeldes (z. B. meine Kreditlinie) ebenso wie ein Großteil der privaten Kreditinstrumente von Nicht-Banken (Unternehmensanleihen, Handelspapiere usw.) so wertlos ist wie die Schuldscheine eines Arbeitslosen. Dann stellt sich heraus, dass die Vorvalidierung – also die Behandlung eines Kredits als vollwertiges Geld – einer Pseudovalidierung gleichkam, und ein Großteil des Fremdkapitals wird als fiktiv entlarvt, wie es bei hypothekengesicherten Wertpapieren und anderen Collateralized Debt Obligations (CDOs) in den Jahren 2007–2009 der Fall war. In solchen Momenten kommt es zu einem Ansturm auf die »Sicherheit«, die durch die wertvollsten Währungen der Welt – und Gold – repräsentiert wird. Und wenn Finanzinstitute untereinander toxisches fiktives Kapital kaufen und verkaufen, können die Auswirkungen einer Kreditklemme verheerend sein – wie man 2007–2009 erleben konnte, als ein globaler Finanzkollaps das internationale Bankensystem erschütterte.[200]

Wenn solche Krisen außerhalb der imperialen Zentren auftreten, sind die lokalen Volkswirtschaften häufig gezwungen, sich verheerenden »Strukturanpassungen« zu unterwerfen, um Kredite aufnehmen, Gläubiger zu bezahlen und die Krise überwinden zu können. Mexiko, Brasilien, Argentinien, Thailand, Malaysia, Island, Lettland, Griechen-

199 Zur »Vorvalidierung« siehe Alain Lipietz: The Enchanted World: Inflation, Credit, and the World Crisis, London 1985, S. 60, 72–76.

200 McNally: Global Slump, Kap. 4.

land und vielen anderen wurden solche Programme von den internationalen Finanzinstitutionen auferlegt. Doch wenn Panik das Zentrum des Systems erschüttert, ändern sich die Regeln schlagartig. Anstatt seine Schulden zu reduzieren, wie es die meisten Staaten tun müssen, hat der US-Imperialstaat seine Kreditaufnahme während der Krise ab 2008 massiv ausgeweitet. Als Weltzentralbank intervenierte die US-Notenbank, um Billionen von Dollar an vorvalidiertem Kreditgeld zu *monetarisieren*, das von privaten Banken (gemeinsam mit den Billionen an toxischen, von Banken, »Schattenbanken« und anderen Institutionen produzierten Vermögenswerten) geschaffen worden war. Abbildung 5.2 zeigt das dramatische Wachstum der im Besitz der US-Notenbank befindlichen Vermögenswerte, die sich zwischen 2008 und 2014, als die Zentralbank Bestände im gesamten globalen Kreditsystem monetarisierte, mehr als verfünffacht haben.[201]

Abbildung 5.2: Gesamtvermögen der US Federal Reserve Banks

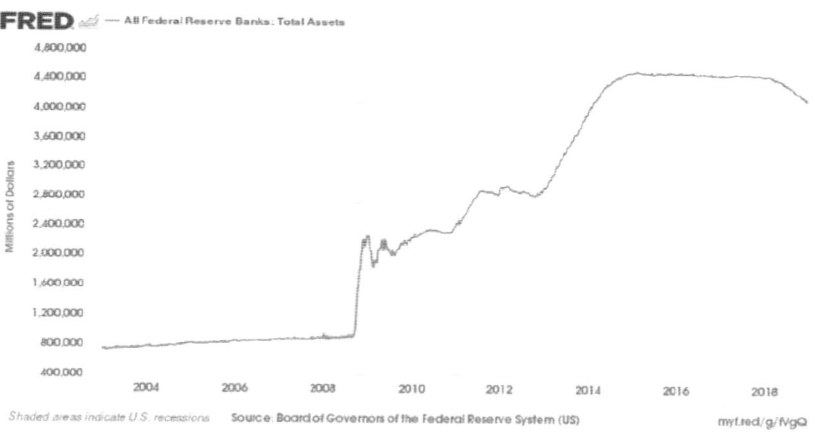

Um die ökonomischen Prozesse zu verstehen, die bei der Monetarisierung von privatem Kreditgeld dieser Art ablaufen, müssen wir die heutige Modularform des Geldes mit seiner zweiten Form vergleichen. Natürlich wurde auch in der zweiten Modularform Geld in Form von privaten Gutschriften produziert. Schließlich war die Bank of England bei ihrer Gründung eine Privatbank. Und außerhalb Londons waren auch die Regionalbanken befugt, Banknoten zu drucken. Aber diese zweite Modularform des Geldes war eine Mischform, wie Marx argumentierte. Sie gehorchte nicht nur dem Diktat des Kreditsystems, sondern hatte noch

201 »Monetarisierung« bezieht sich hier auf die Umwandlung von Kreditgeld, das von privaten Institutionen ausgegeben wurde, in vollwertiges Zentralbankgeld. Sie erfolgt in der Regel durch den Aufkauf entwerteter Finanzaktiva durch die Zentralbank.

einen anderen Herrn: Gold. Eine Kreditklemme führte daher zu einem Ansturm aller anderen Geldformen auf Gold, das noch mehr wert war als Banknoten der Bank of England. Was vorvalidiert worden war (Kreditgeld der Privatbanken), musste nun *nachträglich validiert* werden; es musste dem Test der Umwandlung in die universellste Form des Geldes, Gold, unterzogen werden. In solchen Momenten musste fiktives Kapital sein Äquivalent in bereits geleisteter Arbeit finden – ein Test, den viele Kreditgelder nicht bestanden. Angesichts der relativen Knappheit von Gold (dem Produkt vergangener Arbeit) kam es im Finanzsystem unweigerlich zu einer erzwungenen *Deflation*, die mit fallenden Preisen, Konkursen, Lohnkürzungen usw. einherging, da ein Teil des fiktiven Kapitals (Ansprüche auf künftigen Reichtum) abgelehnt wurde und eine massive Entwertung erfuhr. Die Geldmenge schrumpfte dann, wie es bei den Banken-Krachs der 1930er-Jahre der Fall war, und wurde in ein angemesseneres Verhältnis zu den vorhandenen Goldreserven gebracht. Natürlich geschah dies oft in Form einer verheerenden Krise.

Befreit von der Goldbindung können die Zentralbanken bei einer Kreditklemme heute jedoch leicht eine *Reflationierung* vornehmen. Das bedeutet, dass sie die Zinssätze senken, um die Kreditaufnahme zu fördern (was, wie wir gesehen haben, eine Form der Geldmengenausweitung ist) und die Geldmenge direkt auszuweiten. (Oft wird dies dadurch erreicht, dass Geschäftsbanken im Austausch für ihre toxischen Papierwerte »Hochleistungsgeld« – sprich: Zentralbankgeld – erhalten). Anders ausgedrückt: Die Zentralbanken können die von den Privatbanken vorab validierten Werte (als Kreditgeld) erhalten, da sie nicht verpflichtet sind, sie in Gold umzuwandeln. Ohne diese »metallne Schranke« kann eine Zentralbank praktisch unbegrenzt leistungsstarkes Geld für entwertetes Kreditgeld anbieten – weshalb die Geldmenge immer weiter wächst. Und das bedeutet natürlich, dass die Finanzialisierung auch angesichts von Finanzkrisen weitergeht. Tatsächlich hat die Panik von 2008–2009 bewiesen, wie anpassungsfähig die Politik der Zentralbanken in dieser Hinsicht sein kann. Damals wurden Aberbillionen in ein Finanzsystem gepumpt, das sich am Rand einer globalen Kernschmelze befand, und die »quantitative Lockerung« wurde eingesetzt, als gäbe es keine Grenzen für die Geldproduktion.[202] Bereits im November 2011 hatte allein die US-Notenbank über 13 Billionen Dollar in die Rettung des globalen Bankensystems gepumpt – noch bevor die Fed ihre offiziellen Programme zur quantitativen Lockerung einführte.[203] Und Chinas massives

202 Die Zentralbanken können zwar das Geldangebot erhöhen, haben jedoch weit weniger Kontrolle über die Umlaufgeschwindigkeit des Geldes, d. h. die Anzahl der Transaktionen, die es in einem bestimmten Zeitraum durchläuft. Vieles deutet darauf hin, dass sich die Umlaufgeschwindigkeit des Geldes mit dem Anstieg der Geldmenge ab 2009 verlangsamt hat, was teilweise der Politik der Zentralbanken zuwiderläuft.

203 Siehe Bob Ivry/Bradley Keoun/Phil Kuntz: Secret Fed Loans Gave Banks $13 Billion Undisclosed to Congress, in: Bloomberg News, 27.11.2011.

Rettungs- und Konjunkturprogramm sowie die bescheideneren Interventionen der Eurozone fügten dem globalen Rettungspaket viele weitere Billionen hinzu.

Verwerfungen und die Offenheit der Geschichte

Wie wir gesehen haben, war die Große Depression von 1929–1939 der paradigmatische Ausdruck einer Krise unter dem Goldstandard, wo die Einbrüche tief und anhaltend waren und eine massive Kapitalvernichtung – in Form von Unternehmensinsolvenzen – und Massenarbeitslosigkeit mit sich brachten. Während dieser Krise entfernte sich der globale Kapitalismus vom Goldstandard und kehrte nie wieder vollständig dorthin zurück (der 1944 eingeführte Gold-Dollar-Wechselkursstandard war bereits ein erster vorsichtiger Schritt bei der Ablösung der Währungsordnung vom Goldanker). Die Finanzkrise, die 2007 ausbrach und einen globalen Einbruch auslöste, ist symptomatisch für das neue Muster der kapitalistischen Krise unter der dritten Modularform des Geldes. Da die dritte Modalurform nicht durch eine metallene Schranke behindert wird, können die Zentralbanken private Kreditgelder auf die oben beschriebene Weise monetarisieren, um einen Einbruch wie in den 1930er-Jahren zu verhindern. Dadurch wird jedoch tendenziell die massive Vernichtung ineffizienten Kapitals verhindert, wie sie notwendig wäre, um neue Investitions- und Akkumulationswellen zu ermöglichen.[204] Infolgedessen war die wirtschaftliche Erholung nach 2009 insbesondere wegen schleppender Kapitalinvestitionen eine der langsamsten in der Geschichte.[205] Obgleich die Rentabilität in den Vereinigten Staaten nach 2009 dank des Drucks auf die Beschäftigten – durch Entlassungen, prekäre Beschäftigungsverhältnisse, die Erhöhung des Arbeitstaktes und Reallohnverluste – und der anschließenden Senkung der Unternehmenssteuern wiederhergestellt werden konnte, kam es nicht zu einem nachhaltigen Investitionsboom, und dieser ist auch nicht zu erwarten, wenn es nicht zu einer Marktbereinigung kommt, bei der die ineffizientesten Kapitalien vernichtet werden.

Ein klassischer kapitalistischer Abschwung führt zu großen industriellen Umstrukturierungen mit Werksschließungen, Konkursen und massiven Arbeitsplatzverlusten. Wenn die Zentralbanken jedoch die Zinssätze senken und leistungsstarkes Geld für entwertete Vermögenswerte ausgeben, werden solche Einbrüche und eine Umstrukturierung

204 Eine bemerkenswerte Ausnahme war die Rezession von 1981–1982, als die Federal Reserve unter Paul Volcker durch rekordhohe Zinssätze einen tiefen Einbruch herbeiführte – alles, um die Verhandlungsmacht der Arbeiterklasse zu brechen und die Inflation zu senken. Siehe Panitch/Gindin: Making of Global Capitalism, S. 167–170.

205 Lawrence H. Summers: US Economic Prospects: Secular Stagnation, Hysteresis, and the Zero Lower Bound, in: Business Economics, 2/2014, S. 65–74. Bei Summers fehlt eine theoretische Erklärung des Phänomens, aber seine Beobachtungen sind zutreffend.

verhindert. Die »säubernde« Funktion einer Depression – Joseph Schumpeters »schöpferische Zerstörung«[206] – wird abgewürgt. Doch ohne das Verschwinden des schwächsten Kapitals ist kein Platz für neue Runden tiefgreifender und nachhaltiger Investitionen. Das Ergebnis ist eine träge Wirtschaft, die von billigem Geld überschwemmt wird: Relative wirtschaftliche Stagnation paart sich mit regelmäßiger Blasenbildung bei Finanzinvestitionen wie Aktien, besicherten Hypothekenanleihen, Schuldtiteln von Schwellenländern, »Schrottanleihen« und so weiter. Der Spätkapitalismus unter der dritten Modularform des Geldes erlebt also eine fortschreitende Finanzialisierung und folgt einem Muster aus spekulativem Fieber und platzenden Blasen. Diese Struktur ist mittlerweile fest etabliert: die sogenannte Schuldenkrise der Dritten Welt von 1982, die Peso-Krise 1994–1995 in Mexiko, die Asienkrise 1997, der russische Crash und der Zusammenbruch des »Long Term Capital Management«-Fonds 1998, das Platzen der Dot-Com-Blase 2000–2001 und der globale Finanzeinbruch von 2007–2009, um nur die wichtigsten zu nennen.

Damit sind wir wieder bei der Rolle des Dollars als Weltgeld. Inmitten dieser Schocks, wenn Finanzinstitutionen ins Wanken geraten und sich Milliarden Dollar fiktives Kapital in Luft auflösen, gibt es einen Ansturm auf sichere Vermögenswerte. Einer davon ist das Gold. Vor allem aber sind es die weltweit liquidesten Vermögenswerte auf Dollarbasis – US-Schatzpapiere –, die als sicherer Hafen für das Kapital dienen. Aus diesem Grund, so der Wirtschaftswissenschaftler François Chesnais, »kommen US-Staatsanleihen dem am nächsten, was Marx als ›hartes Geld‹ bezeichnete, das heißt, sie ähneln am ehesten dem, was Gold in der Vergangenheit war.«[207]

Doch US-Staatspapiere dienen nicht nur als Schutz vor dem Sturm. Sie sind auch ein wichtiger Maßstab für Wert und Rentabilität. Mit dem tiefsten und liquidesten Markt der Welt und einem geringen Kreditrisiko (der US-Staat ist noch nie mit seinen Schulden in Verzug geraten und kann immer mehr Dollars produzieren) stellen US-Staatsanleihen einen Maßstab dar, an dem alle anderen Risiken gemessen werden können. Das bedeutet nicht, dass der Zinssatz auf Schatzanleihen die Gewinnraten bestimmt.[208] Weit gefehlt. Sobald diese Zinssätze jedoch strukturell festgelegt sind, kann der Grad des bewerteten Risikos einer Finanzanlage in dem Aufschlag ausgedrückt werden, der über den Zinssatz für Staatsanleihen hinaus gezahlt werden muss. Solange US-Staatsanleihen diese elementaren Funktionen erfüllen – sie dienen als sicherer Hafen und als Maßstab für Wert, Risiko und Rentabilität –, wird ein auf dem Dollar basierendes internationales Währungssystem ungeachtet seiner inne-

206 Joseph Schumpeter: Kapitalismus, Sozialismus und Demokratie, Stuttgart 2005.

207 Chesnais: Finance Capital Today, S. 61f.

208 Zur strukturell bedingten Profitrate vgl. Shaikh: Capitalism, Kap. 10, der auch die »Benchmark«-Rolle der Zinssätze analysiert (S. 443).

ren Spannungen und Widersprüche für das globale Kapital funktional bleiben. Sicherlich könnten auch andere Währungen diese Funktionen erfüllen, und insbesondere der Euro hat in dieser Hinsicht, wenn auch in begrenzterem (und regionalem) Umfang, eine gewisse Zugkraft bewiesen. Aber die Finanzmärkte der Eurozone sind bei Weitem nicht so tief und liquide wie die der Vereinigten Staaten, und die Europäische Zentralbank ist weit davon entfernt, die Rolle einer Weltzentralbank zu spielen; diese Aufgabe war bisher der US-Notenbank vorbehalten.

Nichtsdestotrotz wäre die Annahme falsch, dass die auf dem Dollar basierende Weltwährungsordnung solide und veränderungsresistent ist. Es gibt zwei Konfliktlinien, entlang derer die Hegemonie des Dollars in der dritten Modularform infrage gestellt wird: Da sind erstens innerkapitalistische Spannungen, die rivalisierende Blöcke dazu veranlassen können, nach Alternativen zum Dollar zu suchen. Daneben gibt es zweitens (was noch wichtiger ist) die Klassenkonflikte, die das finanzialisierte Regime der spätkapitalistischen Dollar-Hegemonie durchziehen. Diese Widersprüche sind zwar in die Beziehungen des globalen Fiatgeldsystems eingeschrieben, ihre Lösung jedoch nicht. Ihre Ausarbeitung wird erst durch reale soziohistorische Auseinandersetzungen entschieden werden. Betrachten wir diese beiden Konfliktlinien der Reihe nach.

Das »enorme Privileg«, das die USA als Produzent globalen Fiatgeldes besitzen, hat anderen großen kapitalistischen Staaten schon missfallen, bevor US-Finanzminister John Connally 1971 erklärte: »Es ist unsere Währung, aber es ist euer Problem.« Bei der Schaffung des Euro als globale Währung ging es in hohem Maße darum, sich diesem Problem zu entziehen. Durch den Aufbau einer weiteren transnationalen Währung – der Euro ist heute die zweitgrößte Reservewährung der Welt und dominiert den Handel in Europa – verringerte die Eurozone das Volumen formal nicht konvertibler amerikanischer Schuldscheine, die sie im Zuge des internationalen Handels- und Zahlungsverkehrs akzeptieren muss.[209] Ungeachtet aller wirtschaftlichen und institutionellen Turbulenzen in der Eurozone seit 2009 besteht die soziale Logik des Euro-Projekts darin, die Dollar-Hegemonie zu beschränken.

In jüngerer Zeit hat auch China einen ähnlichen Weg eingeschlagen, wenn auch einen »mit chinesischen Merkmalen«. 2016 erkannte der Internationale Währungsfonds den Yuan als Weltwährung an und nahm ihn in den Währungskorb auf, der als »Sonderziehungsrechte« des Internationalen Währungsfonds bekannt ist.[210] Zwei Jahre später lockerte die

209 Guglielmo Carchedi: For another Europe. A Class Analysis of European Economic Integration, London/New York 2001, S. 149.

210 Sonderziehungsrechte sind eine synthetische Währung, die der Internationale Währungsfonds zu Finanzierungszwecken geschaffen hat und die sich aus einer Mischung verschiedener nationaler Währungen zusammensetzt. Der chinesische Yuan ist die erste Währung eines »Schwellenlandes«, die bei den SZR berücksichtigt wurde.

chinesische Regierung die Beschränkungen für das Bank- und Finanzwesen, was es ausländischen Banken und Nicht-Finanzunternehmen enorm erleichtert hat, Yuan zu kaufen bzw. zu verkaufen und in den chinesischen Bankensektor zu investieren. Etwa zur gleichen Zeit führte die chinesische Führung den Shanghaier Öl-Terminmarkt ein, auf dem alle Preise in Yuan notiert sind.[211] All diese Maßnahmen zielen darauf ab, den Yuan als echte Weltwährung zu positionieren.[212] Auch wenn der Dollar nicht so schnell vom Thron gestoßen werden wird, so ist doch bezeichnend, dass der Yuan-Block nach Zahlen des Internationalen Währungsfonds jetzt die zweitgrößte Währungszone der Welt ist.[213]

Es besteht kaum ein Zweifel, dass die weltweite Finanzkrise 2007–2009 diese Entwicklung forciert hat. Mit der Panik gerieten die chinesischen Bestände an US-Finanzanlagen in Gefahr. Die chinesische Führung intervenierte daraufhin direkt bei der US-Regierung, um sicherzustellen, dass die Hypothekenfinanzierer Fannie Mae und Freddie Mac vom amerikanischen Staat gestützt werden. In diesem Zusammenhang erteilte Gao Xiqing – seines Zeichens Manager des riesigen chinesischen Staatsfonds (mit einem Auslandsvermögen von über 200 Milliarden Dollar), Absolvent der Duke University Law School und ehemaliger Wall-Street-Anwalt – den Vereinigten Staaten eine deutliche Rüge:

> »Diese Generation von Amerikanern ist so sehr an Ihre Vorherrschaft gewöhnt [...] Es tut weh zu denken: Okay, jetzt müssen wir mit anderen Menschen von gleich zu gleich reden [...] Die einfache Wahrheit lautet heute, dass eure Wirtschaft auf der globalen Wirtschaft beruht. Und auf der Unterstützung, der unentgeltlichen Unterstützung, vieler Länder. Warum seid ihr also nicht [...] nett zu den Ländern, die euch Geld leihen. Redet mit den Chinesen! Redet mit den Menschen im Nahen Osten! Und zieht eure Truppen ab!«

So rhetorisch aufgeladen das Statement auch war, es folgte einem durchdachten Programm: der Neugestaltung des globalen Finanzsystems. Mit Blick auf den ausländischen Besitz von US-Vermögenswerten fuhr Gao fort: »Wenn China zwei Billionen Dollar besitzt, Japan fast zwei Billionen Dollar und Russland auch einige Dollar hat, dann [...] lasst uns alle relevanten Leute zusammenbringen und uns etwas ausdenken, das viele Leute ein zweites Bretton-Woods nennen.«[214] Solche Äußerungen legen nahe,

211 Henning Gloystein: Shanghai Crude Futures Eat into Western Benchmarks as China Pushes Yuan, in: Reuters, 30.8.2018.

212 Siehe Betty Huang/Le Xia: What Do China's Renewed Opening Efforts Mean for Foreign Banks?, in: BBVA Research, Juni 2018.

213 Camilo E. Tavor/Tania Mohd Nor: Reserve Currency Blocs: A Changing International Monetary System?, in: International Monetary Fund Working Paper, Januar 2018.

214 James Fallows: »Be Nice to the Countries that Lend You Money!«, in: Atlantic, 12/2008.

dass die Liberalisierung des chinesischen Finanzsektors Teil einer Strategie ist, mit der der Weltkapitalismus zu einer neuen Währungsvereinbarung gedrängt werden soll, bei der mindestens drei große Währungen – der Dollar, der Euro und der Yuan – als Weltwährungen koexistieren und sich in der Praxis die monetäre Vorherrschaft im Interesse eines pluralisierten globalen Finanzsystems teilen. Während ich die Arbeit an diesem Buch beende, hat China mit Ölfirmen in Russland, Iran und Venezuela vereinbart, dass der Yuan als Zahlungsmittel für Chinas Ölkäufe im Ausland akzeptiert wird.[215] Als größter Ölimporteur der Welt wird dieser Schritt Chinas die globalen Währungsmärkte nach und nach transformieren. Das Gleiche gilt für die eine Billion Dollar schwere Seitenstraßen-Initiative, die das Land stärker an die Volkswirtschaften Europas, Afrikas und Asiens heranführen soll. Das Programm wurde kürzlich durch die Gründung des Shanghaier Kooperationsrates ergänzt, der die chinesische Wirtschaft enger mit jenen von Russland, Indien und Pakistan verflechten soll.

Chinas Weg zur monetären Diversifizierung hat nicht zuletzt mit dem Dilemma zu tun, mit dem die dynamischsten kapitalistischen Handelsnationen als Konsequenz des dollarbasierten globalen Fiatgeldsystems konfrontiert sind: Als Bezahlung für Waren sind sie gezwungen, Dollars anzuhäufen, die kaum eine andere Verwendung haben als den Kauf amerikanischer Finanzanlagen. Hinzu kommt, dass diese Vermögenswerte in einem von endemischer Finanzspekulation, Vermögensblasen und Krisen heimgesuchten Weltwährungssystem von Natur aus instabil sein müssen. Jede Panik bedroht das Dollarvermögen, das die US-Handelspartner in Form amerikanischer Schuldscheine angehäuft haben – und solche Paniken sind in einer Welt, die von formal nicht-konvertiblen Greenbacks überschwemmt wird, endemisch geworden. Das musste auch China 2008 feststellen, als die Schulden, die es von staatlich geförderten Unternehmen wie Fannie Mae und Freddie Mac gekauft hatte, zu implodieren begannen.

Allerdings ist es eine Sache, dass China ein neues Abkommen nach Art von Bretton Woods zur Neugestaltung des Weltwährungssystems anstrebt, und eine ganz andere, ob es dieses Abkommen auch bekommt. Wie bereits erwähnt, nutzten die amerikanischen Vertreter ihre globale Dominanz in den 1940er-Jahren, um dieses »Abkommen« durchzusetzen. Und wenn es eine Lehre aus der Geschichte gibt, die wir in diesem Buch nachgezeichnet haben, dann die, dass Kriege oft der Motor für »Regimewechsel« auf dem Feld des Weltgeldes waren. Adam Tooze hat zu Recht angemerkt: »Was die gegenwärtigen Spannungen lösen wird, ist die Machtübernahme durch einen neuen Akteur, der entschlossen ist, seinen Willen durchzusetzen.«[216] Es ist schwer vorstellbar, dass die ame-

215 Steve Johnson: Rise of the renminbi is »story of the next cycle«, in: Financial Times, 25.4.2019.
216 Adam Tooze: Everything You Know about Global Order Is Wrong, in: Foreign Policy, 30.1.2019.

rikanische Regierung eine solche Machtübernahme hinnehmen und die Entthronung des Dollars ohne heftigen Konflikt akzeptieren würde, bei dem zumindest mit Krieg *gedroht* wird. Ganz gewiss könnte diese Drohung »einen neuen Akteur, der entschlossen ist, seinen Willen durchzusetzen«, auch von seinen Plänen abbringen. Aber dann bliebe uns nur ein blutiges US-Imperium, das von der militärischen Durchsetzung seiner Macht abhängt. Was auch immer die Zukunft in dieser Hinsicht bereithält, der Teufelskreis aus Blut und Geld wird weitergehen – es sei denn, wir stürzen das System des Geldes als »zweite Natur des Menschen«.

Allerdings scheinen die Aussichten für ein solches Unterfangen bescheiden. Der Spätkapitalismus bedroht die Menschheit nicht nur mit einer Intensivierung von Gewalt und Krieg, sondern auch mit einem katastrophalen Klimawandel. Es ist verständlich, dass viele angesichts der Gefahren verzweifeln. Doch wie der marxistische Philosoph Ernst Bloch angemerkt hat, liegt dies auch daran, dass die kapitalistische Gesellschaft mit ihrer Unfähigkeit, die menschliche Entwicklung zu fördern, die Zukunft verhüllt.[217] »Die Wendung ist auf dem bürgerlichen Grund [...] ohnehin unmöglich, selbst dann, wenn sie, was keineswegs der Fall, gewollt wäre. Ja, das bürgerliche Interesse möchte gerade jedes andere, ihm entgegengesetzte, in das eigene Scheitern hineinziehen; so macht es, um das neue Leben zu ermatten, die eigene Agonie scheinbar grundsätzlich, scheinbar ontologisch. Die Ausweglosigkeit des bürgerlichen Seins wird als die der menschlichen Situation überhaupt, des Seins schlechthin ausgedehnt.«[218] Mit Verweis auf das Prinzip Hoffnung erinnert uns Bloch daran, dass das kritisch-revolutionäre Denken Kräfte zur Transformation der Welt ausfindig zu machen sucht, die sich auf dem bestehenden Terrain von Gewalt und Herrschaft herausbilden müssen. Diese Geste deckt sich mit der These von Marx, wonach radikale Kräfte der Subversion in kapitalistischen Gesellschaften immer und oft unentdeckt unter der Oberfläche schlummern. Auf der Suche nach diesen Kräften, so schreibt er, »erkennen wir unsern wackern Freund Robin Goodfellow, den alten Maulwurf, der so hurtig wühlen kann, den trefflichen Minierer – die Revolution.«[219]

Anzeichen für das Wühlen des alten Maulwurfs lassen sich heute in verschiedenen Bereichen erkennen. Man kann sie in der wachsenden Unruhe der gewaltigen chinesischen Industriearbeiterklasse ausma-

---

217 Wohlgemerkt, ich spreche hier von »menschlicher Entwicklung«, was nicht identisch mit dem technischen Fortschritt ist.

218 Ernst Bloch: Das Prinzip Hoffnung, Bd. 1, Frankfurt a. M. 1985, S. 2.

219 Karl Marx: Rede auf der Jahresfeier des »People's Paper« [1856], in: MEW, Bd. 12, S. 4. Eine interessante Diskussion über die Verwendung dieser Metapher bei Shakespeare, Hegel und Marx findet sich in Margreta de Grazia: Teleology, Delay and the »Old Mole«, in: Shakespeare Quarterly, 3/1999, S. 251–267.

chen.[220] Sie zeigen sie in den neueren, wenn auch kurzlebigen Platzbesetzungen – von Occupy Wall Street über den Tahrir-Platz in Kairo und den Taksim-Gezi-Park in Istanbul bis hin zu den aufständischen Straßen im Sudan, in Chile, Ecuador und im Libanon –, die sich gegen Sparmaßnahmen und soziale Ungleichheit richteten. Die Unruhe kommt in Aufständen der Black-Lives-Matter-Bewegung zum Ausdruck, in den internationalen Frauenstreiks und Mobilisierungen für Klimagerechtigkeit, die ein Land nach dem anderen erfasst haben. Die unterirdische Bewegung des Maulwurfs lässt sich in den neuen globalen Wellen feministischer, antirassistischer, queerer, ökologischer und migrantischer Gerechtigkeitskämpfe erahnen. Und man kann sie in den Lehrerstreiks und der Wiedergeburt der sozialistischen Bewegung in den Vereinigten Staaten entdecken.[221] Es ist ungewiss, ob unser alter Freund, die Revolution, in den kommenden Jahrzehnten triumphieren wird. Wenn nicht, wird sich die sozialistische Linke unter veränderten Voraussetzungen erneuern müssen. Das mag als undankbare Aufgabe erscheinen. Aber in einer Welt, die unter dem Regime von Krieg und Geld gefangen ist, sollte man sich an die Worte der Hauptfigur in Tony Kushners Stück »A Bright Room Called Day« [Ein heller Raum namens Tag] erinnern:

> »Such dir eine Ära in der Geschichte aus, Agnes.
> Was ist an dieser Ära wirklich schön?
> Die Art, wie die Reichen gelebt haben?
> Nein.
> Wie die Armen gelebt haben?
> Nein.
> Die Träume der Linken
> sind immer schön.
> Die Vorstellung einer besseren Welt,
> die Verdammung der gegenwärtigen,
> dieser Glaube,
> diese leuchtende Wut,
> sie allein
> sind würdig, sie menschlich zu nennen.«[222]

220 Ching Kwan Lee: Against the Law. Labor Protests in China's Rustbelt and Sunbelt, Berkeley 2007; Hsiao-Hung Pai: Scattered Sand: The Story of China's Rural Migrants, London/New York 2013; Tim Pringle: Trade Unions in China. The Challenge of Labour Unrest, London 2011; Chris King-Chi Chan: The Challenge of Labour in China. Strikes and the Changing Labour Regime in Global Labour Factories, Ithaca 2010.

221 Siehe Tithi Bhattacharya/Eric Blanc/Kate Doyle Griffiths/Lois Weiner: Return of the Strike: A Forum on the Teachers' Rebellion in the United States, in: Historical Materialism, 17.12.2018; Tithi Bhattacharya: Women Are Leading the Wave of Strikes in America. Here's Why, in: The Guardian, 10.4.2018; Kate Doyle Griffiths: When Women Organize We Win. Lessons from the West Virginia Teachers' Strike, in: Truthout, 7.3.2018; Eric Blanc: Betting on the Working Class, in: Jacobin, 29.5.2018.

222 Tony Kushner: A Bright Room Called Day, New York 1992, S. 65.

Schlussfolgerung

»Wenn Mensch zu sein Leid heißt, sind wir nicht menschlich, nur um zu leiden,
deshalb denke ich dieser Tage so oft an den großen Fluss,
diese Bedeutung zwischen Ufern mit Kräutern und Gras
und grasenden, trinkenden Tieren, Menschen beim Säen und Ernten,
sogar großen Grabmälern und kleinen Wohnstätten der Toten.
Dieses Fließen, das seinem Lauf folgt und nicht so anders ist als Menschenblut,
die Augen von Menschen, wenn sie ohne Angst im Herzen nach vorne blicken.«
George Seferis, »Ein Greis am Flussufer« (1942)

Die Armen haben gelitten. Blut ist geflossen. Überall stand dieses Blutvergießen im Dienst von Krieg, Imperium, Sklaverei und Geld. Doch wie George Seferis schreibt, »sind wir nicht menschlich, nur um zu leiden«. Jenseits des Leidens gibt es Freude, Liebe, Gemeinschaft, Feste, Widerständigkeit, Feiern. All dies macht aus, was Walter Benjamin als »Tradition der Unterdrückten« bezeichnet hat – jene Solidarität und jenes Aufbegehren, die Geschichten und Praktiken im Widerspruch zu jenen der Eroberer am Leben erhalten.[1] Und in diesem Raum finden sich Quellen der Hoffnung, Andeutungen von Utopie.

So sehr die aufgezeichnete Geschichte auch Hegels »Schlachtbank« gleicht, ist sie doch auch mehr, etwas, das die Grenzen der Unterdrückung überschreitet.[2] Es gibt Ströme des menschlichen Lebens, die sich außerhalb der Kreisläufe von Geld und Gewalt bewegen. Es ist ein Strom, der »seinem Lauf folgt und nicht so anders ist als Menschenblut«. Wenn das gemeinsame Festmahl das erste Geld war, eine gemeinschaftliche Zeremonie zum Erhalt des Lebens, so hat es diesen heiligen Charakter doch längst verloren. Wie das Blut sollte auch der gemeinschaftliche Reichtum fließen, zirkulieren und ernähren. Die ursprüngliche materielle und semiotische Verknüpfung zwischen Blut und Geld liegt hier begründet.

1 Walter Benjamin: Zur Kritik der Gewalt und andere Aufsätze, Frankfurt a. M. 1965, S. 84.

2 Georg Wilhelm Friedrich Hegel: Vorlesungen über die Philosophie der Geschichte [1837], in: Werke (in 20 Bänden), Bd. 12, Frankfurt a. M. 1970, S. 35. Während Hegel das menschliche Leid als Teil des Fortschritts menschlicher Freiheit rationalisiert, lehnt Marx diese Schlussfolgerung mit seiner Forderung, die Geschichte »gegen den Strich zu bürsten«, scharf ab. Vgl. Walter Benjamin: Geschichtsphilosophische Thesen, in: Kritik der Gewalt, S. 84.

Doch schon viel zu lange ist das menschliche Blut den Kreisläufen von Geld und Macht unterworfen. Und in all dieser Zeit hat diese Bindung die Verwüstungen der Klassenherrschaft in Gang gehalten. »Sie bemächtigen sich des Besitzes mit Gewalt, und die Ordnung ist zerstört. Es gibt keine gerechte Verteilung mehr«, schrieb Theognis. Geld war zu einem Instrument der Enteignung und zu einem Kriegsinstrument geworden. Als Cicero über die »120 000 Sesterzen« auf der Bühne vor sich jubelte, brachte er diese perverse Macht des Geldes über die Menschen zum Ausdruck.[3] Der Kapitalismus hat diese verdinglichenden Kräfte in nie da gewesener Weise auf die Spitze getrieben. So sehr, dass das Geld, in den Worten des jungen Marx, die »wirklichen menschlichen und natürlichen Wesenskräfte in bloß abstrakte Vorstellungen« verwandelte – Münzen, Geldscheine und Finanzderivate.[4] Und diese abstrakten Vorstellungen, die dem »heiligen Hunger nach Gold« entspringen, verzehren weiterhin Blut und Leben.[5]

Die antike Demokratie war dazu gedacht, diese Macht zu brechen. Sie sollte die Souveränität des Volkes über die der Vermögen herstellen und Sklaverei und Unterdrückung beenden. Dies war der Geist, in dem Solon erklärte:

> »Viele nach Athen, der gottgebauten Stadt
> Hab ich zurückgeführet. denn sie war'n verkauft,
> Mit Recht teils, teils auch wider alles Recht,
> Der Schulden wegen, in die Fremde [...]
> Und andre litten schmähliche Knechtschaft hier im Land,
> Und harter Herren Sinn sie fürchteten: auch sie
> Hab' ich befreit.«[6]

Doch die antike Demokratie konnte die Herrschaft des Eigentums über das Leben nicht aufheben. Die Bindungen der griechischen Polis an Sklaverei, Patriarchat und Imperium ließen zu viel Spielraum für die Herrschaft des Geldes über das Blut. Und so setzte sich der Kreislauf von Gewalt und Unterdrückung fort, bis er sich vor einigen Jahrhunderten in die Form des modernen Kapitalismus verwandelte. Mit ihm kamen wirbelnde Stürme und Zerstörung. »An Bord eines Schiffes zur See: Unter Donner und Blitz«, schrieb Shakespeare.[7] Während der Sturm tobte, füllten sich die Meere mit Blut – und den Knochen der Versklavten.

3 Cicero: Atticus-Briefe, S. 311.

4 Marx: Ökonomisch-philosophische Manuskripte, in: MEW, Bd. 40, S. 566.

5 Zum »heiligen Hunger« siehe John Taylor: Multum in Parvo, zitiert nach Amussen: Caribbean Exchanges, S. 58.

6 Peppmüller: Solons Gedichte, S. 8.

7 William Shakespeare: Der Sturm. Zweisprachige Ausgabe, Cadolzburg 2001, 1. Akt, 1. Szene.

Doch viele kamen auch auf der anderen Seite des Ozeans an, und ihr Blut vermischte sich mit Tabak, Indigo, Kaffee, Zucker, Baumwolle ... und Geld – immer wieder Geld. Ihre Besitzer versuchten, sie in soziale Tote zu verwandeln, in Zombie-Arbeiter. Aber ihre Lieder, ihre Geschichten, ihre Freiheitsträume bewahrten die verborgene Kraft der Zombies: das Erwachen.[8]

»Sind wir nicht euer Geld?«, fragte der Versklavte in Tryons »Friendly Advice to the Gentelmen [sic] Planters of the East and West Indies« (1684).[9] In der Tat, das waren sie. Wie ein Pflanzer in Saint-Domingue angesichts von Sklavenaufständen feststellte: »Unsere Vermögen stecken in diesen Sklaven.«[10] Dies war sowohl ihr Leid als auch ihre Macht. Denn diejenigen, deren Arbeit den Reichtum dieser Welt hervorbringt, haben auch die Macht, diese Welt neu zu gestalten. Und auf den Zuckerplantagen von Saint-Domingue lebten und arbeiteten die Sklaven in Gemeinschaften von Hunderten Menschen, weshalb sie, wie C. L. R. James feststellte, einem modernen Proletariat ähnlicher waren »als irgendeine andere Gruppe von Arbeitern zu jener Zeit«.[11] Ihr Potenzial zum kollektiven Aufbegehren, zur Umwälzung der Welt, verfolgte die Herren bis in die Träume – wie auch der Name Toussaint Louvertures.[12] So sehr sie es auch leugnen mochten, die Unterdrücker spürten die Fähigkeit der Versklavten zu jener dialektischen Umkehrung, die zur Befreiung führt.[13]

Heute sind die Erinnerungen an die Freiheitskämpfe eine Ressource für die Kämpfe von Unterdrückten. Sie sind Wegweiser auf dem Weg zu einem Leben »ohne Angst im Herzen«, um noch einmal den griechischen Lyriker George Seferis zu zitieren.[14] Sie sind »als Zuversicht, als Mut, als Humor, als List, als Unentwegtheit« präsent, die die Tradition der Unterdrückten am Leben erhalten.[15] Sie nähren den »Glauben« und »die leuchtende Wut«, von der Kushner sagt, sie sei es »würdig, sie menschlich zu nennen«. Sie sind der Grund dafür, warum die Vorstellung der Befreiung trotz einer Wirklichkeit von Gewalt, Hunger, Unfreiheit und katastrophalem Klimawandel nicht stirbt.

8 McNally: Conclusion, in: Monsters of the Market.

9 Thomas Tryon: Friendly Advice to the Gentelmen [sic] Planters of the East and West Indies, London 1684, S. 214. Wie Deborah Valenze feststellt, »präsentierte Tryon einen versklavten Afrikaner im Besitz einer komplexen Subjektivität«. Siehe Valenze: The Social Life of Money, S. 227.

10 Zitiert nach Laurent Dubois: Avengers of the New World. The Story of the Haitian Revolution, Cambridge 2004, S. 141f.

11 James: Die schwarzen Jakobiner, S. 90.

12 Matthew Clavin: Toussaint Louverture and the American Civil War. The Promise and Peril of a Second Haitian Revolution, Philadelphia 2010.

13 »Nun aber zerstört es dies fremde Negative« – Hegel: Phänomenologie des Geistes, S. 154.

14 Das Zitat von Seferis stammt aus dem Gedicht »Ein Greis am Flussufer«, das zu Beginn dieser Schlussfolgerung zitiert wurde. Seferis' Verweis auf ein Leben »ohne Angst im Herzen« erinnert an den Satz der Sängerin Nina Simone: »Freiheit ist ein Gefühl! Freiheit ist keine Angst!« (Nina Simone im Dokumentarfilm »What Happened Miss Simone?« von Liz Garbus).

15 Benjamin: Geschichtsphilosophische Thesen, S. 80.

* * *

»Ich höre eine Trommel, die am anderen Ufer des Flusses schlägt. Eine Brise rührt sich und fängt sie ein. Das nachhallende Dröhnen wird vom Wind getragen.«[16] In seinem Sonett für Toussaint Louverture aus dem Jahr 1802 nannte William Wordsworth diese Brise »*the common wind*«, den gemeinsamen Wind.[17] Sie spricht von Hoffnung und Widerstand. Von einer Welt ohne Krieg und Grausamkeit. Von einem Ende der Ketten der Unterdrückung.
Sie flüstert: *Kein Blut mehr für Geld.*

16 Caryl Phillips: Crossing the River, Toronto 1993, S. 235.

17 Siehe William Wordsworth: To Toussaint L'Ouverture, in: Morning Post, London, 2. Februar 1803. Wordsworths Begriff verwendete Julius S. Scott einfühlsam in »The Common Wind: Afro-American Currents in the Age of the Haitian Revolution« (London/New York 2018).

Literatur

Siglen und Literatur von Karl Marx

MEW Karl Marx/Friedrich Engels: Werke, Berlin 1956 ff.

Karl Marx: Auszüge aus James Mills »Eléments d'économie politique« [1844], in: MEW, Bd. 40.

Karl Marx: Lohnarbeit und Kapital [1849], in: MEW, Bd. 6.

Karl Marx: Rede auf der Jahresfeier des »People's Paper« [1856], in: MEW, Bd. 12.

Karl Marx: Zur Kritik der Politischen Ökonomie. Erstes Heft. Berlin 1859, in: MEW, Bd. 13.

Karl Marx: Das Kapital. Kritik der politischen Ökonomie. Erster Band. Buch I: Der Produktionsprozeß des Kapitals. Vierte, durchgesehene Auflage. Herausgegeben von Friedrich Engels. 1890 [1867], in: MEW, Bd. 23.

Karl Marx: Das Kapital. Kritik der politischen Ökonomie. Dritter Band. Buch III: Der Gesamtprozeß der kapitalistischen Produktion. Herausgegeben von Friedrich Engels. Hamburg 1894, in: MEW, Bd. 25.

Monografien und Aufsätze

Abulafia, David: Das Mittelmeer. Eine Biografie (aus dem Englischen von Michael Bischoff), Frankfurt a. M. 2014.

Abu-Lughod. Janet: Before European Hegemony. The World System, A.D. 1250–1350, New York 1989.

Addison, Joseph: The Tatler, Nr. 249, 11.11.1710, online unter: https://quod.lib.umich.edu/e/ecco/004786805.0001.000/1:64.

Allen, Theodore: The Invention of the White Race, 2 Bde., London/New York 1994 [Bd. 1 auf Deutsch: Die Erfindung der weißen Rasse. Rassistische Unterdrückung und soziale Kontrolle (aus dem Amerikanischen von Dagmar Ganßloser und Jürgen Schneider), Berlin 1998].

Amussen, Susan Dwyer: Caribbean Exchanges: Slavery and the Transformation of English Society, 1640–1700, Chapel Hill 2007.

Anderson, Fred/Cayton, Andrew: The Dominion of War. Empire and Liberty in North America, 1500–2000, New York 2005.

Anderson, Gary Clayton: Ethnic Cleansing and the Indian. The Crime That Should Haunt America, Norman 2014.

Anderson, Matthew S.: War and Society in Europe of the Old Regime 1618–1780, Leicester 1988.

Anderson, Perry: Von der Antike zum Feudalismus. Spuren der Übergangsgesellschaften (aus dem Englischen von Angelika Schweikhart), Frankfurt a. M. 1978.

Andreau, Jean/Descat, Raymond: The Slave in Ancient Greece and Rome, Madison 2011.

Andrews, Kenneth R.: Elizabethan Privateering: English Privateering during the Spanish War, 1585–1603, Cambridge 1964.

Andrews, Kenneth R.: Trade, Plunder and Settlement, Cambridge 1984.

Anonymous: A ruful complaynt of the publyke weale to England, London 1550.

Appleby, Joyce: Economic Thought and Ideology in Seventeenth-Century England, Princeton 1978.

Arendt, Hannah: Elemente und Ursprünge totaler Herrschaft [1951], München 1986.

Aristophanes: Die Frösche, online unter: https://www.projekt-gutenberg.org/aristoph/arfroesc/arfroe05.html.

Aristophanes: Plutos, eine Komödie (übersetzt und herausgegeben von C. P. Conz), Tübingen 1807.

Aristoteles: Nikomachische Ethik (übersetzt von J. H. von Kirchmann), Leipzig 1876.

Aristoteles: Der Staat der Athener, in: Werke, Bd. 10, Teil 1, hrsg. von Hellmut Flashar, Berlin 1990.

Aristoteles: Politik (übersetzt von Eckart Schütrumpf), Hamburg 2012.

Aristoteles: Rhetorik (übersetzt von Gernot Krapinger), Stuttgart 2019.

Armstrong, Philip/Glyn, Andrew/Harrison, John: Capitalism Since World War II. The Making and Breakup of the Great Boom, London 1984.

Ashton, Thomas S.: The Industrial Revolution, 1760–1830, London 1948.

Aston, Trevor H./Philpin, Charles H. E. (Hrsg.): The Brenner Debate: Agrarian Class Structure and Economic Development in Pre-Industrial Europe, Cambridge 1985.

Atwell, William S.: Time, Money, and the Weather: Ming China and the »Great Depression« of the Mid-fiftenth Century, in: Journal of Asian Studies, 1/2002.

Aufhauser, R. Keith: Slavery and Scientific Management, in: Journal of Economic History, 4/1973.

Austen, Ralph A.: The Trans-Saharan Slave Trade: A Tentative Census, in: Gemery, Henry A./Hogendorn, Jan S. (Hrsg.): The Uncommon Market: Essays in the Economic History of the Atlantic Slave Trade, New York 1979, S. 23–76.

Bairoch, Paul: Commerce international et genèse de la revolution industrielle anglaise, in: Annales, 27/1973.

Bakir, Abd al-Muhsin: Slavery in Pharaonic Egypt, Kairo 1952.

Ball, Margaret Haig Roosevelt Sewall: Grim Commerce. Scalps, Bounties, and the Transformation of Trophy-Taking in the Early American Northwest, 1450–1770 (Dissertation an der University of Colorado), Boulder 2013.

Banaji, Jairus: Modes of Production in a Materialist Conception of History, in: Capital and Class, 3/1977.

Banaji, Jairus: Agrarian Change in Late Antiquity, Oxford 2002.

Banaji, Jairus: Theory as History: Essays on Modes of Production and Exploitation, Leiden 2010.

Banaji, Jairus: Guide de lecture: Pour une historiographie du capitalisme marchand, in: Période, 4/2017, online unter http://revueperiode.net/breve-bibliographie-annotee-sur-le-capitalisme-marchand/.

Baptist, Edward E.: Toxic Debt, Liar Loans, Collateralized and Securitized Human Beings, and the Panic of 1837, in: Zakim/Kornblith: Capitalism Takes Command.

Baptist, Edward E.: The Half Has Never Been Told. Slavery and the Making of American Capitalism, New York 2014.

Barbon, Nicholas: Discourse Concerning Coining the New Money Lighter, London 1696, online unter: http://name.umdl.umich.edu/A30882.0001.001.

Barnes, Diane/Schoen, Brian/Towers, Frank (Hrsg.): The Old South's Modern Worlds. Slavery, Region, and Nation in the Age of Progress, New York 2011.

Baucom, Ian: Specters of the Atlantic. Finance Capital, Slavery, and the Philosophy of History, Durham 2005.

Baudrillard, Jean: Die Transparenz des Bösen. Ein Essay über extreme Phänomene (aus dem Französischen von Michael Ott), Berlin 1992.

Baudrillard, Jean: Der symbolische Tausch und der Tod (aus dem Französischen von Gerd Bergfleth, Gabriele Ricke und Ronald Voullié), Berin 2011.

Bean, Richard: War and the Birth of the Nation State, in: Journal of Economic History, 1/1973.

Beckert, Sven: King Cotton. Eine Geschichte des globalen Kapitalismus, München 2014.

Beckles, Hilary M.: White Servitude and Black Slavery in Barbados, 1627–1715, Knoxville 1989.

Beier, A. Lee: Social Problems in Elizabethan London, in: Journal of Interdisciplinary History, 2/1978.

Benjamin, Walter: Einbahnstraße [1928], in: Kritische Gesamtausgabe, Bd. 8, Frankfurt a. M. 2009.

Benjamin, Walter: Über den Begriff der Geschichte [1940], in: Gesammelte Schriften I-1, Frankfurt a. M. 1991.

Benjamin, Walter: Zur Kritik der Gewalt und andere Aufsätze, Frankfurt a. M. 1965.

Benveniste, Émile: Indo-European Language and Society, Coral Gables 1973.

Berg, Maxine: The Age of Manufactures, 1700–1820, London 1985.

Berg, Ole: Making Money. The Philosophy of Crisis Capitalism, London/New York 2014.

Beringer, Walter: »Servile Status« in the Sources for Early Greek History, in: Historia, 1/1982.

Bhattacharya, Tithi: Women Are Leading the Wave of Strikes in America. Here's Why, in: The Guardian, 10.4.2018.

Bhattacharya, Tithi/Blanc, Eric/Griffiths, Kate Doyle/Weiner, Lois: Return of the Strike. A Forum on the Teachers' Rebellion in the United States, in: Historical Materialism, 17.12.2018, online unter: http://www.historicalmaterialism.org/articles/return-strike.

Biggs, Norman: Quite Right. The Story of Mathematics, Measurement, and Money, Oxford 2016.

Bindhoff, Stanley T.: Ket's Rebellion, London 1949.

Blackburn, Robin: The Making of New World Slavery. From the Baroque to the Modern, London/New York 1997.

Blanc, Eric: Betting on the Working Class, in: Jacobin, 29.5.2018.

Blewett, Mary H.: Men, Women, and Work. Class, Gender, and Protest in the New England Shoe Industry, 1780–1910, Urbana 1988.

Bloch, Ernst: Das Prinzip Hoffnung, Bd. 1, Frankfurt a. M. 1985.

Bloch, Marc: Die Feudalgesellschaft (aus dem Französischen von Eberhard Bohm), Frankfurt a. M./Wien/Berlin 1982.

Block, Fred L.: The Origins of International Economic Disorder, Berkeley 1977.

Bohannan, Paul: The Impact of Money on an African Subsistence Economy, in: Journal of Economic History, 4/1959.

Bois, Guy: Crise du féodalisme, Paris 1976.

Bois, Guy: Umbruch im Jahr 1000 (aus dem Französischen von Jochen Grube), Stuttgart 1993.

Bois, Guy: La Grande Dépression medievale, Paris 2000.

Bordo, Michael D.: The Gold Standard. The Traditional Approach, in: Bordo, Michael D./Schwartz, Anna J. (Hrsg.): A Retrospective on the Classical Gold Standard, 1821–1931, Chicago 1984.

Brailsford, Henry N.: The Levellers and the English Revolution, Stanford 1961.

Brandon, Pepijn: War, Capital, and the Dutch State, 1588–1795, Leiden 2015.

Brantlinger, Patrick: Fictions of State. Culture and Credit in Britain, 1694–1994, Ithaca 1996.

Braudel, Fernand: Geschichte und Sozialwissenschaften. Die longue durée, in: Bloch, Marc/Honegger, Claudia (Hrsg.): Schrift und Materie der Geschichte. Vorschläge zur systematischen Aneignung historischer Prozesse, Frankfurt a. M. 1987.

Brenner, Robert: The Social Basis of English Commercial Expansion, 1550–1650, in: Journal of Economic History, 1/1972.

Brenner, Robert: The Agrarian Roots of European Capitalism, in: Aston/Philpin: The Brenner Debate.

Brenner, Robert: The Low Countries in the Transition to Capitalism, in: Journal of Agrarian Change, 2/2001.

Brenner, Robert: Merchants and Revolution, London 2003.

Brewer, John: The Sinews of Power. War, Money, and the English State, 1688–1783, Cambridge 1990.

Briscoe, John: A Discourse on the Late Funds of the Million-Act, and Bank of England, London 1694, online unter: https://quod.lib.umich.edu/e/eebo/A29540.0001.001?view=toc.

Brown, Vincent: The Reaper's Garden. Death and Power in the World of Atlantic Slavery, Cambridge 2008.

Broz, J. Lawrence: The Origins of Central Banking: Solutions to the Free Rider Problem, in: International Organization, 2/1998.

Broz, J. Lawrence: Origins of the Federal Reserve System: International Incentives and the Domestic Free Rider Problem, in: International Organisation, 1/1999.

Bryan, Steven: The Gold Standard at the Turn of the Twentieth Century. Rising Powers, Global Money, and the Age of Empire, New York 2010.

Buck-Morss, Susan: Hegel und Haiti (übersetzt von Laurent Faasch-Ibrahim), Berlin 2011.

Bunyan, John: Die Pilgerreise (bearbeitet von Joachim Martin unter Verwendung der älteren Übersetzungen von 1713, 1858 und 1869), Zürich 1988.

Burkert, Walter: The Orientalizing Revolution. Near Eastern Influence on Greek Culture in the Early Archaic Age, Cambridge 1992.

Burn, Gary: The Reemergence of Global Finance, Basingstoke 2006.

Burnard, Trevor: Planters, Merchants, and Slaves. Plantation Societies in British North America, 1650–1820, Chicago 2015.

Buzzanco, Robert: Vietnam and the Transformation of American Life, Oxford 1999.

Byers, Terence J.: Capitalism from Above and Capitalism from Below. An Essay in Comparative Political Economy, Houndmills 1996.

Byers, Terence J.: Differentiation of the Peasantry under Feudalism and the Transition to Capitalism. In Defence of Rodney Hilton, in: Journal of Agrarian Change, 1/2006.

Caffentzis, George: Clipped Coins, Abused Words, and Civil Government, New York 1989.

Cameron, Rondo: England 1750–1844, in: Cameron, Rondo u. a.: Banking in the Early Stages of Industrialization, Oxford 1967.

Camfield, David: The Multitude and the Kangaroo. A Critique of Hardt and Negri's Theory of Immaterial Labour, in: Historical Materialism, 2/2007.

Campbell, Margaret: The English Yeoman under Elizabeth and the Early Stuarts, New Haven 1942.

Canny, Nicholas: The Elizabethan Conquest of Ireland. A Pattern Established 1565–76, Brighton 1976.

Canny, Nicholas: Kingdom and Colony. Ireland in the Atlantic World 1560–1800, Baltimore 1988.

Carchedi, Guglielmo: For another Europe. A Class Analysis of European Economic Integration, London/New York 2001.

Carruthers, Bruce G.: City of Capital. Politics and Markets in the English Financial Revolution, Princeton 1996.

Caswell, Fuad Matthew: The Slave Girls of Baghdad, London 2011.

Chaber, Lois A.: Matriarchal Mirror: Women and Capital in Moll Flanders, in: Lund, Roger D. (Hrsg.): Critical Essays on Daniel Defoe, New York 1997.

Chan, Chris King-Chi: The Challenge of Labour in China: Strikes and the Changing Labour Regime in Global Labour Factories, Ithaca 2010.

Chandler, Lester V.: Benjamin Strong, Central Banker, Washington 1958.

Chesnais, François: Finance Capital Today: Corporations and Banks in the Lasting Global Slump, Chicago 2017.

Cicero: Atticus-Briefe, unter: http://thelatinlibrary.com/cicero/att5.shtml.

Clapham, John: The Bank of England. A History, Bd. 1, 1694–1797, Cambridge 1966.

Clark, Christopher: The Roots of Rural Capitalism. Western Massachusetts, 1780–1860, Ithaca 1990.

Clark, Christopher: The Agrarian Context of American Capitalist Development, in: Zakim/Kornblith: Capitalism Takes Command.

Clavin, Matthew: Toussaint Louverture and the American Civil War. The Promise and Peril of a Second Haitian Revolution, Philadelphia 2010.

Clegg, John: Capitalism and Slavery, in: Critical Historical Studies, 2/2015.

Cobbett, William: Cobbett's Complete Collection of State Trials and Proceedings for High Treason and Other Crimes and Misdemeanours, hrsg. von Thomas B. Howell, Bd. 14, London 1809.

Cohen, Edward E.: An Unprofitable Masculinity, in: Cartledge, Paul/Cohen, Edward E./Foxhall, Lin (Hrsg.): Money, Labour and Land, Abingdon 2001.

Coldham, Peter Wilson: Emigrants in Chains. A Social History of Forced Emigration to the Americas, 1607–1776, Baltimore 1992.

Cook, Robert M.: Speculations on the Origins of Coinage, in: Historia, 3/1958.

Cooke, Bill: The Denial of Slavery in Management Studies, in: Journal of Management Studies, 8/2003.

Copeland, Edith Ayres: The Institutional Setting of Plato's Republic, in: International Journal of Ethics, 3/1924.

Courbin, Paul: Dans la Grèce archaïque: Valeur comparé du fer et de l'argent lors de l'introduction du monnayage, in: Annales, 14/1959.

Crafts, Nicholas F. R.: British Economic Growth, in: Economic History Review, 2/1983.

Craig, John: Isaac Newton and the Counterfeiters, in: Notes and Records of the Royal Society of London, 2/1963.

Cranston, Maurice: John Locke: A Biography, London 1957.

Cronon, William: Nature's Metropolis. Chicago and the Great West, New York 1991.

Cross, Harry E.: South American Bullion Production and Export, 1550–1750, in: Richards, John F. (Hrsg.): Precious Metals in the Later Medieval and Early Modern Worlds, Durham 1983.

Curtin, Philip D.: The Atlantic Slave Trade. A Census, Madison 1969.

Dalby, Andrew: Rediscovering Homer: Inside the Origins of the Epic, New York 2006.

Davanzati, Barnardo: A Discourse upon Coins [1588] (übersetzt von John Toland), London 1969, online unter: https://avalon.law.yale.edu/16th_Century/coins.asp.

Davenant, Charles: The Political and Commercial Works of the Celebrated Writer Charles Davenant, 5 Bde., herausgegeben von Charles Whitworth, London 1771.

Davies, Glyn: A History of Money. From Ancient Times to the Present Day, Cardiff 2002.

Davies, John: Historical Tracts, London 1786.

Davis, Ralph: English Foreign Trade, 1700–1774, in: Economic History Review, 2/1962.

Dawley, Alan: Class and Community. The Industrial Revolution in Lynn, Cambridge 1976.

Day, John: The Great Bullion Famine of the Fifteenth Century, in: Past and Present, 5/1979.

de Brunhoff, Suzanne: Marx on Money, New York 1976.

de Goede, Marieke: Virtue, Fortune, and Faith. A Genealogy of Finance, Minneapolis 2005.

de Grazia, Margreta: Teleology, Delay and the »Old Mole«, in: Shakespeare Quarterly, 3/1999.

de Ste. Croix, Geoffrey Ernest Maurice: The Class Struggle in the Ancient Greek World, London 1981.

Deane, Phyllis: The First Industrial Revolution, Cambridge 1979.

Debates of the House of Commons. From the Year 1667 to the Year 1694, Bd. 10, London 1763.

Defoe, Daniel: Review of the State of the English Nation, 12.1.1706, in: Defoe's Review. In 22 Facsimile Books, New York 1938, online unter: https://babel.hathitrust.org/cgi/pt?id=mdp.39015019363376;view=1up;seq=37.

Defoe, Daniel: A True Account of the Design, and Advantages of the South-Sea Trade, London 1711, online unter: https://quod.lib.umich.edu/e/ecco/004834143.0001.000?view=toc.

Defoe, Daniel: Robinson Crusoe [1719], Harmondsworth 2001.

Defoe, Daniel: Glück und Unglück der berühmten Moll Flanders [1722], (übersetzt von Hedda und Arthur Möller-Bruck), München 1903.

Defoe, Daniel: Colonel Jack, in: Defoe's Works, Bd. 1, London 1882.

Derrida, Jacques: Falschgeld. Zeit geben I (aus dem Französischen von Andreas Knop und Michael Wetzel), München 1993.

Desan, Christine: Making Money. Coin, Currency, and the Coming of Capitalism, Oxford 2014.

Desmonde, William H.: Magic, Myth, and Money, New York 1962.

Deyle, Steven: Rethinking the Slave Trade. Slave Traders and the Market Revolution in the South, in: Barnes/Schoen/Towers: The Old South's Modern Worlds.

Dicken, Peter: Global Shift. Reshaping the Global Economic Map in the 21st Century, New York 2003.

Dickson, Peter G. M.: The Financial Revolution in England, London 1967.

Dignas, Beate: Economy of the Sacred in Hellenistic and Roman Asia Minor, Oxford 2002.

Dimmock, Spencer: The Origin of Capitalism in England, 1400–1600, Chicago 2015.

Dobb, Maurice: Entwicklung des Kapitalismus vom Spätmittelalter bis zu Gegenwart, Köln/Berlin 1972.

Donlan, Walter: Reciprocities in Homer, in: Classical World, 3/1982.

Drummond, Ian M.: The Gold Standard and the International Monetary System, London 1987.

Du Bois, W. E. B.: Black Reconstruction in America, 1860–1880 [1935], New York 1992.

Dubois, Laurent: Avengers of the New World. The Story of the Haitian Revolution, Cambridge 2004.

duBois, Page: Torture and Truth, London 1991.

duBois, Page: Slaves and Other Objects, Chicago 2003.

Duby, Georges: Rural Economy and Country Life in the Medieval West, Columbia 1968.

Duby, Georges: Krieger und Bauern. Die Entwicklung von Wirtschaft und Gesellschaft im frühen Mittelalter (aus dem Französischen von Grete Osterwald), Frankfurt a. M. 1981.

Duby, Georges: Die Landwirtschaft im Mittelalter, 900–1500, in: Cipolla, Carlo M. (Hrsg.): Europäische Wirtschaftsgeschichte, Bd. 1., Mittelalter, Stuttgart/New York 1983.

Duffy, Michael (Hrsg.): The Military Revolution and the State, Exeter 1980.

Dunbar-Ortiz, Roxanne: An Indigenous Peoples' History of the United States, Boston 2014.

Dunn, Richard S.: Sugar and Slaves. The Rise of the Planter Class in the English West Indies, 1624–1713, New York 1972.

Durand, Cédric: Fictitious Capital: How Finance Is Appropriating Our Future, London/New York 2017.

Dyer, Christopher: An Age of Transition? Economy and Society in England in the Later Middle Ages, Oxford 2005.

Eagleton Catherine/Williams, Jonathan: Money: A History, London 2007.

Egnals, Marc: Counterpoint. What If Genovese Is Right? The Premodern Outlook of Southern Planters, in: Barnes/Schoen/Towers: The Old South's Modern Worlds.

Eichengreen, Barry: Golden Fetters: The Gold Standard and the Great Depression, 1919–1939, New York 1995.

Eichengreen, Barry: Vom Goldstandard zum Euro. Die Geschichte des internationalen Währungssystems (aus dem Amerikanischen von Udo Rennert und Wolfgang Rhiel), Berlin 2000.

Eichengreen, Barry: Exorbitant Privilege. The Rise and Fall of the Dollar and the Future of the International Monetary System, Oxford 2011.

Einzig, Paul: Primitive Money. In Its Ethnological, Historical, and Economic Aspects, Oxford 1966.

Elliott, John H.: Imperial Spain, 1469–1716, New York 1966.

Eltis, David: The Rise of African Slavery in the Americas, Cambridge 2000.

Eltis, David/Lewis, Frank D./Richardson, David: Slave Prices, the Africa Slave Trade, and Productivity in the Caribbean, 1674–1807, in: Economic History Review, 4/2005.

Elton, Geoffrey R.: England unter den Tudors (aus dem Englischen von Suzanne Annette Gangloff), München 1983.

Emmer, Peter C. (Hrsg.): Colonialism and Migration. Indentured Labour before and after Slavery, Leiden 1986.

Fallows, James: »Be Nice to the Countries that Lend You Money!«, in: Atlantic, 12/2008, online unter: https://www.theatlantic.com/magazine/archive/2008/12/be-nice-to-the-countries-that-lend-you-money/307148/.

Farnell, James E.: The Navigation Act of 1651, the First Dutch War, and the London Merchant Community, in: Economic History Review, 3/1964.

Farr, James: Locke, Natural Law, and New World Slavery, in: Political Theory, 4/2008.

Feinstein, Charles H.: Capital Expenditure in Great Britain, in: Cambridge Economic History of Europe, Cambridge 1978.

Fieberger, Brett: Rethinking the Financialisation of Non-financial Corporations. A Reappraisal of US Empirical Data, in: Review of Political Economy, 3/2016.

Figueria, Thomas/Nagy, Gregory (Hrsg.): Theognis von Megara. Poetry and the Polis, Baltimore 1985.

Filmer, Robert: Patriarcha, or the Natural Power of Kings, London 1680, online unter: https://oll.libertyfund.org/titles/filmer-patriarcha-or-the-natural-power-of-kings.

Finkelman, Paul/Miller, Joseph C. (Hrsg.): Macmillan Encyclopedia of World Slavery, New York 1998.

Finley, Moses I.: Marriage, Sale, and Gift in the Homeric World, in: Seminar, 12/1954.

Finley, Moses I.: Between Slavery and Freedom, in: Comparative Studies in Society and History, 3/1964.

Finley, Moses I.: Economy and Society in Ancient Greece, London 1981.

Finley, Moses I.: Ancient Slavery and Modern Ideology, Harmondsworth 1983.

Fisher, Nicolas Ralph Edmund: Slavery in Classical Greece, London 1993.

Fitzgerald, Frances: Fire in the Lake. The Vietnamese and the Americans in Vietnam [1972], New York 1989.

Fleetwood, Steve: A Marxist Theory of Commodity Money Revisited, in: Smithin, John (Hrsg.): What Is Money?, London 2000.

Flint, Christopher: Speaking Objects. The Circulation of Stories in Eighteenth-Century Prose Fiction, in: Publications of the Modern Languages Association, 2/1998.

Foley, Duncan: Marx's Theory of Money in Historical Perspective, in: Moseley, Fred (Hrsg.): Marx's Theory of Money, Houndmills 2005.

Forrest, William G.: The Emergence of Greek Democracy, 800–400 BC, New York 1966.

Fox-Genovese, Elizabeth/Genovese, Eugene: Fruits of Merchant Capital. Slavery and Bourgeois Property in the Rise and Expansion of Capitalism, New York 1983.

Franklin, Benjamin: A Modest Enquiry into the Nature and Necessity of a Paper-Currency, Philadelphia 1729, online unter: https://founders.archives.gov/documents/Franklin/01-01-02-0041.

Frankopan, Peter: The Silk Roads. A New History of the World, New York 2015.

Freeman, Richard: The Great Doubling. The Challenge of the New Global Labor Market, August 2006, online unter: https://eml.berkeley.edu/~webfac/eichengreen/e183_sp07/great_doub.pdf.

Frieden, Jeffry A.: Global Capitalism. Its Fall and Rise in the Twentieth Century, New York 2006.

Gagarin, Michael:The Torture of Slaves in Athenian Law, in: Classical Philology, 1/1986.

Galbraith, John Kenneth: Der amerikanische Kapitalismus im Gleichgewicht der Wirtschaftskräfte (aus dem Englischen), Stuttgart/Wien/Zürich 1956.

Galbraith, John Kenneth: Gesellschaft im Überfluss (aus dem Amerikanischen von Rudolf Mühlfenzl), München 1959.

Galbraith, John Kenneth: Geld. Woher es kommt, wohin es geht (aus dem Amerikanischen von Karl Otto von Czernicki), München/Zürich 1976.

Galbraith, John Kenneth: Der große Crash 1929. Ursachen, Verlauf, Folgen [1954], (aus dem Englischen von Renate Oettinger), München 2005.

Garlan, Yvon: Slavery in Ancient Greece, Ithaca 1988.

Gemery, Henry A.: Markets for Migrants. English Indentured Servants and Emigration in the Seventeenth and Eighteenth Centuries, in: Emmer: Colonialism and Migration.

Genovese, Eugene: The Political Economy of Slavery. Studies in the Economy and Society of the Slave South, New York 1967.

Gentles, Ian: The New Model Army in England, Ireland, and Scotland, 1645–1653, Oxford 1992.

Gernet, Louis: Value in Greek Myth, in: Gordon, Richard. L. (Hrsg.): Myth, Religion, and Society, Cambridge 1981.

Gerstenberger, Heide: Die subjektlose Gewalt. Theorie der Entstehung bürgerlicher Staatsgewalt, 3. Auflage, Münster 2017.

Geva, Benjamin: The Payment Order of Antiquity and the Middle Ages. A Legal History, Oxford 2011.

Gillis, John R. Islands in the Making of an Atlantic Oceana, in: Bentley, Jerry H./Bridenthal, Renate/Wigen, Karen (Hrsg.): Seascapes: Maritime Histories, Littoral Cultures, and Transoceanic Exchanges, Honolulu 2007.

Glatthaar, Joseph T.: Forged in Battle. The Civil War Alliance of Black Soldiers and White Officers, New York 1990.

Gleick, James: Isaac Newton. Die Geburt des modernen Denkens (aus dem Amerikanischen von Angelika Beck), Düsseldorf/Zürich 2004.

Gloystein, Henning: Shanghai Crude Futures Eat into Western Benchmarks as China Pushes Yuan, in: Reuters, 30.8.2018, online unter: https://www.reuters.com/article/us-china-crude- oil-futures-analysis/shanghai-crude-futures-eat-into-western-benchmarks-as-china-pushes-yuan-idUSKCN1LF2RE.

Goodchild, Philip: Theology of Money, Durham 2009.

Goody, Jack: Entwicklung von Ehe und Familie in Europa (aus dem Englischen von Eva Horn), Frankfurt a. M. 1989.

Gordon, Avery: Ghostly Matters. Haunting and the Sociological Imagination, Minneapolis 1997.

Gould, John: Give and Take in Herodotus, Oxford 1991.

Graeber, David: Schulden: Die ersten 5000 Jahre, Stuttgart 2012.

Greenleaf, William: Introduction, in: Greenleaf, William (Hrsg.): American Economic Development Since 1860, New York 1968.

Gregory, Derek: Geographical Imaginations, Oxford 1994.

Grenier, John: The First Way of War. American War Making on the Frontier, 1607–1814, New York 2005.

Grierson, Philip: The Origins of Money, in: Research in Economic Anthropology, 1/1978.

Griffiths, Kate Doyle: When Women Organize We Win. Lessons from the West Virginia Teachers' Strike, in: Truthout, 7.3.2018.

Grotius, Hugo: The Rights of War and Peace, Indanapolis 2005.

Guttman, Robert: How Credit-Money Shapes the Economy. The United States in a Global System, Armonk 1994.

Guy, John: Tudor England, Oxford 1988.

Hahn, Stephen/Prude, Jonathan: The Countryside in the Age of Capitalist Transformation, Chapel Hill 1985.

Haley, Kenneth H. D.: The First Earl of Shaftesbury, Oxford 1968.

Hallam, Herbert E.: Population Density in the Medieval Fenland, in: Economic History Review, 4/1961.

Hammond, Bray: Banks and Politics in America from the Revolution to the Civil War, Princeton 1957.

Hammond, Bray: Sovereignty and an Empty Purse. Banks and Politics in the Civil War, Princeton 1970.

Hammond, Nicholas G. L.: Alexander the Great, Bristol 1994.

Hampton, Matt: Hegemony, Class Struggle, and the Radical Historiography of Global Monetary Standards, in: Capital and Class, 89/2006.

Hansen, Mogens Herman: Polis. An Introduction to the Ancient Greek City-State, Oxford 2006.

Hanson, Victor D.: Hoplites into Democrats: The Changing Ideology of Athenian Infantry: in: Ober, Josiah/Hedrick, Charles (Hrsg.): Demokratia. A Conversation on Democracies, Ancient and Modern, Princeton 1997.

Harding, Vincent: There Is a River. The Black Struggle for Freedom in America, San Diego 1981.

Hardt, Michael/Negri, Antonio: Empire, Frankfurt a. M. 2002.

Hardt, Michael/Negri, Antonio: Multitude, Frankfurt a. M. 2004.

Harrison, Jane Ellen: Ancient Art and Ritual, Bradford-on-Avon 1978.

Harvey, David: The Limits to Capital, Chicago 1982.

Harvey, David: Der neue Imperialismus, Hamburg 2005.

Hatcher, John: English Serfdom and Villeinage: Towards a Reassessment, in: Past and Present, 2/1981.

Hay, Douglas/Linebaugh, Peter/Rule, John G./Thompson, Edward P./ Winslow, Cal (Hrsg.): Albion's Fatal Tree. Crime and Society in Eighteenth-Century England, New York 1975.

Hegel, Georg Wilhelm Friedrich: Die Phänomenologie des Geistes [1807], in: Werke [in 20 Bänden], Bd. 3, Frankfurt a. M. 1970.

Hegel, Georg Wilhelm Friedrich: Vorlesungen über die Philosophie der Geschichte [1837], in: Werke [in 20 Bänden], Bd. 12, Frankfurt a. M. 1970.

Hepburn, A. Barton: A History of Currency in the United States, New York 1915.

Heraklit: Fragmente, in: Hermann Diels (Hrsg.): Die Fragmente der Vorsokratiker, 1. Band, Berlin 1922.

Herodot: Historien. Erster Band. Bücher I bis IV (herausgegeben von Josef Feix), Düsseldorf 2006.

Herring, George C.: From Colony to Superpower. US Foreign Relations since 1777, New York 2008.

Hesiod: Werke und Tage (übersetzt von Otto Schönberger), Stuttgart 2016.

Hill, Christopher: The World Turned Upside Down, Harmondsworth 1968.

Hill, Christopher: A Century of Revolution, London 1969.

Hill, Christopher: God's Englishman. Oliver Cromwell and the English Revolution, New York 1970.

Hill, Christopher: A Bourgeois Revolution?, in: Pocock, John G. A. (Hrsg.): Three British Revolutions: 1641, 1688, 1776, Princeton 1980.

Hill, Christopher: Intellectual Origins of the English Revolution Revisited, Oxford 1997.

Hilton, Rodney: The Decline of Serfdom in Medieval England, London 1969.

Hilton, Rodney: Bond Men Made Free: Medieval Peasant Movements and the English Rising of 1381, London 1973.

Hilton, Rodney: The English Peasantry in the Later Middle Ages, Oxford 1975.

Hilton, Rodney (Hrsg.): Peasants, Knights and Heretics: Studies in Medieval English Social History, Cambridge 1976.

Hilton, Rodney: A Crisis of Feudalism, in: Aston, Trevor H./Philpin, Charles H. E. (Hrsg.): The Brenner Debate: Agrarian Class Structure and Economic Development in Pre-Industrial Europe, Cambridge 1985.

Hilton, Rodney: Feudalism in Europe: Problems for Historical Materialists, in: Class Conflict and the Crisis of Feudalism. 2. Auflage, London 1990.

Hilton, Rodney: Class Conflict and the Crisis of Feudalism, London 1990

Hinshelwood, Brad: »The Carolinian Context of John Locke's Theory of Slavery«, in: Political Theory, 4/2013.

Hobbes, Thomas: Leviathan (aus dem Englischen von Walter Euchner, hrsg. von Iring Fetscher), Frankfurt a. M./Berlin/Wien 1976.

Hobsbawm, Eric: Das Zeitalter der Extreme. Weltgeschichte des 20. Jahrhunderts (aus dem Englischen von Yvonnne Badal), München 1998.

Hofstra, Warren (Hrsg.): George Washington and the Virginia Backcountry, Madison 1998.

Hollander, David B.: Veterans, Agriculture, and Monetization in the Late Roman Republic, in: Aubert, Jean-Jacques/Varhelyi, Zsuzsanna (Hrsg.): A Tall Order. Writing the Social History of the Ancient World, Leipzig 2005.

Homer: Ilias (Übersetzung durch Johann Heinrich Voß), Frankfurt a. M. 1990, online unter: online unter: https://www.projekt-gutenberg.org/homer/ilias/ilias.html.

Homer: Odyssee (übersetzt von Roland Hampe), Stuttgart 1998.

Hopkins, Keith: Conquerors and Slaves, Cambridge 1978.

Horkheimer, Max: Traditionelle und kritische Theorie: Fünf Aufsätze, Frankfurt a. M. 2011.

Horne, Gerald: The Apocalypse of Settler Colonialism. The Roots of Slavery, White Supremacy, and Capitalism in Seventeenth-Century North America and the Caribbean, New York 2018.

Horsefield, J. Keith: The Beginnings of Paper Money in England, in: Journal of European Economic History, 1/1977.

Horsefield, J. Keith: British Monetary Experiments, 1650–1710, Cambridge 1960.

Hoskins, William G.: The Midland Peasant, London 1957.

Hoskins, William G.: The Age of Plunder. The England of Henry VIII 1500–1547, London 1976.

Howell, Thomas B. (Hrsg.): Cobbett's Complete Collection of State Trials and Proceedings for High Treason and Other Crimes and Misdemeanours, Bd. 2, London 1809.

Howgego, Christopher: Geld in der Antiken Welt. Was Münzen über Geschichte verraten, Darmstadt 2000.

Huang, Betty/Xia, Le: What Do China's Renewed Opening Efforts Mean for Foreign Banks?, in: BBVA Research, Juni 2018, online unter: https://www.bbvaresearch.com/wp-content/uploads/2018/06/201806_China-Financial-Liberalization_HK-Chamber_EDI.pdf.

Hudson, Michael: Finanzimperialismus. Die USA und ihre Strategie des globalen Kapitalismus (aus dem Englischen von Stephan Gebauer und Thorsten Schmidt), Stuttgart 2017.

Humphrey, Caroline: Barter and Economic Disintegration, in: Man, 1/1985.

Humphreys, Sarah. C.: Anthropology and the Greeks, London 1978.

Hunter, Virginia: Constructing the Body of the Citizen: Corporal Punishment in Classical Athens, in: Échos du Monde Classique/Classical Views, 3/1992.

Inikori, Joseph E.: Slavery and the Development of Industrial Capitalism in England, in Solow, Barbara L./Engerman, Stanley L. (Hrsg.): British Capitalism and Caribbean Slavery. The Legacy of Eric Williams, Cambridge 1987.

Ivry, Bob/Keoun, Bradley/Kuntz, Phil: Secret Fed Loans Gave Banks $13 Billion Undisclosed to Congress, in: Bloomberg News, 27.11.2011, online unter: https://www.bloomberg.com/news/articles/2011-11-28/secret-fed-loans-undisclosed-to- congress-gave-banks-13-billion-income.

James, Cyril L. R.: The Black Jacobins: Toussaint L'Ouverture and the San Domingo Revolution, New York 1963 [Die schwarzen Jakobiner. Toussaint Louverture und die Haitianische Revolution, Berlin 2021].

Jenkinson, Hilary: Medieval Tallies, Public and Private, in: Archaeologia, 74/1925.

Johnson, Jerah: The Money=Blood Metaphor, in: Journal of Finance, 1/1966.

Johnson, Matthew: An Archaeology of Capitalism, London 1996.

Johnson, Steve: Rise of the renminbi is »story of the next cycle«, in: Financial Times, 25.4.2019.

Johnson, Walter: Soul by Soul. Life inside the Antebellum Slave Market, Cambridge 1999.

Johnstone, Charles: Chrysal: Or the Adventures of a Guinea, London 1769.

Jones, Dwyryd W.: War and Economy in the Age of William III and Marlborough, London 1988.

Joshel, Sandra R.: Slavery in the Roman World, Cambridge 2010.

Kamensky, Jane: The Exchange Artist, New York 2008.

Kantorowicz, Ernst H.: Die zwei Körper des Königs. Eine Studie zur politischen Theologie des Mittelalters (aus dem Englischen von Walter Theimer und Brigitte Hellmann), München 1990.

Kaplan, Abraham D. H.: The Liquidation of War Production, New York 1944.

Keane, Patrick J.: Slavery and the Slave Trade: Crusoe as Defoe's Representative, in: in: Lund, Roger D. (Hrsg.): Critical Essays on Daniel Defoe, New York 1997.

Kelly, Patrick Hyde (Hrsg.): Locke on Money, 2 Bde., Oxford 1991.

Kennedy, Hugh: The Great Arab Conquests, Philadelphia 2007.

Kennedy, Paul: Aufstieg und Fall der großen Mächte. Ökonomischer Wandel und militärischer Konflikt von 1500 bis 2000, Frankfurt a. M. 1992.

Kennedy, Peter: A Marxist Account of the Relationship between Commodity Money and Symbolic Money in the Context of Contemporary Capitalist Development, in: Smithin, John (Hrsg.): What Is Money?, London 2000.

Kerridge, Eric: Trade and Banking in Early Modern England, Manchester 1988.

Kershaw, Ian: The Great Famine and Agrarian Crisis in England 1315–22, in: Hilton, Rodney (Hrsg.): Peasants, Knights and Heretics: Studies in Medieval English Social History, Cambridge 1976.

Kindelberger, Charles P.: The World in Depression, 1929–1939, London 1973.

King, Mervyn: Lunch with the FT, in: Financial Times, 14.6.2013, online unter: https://www.ft.com/content/350a10a2-d284-11e2-88ed-00144feab7de.

Kinsella, Stephan: The Bank of England and Me, 21.3.2010, online unter: http://www.stephankinsella.com/2010/03/the-bank-of-england-and-me.

Kleer, Richard: »Fictitious Cash«. English Public Finance and Paper Money, in: McGrath, Charles Ivar/Fauske, Chris (Hrsg.): Money, Power, and Print: Interdisciplinary Studies on the Financial Revolution in the British Isles, Newark 2008.

Klima, Arnošt: Agrarian Class Structure and Economic Development in Pre-industrial Bohemia, in: Aston/Philpin: The Brenner Debate.

Kolchin, Peter: American Slavery, New York 2003.

Kolko, Joyce: America and the Crisis of World Capitalism, Boston 1974.

Koning, Hans: Columbus. His Enterprise, New York 1991.

Kraay, Colin M.: Small Change and the Origins of Coinage, in: Journal of Hellenic Studies, 84/1964.

Kraay, Colin M.: Archaic and Classical Greek Coins, Berkeley 1976.

Kroll, John H.: Observations on Monetary Instruments in Pre-Coinage Greece, in: Balmuth, Miriam S. (Hrsg.): Hacksilber to Coinage. New Insights into the Monetary History of the Near East and Greece, New York 2001.

Kula, Witold: Measures and Men, Princeton 1986.

Kulikoff, Allan: The Agrarian Origins of American Capitalism, Charlottesville 1992.

Kurke, Leslie: Coins, Bodies, Games, and Gold: The Politics of Meaning in Archaic Greece, Princeton 1999.

Kurtzman, Joel: The Death of Money, Boston 1993.

Kushner, Tony: A Bright Room Called Day, New York 1992.

Kussmaul, Ann: Servants in Husbandry in Early Modern England, Cambridge 1981.

Lachmann, Richard: From Manor to Market: Structural Change in England, 1536–1640, Madison 1987.

Lamey. J. (Hrsg.): Plutarchs vergleichende Lebensbeschreibungen, Mannheim 1863, online unter: https://archive.org/details/bub_gb_OrUVAAAAYAAJ/page/n3/mode/2up.

Lapavitsas, Costas: Marxist Monetary Theory. Collected Papers, Chicago 2017.

Laslett, Peter: John Locke, the Great Recoinage, and the Origins of the Board of Trade: 1695–1698, in: William and Mary Quarterly, 3/1957.

Laum, Bernhard: Heiliges Geld. Eine historische Untersuchung über den sakralen Ursprung des Geldes, Tübingen 1924.

Lee, Ching Kwan: Against the Law. Labor Protests in China's Rustbelt and Sunbelt, Berkeley 2007.

Lefebvre, Henri: The Production of Space, London 1991.

Lepler, Jessica M.: The Many Panics of 1837. People, Politics, and the Creation of a Trans- Atlantic Financial Crisis, Cambridge 2013.

Lerner, Gerda: Die Entstehung des Patriarchats (aus dem Englischen von Walmot Möller-Falkenberg), Frankfurt a. M./New York 1995.

Levenson, Thomas: Newton and the Counterfeiter. The Unknown Detective Career of the World's Greatest Scientist, Boston 2009.

Levy, Jonathan: The Mortgage Worked the Hardest. The Fate of Landed Independence in Nineteenth-Century America, in: Zakim/Kornblith: Capitalism Takes Command.

Li, Ming-Hsun: The Great Recoinage of 1696 to 1699, London 1963.

Lichtheim, George: Europa im zwanzigsten Jahrhundert. Eine Geistesgeschichte der Gegenwart (aus dem Englischen von Regine Wolfart), München 1973.

Lietaer, Bernard: Global Currency Speculation and Its Implications, in: International Forum on Globalization News 2 (1997), online unter: Third World Network unter https://www.twn.my/title/nar-cn.htm.

Lincoln, Abraham: Speeches and Writings, 1859–1865, Bd. 1, hrsg. von Don E. Fehrenbacher, Boone 1989.

Lincoln, Abraham: Message to Congress in Special Session, 4. Juli 1861, in: Ball, Terrence (Hrsg.): Lincoln. Political Writings and Speeches, Cambridge 2013.

Lindgren, James: Measuring the Values of Slaves and Persons in Ancient Law, in: Chicago-Kent Law Review, 1/1995.

Linebaugh, Peter: The London Hanged. Crime and Civil Society in the Eighteenth Century, London/New York 2003.

Lipietz, Alain: The Enchanted World: Inflation, Credit, and the World Crisis, London 1985.

Livingston, James: Origins of the Federal Reserve. Money, Class, and Corporate Capitalism, 1890–1913, Ithaca 1986.

Lloyd-Jones, Roger/ Le Roux, A. A.: The Size of Firms in the Cotton Industry. Manchester 1815–41, in: Economic History Review,1/1980.

Locke, John: Zwei Abhandlungen über die Regierung (übersetzt von Hilmar Wilmanns), Halle 1906 [1689].

Locke, John: Some Considerations of the Consequences of the Lowering of Interest and Raising the Value of Money [1691], in Kelly: Locke on Money, Bd. 1.

Locke, John: The Fundamental Constitution of Carolina [1696], in: Political Writings.

Locke, John: The Works of John Locke, 4 Bde, London 1824 [1696], online unter: http://oll.libertyfund.org/people/john-locke.

Locke, John: Further Considerations Concerning Raising the Value of Money [1696], in: Kelly: Locke on Money, Bd. 2.

Locke, John: Draft of a Representation Containing a Scheme of Methods for the Employment of the Poor [1697], in: Political Writings.

Locke, John: Political Writings of John Locke, hrsg. von Wootton, David, New York 1993.

Locke, John: Über die Regierung (übersetzt von Dorothee Tidow), Stuttgart 2017.

Lopez, Robert S.: The Commercial Revolution of the Middle Ages, 950–1350, Cambridge 1976.

Lovejoy, Paul E.: The Volume of the Atlantic Slave Trade: A Synthesis, in: Journal of African History, 4/1982.

Lukács, Georg: Geschichte und Klassenbewußtsein: Studien über marxistische Dialektik, Frankfurt a. M. 1970.

Lutherbibel, online unter: https://www.die-bibel.de.

Luxemburg, Rosa: Die Krise der Sozialdemokratie [1916], in: Gesammelte Werke, Bd. 4, Berlin 2000.

Luxemburg, Rosa: Die Akkumulation des Kapitals oder Was die Epigonen aus der Marxschen Theorie gemacht haben. Eine Antikritik [1921], in: Gesammelte Werke, Bd. 5, Berlin 1990.

Macpherson, Crawford B.: Die politische Theorie des Besitzindividualismus, Frankfurt a. M. 1990.

Maddison, Angus: Growth and Slowdown in Advanced Capitalist Economies, in: Journal of Economic Literature, 2/1987.

Malm, Andreas: The Progress of This Storm. Nature and Society in a Warming World, London/New York 2018.

Mandel, Ernest: Decline of the Dollar. A Marxist View of the Monetary Crisis, New York 1972.

Mann, Michael: Geschichte der Macht, Bd. 2 (aus dem Englischen von Hanne Herkommer), Frankfurt a. M./New York 1991.

Manning, Brian: The English People and the English Revolution, London 1976.

Manning, Joseph G.: Coinage as »Code« in Ptolemaic Egypt, in: Harris, William V. (Hrsg.): The Monetary System of the Greeks and Romans, Oxford 2008.

Mannix, Daniel P.: Black Cargoes. A History of the Atlantic Slave Trade, Harmondsworth 1976.

Mantoux, Paul: The Industrial Revolution in the Eighteenth Century, New York 1962.

Marcuse, Herbert: Vernunft und Revolution. Hegel und die Entstehung der Gesellschaftstheorie, Frankfurt a. M. 1990.

Marglin, Stephen A.: What Do Bosses Do? The Origins and Function of Hierarchy in Capitalist Production, in: Review of Radical Political Economics, 2/1974.

Martin, John E.: From Feudalism to Capitalism: Peasant and Landlord in English Agrarian Development, London 1983.

Mathias, Peter: The First Industrial Nation. An Economic History of Britain 1700–1914, New York 1969.

Mauss, Marcel: Die Gabe. Form und Funktion des Austauschs in archaischen Gesellschaften (aus dem Französischen von Eva Moldenhauer), Frankfurt a. M. 1990.

Mbembe, Achille: Nekropolitik, in: Pieper, Marianne/Atzert, Thomas/Karakayalı, Serhat/Tsianos, Vassilis (Hrsg.): Biopolitik – in der Debatte, Köln 2011.

McKendrick, Neil: Josiah Wedgwood and Factory Discipline, in: Historical Journal, 1/1961.

McKinsey Global Institute: The New Dynamics of Financial Globalization (August 2017).

McNally, David: Against the Market: Political Economy, Market Socialism, and the Marxist Critique, London 1983.

McNally, David: Political Economy and the Rise of Capitalism: A Reinterpretation, Berkeley 1988.

McNally, David: Locke, Levellers, and Liberty: Property and Democracy in the Thought of the First Whigs, in: History of Political Thought, 1/1989.

McNally, David: Bodies of Meaning. Studies on Language, Labor, and Liberation, Albany 2001.

McNally, David: The Commodity Status of Labor, in: Soron, Dennis/Laxer, Gordon (Hrsg.): Not for Sale: Decommodifying Public Life, Toronto 2006.

McNally, David: Global Slump. The Economics and Politics of Crisis and Resistance, Oakland 2012.

McNally, David: Monsters of the Market. Zombies, Vampires and Global Capitalism, Chicago 2012.

McNally, David: The Blood of the Commonwealth: War, the State, and the Making of World Money, in: Historical Materialism, 2/2014.

Meeker, Richard K.: Bank note, Corkscrew, Flea and Sedan. A Checklist of Eighteenth-Century Fiction, in: Library Chronicle, 1–2/1969.

Meiksins Wood, Ellen: Peasant-Citizen and Slave. The Foundations of Athenian Democracy, London 1988.

Meillassoux, Claude: The Anthropology of Slavery (übersetzt von Alide Dasnois), Chicago 1991.

Melville-Jones, John: Why Did the Ancient Greeks Strike Coins?, in: Journal of the Numismatic Association of Australia, 17/2006.

Menard, Russell R.: The Africanization of the Workforce in English America, in: Campbell, Gwyn/Stanziani, Alessandro (Hrsg.): Debt and Slavery in the Mediterranean and Atlantic Worlds, London 2013.

Mendelsohn, Isaac: Slavery in the Ancient Near East, Oxford 1949.

Mihm, Stephen: A Nation of Counterfeiters: Capitalists, Con-Men, and the Making of the United States, Cambridge 2007.

Miller, Joseph C.: Way of Death. Merchant Capitalism and the Angolan Slave Trade, 1730–1830, Madison 1988.

Miller, Joseph C.: Introduction: Women as Slaves and Owners of Slaves, in: Campbell, Gwyn/Miers, Suzanne/Miller, Joseph C. (Hrsg.): Women and Slavery. Africa, the Indian Ocean World, and the Medieval North Atlantic, Athens 2007.

Miller, Joseph C.: The Problem of Slavery as History: A Global Approach, New Haven 2012.

Millett, Paul: Hesiod and His World, in: Proceedings of the Cambridge Philological Society, 30/1984.

Milward, Alan S. S.: War, Economy, and Society, 1939–1945, Berkeley 1977.

Mintz, Sidney: Die süße Macht. Kulturgeschichte des Zuckers (aus dem Amerikanischen Hanne Herkommer), Frankfurt a. M. 1992.

Mirhady, David: The Athenian Rationale for Torture, in: Worthington, Ian (Hrsg.): Demosthenes. Statesman and Orator, London 2001.

Mishan, Dimitrij: The Saqaliba Slaves in the Aghlabid State, in: Annual of Medieval Studies at CEU 1996–1997, Budapest 1998.

Mooers, Colin: The Making of Bourgeois Europe, London 1991.

Morgan, Edmund S.: American Slavery, American Freedom. The Ordeal of Colonial Virginia, New York 1975.

Morris, Ian: Gift and Commodity in Archaic Greece, in: Man, 1/1986.

Morris, Ian: The Use and Abuse of Homer, in: Classical Antiquity, 1/1986.

Morris, Ian: Death-Ritual and Social Structure in Classical Antiquity, Cambridge 1992.

Morris; Ian: The Strong Principle of Equality and the Archaic Origins of Greek Democracy, in: Ober; Josiah/Hedrick; Charles (Hrsg.): Demokratia: A Consideration on Democracies, Ancient and Modern, Princeton 1996.

Morrow, Glenn R.: Plato's Law of Slavery in its Relation to Greek Law, Urbana 1939.

Moseley, Fred (Hrsg.): Marx's Theory of Money. Modern Appraisals, New York 2005.

Moseley, Fred: Money and Totality, Chicago 2017.

Muldrew, Craig: »Hard Food for Midas«. Cash and Its Social Value in Early-Modern England, in: Past and Present, 2/2001.

Murray, Oswyn: Early Greece, London 1980 [Übersetzung von Kai Brodersen: Das frühe Griechenland, München 1982].

Mytinger, Caroline: Headhunting in the Solomon Islands, New York 1942.

Nagy, Gregory: An Evolutionary Model for the Making of Homeric Poetry. Comparative Perspectives, in: Morris, Jane B./Morris, Sarah P. (Hrsg.): The Ages of Homer, Austin 1994.

Nash, Daphne: Coinage and State Development in Central Gaul, in: Cunliffe, Barry (Hrsg.): Coinage and Society in Britain and Gaul, London 1981.

Neal, Larry: The Rise of Financial Capitalism. International Markets in the Age of Reason, Cambridge 1990.

Neeson, Jeanette M.: Commoners: Common Right, Enclosure, and Social Change in England, 1700–1820, Cambridge 1993.

Nef, John U.: Industry and Government in France and England, 1540–1640, Ithaca 1964.

Nelson, Scott Reynolds: A Nation of Deadbeats. An Uncommon History of America's Financial Disasters, New York 2012.

Newstadt, Eric: Neoliberalism and the Federal Reserve, in: Panitch, Leo/ Konings, Martijn (Hrsg.): American Empire and the Political Economy of Global Finance, Houndmills 2008.

Nicolet, Claude: The World of the Citizen in Republican Rome, Berkeley 1980.

Niehans, John: The Theory of Money, Baltimore 1980.

Nietzsche, Friedrich: Jenseits von Gut und Böse, in: ders: Werke in drei Bänden, München 1954.

Nitzan, Jonathan/Bichler, Shimshon: Capital as Power. A Study of Order and Creorder, London 2009.

Noonan, Thomas S.: Early Abbasid Mint Output, in: Journal of Economic and Social History of the Orient, 2/1986.

Norris, Christopher: Uncritical Theory. Postmodernism, Intellectuals, and the Gulf War, London 1992.

Noutsopoulos, Thomas: The Role of Money in Plato's Republic, Book I, in: Historical Materialism, 2/2015.

O'Brien, Patrick K./Hunt, Philip A.: The Rise of a Fiscal State in England, 1485–1815, in: Historical Research 160/1993.

O'Brien, Patrick K.: Mercantilist Institutions for the Pursuit of Power with Profit. The Management of Britain's National Debt, 1756–1815, in: Working Paper Nr. 95/06, Department of Economic History, London School of Economics (Oktober 2006), online unter http://eprints.lse.ac.uk/22322/1/wp95.pdf.

O'Neill, John (Hrsg.): Hegel's Dialectic of Desire and Recognition, Albany 1996.

Oakes, James: The Ruling Race. A History of American Slaveholders, New York 1982.

Olmstead, Alan L./Rhode, Paul W.: Biological Innovation and Productivity Growth in the Antebellum Cotton Economy, in: Journal of Economic History, 4/2008.

Oresme, Nicholas: De Moneta [1356–60] (herausgegeben von Charles Johnson), New York 1956.

Ostwald, Martin: Nomos and the Beginnings of the Athenian Democracy, Oxford 1969.

Outhwaite, R. Brian: Inflation in Tudor and Stuart England, London 1969.

Pai, Hsiao-Hung: Scattered Sand: The Story of China's Rural Migrants, London/New York 2013.

Painter, Sidney: Studies in the History of the English Feudal Barony, Baltimore 1943.

Palmer, Colin: Human Cargoes. The British Slave Trade to Spanish America, 1700–1739, Urbana 1981.

Panitch, Leo/Gindin, Sam: The Making of Global Capitalism. The Political Economy of American Empire, London/New York 2012.

Pares, Richard: Merchants and Planters, London 1960.

Parke, Herbert W.: Greek Mercenary Soldiers, Chicago 1933.

Parker, Geoffrey: Die militärische Revolution. Die Kriegskunst und Aufstieg des Westens 1500–1800 (aus dem Englischen von Ute Mihr), Frankfurt a. M. 1990.

Parker, Robert: Athenian Religion. A History, Oxford 1996.

Patterson, Orlando: Slavery and Social Death, Cambridge 1985.

Patterson, Orlando: Freedom, Bd. 1, New York 1991.

Peacock, Mark: The Political Economy of Homeric Society, in: Contributions to Political Economy, 1/2011.

Peppmüller, Rudolf (Hrsg.): Solons Gedichte, Stralsund 1904, online unter: https://archive.org/details/bub_gb_fXgAoGQVe_QC/page/n3/mode/2up?q=gottge.

Pettifor, Ann: Die Produktion des Geldes. Ein Plädoyer wider die Macht der Banken, Bonn 2018

Pettigrew, William A.: Freedom's Debt: The Royal African Company and the Politics of the Atlantic Slave Trade, 1672-1752, Chapel Hill 2013.

Phang, Sara Elise: Soldiers' Slaves, »Dirty Works, and the Social Status of Roman Soldiers, in: Aubert, Jean-Jacques/Varhelyi, Zsuzsanna (Hrsg.): A Tall Order. Writing the Social History of the Ancient World, Leipzig 2005.

Pirenne, Henri: Sozial- und Wirtschaftsgeschichte Europas im Mittelalter (aus dem Französischen von Marcel Beck), München 1976.

Platon: Politeia. Der Staat (übersetzt von Wilhelm Teuffel und Wilhelm Wiegand), Stuttgart 1855, online unter: online unter: http://opera-platonis.de/Politeia.pdf.

Platon: Menon (übersetzt von Ludwig von Georgii, 1860), online unter: http://www.zeno.org/Philosophie/M/Platon.

Platon: Sämtliche Werke, Bd. 2 (übersetzt von Wilhelm Siegmund Teuffel und Wilhelm Wiegand), Berlin 1940, online unter: http://www.zeno.org/Philosophie/M/Platon/Der+Staat.

Platon: Nomoi, in: Rudolf Haller (Hrsg.): Platon. Die Werke, Marktgröningen 2005, online unter: http://opera-platonis.de/Platon_Werke.pdf, 806St2A.

Pocock, John G. A.: Virtue, Commerce, and History, Cambridge 1985.

Polanyi, Karl: Societies and Economic Systems [1944], in: Primitive, Archaic and Modern Economies.

Polanyi, Karl: The Economy as Instituted Process [1957], in: Primitive, Archaic, and Modern Economies.

Polanyi, Karl: The Semantics of Money-Uses [1957], in: Primitive, Archaic and Modern Economies.

Polanyi, Karl: Primitive, Archaic, and Modern Economies, hrsg. von George Dalton, Boston 1971.

Pollard, Sidney: Factory Discipline in the Industrial Revolution, in: Economic History Review, 2/1963.

Polo, Marco: Il Milione. Die Wunder der Welt (Übersetzung aus altfranzösischen und lateinischen Quellen von Elise Guignard), Zürich 1983.

Polybius: Geschichte (übersetzt von A. Haakh), Stuttgart 1858.

Pomeranz, Kenneth: The Great Divergence. China, Europe, and the Making of the Modern World Economy, Princeton 2000.

Post, Charles: The American Road to Capitalism, Leiden/Boston 2011.

Postlethwayte, Malachy: The African Trade, the Great Pillar, and Support of the British Plantation Trade in America, in: Horn, David B./Ransome, Mary (Hrsg.): English Historical Documents, Bd. 10, 1714–1783, New York 1969.

Prazniak, Roxann: Sienna on the Silk Roads: Ambrogio Lorenzetti and the Mongol Global Century, 1250–1350, in: Journal of World History, 2/2010.

Price, Jacob: Heathcote, Sir Gilbert, first baronet (1652–1733), in: Oxford Dictionary of National Biography, Oxford 2004, online unter: http://www.oxforddnb.com.ezproxy.library.yorku.ca/view/10.1093/ref:odnb/9780198614128.00 1.0001/odnb-9780198614128-e-12847?rskey=ceQF3D&result=1.

Pringle, Tim: Trade Unions in China. The Challenge of Labour Unrest, London 2011.

Prude, Jonathan: The Coming of Industrial Order. Town and Factory Life in Rural Massachusetts, 1810–1860, New York 1983.

Pryor, Frederic L.: The Origins of the Economy, New York 1977.

Quiggin, Alison Hingston: A Survey of Primitive Money, London 1963.

Quinn, David B.: The Roanoke Voyages, 1584–90, 2 Bde., Cambridge 1955.

Quinn, David B.: Raleigh and the British Empire, New York 1962.

Raaflaub, Kurt A.: Homer to Solon. The Rise of the Polis, in: Hansen, Mogens Herman (Hrsg.): The Ancient Greek City-State, Kopenhagen 1993.

Raaflaub, Kurt A.: Equalities and Inequalities in Athenian Democracy, in: Ober, Josiah/Hedrick, Charles (Hrsg.): Demokratia. A Conversation on Democracies, Ancient and Modern, Princeton 1997.

Rabb, Theodore K.: Enterprise and Empire: Merchant and Gentry Investment in the Expansion of England, 1575–1630, Cambridge 1967.

Rawley, James A.: London, Metropolis of the Slave Trade, Columbia 2003.

Redfield, James M.: The Development of the Market in Archaic Greece, in: Anderson, Bruce L./Latham, Anthony J. H. (Hrsg.): The Market in History, London 1986.

Rediker, Marcus: The Slave Ship: A Human History, New York 2007.

Reséndez, Andrés: The Other Slavery. The Uncovered Story of Indian Enslavement in America, Boston 2016.

Richardson, David: The Slave Trade, Sugar, and British Economic Growth, 1748–1776, in: Solow, Barbara L./Engerman, Stanley L. (Hrsg.): British Capitalism and Caribbean Slavery. The Legacy of Eric Williams, Cambridge 1987.

Richetti, John: Introduction, in: Daniel Defoe: Robinson Crusoe [1719], Harmondsworth 2001.

Ricks, Thomas M.: Islamic World, in: Finkelman, Paul/Miller, Joseph C. (Hrsg.): Macmillan Encyclopedia of World Slavery, Bd. 2, New York 1988.

Ridgeway, William: The Origin of Metallic Currency and Weight Standards, Cambridge 1892.

Rinchon, Dieudonné: La traité et l'esclavage Congolais par les Européens: Histoire de la déportation des 13 millions 250.000 noirs en Amérique, Brüssel 1929.

Robinson, Joan: Economic Philosophy, Harmondsworth 1964 [Doktrinen der Wirtschaftswissenschaft (aus dem Englischen von Albert Jeck), München 1968].

Robinson, Lukin: The Downfall of the Dollar, in: Socialist Register, 10/1973.

Rockman, Seth: What Makes the History of Capitalism Newsworthy?, in: Journal of the Early Republic, 3/2014.

Rodinson, Maxime: Muhammad, Harmondsworth 1971.

Rodriguez, Junius P.: Chronology of World Slavery, Santa Barbara 1999.

Roediger, David: The Wages of Whiteness. Race and the Making of the American Working Class, London/New York 1991.

Roediger, David/Esch, Elizabeth: »One Symptom of Originality«. Race and the Management of Labor in US History, in: Roediger, David (Hrsg.): Race, Class and Marxism, London/New York 2017.

Rosenthal, Caitlin: Accounting for Slavery. Masters and Management, Cambridge 2018.

Roseveare, Henry: The Financial Revolution, 1660–1760, London 1991.

Rueff, Jacques/Hirsch, Fred: The Role and the Rule of Gold. An Argument, in: Essays in International Finance, 47/1965.

Ryan-Collins, Josh/Greenham, Tony/Jackson, Andrew/Werner, Richard A.: Where Does Money Come From? A Guide to the UK Monetary & Banking System, London 2011.

Safire, William: Before the Fall. A View of the Pre-Watergate White House, Garden City 1975.

Sahlins, Marshall: Stone Age Economics, Chicago 1972.

Sale, Kirkpatrick: Das verlorene Paradies. Christoph Kolumbus und die Folgen (aus dem Amerikanischen von Brigitte Rapp), München 1991.

Salvioli, Giuseppe: Le Capitalisme dans le Monde Antique, Paris 1906.

Santamaria, Ulysses/Bailey, Anne M.: A Note on Braudel's Structure as Duration, in: History and Theory, 1/1984.

Scammell, William M.: The Working of the Gold Standard, in: Eichengreen, Barry (Hrsg.): The Gold Standard in Theory and History, New York 1985.

Schaps, David: The Invention of Coinage and the Monetisation of Ancient Greece, Ann Arbor 2004.

Schermerhorn, Calvin: The Business of Slavery and the Rise of American Capitalism, 1815–1860, New Haven 2015.

Schulmeister, Stephen: Globalization without Global Money. The Double Role of the Dollar as National Currency and World Currency, in: Journal of Post Keynesian Economics, 3/2002.

Schumpeter, Joseph: Kapitalismus, Sozialismus und Demokratie, Stuttgart 2005.

Scott, Julius S.: The Common Wind. Afro-American Currents in the Age of the Haitian Revolution, London/New York 2018.

Seaford, Richard: Money and the Early Greek Mind, Cambridge 2004.

Seaford, Richard: Money and Tragedy, in: Harris, William V. (Hrsg.): The Monetary System of the Greeks and the Romans, Oxford 2008.

Seaford, Richard: Monetisation and the Generation of the Western Subject, in: Historical Materialism, 1/2012.

Select Committee on the High Price of Gold Bullion, House of Commons: Report, London 1810.

Seller, Charles: The Market Revolution. Jacksonian America, 1815–1846, New York 1991.

Semenova, Alla: Would You Barter with God? Why Holy Debt and Not Profane Markets Created Money, in: American Journal of Economics and Sociology, 2/2011.

Seneca, Lucius Annaeus: Moral Epistles vol. 2, Cambridge 1917, online unter: http://www.stoics.com/seneca_epistles_book_2.html#%E2%80%98LXXX1.

Shaikh, Anwar: Capitalism. Competition, Conflict, Crises, London 2016.

Shakespeare, William: Der Sturm. Zweisprachige Ausgabe, Cadolzburg 2001.

Shell, Marc: The Economy of Literature, Baltimore 1978.

Sheridan, Richard: Sugar and Slavery: An Economic History of the British West Indies, 1623–1775, Kingston 1974.

Siegel, Bernard J.: Slavery during the Third Dynasty of Ur, in: American Anthropologist, 1/1947.

Silber, William L.: When Washington Shut Down Wall Street. The Great Financial Crisis of 1914 and the Origins of America's Financial Supremacy, Princeton 2007.

Slack, Paul: Poverty and Policy in Tudor and Stuart England, London 1988.

Smith, Abbot E.: Colonists in Bondage: White Servitude and Convict Labor in America, 1607–1776, Chapel Hill 1947.

Smith, Neil: The End Game of Globalization, New York 2005.

Smith, Paul H. (Hrsg.): Letters of Delegates to Congress, 1774–1789, 26 Bde., Washington/DC 1976–2000.

Snodgrass, Anthony: Archaic Greece, Berkeley 1980.

Sohn-Rethel, Alfred: The Curse of the Second-Nature, in: Intellectual and Manual Labour: A Critique of Epistemology, London 1978.

Sohn-Rethel, Alfred: Geistige und körperliche Arbeit. Schriften IV. Teilband 1, Freiburg/Wien 2018.

Solomon, Robert: Money on the Move. The Revolution in International Finance since 1980, Princeton 1999.

Solow, Barbara L.: Capitalism and Slavery in the Exceedingly Long Run, in: Solow, Barbara L./Engerman, Stanley L. (Hrsg.): British Capitalism and Caribbean Slavery. The Legacy of Eric Williams, Cambridge 1987.

Spufford, Peter: Money and Its Use in Medieval Europe, Cambridge 1988.

Stasavage, David: Partisan Politics and Public Debt: The Importance of the »Whig Supremacy« for Britain's Financial Revolution, in: European Review of Economic History, 1/2007.

Stein, Robert: Issues Regarding Dollarization, Staff Report, Subcommittee on Economic Policy, US Senate Committee on Banking, Housing, and Urban Affairs, Juli 1999.

Stevens, Thaddeus: The Selected Papers of Thaddeus Stevens, Bd. 1, April 1865–August 1868, Pittsburgh 1997.

Stone, Lawrence: The Crisis of the Aristocracy, 1558–1641, New York 1967.

Strom, Ingrid: Obeloi of Pre- or Proto-Monetary Value in the Greek Sanctuaries, in: Linders, Tullia/Alroth, Brita (Hrsg.): Economics of Cult in the Ancient Greek World, Uppsala 1992.

Stroud, Ronald S.: An Athenian Decree on Silver, in: Hesperia, 2/1974.

Summers, Lawrence H.: US Economic Prospects: Secular Stagnation, Hysteresis, and the Zero Lower Bound, in: Business Economics, 2/2014.

Sweezy, Paul M./Magdoff, Harry: Gold, Dollars, and Empire, in: The Dynamics of US Capitalism, New York 1972.

Sweezy, Paul M./Magdoff, Harry: The End of US Hegemony, in: The Dynamics of US Capitalism, New York 1972.

Sweezy, Paul: Eine Kritik, in: Rodney Hilton (Hrsg.): Der Übergang vom Feudalismus zum Kapitalismus, Frankfurt a. M. 1984.

Tadman, Michael: Speculators and Slaves. Masters, Traders, and Slaves in the Old South, Madison 1989.

Tandy, David W.: Warriors into Traders. The Power of the Market in Early Greece, Berkeley 1997.

Tavor, Camilo E./ Mohd Nor, Tania: Reserve Currency Blocs: A Changing International Monetary System?, in: International Monetary Fund Working Paper, Januar 2018.

Tawney, Richard A.: The Agrarian Problem in the Sixteenth Century, London 1912, Nachdruck, New York 1967.

Thirsk, Joan: Tudor Enclosures, London 1959.

Thirsk, Joan: Agrarian Regions and Agrarian History in England, London 1987.

Thomas, Hugh: The Slave Trade: The Story of the Atlantic Slave Trade, 1440–1870, New York 1997.

Thompson, Edward P.: Zeit, Arbeitsdisziplin und Industriekapitalismus [1967], in: Plebeische Kultur und moralische Ökonomie. Aufsätze zur englischen Sozialgeschichte des 18. und 19. Jahrhunderts, Frankfurt a. M./Berlin/Wien 1980.

Thompson, Edward P.: The Sale of Wives, in: Customs in Common. Studies in Traditional Popular Culture, New York 1991.

Thompson, Frederick Michael L.: The Social Distribution of Landed Property in England since the Sixteenth Century, in: Economic History Review, 3/1966.

Thomson, Janice E.: Mercenaries, Pirates and Sovereigns, Princeton 1996.

Thornton, John: Africa and Africans in the Making of the Atlantic World, New York 1998.

Thukydides: Geschichte des Peloponnesischen Krieges, (übersetzt von Michael Weißenberger), Berlin/Boston 2017.

Tilly, Charles: Reflections on the History of European State-Making, in: Tilly, Charles (Hrsg.): The Formation of National States in Western Europe, Princeton 1975.

Timberlake Jr., Richard H.: The Origins of Central Banking in the United States, Cambridge 1978.

Tomich, Dale W.: Through the Prism of Slavery. Labor, Capital, and World Economy, Lanham 2004.

Tooze, Adam: Crashed. Wie zehn Jahre Finanzkrise die Welt verändert haben (aus dem Englischen von Norbert Juraschitz, Karsten Petersen und Thorsten Schmidt), München 2018.

Tooze, Adam: Everything You Know about Global Order Is Wrong, in: Foreign Policy, 30.1.2019.

Traverso, Enzo: Im Bann der Gewalt. Der europäische Bürgerkrieg 1914–1945 (aus dem Französischen von Michael Beyer), München 2008.

Tryon, Thomas: Friendly Advice to the Gentelmen [sic] Planters of the East and West Indies, London 1684, S. 214, online unter: https://quod.lib.umich.edu/e/eebo/A63791.0001.001?view=toc.

Turner, Philip: Capital Flows in the 1980s. A Survey of Major Trends, in: BIS Economic Papers, 30/1991.

Umney, Charles/Greer, Ian/Symon, Graham: The State and Class Discipline. European Labour Market Policy after the Financial Crisis, in: Capital and Class, 2/2018.

Underdown, David: Revel, Riot and Rebellion. Popular Politics and Culture in England, 1603–1660, Oxford 1985.

United State, Department of the Treasury: Annual Report of the Secretary of the Treasury, 1897, online unter: https://fraser.stlouisfed.org/title/194/item/5543.

Unsworth, Barry: Sacred Hunger, Hardmondsworth 1992.

US Congress, 41st Congress, 2nd session: The Gold Panic Investigation, House Report 31/1870, online unter: https://archive.org/details/cu31924032442679

US-Congress: Joint Economic Committee, Subcommittee for Economic Policy: Hearings. A Foreign Economic Policy for the 1970s, 91st Congress, 2/1970, part 5.

Valenze, Deborah: The Social Life of Money in the English Past, Cambridge 2006.

van den Boogaart, Ernst: The Servant Migration to New Netherland, 1624–1664, in: Emmer: Colonialism and Migration.

Vasudevan, Ramaa: From the Gold Standard to the Floating Dollar Standard. An Appraisal in the Light of Marx's Theory of Money, in: Review of Radical Political Economics, 4/2009.

Vélissarapoulos-Karakostas, Julie: Merchants, Prostitutes, and the »New Poor«. Forms of Contract and Social Status, in: Cartledge, Paul/Cohen, Edward E./Foxhall, Lin (Hrsg.): Money, Labour, and Land. Approaches to the Economies of Ancient Greece, London 2002.

Verlinden, Charles: The Beginnings of Modern Colonization, Ithaca 1970.

Vilar, Pierre: Gold und Geld in der Geschichte, München 1984.

Vilar, Pierre: Spanien. Das Land und seine Geschichte von den Anfängen bis zur Gegenwart (aus dem Französischen von Wolfgang Kaiser), Berlin 1990.

von Clairvaux, Bernhard: Epistula 363, in: Alfred Läpple, Kirchengeschichte in Dokumenten, Düsseldorf 1958.

von Reden, Sitta: Exchange in Ancient Greece, London 1995.

von Reden, Sitta: Money, Law, and Exchange: Coinage in the Greek Polis, in: Journal of Hellenic Studies, 117/1997.

von Reden, Sitta: Money in Ptolemaic Egypt, Cambridge 2007.

Walsh, Lorena S.: Slave Life, Slave Society, and Tobacco Production in the Tidewater Chesapeake, 1620–1820, in: Berlin, Ira/Morgan, Philip D. (Hrsg.): Cultivation and Culture: Labor and the Shaping of Slave Life in the Americas, Charlottesville 1993.

Walvin, James: The Zong: A Massacre, the Law, and the End of Slavery, New Haven 2011.

Walzer, Michael: The Revolution of the Saints. A Study in the Origins of Radical Politics, Cambridge 1982.

Ward, John R.: The Profitability of Sugar Planting in the British West Indies, 1650-1834, in: Economic History Review, 2/1978.

Washington, George: Instructions to Major General John Sullivan, 31. Mai 1779, in: Fitzpatrick, John C. (Hrsg.): The Writings of George Washington, Bd. 15, Washington 1936.

Watson, Alan (Hrsg.): The Digest of Justinian, Philadelphia 1985.

Weber, Max: Gesammelte Aufsätze zur Sozial- und Wirtschaftsgeschichte, hrsg. von Marianne Weber, Tübingen 1988.

Weiner, Annette B.: Inalienable Possessions. The Paradox of Keeping-While-Giving, Berkeley 1992.

Weir, Robert: Colonial South Carolina: A History, Columbia 1983.

Weisbord, Robert: The Case of the Slave-Ship »Zong«, 1783, in: History Today, 8.8.1969.

Wennerlind, Carl: Casualties of Credit. The English Financial Revolution, 1620–1720, Cambridge 2011.

White Jr., Lynn: Medieval Technology and Social Change, London 1962.

Whitman, James Q.: At the Origins of Law and the State: Supervision of Violence, Mutilation of Bodies, or Setting of Prices?, in: Chicago-Kent Law Review, 1/1995.

Whittle, Jane: The Development of Agrarian Capitalism. Land and Labour in Norfolk 1440–1580, Oxford 2000.

Williams, David: I Freed Myself. African American Self-Emcipation in the Civil War Era, New York 2014.

Williams, Eric: Capitalism and Slavery, London 1964.

Wittstein, Georg C. (Hrsg.): Die Naturgeschichte des Cajus Plinius Secundus, 5. Bd., Leipzig 1882, online unter: https://archive.org/details/dienatugeschicht05plin/page/n93/mode/2up.

Wolf, Eric: Die Völker ohne Geschichte. Europa und die andere Welt seit 1400 (Aus dem Amerikanischgen von Niels Kadritzke), Frankfurt a. M. 1986.

Wolfe, Patrick: Settler Colonialism and the Elimination of the Native, in: Journal of Genocide Research, 4/2006.

Wood, Andy: The 1549 Rebellions and the Making of Early Modern England, Cambridge 2007.

Wood, Ellen Meiksins: Peasant-Citizen and Slave. The Foundations of Athenian Democracy, London 1988.

Wood, Ellen Meiksins/Wood, Neal: A Trumpet of Sedition: Political Theory and the Rise of Capitalism, 1509–1688, London 1997.

Wood, Ellen Meiksins: The Question of Market Dependence, in: Journal of Agrarian Change, 1/2002.

Wood, Ellen Meiksins: Das Imperium des Kapitals (aus dem Amerikanischen von Harald Etzbach), Hamburg 2003.

Wood, Ellen Meiksins: Geschichte oder technologischer Determinismus, in: Demokratie gegen Kapitalismus: Beiträge zur Erneuerung des historischen Materialismus (aus dem Amerikanischen von Ingrid Scherf und Christoph Jünke), Köln 2010, online unter: https://neue-rispverlag.de/download.php?titel=idnr127.pdf.

Wood, Ellen Meiksins: Der Ursprung des Kapitalismus (aus dem Englischen von Harald Etzbach), Hamburg 2015.

Wood, Neal: John Locke and Agrarian Capitalism, Berkeley 1984.

Wordie, J. Ross: The Chronology of English Enclosure, 1500–1914, in: Economic History Review, 4/1983.

Wordsworth, William: To Toussaint L'Ouverture, in: Morning Post, London, 2. Februar 1803, online unter https://en.wikisource.org/wiki/Poems_(Wordsworth,_1815)/Volume_2/To_Toussaint_L%27Ouverture.

Wright, Gavin: Slavery and American Economic Development, Baton Rouge 2006.

Wright, Robert E.: Thomas Willing (1731–1821). Philadelphia Financier and Forgotten Founding Father, in: Pennsylvania History, 4/1996.

Wright, Robert E.: Origins of Commercial Banking in America, 1750–1800, Lanham 2001.

Wright, Robert E.: Hamilton Unbound. Finance and the Creation of the American Republic, Westport 2002.

Wright, Robert E.: The Wealth of Nations Rediscovered Integration and Expansion in American Financial Markets, 1750–1850, Cambridge 2002.

Wright, Robert E.: Capitalism and the Rise of the Corporation Nation, in: Zakim/Kornblith: Capitalism Takes Command.

Wrightson, Keith: Earthly Necessities: Economic Lives in Early Modern Britain, New Haven 2000.

Xenophon: Erinnerungen an Sokrates (aus dem Griechischen von Otto Güthling), Leipzig 1883, online unter: https://archive.org/details/bub_gb_ceIFAAAAQAAJ/page/n75/mode/2up.

Xenophon: Memorabilia, Ithaca 1994

Xenophon: Sokratische Gespräche aus Xenofons denkwürdigen Nachrichten von Sokrates (übersetzt von Christoph Martin Wieland), online unter: https://www.projekt-gutenberg.org/xenophon/sokrates/sokrat12.html.

Yang, Lien-sheng: Money and Credit in China: A Short History, Cambridge 1952.

Young, Henry J.: A Note on Scalp Bounties in Pennsylvania, in: Pennsylvania History, 3/1957.

Zahedieh, Nuala: The Capital and the Colonies: London and the Atlantic Economy, 1660–1700, Cambridge 2010.

Zakim, Michael/Kornblith, Gary J. (Hrsg.): Capitalism Takes Command. The Social Transformation of Nineteenth-Century America, Chicago 2012.

Zmolek, Michael A.: Rethinking the Industrial Revolution: Five Centuries of Transition from Agrarian to Industrial Capitalism in England, Leiden 2013.